U0494710

本书由
中央高校建设世界一流大学（学科）
和特色发展引导专项资金
资助

此文系教育部哲学社会科学研究重大课题攻关项目"司法管理体制改革研究"的系列成果之二 (项目编号：14JZD024)

中南财经政法大学"双一流"建设文库

创新治理系列

司法人员管理体制研究

徐汉明　金鑫　周泽春　著

中国财经出版传媒集团
经济科学出版社
Economic Science Press

图书在版编目（CIP）数据

司法人员管理体制研究/徐汉明，金鑫，周泽春著. --北京：经济科学出版社，2023.11
（中南财经政法大学"双一流"建设文库）
ISBN 978 - 7 - 5218 - 2047 - 8

Ⅰ.①司… Ⅱ.①徐…②金…③周… Ⅲ.①法律工作者-人事管理-管理体制-研究-中国 Ⅳ.①D926.17

中国版本图书馆 CIP 数据核字（2020）第 216783 号

责任编辑：孙丽丽　纪小小
责任校对：李　建
版式设计：陈宇琰
责任印制：范　艳

司法人员管理体制研究

徐汉明　金　鑫　周泽春　著

经济科学出版社出版、发行　新华书店经销
社址：北京市海淀区阜成路甲 28 号　邮编：100142
总编部电话：010 - 88191217　发行部电话：010 - 88191522
网址：www.esp.com.cn
电子邮箱：esp@esp.com.cn
天猫网店：经济科学出版社旗舰店
网址：http：//jjkxcbs.tmall.com
北京季蜂印刷有限公司印装
787×1092　16 开　24.75 印张　410000 字
2023 年 11 月第 1 版　2023 年 11 月第 1 次印刷
ISBN 978 - 7 - 5218 - 2047 - 8　定价：99.00 元
（图书出现印装问题，本社负责调换。电话：010 - 88191545）
（版权所有　侵权必究　打击盗版　举报热线：010 - 88191661
QQ：2242791300　营销中心电话：010 - 88191537
电子邮箱：dbts@esp.com.cn）

总　序

"中南财经政法大学'双一流'建设文库"是中南财经政法大学组织出版的系列学术丛书，是学校"双一流"建设的特色项目和重要学术成果的展现。

中南财经政法大学源起于1948年以邓小平为第一书记的中共中央中原局在挺进中原、解放全中国的革命烽烟中创建的中原大学。1953年，以中原大学财经学院、政法学院为基础，荟萃中南地区多所高等院校的财经、政法系科与学术精英，成立中南财经学院和中南政法学院。之后学校历经湖北大学、湖北财经专科学校、湖北财经学院、复建中南政法学院、中南财经大学的发展时期。2000年5月26日，同根同源的中南财经大学与中南政法学院合并组建"中南财经政法大学"，成为一所财经、政法"强强联合"的人文社科类高校。2005年，学校入选国家"211工程"重点建设高校；2011年，学校入选国家"985工程优势学科创新平台"项目重点建设高校；2017年，学校入选世界一流大学和一流学科（简称"双一流"）建设高校。70年来，中南财经政法大学与新中国同呼吸、共命运，奋勇投身于中华民族从自强独立走向民主富强的复兴征程，参与缔造了新中国高等财经、政法教育从创立到繁荣的学科历史。

"板凳要坐十年冷，文章不写一句空"，作为一所传承红色基因的人文社科大学，中南财经政法大学将范文澜和潘梓年等前贤们坚守的马克思主义革命学风和严谨务实的学术品格内化为学术文化基因。学校继承优良学术传统，深入推进师德师风建设，改革完善人才引育机制，营造风清气正的学术氛围，为人才辈出提供良好的学术环境。入选"双一流"建设高校，是党和国家对学校70年办学历史、办学成就和办学特色的充分认可。"中南大"人不忘初心，牢记使命，以立德树人为根本，以"中国特色、世界一流"为核心，坚持内涵发展，"双一流"建设取得显著进步：学科体系不断健全，人才体系初步成型，师资队伍不断壮大，研究水平和创新能力不断提高，现代大学治理体系不断完善，国际交流合作优化升级，综合实力和核心竞争力显著提升，为在 2048 年建校百年时，实现主干学科跻身世界一流学科行列的发展愿景打下了坚实根基。

"当代中国正经历着我国历史上最为广泛而深刻的社会变革，也正在进行着人类历史上最为宏大而独特的实践创新"，"这是一个需要理论而且一定能够产生理论的时代，这是一个需要思想而且一定能够产生思想的时代"[①]。坚持和发展中国特色社会主义，统筹推进"五位一体"总体布局和协调推进"四个全面"战略布局，实现"两个一百年"奋斗目标、实现中华民族伟大复兴的中国梦，需要构建中国特色哲学社会科学体系。市场经济就是法治经济，法学和经济学是哲学社会科学的重要支撑学科，是新时代构建中国特色哲学社会科学体系的着力点、着重点。法学与经济学交叉融合成为哲学社会科学创新发展的重要动力，也为塑造中国学术自主性提供了重大机遇。学校坚持财经政法融通的办学定位和学科学术发展战略，"双一流"建设以来，以"法与经济学科群"为引领，以构建中国特色法学和经济学学科、学术、话语体系为己任，立足新时代中国特色社会主义伟大实践，发掘中国传统经济思想、法律文化智慧，提炼中国经济发展与法治实践经验，推动马克思主义法学和经济学中国化、现代化、国际化，产出了一批高质量的研究成果，"中南财经政法大学'双一流'建设文库"即为其中部分学术成果的展现。

文库首批遴选、出版二百余册专著，以区域发展、长江经济带、"一带一路"、创新治理、中国经济发展、贸易冲突、全球治理、数字经济、文化传承、生态文明等十个主题系列呈现，通过问题导向、概念共享，探寻中华文明生生不息的内在复杂性与合理性，阐释新时代中国经济、法治成就与自信，展望人类命运共同体构建过程中所呈现的新生态体系，为解决全球经济、法治问题提供创新性思路和方案，进一步促进财经政法融合发展、范式更新。本文库的著者有德高望重的学科开拓者、奠基人，有风华正茂的学术带头人和领军人物，亦有崭露头角的青年一代，老中青学者秉持家国情怀，述学立论、建言献策，彰显"中南大"经世济民的学术底蕴和薪火相传的人才体系。放眼未来、走向世界，我们以习近平新时代中国特色社会主义思想为指导，砥砺前行，凝心聚

---

① 习近平：《在哲学社会科学工作座谈会上的讲话》，2016 年 5 月 17 日。

力推进"双一流"加快建设、特色建设、高质量建设,开创"中南学派",以中国理论、中国实践引领法学和经济学研究的国际前沿,为世界经济发展、法治建设做出卓越贡献。为此,我们将积极回应社会发展出现的新问题、新趋势,不断推出新的主题系列,以增强文库的开放性和丰富性。

"中南财经政法大学'双一流'建设文库"的出版工作是一个系统工程,它的推进得到相关学院和出版单位的鼎力支持,学者们精益求精、数易其稿,付出极大辛劳。在此,我们向所有作者以及参与编纂工作的同志们致以诚挚的谢意!

因时间所囿,不妥之处还恳请广大读者和同行包涵、指正!

中南财经政法大学校长

导　言

司法，是社会公平正义的最后一道防线；司法人员，是依法行使司法职权的专门主体；司法人员管理，是计划、组织、领导、协调司法人员职业选任、专业养成、激励奖惩、职业保障、伦理规制，以实现司法公正的基本活动。司法人员的概念有狭义、中义、广义之分。狭义司法人员仅指审判人员，中义司法人员是指审判人员和检察人员，广义司法人员包括审判人员、检察人员、侦查人员、狱所警察、社区矫正人员等。陈光中先生认为"司法机关即为法院、检察院"[1]，因而本书所指司法人员取中义概念。受国家结构形式、政权组织形式、历史文化传统、政治法律规范、组织制度文化等因素影响，各国司法人员管理制度迥然不同。伴随着民主法治的进步，法治发达国家逐步建立起适合本国国情的司法人员管理制度，司法人员管理的理论体系趋于成熟和稳定。2014年1月7日，习近平总书记在中央政法工作会议上指出，建立符合职业特点的司法人员管理制度，在司法体制改革中居于基础性地位，是必须牵住的"牛鼻子"。我国司法人员管理制度虽然历史悠久，但现代司法制度定型较晚，与之相适应的司法人员管理制度及其理论构建起步略慢。随着我国全面建设社会主义现代化国家步伐的加快，司法现代化在国家治理体系和治理能力现代化中的重要地位愈发凸显，科学规范、分类合理、运转高效、保障有力的司法人员管理体系亟待形成。司法人员管理不仅需要科学化、规范化、制度化，也需要坚实的理论作支撑，以更好地为贯彻落实习近平法治思想、实践全面依法治国方略提供高素质、专业化的司法队伍保障。

中国古代司法传统历史悠久，历经数千年形成了一些具有自身文化特质的司法制度、活动原则、理论指导、法律规定，既是"中华法制文明的重要组成

---

[1] 陈光中、崔洁：《司法、司法机关的中式解读》，载于《中国法学》2008年第2期。

部分",也在"世界司法制度史上占有重要地位"。[1] 然而,受封建专制主义中央集权的影响,专制君主掌握最高司法权、司法与行政不分、诸法合体、例律并行、礼法融合、刑讯审判、司法监察、幕吏擅权操纵司法等特点在我国古代司法制度中烙印深重,对于培育司法人员专业精神、彰显司法独特功能极为不利。美国学者米尔伊安·达玛什卡认为,"中国的司法制度和司法理念与西方式如此的不同,以至于任何带有西方特殊性印记的话语都有碍于我们理解那里的司法"[2]。以色列学者艾森斯塔德将中国从汉代到清代两千多年的政治体系形式和司法制度概括为"中央集权的历史官僚帝国或历史官僚社会"[3]。有学者认为,司法和行政角色混同下的单独法院管理是不需要存在的,这样的路径特征也决定了即使将来司法和行政角色(彻底)分化,司法仍可能会有明显的行政特征。[4] 可以说,与中华传统文化和封建制度相契合的古代司法人员管理制度和管理理念,对于我国近现代司法制度和司法人员管理体系的构建影响不容忽视。

近些年来,我国学者关于近代司法制度的理论研究颇有进展,较具代表性的有尤志安的《晚清刑事司法改革整体性探究》、公丕祥的《近代中国司法发展》、张培田与张华的《近现代中国审判检察制度的演变》、谢如程的《清末检察制度及其实践》、汪楫宝的《民国司法志》、李在全的《变动时代的法律职业者——中国现代司法官个体与群体(1906—1928)》等。此外,冈田朝太郎口述、熊元襄编著的《法院编制法》,冈田朝太郎、松冈义正、小河滋次郎、志田钾太郎等人口述,蒋士宜编纂的《检察制度》等,也从另一个侧面反映了清末司法人员管理制度变革的路径。受中国近代法制深刻变革的形塑,"司法官大致扮演着三重角色:现代民族国家的建构者(参与者)、民俗习惯的改造者、现存秩序的维护者。实际上,这三重角色之间不易平衡,不时会有矛盾,甚或剧烈冲突,中国现代诸多法律,司法问题也由此而生"[5]。

中国清末司法人员管理理论概述。清末时期,随着现代法治文明的冲击,

---

[1] 张晋藩:《中国司法制度史》,人民法院出版社2004年版,绪论第1~4页。
[2] [美] 米尔伊安·达玛什卡:《司法和国家权力的多重面孔》,中国政法大学出版社2004年版,第3页。
[3] [以] S. N. 艾森斯塔德:《帝国的政治体系》,阎步克译,贵州人民出版社1992年版,第20页。
[4] 梁三利:《法院管理模式研究》,南京理工大学博士学位论文,2008年。
[5] 李在全:《变动时代的法律职业者——中国现代司法官个体与群体(1906—1928)》,社会科学文献出版社2018年版,第226页。

中国传统法律制度彻底瓦解。1860年，在时任修律大臣沈家本的主导下，进行了一场具有历史意义的司法改革。沈家本认为，"西国司法独立，无论何人皆不能干涉裁判之事，虽以君主之命，总统之权，但有赦免，而无更正；中国则由州县而道府，而司，而督抚，而部，层层辖制，不能自由"①。在法官选拔和任用上，沈家本认为，"夫法之善者，仍在有用法之人，苟非其人，徒法而已"②。法律的贯彻实施离不开好的执法者，法官应当实行职业化，应当选拔、任用法律专门人才担任。针对中国长期以来行政长官兼任司法官的现状，他认为"政刑丛于一人之身，虽兼人之资，常有不及之势，况乎人各有所能，有所不能。长于政教者，未必能深通法律；长于治狱者，未必为政事之才"③。在沈家本和伍廷芳的倡导下，清政府先后颁布《大理院审判编制法》和《法院编制法》，开办京师法律学堂专司法律人才培训。有学者考证，"宣统二年，清政府法部组织了中国近代第一次全国范围内的法官考试，录取了300多名法官"④，这些法律专门人才为司法专业化打下了基础。沈家本先生对中国法制近代化和司法制度的发展起到了举足轻重的作用，但作为清朝官僚的代表，他的很多思想也有一定的历史局限性，这也是在所难免的。

民国时期司法人员管理理论概述。这一时期，受梁启超、章太炎、孙中山等法律家和改革家的影响，中国进行了一场深刻、全面的司法官改革，创立了新的司法制度。由国民政府制定的《中华民国临时约法》中，以根本法形式明确规定："法官独立审判，不受上级官厅之干涉""法官在任中不得减薪或转职，非依法律受刑罚宣告或应免职之惩戒处分，不得解职""法院以临时大总统及司法总长分别任命之法官组织之"，同时专设司法部着手规范各地审判与检察机构的设置。北洋政府、国民党政府时期，到新中国成立前夕，近代司法人员管理制度已基本确立，主要表现在：（1）司法与行政不分的体制被打破，独立的司法体制初步确立；（2）实行审、检分离，建立独立的检察制度；（3）法院及法官独立审判的地位得到法律的保障，司法独立得到一定程度的推行；（4）律师

---

① 沈家本：《历代刑法考附寄接文存·裁判访问录序》，中华书局1985年版，第2234页。
② 沈家本：《历代刑法考附寄接文存·裁判访问录序》，中华书局1985年版，第51页。
③ 沈家本：《历代刑法考附寄接文存·裁判访问录序》，中华书局1985年版，第1962页。
④ 赵玉环：《论沈家本对清末司法改革的贡献》，载于《东岳论丛》2009年第7期。

制度得到肯定并逐步推行；(5) 法官的选拔与培训开始制度化。① 然而，"南京国民政府有关司法制度的一系列立法与实践，虽然设计与构架了民国时代中后期司法领域的组织体系与运转机制，在形式上宣传要按照法治原则来规范司法，但在实际的司法实践中往往大相径庭，甚至在一定程度上向传统司法文化精神回归"②，以至于出现了司法发展的形式与实体之间的"二律背反"现象。

新中国的成立，为包括司法人员管理在内的司法管理制度提供了政治前提、根本制度、基本制度、重要制度的支撑和保障。围绕司法人员管理层面，虽然颁布了一系列的法律，成立了最高人民法院、最高人民检察署等机构，但由于其主要任务是摧毁旧法制、创建新法制，当时的司法和行政是"合一"模式。1949年9月通过的《中央人民政府组织法》建立了司法与行政有机结合的司法体制，规定中央人民政府委员会不仅组织政务院和人民革命军事委员会，而且组织最高人民法院及最高人民检察署，任免最高人民法院的院长、副院长和审判委员会委员，以及最高人民检察署的检察长、副检察长和检察委员会委员的职权。董必武在《关于草拟中华人民共和国中央人民政府组织法的经过及其基本内容的报告》中实际阐明，这里的"人民政府"之概念内涵与专门行使行政权力的政府之概念并非完全等同，实际上是包括立法、行政、司法与军事诸项权力在内的整体性的国家权力概念。③ 值得一提的是，1952年6月至1953年2月开展的司法改革运动，在新中国法制建设史上具有重大历史意义。董必武、彭真作为这次改革的倡导者，他们的法制思想对当时的司法人员管理制度影响甚大。在司法人才方面，董必武认为，"加强培养法律工作干部，是我们党领导法律思想工作方面的迫切任务之一"④。彭真认为，"应选调一些立场坚定、观点正确和熟悉政策的老干部及从各人民团体及转业的革命军人中选一些优秀分子，以及吸收运动中涌现的积极分子，本'宁可少些，但要好些'的原则，经过训练，充实司法队伍"⑤。在司法人员准入要求方面。董必武认为，"这些干部要有

---

① 贾孔会：《中国近代司法改革刍议》，载于《安徽史学》2003年第4期。
② 公丕祥：《近代中国司法发展》，法律出版社2014年版，第14页。
③ 中国人民政治协商会议全国委员会文史资料研究委员会：《五星红旗从这里升起》，文史资料出版社1984年版，第519~524页。
④ 董必武：《董必武政治法律文集》，法律出版社1986年版，第346页。
⑤ 《彭真传》编写组：《彭真年谱》（第二卷），中央文献出版社2012年版，第297~298页。

什么样水平呢？要求初步懂得马列主义、毛泽东思想的国家观、法律观，初步懂得国家法令政策，并懂得如何去组织执行"①。彭真认为，"政法队伍不纯洁，国家和人民的安全就没有保障，政法工作人员政治上要靠得住"②。针对长期以来存在较大争议的"司法机关和党的领导关系"问题，彭真鲜明指出，"法院实行独立审判制，检察机关实行垂直领导制，不是不要党的领导。我们是共产党领导的国家，要坚持党的领导。党领导我们制定法律，党也领导我们贯彻与执行法律，党的领导并不影响独立审判。检察机关实行垂直领导，不受地方国家机关的干涉，但应坚持党的领导，还要依靠人民群众，走群众路线，接受群众的监督"③。总的来看，1952年开展的司法改革运动，批判旧法观点、肃清旧司法作风、清理旧司法人员，所奠定的司法传统对新中国成立七十多年来的司法体制和司法工作产生了深远的影响。同时，司法机关的职位大都由政治立场坚定但不懂法律的非职业人员担任，强调司法人员的阶级立场，但在法律业务水平上却远远达不到司法要求，由此形成了新中国司法的非职业化现象，推迟了我国司法现代化法治化的进程。④

随着改革开放条件下党和国家工作重点的转移，社会主义法治方针和法律制度的全面建设，司法人员管理被提高到维护中央司法事权权威、保证公正司法、提高司法公信力的高度，被纳入推进司法体系和司法能力现代化全过程、各方面。1978年12月31日，邓小平在中央工作会议上提出，要"做到有法可依，有法必依，执法必严，违法必究"⑤。随着法院组织的完善和检察机关的恢复重建，我国法官、检察官管理制度逐渐恢复。1995年，《中华人民共和国法官法》《中华人民共和国检察官法》的颁布实施，标志着具有中国特色的社会主义司法人员管理制度的初步建立。随着改革开放不断深入，民主法治意识日益增强，各类司法案件不断攀升，司法人员特别是高素质专业化司法人员匮乏的问题日渐突出。在《法官法》《检察官》颁布前，由于没有人才储备，大批乡村干部、中小学教师、军队复原转业人员、党政干部等进入司法机关，成为法官、

---

① 董必武：《董必武政治法律文集》，法律出版社1986年版，第162页。
② 彭真：《论新中国的政法工作》，中央文献出版社1992年版，第288页。
③ 《彭真文选（1941—1990）》，人民出版社1991年版，第271页。
④ 陈光中、曾新华：《建国初期司法改革运动述评》，载于《法学家》2009年第6期。
⑤ 《邓小平文选》（第二卷），人民出版社1994年版，第147页。

检察官。上述两法颁布实施后，仍然有很多不符合法官、检察官任职要求的人员，通过各种渠道进入司法人员队伍，这为近二十年来司法人员管理中暴露出的各种问题埋下了隐患。针对司法人员存在的种种问题，2001年，我国对《法官法》和《检察官法》进行了修改，主要包括提高了法官、检察官任职条件，实行国家统一司法考试，离任工作限制等方面的内容。随着党的十八届三中、四中全会关于司法体制改革的全面部署与实施，2018年《中华人民共和国人民法院组织法》《中华人民共和国人民检察院组织法》和2019年《中华人民共和国法官法》《中华人民共和国检察官法》进行了大幅度修订，我国司法人员管理制度得以基本定型。

伴随司法体系和司法能力现代化的加速推进，我国司法人员管理面临不少困境，暴露出体制性障碍、机制性困扰、保障性束缚等问题。从司法人员管理研究层面看，存在研究分散；盲目引进，如有些学者虽然考察了国外法官、检察官管理制度现状，但没有紧密结合中国国情和时代背景，提出的一些对策建议操作性不强；创新不够，如有的研究在分析司法人员管理存在问题时，没有深入系统剖析我国司法人员管理存在问题的根源，没有系统研究我国的经济社会发展、政治体制、文化传统等因素，在对策建议方面多是照搬国外做法或所谓的"经验做法"；缺乏理论支撑，对司法人员管理的研究人员往往本身都是法官、检察官，或法学学者，其接受的教育也大都局限在法律领域，而司法人员管理，从本质上说是一个管理问题，鲜有学者将管理学理论与司法专业性较好地结合起来。司法人员管理研究面临困局的根源是：研究者的局限性，即尽管很多管理学领域学者对国家公职人员的管理进行了研究，一般也只是将司法人员等同于公职人员或公务员进行研究，没有考虑司法规律的特殊性和司法人员的专业性；如前所述，对司法人员管理的研究主要集中在法官、检察官和法学学者，其法律专业背景必然会导致其在研究管理问题上存在局限性。研究对象的复杂性，一方面，我国司法传统历史悠远，一些传统法律理念和管理理念在司法领域的管理者和被管理者思想中根深蒂固，摒弃和改变有些已经不适应的陈旧司法理念阻力较大。另一方面，新中国的司法人员管理制度也经历了曲折发展，受历史因素等方面的影响，研究建立符合社会主义法治发展道路的中国特色社会主义司法人员管理制度是一个迫在眉睫的重大课题。

如何拓展司法人员管理研究思路及研究方法？本课题的路径是：（1）研究思路。本课题以习近平法治思想为指导，主要从司法人员管理在国家公职人员管理中的定位出发，比较研究国外司法人员管理理论和制度现状，结合管理学中的比较层级管理理论、分类管理理论、扁平化管理理论、单边管理理论等理论，重点对司法人员分类管理模式与运行、职业保障管理两大问题进行论述，提出建立符合社会主义法治发展道路的中国特色社会主义司法人员管理模式。（2）研究方法。本课题主要采用了以下研究方法：①比较研究法。比较是科学研究中一种较为常见的研究方法。本课题对国内外司法人员管理的主要观点和制度现状进行了比较，对提出健全完善我国司法人员管理的对策建议提供参考和启发。②历史研究法。从历史发展的角度对中外司法人员管理制度，特别是我国的司法人员管理制度的产生与发展历程进行考察，分析其基本规律，预测其发展趋势。③实证调查法。通过制订调研方案，设计调查问卷、调查统计表，确定调研内容，组织调研人员赴上海、广东、吉林、湖北、青海、海南、贵州七地进行实地调研，全面了解和掌握试点地区司法人员管理体制的历史与现状、改革框架设计、实施运行、基本经验、主要问题、法律政策建议等，为课题研究提供第一手资料。④系统研究法。对司法人员分类管理中的员额制、职业准入、初任、转任、遴选、晋升、培训、轮岗、轮换、交流、派遣、职务移转、奖励、任免、罢免、辞职、辞退、开除、退职、退休等理论进行系统研究，重点对职业保障管理中司法官、司法辅助人员、司法行政人员的职务等级与工资、奖金、津贴及其他福利待遇的标准，医疗、住房等保障待遇标准，退休薪酬标准，职业廉洁保障金标准及发放办法，职业人身安全保障，社会荣誉待遇等问题进行重点论述，结合管理学、经济学、法哲学等理论，系统提出符合社会主义法治发展道路的中国特色社会主义司法人员管理模式，建立司法人员分类管理体系、职业保障体系、监督制约体系等方面的管理制度。

目　录

第一章　司法人员管理概述
　第一节　司法人员管理的概念　　2
　第二节　我国司法人员管理的性质　　9
　第三节　司法人员管理制度的理论基础　　15

第二章　我国司法人员管理制度的历史演变
　第一节　我国古代司法人员管理制度　　22
　第二节　我国近代司法人员管理制度　　33
　第三节　新民主主义时期的司法人员管理　　41
　第四节　新中国司法人员管理之发展历程　　47

第三章　国外司法人员管理比较
　第一节　国外司法人员管理概述　　60
　第二节　国外司法人员管理评析　　76

第四章　司法人员政治管理
　第一节　司法人员政治管理概述　　88
　第二节　我国司法人员政治管理的主要内容　　103
　第三节　加强司法人员政治管理的基本路径　　118

第五章　司法人员分类管理
　第一节　司法人员分类管理概述　　130
　第二节　司法人员职位分类管理　　141

　　　　第三节　员额制改革　　　　　　　　　　　148
　　　　第四节　法官、检察官单独职务序列管理　　161
　　　　第五节　法官、检察官选任管理　　　　　　168

第六章　司法人员任免管理
　　　　第一节　党内任免程序　　　　　　　　　　180
　　　　第二节　权力机关法律任免程序　　　　　　184
　　　　第三节　司法人员遴选管理　　　　　　　　187

第七章　司法人员职业保障管理
　　　　第一节　司法人员职业保障管理概述　　　　192
　　　　第二节　司法人员工资管理　　　　　　　　198
　　　　第三节　司法人员退休与福利制度　　　　　209
　　　　第四节　司法人员履职保护制度　　　　　　216

第八章　司法人员绩效管理
　　　　第一节　司法人员绩效管理概述　　　　　　228
　　　　第二节　司法人员绩效管理评析　　　　　　234
　　　　第三节　我国司法人员绩效管理现状与前瞻　245

第九章　司法人员素能管理
　　　　第一节　司法人员素能管理类型　　　　　　264
　　　　第二节　司法人员素能管理之国家规范　　　274
　　　　第三节　司法人员素能管理之部门规范　　　279
　　　　第四节　司法人员素能管理之专业技能规范　287

第十章　司法人员伦理管理
　　　　第一节　司法人员伦理管理概述　　　　　　294
　　　　第二节　司法人员伦理管理评析　　　　　　309

| 第三节　我国司法人员惩戒的现状与前瞻 | 327 |

| 参考文献 | 348 |
| 后记 | 375 |

第一章
司法人员管理概述

第一节　司法人员管理的概念

司法人员管理，是中国特色社会主义司法管理制度的重要组成部分。它与司法组织管理、司法责任制、司法财物管理、司法伦理共同构成司法管理制度体系。以员额制、司法人员分类管理、司法责任制、实行司法人财物省级统一保障是新时代司法体制改革的破局之举。推进司法人员管理体系和能力现代化，是以习近平同志为核心的党中央统筹改革与法治"双轮驱动"战略棋局的重要内容。其历经中央顶层设计、典型试验、渐进推动、整体实施的数年重大实践，取得历史性成就，推动司法管理体制重塑性变革，成为推进司法体系和能力现代化的标志性成果。研究司法人员管理体制，深化司法人员管理体制综合配套改革，对于加快建设公正高效权威社会主义司法制度意义重大而深远。司法人员管理范畴与司法、司法机关、司法人员三组范畴密切联系，由此构成了司法人员管理范畴体系。现简述如下：

一、司法内涵及价值

关于何为司法，学术界有三种学说：一是最广义说。最广义说从词源意义上解释司法及司法权。古代法律及官名中一些词语中的"司"大都是职掌之义，如司徒、司马、司空、司士、司寇等，现代汉语语汇中如司机、司令、司仪等也都沿用"司"字的掌管主管之意。顾名思义，司法的词源学解释是指掌管法律或主管法律，如我国现行国家制度创制的人民法院、人民检察院、公安机关、司法行政机关、监狱及社区矫正机关都分别掌管一定的法律职权，具有一定的司法职能。因此，最广义说认为，它们都可称为司法机关，其所从事的活动为司法活动。二是广义说。广义说是当前学界的普遍认识。这种观点认为，我国的司法特指人民法院和人民检察院依照法定的职权与程序具体适用法律处理诉讼案件的专门活动。三是狭义说。持狭义说观点的学者认为，司法专指法院裁判纠纷的活动，与此相对应司法权就是指审判权，司法机关专指法院。

笔者认为，以上几种定义都有一定的道理，在不同程度上都具有特定语境下的合理性。但概念的特定含义往往是与一定的话语背景相联系的，在何种意义上使用司法、司法权及司法机关等相关概念应视研究者的研究目的而定，只要符合论者所指向的特定的话语背景就是合理的。在本书中，除论者作说明外，笔者将在广义上使用司法、司法权及司法机关的概念，即本书中的司法是指法院、检察院依照一定程序适用法律、对案件事实和法律进行判断和裁断并处理诉讼案件的专门活动。与此相对应司法权既包括检察权也包括审判权，司法机关既包括审判机关也包括检察机关。本书之所以作出这样的主题选择，主要基于三方面的问题考量：首先，符合我国的现实国情。我国国家机构的架构是在各级人民代表大会之下分设"一府一委两院"，分别行使行政权、监察权、审判权、检察权。长期以来，人们习惯于将审判机关与检察机关并称为司法机关。这种观念不仅被党和政府印发的文件所确认，也一直深植在人民群众的心中。因此，在当代中国语境下，广义说将审判权、检察权定位于司法权，将审判机关、检察机关统称为司法机关具有现实的合理性，是中国特色社会主义司法制度的具体体现。其次，能够直面司法体制改革。2014年6月6日，中央全面深化改革领导小组第三次会议审议通过《关于司法体制改革试点若干问题的框架意见》，标志着改革开放以来中央部署第三轮司法体制改革的全面深化。这次司法体制改革的主要内容有四项，包括员额制，司法人员分类管理，司法责任制和省以下地方法院、检察院人才物统一管理四项改革，其总的目标是加快建设公正、高效、权威的社会主义司法制度，维护人民权益，让人民群众在每一个司法案件中都能感受到公平正义。它将进一步涉及深层次利益格局调整和制度体系变革，复杂性、敏感性、艰巨性更加突出，是司法机关一场深刻的自我革命，也是司法机关面临的一场"大考"，有诸多值得研究探讨的理论与实践问题。最后，便于本书展开分析。审判权与检察权尽管在权能属性、行使主体、业务范围、运行方式等方面存在一定区别差异，但两者在中国特色社会主义法律制度的大背景下，无论在历史起源上还是在发展历程中都具有共生性、关联性和密不可分性，尤其在当下司法体制改革进程中审判机关、检察机关也面临着前所未有和共同应对的矛盾问题与巨大挑战。比如，司法体制改革的基本理念应如何定位？司法体制改革的目标愿景是什么？司法体制改革有哪些可选择的现实路径？司法体制改革过程中遇到的矛盾问题应当怎样有效化解？等等。这些都须紧密结合司法实际，加强审判机关、检察机关的协调与配合，科学谋划、统筹协调推进司法体制改革。如果忽视法院、检察院任何一方的体制机制改革，都会缺乏系统性、科学性、整体性和规范性。

综上，司法并不属于一个法律上的概念。理论上，我国司法机关仅仅指的是人民法院和人民检察院。实践中，人们也往往把公安机关、司法行政机关、法律部门、机关刑罚执行机构等统称为司法机关。而司法在社会中的价值或功能，往往因论者的立场、观点、视角和感知不同，而导致看待、理解、诠释和评价会产生一些差异。例如，"司法是自由的监护人""司法在政治及社会体系中处于一种平衡器的特殊位置""司法是捍卫法律、贯彻法律、伸张法律、运用法律之工具，是立国之大本"，等等。但在这些差异中也存在普遍认识，那就是认为司法的价值权能属性、功能作用集中体现在纠纷终结、权利救济、公权制约、社会控制等方面。这些功能又分为两类：一是原生功能，即"定分止争"的功能，这是司法最古老也是最重要的功能。其前提条件是必须确立权利的归属，才能够进行下一步的交易和分配。就此而言，"定分"是"止争"的基础，同时其也具有"止争"的功能。这就意味着只有确定权利归属，才能减少权利归属的不确定性，防止矛盾纠纷的发生，保障双方当事人的合法正当权益，维护社会秩序的安定和谐。二是派生或衍生功能，即以纠纷解决功能为前提而派生或发展出来的其他功能。如权利救济，即是指在权利人的实体权利遭受侵害的时候，由有关公权力机关或个人在法律所允许的范围内采取一定的补救措施消除侵害、降低损失、缩小影响，使得权利人获得一定的补偿或者赔偿，以保护权利人的合法正当权益。公权制约，即诉讼中通过司法审查权的依法正确行使，实现对包括行政权、监督权、保障权等在内的其他政治权力的监督与制衡，是保证公权力不被滥用，保证公正司法，提高司法公信力，实现国家治理体系和治理能力现代化的关键环节之一。社会控制，即通过程序化的诉讼过程使社会矛盾转化为技术问题加以解决进而消解民众不满情绪，从而优化社会治理的公共资源、提升治理能力、保障治理效果，实现对现存统治秩序与政治权威的维护。总之，司法所指有特定公权力机关依照既定的程序对纠纷争讼的事实判断与裁断，诠释了其质的规定性，承载着"权利救济、定分止争、保障人权、维护公平、守卫正义、促进和谐、增进人民的福祉"价值功能。其彰显法治文明特征，是人类治理文明形态的一般表现形式。

二、司法机关概念的内涵

关于司法机关的概念和范围，在学界存在着司法一元论和司法二元论的争论。

持司法二元论的学者认为，我国司法机关当然包括审判机关和检察机关。持一元论的学者反对二元司法体制，反对检察机关作为独立的司法机关，认为司法机关仅指法院。笔者认为，一元论的观点并没有依据：首先，从法律条文来看，我国《宪法》第三章第八节对人民法院和人民检察院一并作出了规定："人民法院是国家的审判机关"（第一百二十八条），"人民检察院是国家的法律监督机关"（第一百三十四条），并没有明确把哪一个机关专门定性为司法机关。在第一百三十一条和第一百三十六条的规定中，分别明确了审判机关和检察机关独立行使职权的原则，两个条款基本一致，都有"不受行政机关、社会团体和个人的干涉"的要求。从语句的逻辑上分析，人民法院和人民检察院都不是行政机关，两者具有基本一致的性质。那么，经推论得知，审判机关和检察机关二者在机构设置上是独立于立法机关、行政机关和军事机关，且具有同等性质的国家机关。其次，从党的文献看，审判机关和检察机关往往被统称为司法机关。例如，党的十五大报告中提出："推进司法改革，从制度上保证司法机关依法独立公正地行使审判权和检察权。"党的十六大报告中提出："按照公正司法和严格执法的要求，完善司法机关的机构设置、职权划分和管理制度，进一步健全权责明确、相互配合、相互制约、高效运行的司法体制。从制度上保证审判机关和检察机关依法独立公正地行使审判权和检察权。"党的十七大提出"深化司法体制改革"；党的十八大强调"进一步深化司法体制改革"；党的十八届三中全会《关于全面深化改革若干重大问题的决定》提出确保依法独立公正行使审判权、检察权；党的第十八届四中全会《关于全面推进依法治国若干重大问题的决定》提出，保证公正司法，提高司法公信力，完善确保依法独立公正行使审判权和检察权的制度；党的十九大提出"深化司法体制综合配套改革"；党的二十大进一步强调"深化司法体制综合配套改革，全面准确落实司法责任制,加快建设公正高效权威的社会主义司法制度,努力让人民群众在每一个司法案件中感受到公平正义"。再次,从党的规范性文件看,《中共中央关于进一步加强人民法院、人民检察院工作的决定》(2006 年 5 月 3 日)在第一部分中明确指出:"人民法院和人民检察院是国家司法机关。"2021 年印发的《中共中央关于加强新时代检察机关法律监督工作的意见》特别强调"人民检察院是国家的法律监督机关,是保障国家法律统一正确实施的司法机关,是保护国家利益和社会公共利益的重要力量,是国家监督体系的重要组成部分"[①]。最后,我国的法学专业书籍和学术研讨大都直接或者间接地确认,西方国家司法机关仅指法院,司法权仅指审判权;"从我国的国情出发,我国的司法机关应当包括法院和检察院"[②]。

三、司法人员概念的内涵

司法人员是否就是司法机关工作人员?司法人员与《刑法》第九十四条界定的"司法工作人员"有何区别?笔者认为,对司法人员的理解不能"一刀切",应该结合我国国情和法律的规定来作不同层面的理解。司法人员并不必然就是司法机关工作人员,也不能与司法工作人员混同。在我国,司法人员可以从广义、一般意义和狭义三个层面来理解:从最广义上来说,司法人员是指按照法律特别是《刑法》和《刑事诉讼法》的规定,承担诉讼职能的工作人员。在这个层面上,司法相当于诉讼。具体来说,广义上的司法人员是指有侦查、检察、审判、监管职责的工作人员。从对应的机关来看,那就包括公安机关、检察机关、审判机关和监狱看守所等监管机关内的参与诉讼工作的工作人员。从广义上来讲,司法人员就是指在司法机关内的工作人员,包括法院工作人员和检察院工作人员;从狭义上来讲,司法人员是指在司法机关内承担诉讼职能的人员,主要包括法官和检察官以及司法辅助人员。值得说明的是,狭义上的概念应该结合司法改革特别是司法责任制、法官检察官员额制、分类管理改革

[①] 童建明:《深入学习贯彻〈中共中央关于加强新时代检察机关法律监督工作的意见〉乘势而上推动检察工作高质量发展》,载于《人民检察》2021 年第 21~22 期合刊。
[②] 陈光中、崔洁:《司法、司法机关的中国式解读》,载于《中国法学》2008 年第 2 期。

之后，法官和检察官新的定位和职能来理解。如 2016 年 7 月，中共中央办公厅、国务院办公厅联合下发的《保护司法人员依法履行法定职责规定》，要求落实好"法官、检察官依法办理案件不受行政机关、社会团体和个人的干涉，有权拒绝任何单位或者个人违反法定职责或者法定程序、有碍司法公正的要求"等规定，这里实际上是采用狭义上的司法人员概念。笔者持第二种立场，采用广义上的司法人员的概念，即法院工作人员和检察院工作人员。这是因为：首先，我国的正式法律和党的政策性文件对司法人员没有专门的界定，司法人员的理解可以多元化，三个层次的概念在不同的语境和文本中可以灵活应用，并不是互相矛盾的。其次，从本书的研究主题和立意来说，司法人员概念必须紧密围绕司法，应该限制在司法机关范围内。最广义的司法人员将公安机关和监管机关工作人员纳入其中，但这两类机关本身是行政机关也就是政府的分支，承担诉讼职能的人员仅占一部分，且都有明确的不同于司法工作的职责，将他们纳入司法人员范围进行专门研究，会使主题偏离、内容庞杂。最后，狭义上的司法人员概念将司法行政人员划到司法人员之外，并不合适。这样一方面不符合我国国情，从现有司法机关内部管理体制来说，司法人员的岗位分配受历史的影响，部分原本具备法官检察官资格的人因历史原因在行政岗位工作，司法体制改革后失去了加入法官、检察官员额的条件，改革前和改革后的人员分类定岗的衔接转换还需要改革配套措施来加以保障和完善。另一方面，在现有改革措施条件下，司法行政人员转岗进入业务部门工作的通道并没有完全关闭，内部岗位交流实际上还存在。甚至一些司法行政岗位本身也具有一定的司法属性，与纯粹的行政机关工作人员有所区别。这些问题还有待在改革深入进行过程中，出台更多的配套措施来予以解决。事实上，这种广义上的司法人员概念也在改革试点中得以体现。例如，在前期的司法改革试点中，上海市出台的《上海市司法改革试点方案》提出，"将司法机关工作人员分成三类：（1）法官、检察官，法官包括法院正副院长、审判委员会委员、正副庭长、审判员，检察官包括检察院正副检察长、检察委员会委员、检察员。（2）司法辅助人员，包括法官助理、检察官助理、书记员、专业技术人员、司法警察。（3）行政管理人员，是指在司法机关从事行政管理的工作人员"[1]。当然，为了突出分析研究的重点，

---

[1] 杨金志：《牵住司法人员管理这个"牛鼻子"》，载于《新华每日电讯》2014 年 7 月 13 日第 3 版。

在本书的相关章节中，我们也兼采狭义上的司法人员概念，对法官检察官的管理制度进行深入的分析。

四、司法人员管理概念的内涵

　　司法人员管理是伴随着司法人员的起源和发展而建立起来的。域外国家早在古希腊时代就出现了比较复杂的审判组织；古罗马时期是西方历史上法律文明的辉煌时代，也是法官管理制度正式形成的时期。近代意义上的法官管理制度是随着资产阶级革命和资产阶级政权的建立确定下来的。从英国资产阶级政治思想家洛克首创分权学说，到法国资产阶级思想家孟德斯鸠最终奠基资产阶级法学理论和"三权分立"学说，西方主要资本主义国家的政治制度基本上是按照这一理论模式建立起来的，从而确立了司法独立。司法独立使司法人员特别是法官获得了空前的地位和职权，成为一类特殊的国家官员，司法人员管理制度也渐渐走上了历史的舞台。

　　在我国法律制度安排的语境下，司法人员管理制度是司法管理体制的下位概念。司法管理体制主要解决的是司法机关如何设置以及如何配置司法权力，是国家司法权力配置、组织和运行的机制和制度，也是司法权力有效运行的保障。司法机关的法律性质和法律地位如何确定、上下级司法机关的相互关系、司法人员如何产生和履行职务、司法职权如何设定和配置、司法功能如何得到充分和有效的发挥，是司法管理体制的重要制度内涵。[①] 如前所述，司法人员管理的概念在法律上和政策文件中并没有严格界定，相对应的是学界的研究成果也比较少。然而，作为司法人员管理的下位概念，法官管理制度和检察官管理制度，这两类研究主题就有比较多的研究成果。例如有学者认为，法官管理制度是指围绕审判权的行使而设定的有关法官的地位、法官资格、法官任免、法官保障、法官教育培训、法官的惩戒等一系列管理规程的总称。其核心包括法官职业准入与培训制度、法官职业评价制度、法官职业保障制度四个方面。[②] 有研究者认为，法官管理制度是指依法规定法官的资格、任免程序，明确法官的

---

① 莫纪宏：《论我国司法管理体制改革的正当性前提及方向》，载于《法律科学》2015年第1期。
② 李立新：《中外法官管理制度比较研究》，中南大学博士学位论文，2010年，第10页。

职责，确立法官的地位和法官的等级，对法官的工作实施有效的监督，保障法官的工作条件和福利待遇，规定法官的考核、晋升等制度。① 关于检察官管理制度，有论者认为，"检察官管理制度作为检察官制度的一个重要组成部分，是指依法确立检察官的地位和职责，规定检察官的任职资格、任免程序和晋升、考核等事项，保障检察官的职权行使和福利待遇，对检察官的工作实施有效监督的制度"②。也有论者认为，检察官管理制度是一个有机体系，其通过确定检察官的法律地位、职责，维护其权利，规定其义务，提升其素质，保障其依法行使职权等方法和手段管理检察官，以充分履行宪法和法律赋予检察官的法律监督职能，实现检察机关以及检察工作的目标和任务。③

总结上述观点和论述，有两种特点：一是部分论者采用列举式的概念表述方法，集中将若干管理制度进行列举。这种列举式表述方法容易就事论事，挂一漏万，这是因为列举式没有办法穷尽所有事项；随着改革的发展和制度的演变，有些列举出来的相关制度有了变化甚至消逝，而新的制度出现则无法达到逻辑上的周延。二是部分学者从概念的本质出发，围绕法官、检察官的职责和职业特点来进行表述。从范畴学的角度来看，这种方法比较科学，可以作为借鉴之用。总之通过归纳和比较，笔者认为，所谓司法人员管理是指遵照司法规律和人力资源管理的基本准则，对从事司法工作的人员进行科学管理，以提高司法工作效率，实现公平正义的一系列成体系管理制度的总称。其包括但不限于政治管理制度、分类管理制度、任免管理制度、职业保障管理制度、业绩管理制度、素能管理制度、伦理管理制度。

第二节 我国司法人员管理的性质

司法人员管理制度的性质是指其依据国家根本制度、基本制度、重要制度

---

① 中国法官管理制度改革研究课题组：《中国法官管理制度改革研究》，载于《政治与法律》1999年第4期。
② 陈娥：《检察官管理制度研究》，华中科技大学硕士学位论文，2013年，第2页。
③ 刘英：《完善我国检察官管理制度的构想》，延边大学硕士学位论文，2014年，第3页。

的规定性，体现同国家管理制度根本属性，同行政管理制度、监察管理制度、军事管理制度相协调，同公务员管理、监察官管理、军事人员管理制度相配套，遵循司法机关组织体系运行规则，符合司法权与司法行政事务权适度分离管理又衔接配套，保证公正司法并呈现独特管理体制及其运行方式的一整套制度体系。司法人员管理制度同司法组织制度、司法责任制、司法财务省级统一保障与中央适度支持相结合、司法伦理制度共同构成司法管理制度体系。它有别于公务员管理制度、监察官管理制度、军事人员管理制度。其质的规定性在于，这一制度安排以保证和服务依法独立公正行使司法权为价值取向，以遵循"上令下从、程序控制、节点考核、持续改进"运行规范为载体，以推动司法人员管理革命化、专业化、职业化、现代化为根本目标，以彰显司法人员管理制度之帕累托功效的最大化实现。司法人员管理的特点可以从以下三个层次来理解。

一、政治属性与国家属性之统一

司法权从根本上属于中央事权。这一权能体系的配置由宪法、宪法性法律及其相关法律所确立与配置。它同立法权、行政权、监察权、军事国防权共同构成国家权力结构，从而构成国家权力结构体系，分别由国家行政机关、监察机关、国家审判机关与检察机关、军事机关执掌，呈现出其国家属性的特征。它与行政权的显著区别在于，首先，从权力设立与配置的法律依据看。行政权因由中央行政事务与地方行政事务之区分，故我国有关行政制度的法律制度安排之中区分设立中央人民政府及地方各级人民政府，并由《国务院组织法》（1982年）与《地方各级人民代表大会及各级人民政府组织法》（2022年）确立与配置中央行政事权与地方行政事权。而司法权属于中央事权，其权力配置仅由《人民法院组织法》（2018年）、《人民检察院组织法》（2018年）、宪法性法律与《法官法》（2019年）、《检察官法》（2019年）等专门法律确立与配置。其次，从权力指向的对象看。中央行政事权虽具有涵盖全国经济发展与社会事务的最高管理、决策、处置的效力，但因我国疆域广大、人口众多，东部、中部、西部地区经济发展水平差距大，改革开放以来国家一直探索转变政府职能，深化行政体制改革，制定中央行政事权与地方行政事权适度分离的改革举措，将国防、外交、国家安全、关系全国统一市场规则和管理等作为中央行政事权；部分社会保障、跨区域重大项目建设维护等作为中央和地方共同行政事权；区域性公共服务作为地方行政事权。① 因而，对中央行政机关与地方各级行政机关的政府组成人员、层级公务员管理有着相对独立性和自身特点。而司法权是对案件事实和法律的判断权和裁决权。② 其权力行使不受行政区划、经济社会发展差异等方面的限制一体运行，其效力在诉讼程序轨道上的展现具有一体性的特征，即无论是基层司法机关还是中级、高级乃至最高级司法机关作出的司法裁断，在全国范围内的效力是一样的，即便是法庭作出的生效判决裁定，法官、检察官签发的生效法律文书，在全国范围内其被裁断的对象和主体都必须遵守或执行，其他行政机关、社会团体和公民个人必须认同和维护。从司法人员管理与体现最高政治原则看。对执掌中央司法事权神圣职责的法官、检察官与为公正司法提供服务保障的司法辅助人员、司法行政人员的管理，内在地贯穿并体现着宪法确立的最高政治原则，具有政治属性与国家性相统一的特点。所谓最高政治原则是指《宪法》所确认中国共产党对司法机关依法独立行使职权的司法人员管理所必须坚持的、为《宪法》所确立党对国家各项工作实施集中统一领导的最高政治原则，具体而言是把坚持党管干部的原则贯穿于司法组织建设、司法人员分类管理、司法责任制、司法职业保障，对司法责任追究、防止党政工作人员对司法活动的干扰、与对司法办案活动干预等，以确保党领导和制定并体现人民群众根本要求、上升为国家意志的法律的统一正确实施。这集中体现在修改后的《宪法》第一条第二款："社会主义制度是中华人民共和国的根本制度。中国共产党领导是中国特色社会主义最本质的特征。禁止任何组织或者个人破坏社会主义制度。"我国《宪法》以国家根本法的形式，确认了党领导人民进行革命、建设、改革的伟大斗争和根本成就，确认了中国共产党的执政地位，确认了党在国家政权结构中总揽全局、协调各方的核心地位。这不仅为我们党长期执政提供了根本法律依据③，而且为发挥"总揽全局、协调各方"党的领导政治优势，实现国家各项工作法治化确立了最高政治原则。一方面，

---

① 参见本书编写组编著：《〈中共中央关于全面深化改革若干重大问题的决定〉辅导读本》，人民出版社出版2013年版，第21页。
② 习近平：《在中央政法工作会议上的讲话》，引自中共中央文献研究室编：《习近平关于全面依法治国论述摘编》，中央文献出版社2015年版，第102页。
③ 中共中央宣传部中央全面依法治国委员会办公室：《习近平法治思想学习纲要》，人民出版社、学习出版社2021年版，第14页。

把党的领导贯穿到依法治国全过程和各方面，是我国社会主义法治建设的一条基本经验，也是改革完善司法人员管理体制，建设高素质法官、检察官队伍的可靠保障。另一方面，发挥党的领导的政治优势，坚持宪法确立的最高政治原则，须贯穿司法人员管理各方面全过程。这包括：坚持党管干部原则，司法机关党组加强对司法人员职业准入、遴选、考核、晋升、调配工作的领导，坚持选拔司法人员尤其是领导班子、领导干部的任用标准，加强各级司法机关政治建设、思想建设、业务建设和规范化建设，旗帜鲜明地贯彻党的路线和司法方针、政策，加强对司法权的监督制约，加强司法机关党员队伍建设和管理，保证公正司法、提高司法公信力，推动司法人员管理制度化、定型化、专业化、法律化。总之，司法人员管理制度具有政治属性与国家属性相统一的特征。政治属性是贯穿司法人员管理制度的根脉，党对司法人员管理的领导，是中国式司法人员管理现代化之魂。离开了党对司法工作的政治领导、思想领导、组织领导，就不可能建设一支党和人民放心的司法队伍，也难以担当起公正司法、让人民群众从每一个司法案件中感受到公平正义，建设更高水平"平安中国""法治中国"的使命。回顾新中国成立以来社会主义司法制度创建、改革与发展的曲折历程，坚持党管干部原则，把党对司法工作的领导贯穿到包括司法组织、司法人员管理、司法职权运行与司法责任制、司法财务保障在内的各方面，其基本经验就是党中央及其各级党组织、司法机关的党组始终坚持最高政治原则，善于把符合条件的优秀法官、检察官推荐到人大机关并通过法定程序使之成为各级人民法院、检察院的法定代表人、首席法官和首席检察官；善于组织领导司法人员公正司法，担负起维护法制统一、市场统一、国家统一的重要职责，推进司法管理现代化，保障和服务建设中国式法治现代化，在法治轨道上全面建设社会主义现代化国家。所有这些在奋力推进政法工作现代化进程中必须始终不渝地坚持。中国共产党领导亿万人民开创政法工作现代化的光辉历程，是在经济不发达的国家建设社会主义法治，在开创中国式司法现代化过程中把马克思主义基本原理同中国实际相结合、同中华优秀文化相结合，通过废除"封遗毒"、放弃"苏模式"、纠正"左僵化"、反思"洋教条"，成功地开创了一条中国式司法现代化的新路，形成了契合法治道路、司法道路的司法人员管理体系，在全面深化司法人员管理体制改革，建设公正高效权威的社会主义司法制度的恢弘进程中务必走深走实。

二、司法属性与行政管理属性之契合

司法人员管理司法权和司法行政事务管理权由司法机关"内外混同"管理模式向"适度分离、统分结合"管理模式跨越，是中央部署第三轮全面深化司法体制改革的重要任务，是推进司法管理体系和司法管理能力现代化的必然选择，是新时代司法管理制度定型化、成熟化、规范化的标志性成果。

我国法律制度安排中司法权行使分别由审判机关、检察机关的"双元"主体结构构成，其司法权行使呈现公正性、独立性、职业性、被动性、公开性、交涉性、中立性及终局性的特点，固此被作为测度、衡平和守卫社会公平正义的最后一道防线。而作为司法行政事务管理权重要组成部分的司法人员管理权，其虽然源起于司法制度创设并依附于司法权的运行，但其管理的对象则是涵盖司法人员管理在内的司法行政事务，其质性要求使其天然地具有主动性、层级性、效率性、一体性的特点，使之反映和符合纷繁复杂、千差万别、类型多样的司法行政事务高效、规范、统一、缜密运行的特点。作为承担定分止争、权利救济、制约公权、保障人权、维护公平、实现正义、促进和谐、增进人民福祉的司法功能，其行使的出发点和着力点在于保证公正司法，维护法制统一、市场统一、国家统一，为实现中国式法治现代化提供司法保障。与此相协调的是，包括司法人员管理在内的司法行政事务管理权则承担着聚合、辅助、服务和保障司法权统一正确、公正高效地行使的目标任务。所有这些有关司法权与包括司法人员管理在内的司法行政事务管理权在性质地位、功能作用、目标任务方面的差异性，决定司法人员管理制度具有司法属性与司法行政事务结合的特点。一方面，司法权运行当循守司法规律，始终凸显法官、检察官的主体优位性，形成以法官、检察官为中心的司法组织体系，以规制法官、检察官行使司法权的权力清单、责任清单、义务清单及负面清单体系，确保审判权、检察权依法独立公正高效行使；而司法人员管理等行政事务管理权运行当循守行政管理规律，恪守"上下一体、上命下从"的原则，克服司法行政事务管理过程中遭遇的分散性、自主性、壁垒性诸多困境，彰显其专业性、层级性、效率性，形成以辅助、服务、保障司法权为重心的管理体系，以彰显作为司法行政事务管理重要组成部分的司法人员管理制度运作的整体效能。

梳理我国司法人员管理制度安排，其经历了新中国成立以后20世纪50年代初期的机构设置、人员编制、干部任命、干部培训等管理，实行"司法权与司法行政事务权适度分离并商同管理"的模式，50年代中后期实行"两权统放"并存的管理模式，"文化大革命"期间司法人员管理体制与司法权一并被取消的"空白阶段"；到改革开放初期恢复司法人员管理、司法组织管理、司法财务管理与司法权运行"统"与"放"并存模式，80年代至21世纪之初司法权与包括司法人员管理在内司法行政事务"两权混同"运行的管理模式；再到新时代全面深化司法体制改革，建立健全司法权与包括司法人员管理在内司法行政事务权"适度分离、统分结合"的体制机制，由此剔除多年来"司法地方化""司法人员管理与公务员管理趋同化""司法人员保障弱职业化"等弊端，建立起司法人员分类管理、员额制、司法责任制、司法财务实行省级统一保障，法官、检察官单独职务序列工资福利、职业保护、职业荣誉及职业惩戒的管理制度体系，取得一系列标志性成果，实现司法人员管理重塑性变革，推进了司法人员管理现代化。[①]

三、人本属性与规范属性之结合

司法人员管理的对象是法官、检察官、司法辅助人员及其司法行政人员。司法人员管理体系和管理能力现代化的出发点和落脚点是确保法院、检察院依法独立公正行使审判权和检察权。围绕健全司法权运行制度与包括司法人员管理在内的司法行政事务管理权"适度分离、统分结合"的改革，中央出台若干重大改革举措。这包括：一是改革司法管理体制，推动省以下地方法院、检察院人财物统一管理。二是建立符合职业特点的司法人员管理制度，健全法官、检察官、人民警察统一招录、有序交流、逐级遴选机制，完善司法人员分类管理制度，健全法官、检察官、人民检察职业保障制度。三是健全司法权力运行机制，优化司法职权配置，健全司法权力分工负责、互相配合、互相制约机制。

---

① 徐汉明：《论司法权和司法行政事务管理权的分离》，载于《中国法学》2015年第4期。

四是建立司法办案责任制，"让审理者裁判，由裁判者负责""谁办案、谁决定、谁负责"，实行办案质量终身负责制和错案倒查问责制；规范查封、扣押、冻结财务等处理的司法程序；严格规范减刑、假释、保外就医程序；改革司法机关人财物管理体制，实行法院、检察院司法行政事务管理权与审判权、检察权相分离；依法规范司法人员与当事人、律师、特殊关系人、中介组织的接触交往行为。五是建立领导干部干预司法活动、插手具体案件的责任通报追究制度，建立司法机关内部人员个人过问案件的记录制度和责任追究制度。通过党的十八届三中、四中全会部署第三轮司法改革第一时段的改革项目清单，党的十九大部署全面深化司法体制综合配套改革第二时段的改革项目清单的有力实施，以司法人员管理体制、员额制、司法责任制、省以下司法人财物统一保障为主要内容的司法管理体系全面建立，创造出了许多新鲜经验。以习近平同志为核心的党中央适时将司法管理体制改革成果创新性总结、制度性升华，适时修订《宪法》、出台《监察法》，修订《人民检察院组织法》《人民法院组织法》《法官法》《检察官法》《公务员法》《刑事诉讼法》《民事诉讼法》《行政诉讼法》，出台有关维护国家安全、国际司法合作等多部法律。与此同时，出台《政法工作条例》及有关司法人员管理的党内法规，推动司法人员管理制度成熟化、定型化、法律化。这不仅为司法人员管理制度体系提供了法律保障，而且为司法人员管理专业化、程序化、职业化提供了有力制度支撑。推动司法人员由传统公务员混同管理向单独职务序列管理模式，并体现"坚持党管干部原则"，遵循司法权与司法行政事务管理权"适度分离""统分结合"现代管理模式转型，我国司法人员管理制度呈现出人本属性与规范属性有机结合的鲜明特色。

第三节　司法人员管理制度的理论基础

一、政治学视域下的司法人员管理理论

政治学是一门以研究政治行为、政治体制以及政治相关领域为主的社会科

学学科。根据马克思主义经典作家的论述，政治现象的核心是国家政权，因此，国家政权居于政治学研究的核心地位。我们研究马克思主义政治学，应当牢牢树立国家政权问题是政治学的根本问题的坚定意识。同时，随着人类政治文明的发展，政治现象的表现形式日益复杂。上述概括既在逻辑上重视了传统的政治学研究的根本，又兼顾了政治学研究对象的广泛性和具体性。笔者认为，政治学的一些基本原理和准则同样可以适用于司法人员管理制度的研究，需关注国家权力特别是司法权力行使过程中的人员配置、人员结构，以及人员管理问题。

(一) 司法改革中的政治学问题

司法人员管理制度改革是司法改革的重要内容，也是我国法学界近几年的研究热点，它是我国法学研究贴近实际、走向纵深的表现。司法表面上是特定国家机关及其工作人员受理案件、处理纠纷的活动，实质上是维护社会秩序、实现国家职能的一种重要形式。司法权是国家权力的重要组成部分，因而，司法权的配置和控制也就不再是一个简单的法学问题，而是政治问题。经过司法改革的西方各国的历史经验说明，司法改革不仅是一个简单的法律体制内的制度设计问题，更是一个复杂的政治模式、政治道路、政治规则的选择问题。我国的司法改革也不能仅局限于法律圈子内，而应该求助于政治学。它涉及党建学说，执政党的领导思想、领导方式和执政方式，国家治理理念这样一些重大政治抉择问题。

(二) 司法管理体制中的政治学

有学者从"政治权力的组织结构"角度入手，将政府权力组织分为两种类型："一是官僚体制的科层式理想型；二是协作式理想型。"[①] 那么，法律过程中的哪些特征，或者设计中哪些因素可以归因于科层型和协作式组织的独有特质呢？科层型官僚体制下的法律程序呈现出的独有样式包括："（1）按部就班的递进式程序；（2）上级审查的作用；（3）卷宗管理；（4）渐进式的审判；（5）官方序的排他性；（6）逻辑法条主义与程序规则。"[②] 与之形成对照的协作

---

①② 殷燕芳：《政治学视角下的司法程序魔方》，载于《经济与法》2014年第4期。

理想型的程序含义包括："（1）程序活动的集中化；（2）单一决策层级的分叉；（3）对口头交流和当庭证供的信赖；（4）'开庭日'审判制度；（5）私人程序活动的合法性；（6）实质正义与程序规制。"[1] 这种政治学的考量对我国正在进行的司法管理体制改革具有重要的借鉴意义。是采取"官僚体制的科层式理想型"还是"协作式理想型"的办案体制抑或另辟蹊径，也是司法改革的重要研究内容。

二、经济学视域下的司法人员管理理论

马克思认为，经济学研究不仅包含了物质资料的生产和交换，还包含了在这其中产生的人与人之间、人与社会之间、人与自然界之间的相互关系。[2] 经济学有很多分支，其中马克思主义政治经济学是卡尔·马克思和弗里德里希·恩格斯运用辩证唯物主义和历史唯物主义创立的阐明人类社会各个发展阶段中支配物质资料的生产、分配、交换和消费规律的科学。

（一）司法人员管理中的"理性人"

经济学里，理性人是对在经济社会中从事经济活动的所有人的基本特征的一个一般性的抽象。这个被抽象出来的基本特征就是：每一个从事经济活动的人都是利己的。也可以说，每一个从事经济活动的人所采取的经济行为都是力图以自己的最小经济代价去获得自己的最大经济利益。经济学假设的理性人，就是能够合理利用自己的有限资源为自己取得最大的效用、利润或社会效益的个人、企业、社会团体和政府机构。马克思主义的政治经济学并不排斥理性人的概念。马克思在分析经济社会问题时也这样说，人奋斗所争取的一切，都同他们的利益有关。不关注个人，就无法理解经济规律，更无法洞察经济运行过程中的微观因素。

新古典经济学中的"理性人"的概念提供了一种研究经济现象的全新视角，也提供了不同的思维方式。"理性人"假设的内涵可被归纳为三个基本命题——

---

[1] 殷燕芳：《政治学视角下的司法程序魔方》，载于《经济与法》2014年第4期。
[2] 朱成全：《论经济学的研究对象》，载于《财经问题研究》2015年第4期。

个人目标是效用的自我满足；个人能力是最大化选择；个人之间的协调是市场均衡。这一假设表明了这样的内在逻辑，即在个人是决策的主体的基础上，具有自利性的人们的任何选择都是有代价和成本的，也是会对激励作出反应的。[①]

经济学的理性人问题常常因为突出人的自利性而遭到诟病，但也不失为一种考虑问题的不同视角，而且理性人的决策过程也值得我们深入理解和借鉴。笔者认为，在研究司法人员管理的过程中，一方面，要将司法人员的政治性放在首位，培养司法人员的廉洁奉公理念，注重职业素养的提高；另一方面，我们不可回避在司法人员管理中同样存在"理性人"问题，充分调动司法人员的工作积极性，在职业保障和职业尊荣上下功夫，完善司法人员管理制度，用制度约束人、留下人才。

（二）司法人员管理制度的经济效益

20世纪以来，制度经济学作为经济学研究的一个分支蔚然兴起。制度经济学（institutional economics）把制度作为研究对象，研究制度对于经济行为和经济发展的影响，以及经济发展如何影响制度的演变。从制度经济学角度来看，制度对事业的发展是至关重要的。好的制度能够促进事业发展，而相对不好的制度对事业的发展反而有阻碍作用。司法改革的目的就是通过变革制度，打通制度设计中的各个环节，充分发挥制度的优势，克服制度的劣势，以制度改革推动司法工作的发展。党的十八届三中、四中全会《中共中央关于全面深化改革若干重大问题的决定》《中共中央关于全面推进依法治国若干重大问题的决定》确定了司法体制改革的目标：深化司法体制改革，加快建设公正高效权威的社会主义司法制度，保障人民权益，维护社会公平正义，公正司法、提高司法公信力，努力让人民群众在每一个司法案件中都感受到公平正义。其中，第一个层次的含义就是司法制度建设。

三、管理学视域下的司法人员管理理论

管理学，顾名思义是关于各种社会管理制度的学科，研究各项管理体制机

[①] 刘文超：《新古典经济学理性人假设的逻辑》，载于《北京社会科学》2015年第7期。

制运行的规律和方法。管理学的主要研究目的是,"通过合理的组织和配置人、财、物等因素,提高生产力的水平"①。

(一) 管理理论在司法人员管理中的功能应用

管理理论在司法人员管理中的功能应用包括:(1)计划。"计划工作表现为确立目标和明确达到目标的必要步骤之过程,包括估量机会、建立目标、制订实现目标的战略方案、形成协调各种资源和活动的具体行动方案等;简单地说计划工作就是要解决两个基本问题:第一是干什么,第二是怎么干;组织等其他一切工作都要围绕着计划所确定的目标和方案展开,所以说计划是管理的首要职能。"②(2)组织。"组织工作是为了有效地实现计划所确定的目标而在组织中进行部门划分、权利分配和工作协调的过程;它是计划工作的自然延伸,包括组织结构的设计、组织关系的确立、人员的配置以及组织的变革等。"③(3)领导。"领导工作就是管理者利用职权和威信施展影响,指导和激励各类人员努力去实现目标的过程;领导工作的核心和难点是调动组织成员的积极性,它需要领导者运用科学的激励理论和合适的领导方式。"④(4)控制。"控制工作包括确立控制目标、衡量实际业绩、进行差异分析、采取纠偏措施等,它也是管理活动中的一个不可忽视的职能。"⑤ 上述四大职能是相互联系、相互制约的,其中计划是管理的首要职能,是组织、领导和控制职能的依据;组织、领导和控制职能是有效管理的重要环节和必要手段,是计划及其目标得以实现的保障,只有统一协调这四个方面,使之形成前后关联、连续一致的管理活动整体过程,才能保证管理工作的顺利进行和组织目标的完满实现。

(二) 人力资源管理

人力资源管理是指在经济学以及人本思想的指导下,通过各种管理形式对人力资源进行科学的运用,从而满足企业(组织)生产经营(发展)目标的系统化过程。⑥ 从某种程度上来讲,人力资源管理理论完全可以被用来对司法人员进行管理。作为一个整体来讲,司法机关除开其所具有的特殊使命外,在管理

---

① 李晓军、张宏岩:《管理领域几个概念的界定》,载于《延安大学学报》(社会科学版)2011年第10期。
②③④⑤ 武忠远、马勇:《管理学》:高等教育出版社2012年9月版,第271页。
⑥ 赵凯卉、傅骏雄:《解析现阶段企业人力资源管理的模式和创新》,载于《商场现代化》2015年第26期。

上与企业有诸多相通之处。它要根据自身的建设和发展，跟随时代的发展要求，有计划地对司法人力资源进行合理配置，通过对司法人员的招聘、培训、使用、考核、激励、调整等一系列过程，调动司法人员的积极性和主动性，激发司法人员的潜能，从而实现提高办案效率，实现以公正司法保障在法治轨道上推进国家治理现代化的目标。

值得一提的是，随着国家和社会的进步，司法机关在司法人员管理中引入人力资源管理的理论和先进企业的经验，进行了成功的尝试。例如，为进一步规范干部管理、提升检察队伍素质能力，加快推动检察队伍专业化、职业化建设，推进检察教育培训改革，提升检察教育培训科学化水平，最高人民检察院于2014年启动了检察机关岗位素能基本标准研制工作。标准研制坚持科学性、实践性和发展性原则，借鉴人力资源管理最新理论——胜任力模型的原理和方法，结合检察队伍管理经验，广泛采取工作任务分析、法律政策文献解读、行为事件访谈、问卷调查、专家论证等研制方法，细致提炼检察岗位从业人员素质能力要求。经过分头研发、中期研讨、提炼论证、整合完善等程序，多次广泛征求广大检察人员意见并经国内知名人力资源管理专家、全国检察业务专家充分论证，形成了完整的研究成果。

第二章
我国司法人员管理制度的历史演变

2014年以来，中央部署的新一轮司法体制改革中提出"省以下法院、检察院人财物统一管理"，在司法人员管理制度方面作出了历史性的变革，司法人员管理作为影响司法公正乃至法治建设进程的重要因素受到高度关注。以史为鉴，可以知兴替。在研究司法人员管理制度的过程中，我们有必要先对其发展的历史脉络进行一番考证。

第一节 我国古代司法人员管理制度

中国古代行政与司法合一，在官吏系统中没有明确的专职司法官以及司法行政官的职位分类，各种不同职能的公务人员都适用统一的官吏管理制度。但由于司法与行政的不同特点的事实存在，历代的官吏管理制度中对与司法相关的官吏都不同程度地设定了较为特殊的规则，从而形成了中国古代司法人员的管理制度。

一、法官管理制度

中国古代相对具有司法专业化倾向的朝代主要有汉、唐和宋代，明清时期虽然出现了司法官与行政官倒退性的合一趋势，但各级政府与民间幕学共同创设的刑名幕友则又具有专业化助理法官的性质。因此，中国古代的司法官管理制度还是可以梳理出一条粗略的线索的。

（一）汉代司法官管理制度

1. 汉代法官的选任

汉武帝发布《四科取士诏》，"方今选举，贤佞朱紫错用。丞相故事，四科取士：一曰德行高妙，志节清白。二曰学通行修，经中博士。三曰明达法令，足以决疑，能案章覆问，文史御史。四曰刚毅多略，遭事不惑，明足以决，才任三辅令"①。第三科"选廷尉正、监、平，按章取明律令"②。此后，明法一科遂成为法官、御史之主要选任途径。如东汉陈宠，其父祖及其儿子数代均以习法律而被任命为法官。"陈宠字昭公，沛国洨县人也。曾祖父咸，成、哀间以律令为尚书"，陈宠"明习家业，少为州郡吏，辟司徒鲍昱府……昱高其能，转为辞曹，掌天下狱讼。其所平决，无不厌服众心"③，"陈忠，字伯始，东汉陈宠子……永初中辟司徒府，三迁廷尉正，以才能有声称"④，"河南吴雄季高，以明法律断狱平，起自孤宦，致位司徒"⑤。

自战国时起，法官及御史即戴有专门的法冠。蔡邕《独断》曰："法冠，秦制执法者服之。"上绣独角的獬豸图案，汉代御史亦冠之。

2. 对法官的惩戒

汉代对法官的惩戒主要表现在刑法方面，有专门以法官为犯罪主体设定的两项故意犯罪罪名："故纵"及"故不直"。"出罪为故纵，入罪为故不直。"⑥ 如果司法官员受赃，则有"受贿枉法"罪名。"吏坐受贿枉法……皆弃市。"⑦

（二）魏晋南北朝时期的法官管理制度

1. 律博士的设立

三国时，法家思想在各国有所回潮，魏国还首次创设了对法官、狱吏进行法学培训的律博士官职。"魏国既建，（卫觊）拜侍中……明帝即位，觊奏曰：'九章之律，自古所传，断定刑罪，其意微妙。百里长吏，皆宜知律。刑法者，国家之所贵重，而私议之所轻贱；狱吏者，百姓之所县命，而选用者之所卑下。王政之弊，未必不同此也。诸置律博士，转相教授。'事遂施行。"⑧ 此后之两晋，南朝之宋、齐、梁，北朝之北齐以及隋朝各代，皆设有此职。⑨ 南梁时，法律明确还规定了廷尉官的制服与仪具。廷尉官署之正、监、平"廷尉三官与建康三官，皆法冠玄衣朝服……手执方木，长三尺，方一寸，谓之执方"⑩。

---

① 《续汉·百官志一》注引《汉官仪》。
② 孙星衍等辑，周天游点校：《汉官六种》，中华书局1990年版，第37页。
③④ （南北朝）范晔：《后汉书·陈宠传》，卷四十六。
⑤ （南北朝）范晔：《后汉书·郭躬传》，卷四十六。
⑥ 《汉书·功臣表注》
⑦ 《汉书·刑法志》。
⑧ 《三国志·卫觊传》。
⑨ 沈家本：《历代刑法考·历代刑官考》（上）。
⑩ 《隋书·百官志》。

2. 明法科选官制度的破坏

由于魏晋南北朝时的选官制度日益固化为以门阀为主要标准的九品中正制，明法一科的选官制度被破坏。此外，魏晋时玄风炽盛，士人皆以清淡为高，将以实务性与专业技术性见长之司法事务视为鄙事。梁武帝《授蔡法度廷尉制》曰："（律学）爰及晋氏，此风未泯，叔则、无凯，并各名家。自兹厥后，斯尚渐薄；迄至于今，损弃顿尽。衣冠士子，耻复用心。州郡奸史，恣其取舍，舞文弄法，非止一涂。""寻古之名流，多有法学……今之士子，莫肯为业。纵有习者，世议所轻。良由空勤永岁，不逢一朝之赏，积学当年，终为闾伍所嗤。"①

（三）唐宋法官管理制度

唐代吏部在选任法官时必须大理寺与刑部共同同意，说明唐代已有比较明确的"法官"观念与概念。事实上，唐代已初步形成专门的法官管理制度，其主管部门分别有礼部、吏部、刑部和大理寺。到宋代，法官制度更加专门化。

（四）明清时期对刑名幕友的管理

明清时期产生了特有的助理法官制度——刑名幕友（师爷）制度。刑名幕友虽非体制内法官，但却在事实上辅助法官行使司法权，因而政府对之也屡屡制定有约束力的规则，只是所定规则适用于所有幕友，非专门针对刑名而已。

1. 幕友可以经主官荐举为官但必须申报吏部备案

雍正元年（公元1723年）三月，上谕要求对"效力有年，果称厥职"的幕友"行文咨部议叙，授之职任，以示砥砺"②。此为保举幕友之始。雍正七年（公元1729年）皇帝谕吏部，"嗣后督抚所延幕客，须择历练老成、深信不疑之人，将姓名具题。如效力有年，果称厥职，行文咨部议叙，授之职位，以示砥砺。该部详议具奏。寻议：各省督抚应将幕客姓名，造册报部。勤慎无过者，照应得职衔即用；无职衔者，量给职衔；特疏举荐者，从优议叙。如徇私保举，照徇庇例议处。从之"③。即主官必须将幕友汇册报吏部备案。但因为保举过滥，道光四年（公元1824年）规定："嗣后各省督抚、盐政等，奏请一切议叙，概

---

① 《南齐书》卷四十八。
② 《清世宗实录》，中华书局1986年版，第114页。
③ 《清实录·雍正实录》。

不准将幕友保列。"① 保举幕友之制遂停。咸丰军兴，复开幕友保举之例，"曾国藩经常保举有功幕僚"，"凡为其幕僚者几乎人人都有顶戴"②。

2. 幕友须遵守籍贯回避制度并不准携眷

乾隆"丁未（公元前787年），吏部议覆：户科给事中王丕烈奏称，请令督抚转饬地方官，延请幕友，不得听其家中往返，至携眷潜住本城者，不准入幕。又督抚司道，或统辖全省，或分巡数郡，不得聘请本省幕宾，应如所请。从之"③。

3. 不得与官员交结

乾隆戊寅年（公元1758年）谕："嗣后各省督抚，务宜关防扃钥，概不得任幕友出署，往来交结。"④

4. 主官对幕友的行为负有监管责任

作为幕友的聘主，各级主官对所聘幕友负有监管之责。如幕友在任内有种种不法情事，主官未能察觉甚至有纵容情形，应受行政处分。幕友在司法过程中的错误，则完全由主管承担。

由于幕友属于私人聘请，因而，对幕友之俸禄待遇、考核等项，国家法律均无统一之规，由各级主管自行管理。

二、司法警察的管理

当代的司法警察仅指在人民法院和人民检察院设置的，执行与司法有关的警卫、提押犯罪嫌疑人，执行搜查、查封、拘传、逮捕、送达诉讼文书并协助人民法院执行判决等任务的警察。中国古代没有明确的警察制度，但存在着与当代司法警察职务类似的公务人员，这便是吏役。吏役是行政与司法主官、佐官之下，负责所有行政与司法行政事务执行的公职人员，司法警察职务仅仅是其中一项而已。

狱卒或禁卒是古代监狱或看守所的警察，其职责也与司法有关，与诉讼中行使司法警察权的吏役属于同类系列。因而下述各代的司法警察管理制度亦适

---

① 光绪《大清会典事例》卷七十五。
② 李志茗：《晚清四大幕府》，上海人民出版社2002年版，第113、151页。
③④ 《清实录·乾隆实录》。

用于所有狱卒。

(一) 秦汉时期的司法警察为基层体制内的公务人员

秦代县内与司法警察业务有关的吏最主要有令史、亭长等，属"斗食"之官，仍由政府颁发俸禄。在《睡虎地秦墓竹简》中，令史的职责非常广泛，包括巡察衙署府库，参与政府会计，监管仓库，其与司法有关的包括执行逮捕、主持法医检验并制作相关司法文书等。① 秦代的司法警吏与其他各类吏员一样，需要考试录取。刘邦"及壮，试为吏，为泗水亭长"②。司法警察吏之下有"役"协助执行职务，如《睡虎地秦墓竹简》中，令史在执行职务时，通常率有在监狱中服刑的牢隶臣。牢隶臣的身份属于刑徒役人，国家似乎尚未向社会差派民壮来充任警察。

除上述县政府内的司法警察外，秦汉时期的乡、里官员亦具有辅助司法警察之权责，如秦代诉讼中查封被告人财产的"封守"制度。"封守是在诉讼提出后至判决前，官府对被告人及其家属、财产采取的一种临时性强制措施。封守的指令由县和县以上司法机构作出。封守的执行者是基层政权的负责人。"③ 此外，乡、里官员对县政府官员下达的逮捕命令也应当辅助执行。此后历代基层政府官员亦都有此辅助司法警察之权责。

(二) 唐代司法警察逐渐由"吏"趋向为"役"

"唐代县级政权的官员之中，令、丞、簿、尉为流内官，其他如佐史、录事、里正、伍伯等为流外官，后世统称'胥吏'。"④ 吏作为流外官，由吏部选补。在中央部门由各官署自行选用，在地方较为重要诸职皆由本州选用，有任期、俸禄。⑤ 对中央各部门的吏，国家对其有正式的选用、考核、奖惩、迁转等一系列规范进行管理。但"唐代地方上的胥吏多不入流外，但他们又多是地方上豪强、勋官等有势力的人物。他们在品官、流外和庶民百姓之间起中间作用，

---

① 《睡虎地秦墓竹简》整理小组：《睡虎地秦墓竹简》，文物出版社 1978 年版，第 40、95、109、124、125、215、251、254、259、261、263、264、267、270、274 页。
② 《史记·高祖本纪》。
③ 刘海年：《秦的诉讼制度》，引自刘海年：《战国秦代法制管窥》，法律出版社 2006 年版，第 108 页。
④ 张建彬：《略论唐代县级政权中的胥吏》，载于《理论学刊》2005 年第 9 期。
⑤ 俞鹿年：《唐代的吏胥制度》，引自《中国法律史国际学术讨论会论文集》，陕西人民出版社 1990 年版。

这对后世职役制度的发展有重要的意义"①。这类比流外官地位更低的公职人员被称为"杂任"或"杂职",到宋代发展为"职役"或"衙役"。这些地方杂任或杂职,既要办理各类行政与司法文书,同时也要承担包括司法警察在内的所有行政执行事务。

(三) 宋代司法警察由定期轮值的"役"变为职业化甚至世袭化的"衙役"

与前代相比较,宋代在各级政府中除官员之外的底层公职人员设置方面,其最大的变化是,在吏之外出现了(公)役,吏与役之间开始发生分离。吏为受主官命令专门办理各种行政与司法文书的公职人员,如苏轼所说,"胥吏行文书,治刑狱、钱谷"②。宫崎市定亦认为:"胥吏比起士大夫来虽然卑贱,但在一般人中,他们总算是以一种技术为世袭的专业人员。"③ 具体公务的执行行为则由"役"承担。所谓役,即衙役或职役,是指受政府差派,为各级政府提供公职服务义务的普通民众。这些履行公职服务义务的人基本上没有文化,地位亦较吏低下,但具有为吏所不具备或鄙视的行动执行能力。在宋代,衙役种类极为繁多,"诸称公人者,谓衙前、专、副、库、称、掐子、杖直、狱子、兵级之类"④,其中,"从事与狱讼有关事务的胥徒主要是乡役人,其中和狱讼联系最密切的是耆长、壮丁、弓手、仵作、医人、座婆以及熙宁变法以后出现的保正副等"。"县尉所辖弓手属县役,数量在数十至上百不等……除免其户下其他赋役外,并无薪俸,神宗以后才有微薄雇钱"。此外,"各级刑狱推鞫机构的胥吏、耆长、壮丁、保正副、承贴人、里正等也执行拘捕人犯或传讯证人的任务"。"杖直既是直接讯囚者,也是笞杖刑的执行人""杖直有时也负责验看杖伤";"执行刺字的是笔针笔人"。"根据折杖法,徒以上由长官监决,其余由其他官员监决,以防止执刑胥吏滥施淫威";"执行死刑的刽子手一般由狱卒充当""执行死刑的吏卒在行刑完毕后会受到一定赏赐"。⑤

宋初衙役为公役,因而有一定的期限或是由乡间有力者轮充。王安石变法

---

① 张广达:《论唐代的吏》,载于《北京大学学报》1989年第2期。
② 《文献通考》卷三十五《选举八》。
③ [日]宫崎市定:《王安石的吏士合一政策》,引自刘俊文主编:《日本学者研究中国史论攻选译》第5卷,索介然译,中华书局1993年版,第458页。
④ 《庆元条法事类·公吏门·解试出职·名例敕》。
⑤ 张正印:《狱讼胥吏研究》,中国政法大学出版社2012年版,第17、105、106、184、185、186、191页。

之《免役法》改差役法为雇役法，即民众当差公役之义务由实差变为交纳免役钱，由官府雇人充任。而愿意受雇者通常是乡间游惰狡黠之民，或豪强之家派出在公门招权纳贿的代理人，因而此衙役便逐渐职业化乃至世袭化而成为固定的胥吏，即吏、役合一了。黄宗羲曾云："古之胥吏者一，今之胥吏者二。古者府史胥徒，所以守簿书、定期会者也。其奔走服役，则以乡户充之。自王安石改差役为雇役，而奔走服役者亦化而为胥吏矣。"① 不过，黄宗羲所说的胥吏化的衙役，只是从衙役的职业化乃至世袭化特征而言。两者之间的区别还是存在的，那就是吏仍然是国家法律额定的文案公务人员，国家法律对其设置、编制、考核、奖惩有明确的规范；而衙役则依然是地方政府雇佣的负责执行的公务人员，通常由各级政府的主管官吏对之进行管理，而缺少正式的立法约束。

（四）明清对衙役与胥吏之分别管理

总体上说，在明清时期，胥吏与衙役还是有区别的。吏仍属于有一定文化、负责文牍的公职人员，而衙役则是负责奔走执行的公职人员。黄宗羲认为，明代库子、解户、坊里长皆为差役，弓兵、捕盗、皂隶、快手、承差等与司法有关的警察公职则属雇役。前者继承了宋代前期的制度（张居正变法改为"银差"），而后者则为宋实行免役法之后的制度。也就是说，明代司法警察仍属政府雇佣之公役。

清承明制，吏与役各有其权责。"抱案牍、考章程、备缮写，官之融于吏者不少；拘提奔走，役之效力于官者亦不少。"②

1. 司法警察的种类、职责、编制及法律地位

与司法有关的"衙役通常被编为四班：皂班、快班、民壮和捕班"，其他各类衙役除仵作外，均与司法无关。四班的职责如下：除于州县官出席公众场合时作前驱开道外，"皂隶在审讯过程中还须到法庭，其职责是拷笞嫌犯逼取供词以及执行体刑"；"马快或步快的职责是巡夜、执行传唤及逮捕。在审讯时，他们也须到庭随时供州县官驱使""捕役之职责主要与缉捕盗贼相关……在北方省份，捕役在一般诉讼中也有其角色，但这在南方不被允许"；民壮与司法警察相关的任务，偶尔会被派去押送罪囚，"或执行民事传唤"。"一州一县衙门可雇佣

---

① 黄宗羲：《明夷待访录·胥吏》。
② 陈宏谋：《分发在官法戒录檄》。

各种衙役的名额,在各省《赋役全书》中有明确规定",但"充任捕役名额并不规定在《赋役全书》中"。①

"凡衙门应役之人,除库丁、斗级、民壮仍列于齐民,其皂隶、马快、步快、小马、禁卒、门子、弓兵、仵作、粮差及巡捕营番役,皆为贱役,长随亦与奴仆同。"② 其本人及其孙子不得参加科举考试;良贱互犯时,在刑法适用上亦不平等。

2. 司法警察的任用与待遇

民壮通常由本乡籍身家清白的良民充任,而其他班类的司法警察则从本乡名列贱籍者选任,均须身体强壮。"差役有缉捕人犯、行刑、管解之责,非年未及壮、臂力轻弱者可以充当。"③ 申请人提出申请后,由邻佑亲族甘结,地方官印结即可。任期期限一身为3年,但这一规定很少得到执行。因为司法衙役都有很多舞弊、勒索收入,故衙役常常以变换姓名或推荐其家人、亲属的方式,长期把持岗位,甚至公开买缺卖缺。

衙役工资极低,而且各省衙役以及一省内不同种类的衙役工资均有所不同。如雍正十年,"民壮工食连同置备器械,每名(每年)照八两之数支给。山西省每名每年工食银均七两二钱。但更多的地方因裁判而只发给六两,不过另外加给器械银两"④。光绪时嘉定县的民壮平均每人每年5.9995两,皂隶5.99928两,马快11.199两。⑤ 如此低的工资根本无法养活自己与家人,但仍有人争相充当,唯一的解释就是司法衙役们在额定工资以外,还有大量"灰色"乃至"黑色"收入。

三、专业法医人员及其管理

几乎是整个中国古代,各级行政与司法主官均负有组织并监督法医检验之责。《大明律·刑律·断狱·检验死伤不以实》规定:"凡检验尸伤,若牒到托故不即检验,致令尸变,及不亲临监视,转委吏卒,若初复检官吏相见,符同尸状及不为用心检验,移易轻重、增减死伤不实、定致死根因不明者,正官杖

---

① 陈宏谋:《分发在官法戒录檄》。
② 光绪《大清会典》卷十七"户部·尚书侍郎职掌五"。
③ 光绪《大清会典事例》卷九十八"吏部·处分例"。
④⑤ 周保明:《清代地方吏役制度研究》,上海世纪出版集团2009年版,第240、238页。

六十,首领官杖七十,吏典杖八十,仵作行人检验不实,符同尸状者,罪亦如之。因而罪有增减者,以失出入人罪论。若受财故检验不以实者,以故出入人罪论。赃重者,计赃以枉法从重论。"据此条可见,其一,主官必须亲临检验现场,如没有及时检验或仅委托吏员到场,应予杖六十;其二,如官与吏相关属官及属吏负连带责任;其三,雇请或指定之仵作行人亦同罪。

从秦汉时起,各级政府还设有相对专职化的法医检验人员。到宋代以后,法医检验人员完全专业化了。到晚明,更是完全专职化了。

(一) 宋以前的法医检验

最早记载法医检验活动的历史文献为周代的《礼记·月令》:"孟秋之月有,命理瞻伤察创、视折审断。"而最早记载法医检验人员名称的为《睡虎地秦墓竹简》。"爰书:某里公士甲、士伍乙诣牛一……告曰:'此甲、乙牛也,而亡,各识,共诣来争之。'即令令史某齿牛,牛六岁矣。""爰书:某里士伍甲缚诣男子丙,告曰:'丙,甲臣,骄悍,不田作……无病也。'令令史某诊丙,不病。""爰书:某里典甲诣里人士伍两,告曰:'疑疠,来诣……'令医丁诊之。""爰书:某亭求盗甲告曰:'署中某所有贼死……来告。'即令令史某往诊。"[①] 可见,在战国和秦代,县令属下的令史是法医检验的主要工作人员,但职业医生应县官命令亦可进行法医检验;令史除检验人体外,亦检验动物。但根据《睡虎地秦墓竹简》的记载,令史并非专任法医,他还负有巡察衙署府库、参与政府会计,监管仓库、执行逮捕等之责。[②]

令史在县政府体制中的地位,大体是"在县令、长和县丞之下,设有狱吏协助治理狱案。狱吏之下又有令史,兼管后代封建王朝基层司法机构中的书吏和仵作工作",案件"现场都是由令史带领牢隶臣检验的。牢隶臣是在县治安、司法机构中服役的官奴隶"。[③]

(二) 宋代至明代"仵作"人员履行法医检验之职

"仵作"之名首见于五代和凝父子所著的《疑狱集》,"源于专为人家殓尸

---

① 《睡虎地秦墓竹简》整理小组:《睡虎地秦墓竹简》,文物出版社1978年版,第254、263、259页。
② 《睡虎地秦墓竹简》整理小组:《睡虎地秦墓竹简》,文物出版社1978年版,第109、124、215、251页。
③ 刘海年:《中国古代早期的现场勘查与法医检验的规定》,引自中国社会科学院法学研究所、法制史教研室:《中国警察制度简论》,群众出版社1985年版,第35页。

送葬的仵作行人,最迟在宋代已经参与官方的死伤检验活动;明代万历年间逐步获得官方身份,以从事死伤检验,而仵作行人仍然从殓尸送葬旧业"①。宋代各行各业都有自己的行业组织,所谓"仵作行人"即丧葬行会的成员。他们平时从事殡葬营业,如发生人命案件,官府即雇请或指令其帮助验尸并最后收葬。元代法医检验大抵如宋,大体由仵作行人代充,但也有由屠户充任的,所谓"其仵作行为南方多系屠宰之家"②。

明初法律仍称"仵作行人"。《大明律·刑律·断狱·检验死伤不以实》规定:"凡检验尸伤,……仵作行人检验不实,符同尸状者,罪亦加之。因而罪有增减者,以失出入人罪论。若受财故检验不以实者,以故出入人罪论。赃重者,计赃以枉法从重论。"③ 到嘉靖三十九年(公元1560年)定例:"凡遇检验尸伤,必择该城廉干兵马一员,先行检验,再调各城覆检。如有前后尸伤不一,原被告不服者,方再改委京县知县或京府推官复行详检。仍行在外,属府者,必通判推官;属州县者,必知州、知县亲自检验,毋得辄委杂职下僚,及纵仵作、吏书(应为"书吏"之误——引者注)受财作弊。"此时,仵作后面已没有"行人"二字,且与"书吏"并称。万历十六年(公元1588年)新增条例要求主官"新诣尸所,督令仵作如法检报"④。显然,这种称呼的改变并不是偶然的,说明仵作已经被纳入官府体制,成为法医检验的专职人员了。

宋代以来,除作尸体检验与伤害鉴定的仵作外,民间接生的所谓"稳婆"或"座婆"亦有可能成为检验妇女身体的检验人员。

(三) 清代对仵作管理的规范化

乾隆时的《大清律例》仍称"仵作行人","仵作行人,检验不实,扶同尸状者,罪亦如之",似为照抄明律时之无意之误。因为康熙时代的条例表述仵作时,就已经没有"行人"的后缀了。

1. 仵作职位的法定设置

《大清律例》规定,"大县额设仵作三名,中县额设二名,小县额设一名。

---

① 徐忠明:《"仵作"源流考证》,载于《政法学刊》1996年第2期。
② 《无冤录》上卷"格例·省府立到验尸式内二项"。
③ 《大明律·刑律·断狱·检验死伤不以实》。
④ 《读例存疑·刑律·断狱·检验尸身不以实》。

仍于额设之外再募一、二人，令其跟随学习，预备顶补"①。即在额定的正式仵作外，还有实习仵作，以便替补。乾隆五年（公元前740年）再次定例："嗣后直省州县将额设仵作并不实力奉行，照数募补，仍然忽视者，将该州县照编排保甲地方官不实力奉行例降二级调任，该管道府失于查察，照巡绰失于查察例罚俸一年，督抚罚俸六月。如州县官不将仵作补足，私侵工食银两者，将州县官照乾没侵欺例革职提问，道府不行查出，降一级调用，督抚不行查参，罚俸一年。"②"州县再往下，还有分驻佐杂、如县丞、巡检等，亦可根据需要配备仵作。"③

事实上，仍有州县未能按定额设立仵作，"惟籍邻封调查取应用"④，即临事时向邻县借用。

2. 仵作地位与选任

在古代，从事殡葬业的仵作地位本来就甚为低贱。宋以后，仵作兼任的法医检验，其对象主要是尸体，尤其是非正常死亡的尸体，污秽而且恐怖。因而，即使被纳入了官府体制，但其法定地位依然低下。清代的吏通常被称为书吏或胥吏，主要从事案头工作，在《大清会典》中是有法定编制的。而各类行政与司法决定的执行人则被称为衙役，是从民间作为义务派充，有服务年限的。仵作就属于役类，其地位和待遇均低于吏。雍正六年例规定，"每人发皂隶工食一名，学习者两人共给皂隶工食一名"⑤。正因为仵作的待遇低下，因而，大多数仵作都要依靠在检验中营私舞弊，借以向当事人勒索陋规作为生活补助甚至是主要收入来源。正因为仵作的地位低下，因而仵作的选任通常是主管官员或从民间差派，或从衙役中"拨充"，或者从民间募选。因为其职业具有很强的技术性，故清代仵作亦有家传世袭的。

学习仵作要成为正式仵作，通常要等到本地仵作出缺，如被革退或死亡。依清代制度，仵作作为衙役的一种，应有服役的期限，但这一制度很少被严格执行，因而学习仵作转为正式仵作也就没有明确的期限。

3. 仵作的培训、考核、奖惩

《大清律例》中的"检验尸身不以实"之条例部分，详细规定了仵作的培

---

① 徐忠明：《"仵作"源流考证》，载于《政法学刊》1996年第2期。
②④ 光绪《大清会典事例》卷851。
③ 茚巍：《紧要与卑贱：清代衙门仵作考》，载于《证据科学》2014年第2期。
⑤ 《大清律例·刑律·断狱》。

训、考核、奖惩规则。仵作的培训由州县官主持,"每名给发《洗冤录》一部,选委明白刑书一人,与仵作逐细讲解。每年开印后,该县将额设、学习名数,造具花名清册,申送该管府州,汇册通送院司存案"①。

对仵作的考核由府州进行,"该管府州每年就近提考一次。考试之法,即令每人讲解《洗冤录》一节。如果明白,当堂从优给赏。倘讲解悖谬,饬令分别责革,及勒限学习,另募充补,仍汇册申报院司查核。并将召募非人懈于查察之州县,分别查参"②。

对仵作的奖惩由州县主官进行,"若有暧昧难明之事,检验得法,果能洗雪沈冤,该管上司赏给银十两。倘有故行出入,审有受贿情弊,照例治罪"③。

第二节 我国近代司法人员管理制度

1906 年,清政府颁布《裁定奕劻等核议中央各衙门官职谕》,改大理寺为大理院,从法律上标志着清末全国最高专门审判机关的形成,相对独立的近代审判机构得以建立。1906 年,清廷颁布《大理院审判编制法》,确定了京师的司法机构改革的统一制度体系,即决定各省、府、州、县三级分别对应设立高等、地方和初级审判厅④。1907 年,出台《各级审判厅试办章程》,地方各级审判厅进入筹办阶段。1910 年,清政府颁布《法院编制法》,开始在全国范围内更新司法体系,确立了四级三审制,规定大理院有统一解释法令权。大理院设正卿、少卿各 1 人,内设以推丞为负责人的刑事、民事科,其下再设由庭长负责的庭。虽然清政府的司法改革措施是在被推翻之前仓促出台,但它奠定了近代司法制度的基本框架。

一、近代司法人员的管理体制

中国近代是个急剧变革的时代,司法人员管理体制亦处于不断变革之中,

---

①② 吕虹、王鹤:《从古代仵作到现代法医》,载于《人民法院报》2019 年 7 月 26 日第 7 版。
③ 《读例存疑·刑律·断狱·检验尸身不以实》。
④ 上海商务印书馆编译所:《大清新法令 1901－1911:点校本》(第一卷),商务印书馆 2011 年版,第 381 页。

具有鲜明的时代特色,加上军阀割据混战,它还具有一定的地方特色。

(一) 清末司法人员管理体制 (1906~1912 年)

清末司法制度改革后,大理院成为最高审判机关,地方审判机关分为高等、地方和初级三级。大理院正卿、少卿负责"掌申枉理谳,解释法律,监督各级审判"①;民事庭、刑事庭推丞、推事负责审理案件;总检察厅"掌管大理寺内民、刑事案件的检察事务,监督各级检察厅,调度司法警察官吏"②,设厅丞、检察官,下设书记官(典簿、主簿、录事)、丞发吏、厅丁等辅助人员。地方各级审判厅设厅丞(或推事长),初级审判厅设厅长、推事、检察长、检察官等,并设辅助人员。司法机关的人事管理权是"部院之争"的焦点之一,最后清政府不得不依赖于传统的行政手段加以调整。清廷谕令军机大臣,要求双方"会同妥议,和衷商办,不准各执意见"③。两天后,又"调大理院正卿沈家本为法部右侍郎,法部右侍郎张仁黼为大理院正卿"④。部院之争在表面上暂时告一段落。直到宣统元年一月《法院编制法》的颁布施行,才明确规定法部主持法官任用等司法之行政事务,大理院主持"审判暨统一解释法令事务",部院之争才最终尘埃落定。司法官的任命有三种形式——特简、请简和奏补。无论哪一种任命形式,无论哪一级审判厅、检察厅的司法官,最终都由皇帝决定,或上报皇帝批准。司法人员管理体制可以概括为"皇帝—法部、大理院—司法官",既有封建专制色彩,又有近代司法行政型管理体制的特征。

(二) 北洋政府时期司法人员管理体制 (1912~1927 年)

北洋政府时期的司法体制基本承袭清末。1915 年,北洋政府修改 1910 年《法院编制法》,以人员、经费短缺为由,裁撤了初级审判厅、检察厅,以地方审判厅简易庭管辖原初级审判厅管辖的案件,同时增设大理院分院、高等审判厅分厅以及各级检察厅分厅。同时,公布施行《县知事兼理司法事务暂行条例》和《县知事审理诉讼暂行章程》,开始实施县知事兼理司法的制度。⑤ 凡是未设

---

① 《清史稿》卷一百十九。
② 何勤华:《检察制度史》,中国检察出版社 2009 年版,第 332 页。
③ 《清德宗景皇帝实录》(八),卷五百七十二。
④ 朱寿朋:《光绪朝东华录》,中华书局 1958 年版,第 5669 页。
⑤ 黄俊华:《南京国民政府前期县知事兼理司法浅析》,载于《云梦学刊》2012 年第 5 期。

审判厅的县，均由县知事审理一审民刑事诉讼。1917年5月公布的《县司法公署组织章程》规定，所有未设立审判厅的县，应设司法公署，管辖所有民刑案件。在普通法院之外，还设立了专理行政诉讼的平政院，以及军事系统、边疆地区、特别区域（主要是租界）的特别法院。到1926年，全国2 000多个县中，设立司法公署的县只有46个①，地方司法权仍普遍掌握在县官手中，司法人员管理体制仍然处于司法行政合一的阴影之下，但比清末具有更多近代西方司法制度的特征。

（三）南京国民政府时期的司法人员管理体制（1927~1947年）

南京国民政府建立了一套包括考试、任免、考绩、退休、抚恤等在内的公务员管理制度。司法官考试由考试院负责实施，由考试委员会主管。司法经费由省政府财政负担或中央统一划拨，建立了较为完善的司法人员职业保障制度，具有很大的进步意义，但司法人员管理体制中仍然存在司法行政部门掌控司法人事管理权的问题，同时带有较为明显的"一党专政"色彩。

二、近代司法人员的管理方式

中国近代的司法人员管理制度在不断引进西方司法制度的基础上，逐渐走向规范化、体系化和专业化，其管理方式主要包括选任、考核监督、教育培训、奖励惩戒和职业保障等。

（一）选任

选任权是司法人事管理权的核心内容，包括选拔和任命两大环节。

1. 选拔

选拔是司法人员管理的第一道关口。中国近代的司法人员选拔主要是通过考试的方式，清末、北洋政府和南京国民政府时期都建立了比较完善的司法人员选任制度，其中以考试为主。1911年2月，宪政编查馆编制了《法官考试任用暂行章程》，并上奏清政府以为考取司法官之用。该章程规定，"司法官均需

---

① 朱勇主编：《中国法制通史》（第9卷），法律出版社1999年版，第524页。

经过专业学习,第一次考试合格后见习一年期满,再进行第二次考试,合格者方能任用。该章程初步确立了二次考试的司法官考试模式,为我国近代司法官考试制度确立了基本发展模式"[1]。清末不仅司法官要经过考试,书记官、承发吏等司法辅助人员也要经过考试才能被录用。1911年,清政府组织了第一次司法官考试,录取司法官500余人。清末的司法官和书记官、承发吏等辅助人员的选拔考试都是由法部和提法司(地方司法行政部门)组织的,其考试章程、考题均由法部制定,连翻译官都应"由法部及提法司酌量委用",只有厅丁才能由各审判厅、检察厅自行聘用。北洋政府时期的司法官考试由典试委员会组织并主持,典试委员会分为甄录试和初试典试委员会,以及再试典试委员会[2],由司法部负责,大理院、总检察厅、高等审判厅、检察厅也能参与其中。南京国民政府时期的司法官考试则属于特种公务员考试,由考试院负责,由考试委员会主管。综上所述,中国近代的司法人员选拔主要是通过考试进行的,这种考试一般由司法行政部门或其他第三方机构负责,司法机关对选拔过程的影响很小。

2. 任命(任用)

候选人在通过考试后,还要经过皇帝、总统或政府的正式任命才能成为正式的司法官。清末司法官的任命形式有三种:一是特简,《法院编制法释义》这样解释:"特简官,遇有员缺,不由法部之奏报,而君上径自简放者是也",意思是说在相关人员出现空缺时,皇帝直接确定并任命司法官;二是请简,即由所在审判厅检察厅长官按三比一提出候选人,同法部商定后奏请皇帝确定正式人选;三是奏补,即由需要用人的审判厅检察厅审查资格后,再由法部奏请皇帝确定正式人选。可见,无论哪一种形式,任命权最终都掌握在皇帝手中。北洋政府时期的司法官任用分为特任、简任和荐任三种,国务院法制局1919年颁布的《司法官考试任用官等及官俸法案条例》规定,一、二等司法官简任,三至五等荐任,大理院院长特任,简任、荐任司法官由司法总长呈请大总统批准。南京国民政府时期的司法官任用主要由司法行政部和铨叙部负责,"法官的任用程序是由司法行政部对其资格和成绩审查决议后,转交考试院铨叙部审查,合格后由司法行政部以国民政府名义任命"[3]。司法人员的免职则主要有两种:一

---

[1] 李贵连:《沈家本传》,法律出版社2000年版,第378页。
[2] 桂万先、施卫忠:《北洋政府司法官制度评析》,载于《江苏警官学院学报》2008年第5期。
[3] 王福永:《论南京国民政府时期的法官制度》,山东大学硕士学位论文,2009年,第9页。

种是因转职、退休、死亡等自然原因被免职；一种是因严重违纪违法被开除。近代司法官的任命层级都是最高的，体现了统治者对司法人员管理工作的高度重视。

（二）考核监督

监督和考核是动态、全程的管理方式，便于统治者对司法人员进行监督管理。我国近代对司法人员的监督包括内部监督和外部监督两个方面。内部监督主要是上级司法机关和本级长官通过行政领导的方式实现，外部监督主要来自司法机关的主管部门，例如清末的法部、北洋政府时期的司法部和南京国民政府时期的司法行政部，这些机构与今天的司法行政部门比较相似，它们通过主导对司法人员的考试任免、考核奖惩等工作，进而实现对司法人员的外部监督。清末司法改革以后，对司法人员的监督主要来自两个方面：一是内部监督，即审判厅检察厅长官对司法人员的监督和上级审判厅检察厅对下级审判厅检察厅的监督，为了保证监督的实效，清末还曾经设立了监督检察官一职，协助检察长官行使监督管理职权；二是司法行政部门对司法人员的外部监督。南京国民政府时期的法官考绩工作主要由司法行政部负责，年考由司法院各部报司法行政部审核后转送考试院铨叙审定，总考由铨叙部直接负责。根据南京国民政府司法行政部制定的《司法人员考绩程序表》，"上级有权考绩下级，本级长官将职员考绩情况报上级考绩委员会，由司法行政部考绩委员会负责所有职员的考绩工作，最后核定权掌握在司法行政部部长手中"[①]。可见，近代对司法官的考核监督权主要掌握在司法行政部门（长官）手中。

（三）教育培训

教育培训既是提高司法人员专业素养的必要途径，也是统治者灌输其政治意识形态和对司法人员进行思想控制的重要手段。清末和北洋政府时期，法律明文规定"法官不得列名政党""司法官不党"，司法与政党派别之间一直保持着距离，司法官参加党派的极少。[②] 但是到了南京国民政府时期，司法人员政党

[①] 王福永：《论南京国民政府时期的法官制度》，山东大学硕士学位论文，2009年，第13页。
[②] 王福永：《论南京国民政府时期的法官制度》，山东大学硕士学位论文，2009年，第37页。

化的倾向变得非常严重，例如"南京国民政府把国民党的三民主义、五权宪法思想作为政治理论的必修科目，在司法官培训班结业之前，还强制被培训者集体加入国民党"①。

1910年《法院编制法》规定，"补高等审判厅推事及高等检察官者，须照第一百二十百八条充京省法政学堂教习或律师五年以上……补大理院推事及总检察官者，须照前条（第一十九条）充京省法政学堂教习或律师十年以上，而任推事及检察官"。奉天曾正式出台《奉天高等审判检察厅附设律学课程简章》，明确规定所有推事及检察官均应参加学习，培训的目的是"研究新旧法律、增进学识"，对培训内容要进行考核，对考核成绩优者给予奖励。清末在司法官的任职资格中对司法官的教育培训作出了要求，一些地方还建立了比较完善的教育培训机制。南京国民政府司法院1929年1月开办司法训练所，对法官初试合格者进行培训，1936年决定对现任法官也进行统一培训。1943年，法官训练所停办，司法人员培训工作转由中央政治大学（后改为国立政治大学）承担。南京国民政府还先后于1943年和1946年公布了《司法人员训练大纲》和《司法官训练办法》，更为系统地规定了司法官培训制度。近代对司法人员的教育培训权形式上掌握在司法机关手中，实质上掌握在统治者手中，成为灌输意识形态的重要手段。

（四）奖励惩戒

在监督、考核过程中对司法人员的履职情况如何作出评价，如对履职情况优秀的予以奖励，履职情况差、违规定违纪的予以惩戒，违法的追究责任，这些就需要建立比较科学的奖惩制度。奖励可以激发被奖励司法人员的工作热情和责任担当意识，强化其职业荣誉感，进而让司法人员自觉地依法履职；惩戒或责任追究旨在强化司法人员的敬畏意识，警示其勿越雷池，从而保证司法人员依法履职。1935年南京国民政府颁布的《公务员考绩奖惩条例》规定，"公务员考绩奖励包括升等、晋级、记功，惩处包括解职、降级、记过。年考成绩特优者经主管长官认为有升等之必要时，详叙理由送经铨叙部核定行之"②。

北洋政府时期由司法部对各级法院的法官、书记官和未设法院各县的知事、

---

① 王福永：《论南京国民政府时期的法官制度》，山东大学硕士学位论文，2009年，第12页。
② 《公务员考绩奖惩条例》，引自蔡鸿源主编：《民国法规集成》，黄山书社1999年版，第37册，第158页。

承审员实施奖惩。其中,对县知事的奖励分为两种情况:一是司法部会同内务部呈请奖励;二是各省高等司法厅呈准省长记功,呈司法部备案并经司法部核发奖章。惩戒也分为两种情况:一是由文官惩奖委员会作出决定,交由司法部执行;二是由各省高等司法厅呈请扣俸或记过,报司法部备案。南京国民政府1928年5月公布的《法官惩戒暂行条例》规定,"在检察院未成立前,设立法官惩戒委员会,对有下列行为的法院院长、推事及检察官予以惩戒:……惩戒由中央公务员惩戒委员会决议,并通知铨叙部"。1931年《公务员惩戒法》规定:"简任职公务员的惩戒处分由中央公务员惩戒委员会议决,议决后报司法院;荐任职以上公务员的惩戒由司法院呈请国民政府或通知其主管长官执行,并通知铨叙部;选任政务官由国民党中央党部监察委员会惩戒;其他政务官由国民政府惩戒;事务官由公务员惩戒委员会惩戒;荐任职以下公务员记过或申诫由主管长官执行。"[1] 清末和民国时期,对司法人员的奖惩已经呈现出分类管理的特征,奖惩权分散掌握在司法部、省长、公务员惩戒委员会、司法院、主管长官等手中。

(五) 职业保障

职业保障权对司法人员而言主要是一种积极的权利,对管理者既是一种积极的权力,要求管理者创造条件去保障司法人员依法履职,同时也是一种消极的权力,即要求管理者不得随意干预司法人员履职或损害其利益。清末《法院编制法》第125条规定:"法部对于推事及检察官不得有勒令调任、借补、停职、免职及减俸等事……","推事及检察官廉俸,虽在惩戒调查或刑事被控时,仍应照给"。南京国民政府继承了清末和北洋政府时期的司法改革成果,建立了较为完善的法官保障制度,例如《法院组织法》第四十条规定,实任推事,非有法定原因,并依法定程序,不得将其停职免职转调和减俸;1947年《中华民国宪法》规定法官为终身任职,非受刑事处分或惩戒处分或禁治产之宣告,不得免职,非依法律,不得停职、转任或减俸。[2] 清末和民国时期的司法人员职业保障制度主要是围绕司法人员的身份地位、薪酬等消极的职业保障,在积极创造条件保障司法人员依法公正履职方面关注不够。

---

[1] 房列曙:《中国历史上的人才选拔制度》(下),人民出版社2005年版,第539~540页。
[2] 袁勤华主编:《司法人员管理体制研究》,中国法制出版社2016年版,第37页。

三、近代司法人员管理制度述评

近代司法人员的管理体制既带有封建专制的残余，又呈现出司法行政分立、分类管理等具有进步意义的特征，比较核心的管理权掌握在司法行政部门手中，仍然延续了司法行政合一的传统。

清末的司法人员管理制度主要是在借鉴德国、日本等近代西方资本主义国家司法制度的基础上建立起来的，司法人员管理制度不仅在加强内部监督上有所创新，例如设置监督检察官一职，而且在外部监督方面引入了民众、媒体等社会舆论监督方式。《奉天高等审判厅呈明督抚重申审判定章并现时各厅办法及困难情形文》中曾记载："奉省各级审判检察厅自奉旨试办以来，恪遵奏定章程，并非自为风气，案必须问官三人方能开庭。有检察之监督、人民之旁听、报馆之记载，是非虚实易于周知。"① 清政府在相关司法改革措施出台后不久即被推翻，其司法人员管理制度尚未得到足够的实践检验，对其绩效难以评判，但其在制度设计上所做的努力是值得肯定和借鉴的。

北洋政府基本继承了清末的司法人员管理制度，设立了司法行政部门——司法部，取代了清末的法部（地方上为提法司），对司法人员进行考核与奖惩，其制度设计较清末有一定的进步，但其在基层仍然普遍保留了县知事兼理司法的制度。由于当时各路军阀混战割据，未能在全国建立统一的司法机关组织体系，司法人员管理制度遭到地方军阀的抵制，并未得到有效的执行。

南京国民政府时期在孙中山先生五权宪法理论的指导下，短短几年时间就建立了包括选任、考核、培训、奖惩等在内比较完整的司法人员管理制度，而且立法水平较高，兼顾了司法理想和实际操作需要。立法院负责制定与司法官制度相关的法律法规，行政院掌管司法官的任用、考绩、薪酬等事务，司法院掌管司法官的奖励、惩戒、培训等事务，考试院主管司法官的考试和铨叙等事务，监察院对司法官的违法渎职行为有监督弹劾权。其司法人员管理制度具有合理性：首先，建立专门的司法官考试制度，并使考试权脱离行政权而独立，

---

① 谢如程：《清末检察制度及其实践》，上海人民出版社2008年12月出版，第460~461页。

既可以避免随意任用司法官,造成裙带关系的腐败,也可以防止行政权借考试权操纵控制司法官,影响司法独立。其次,从立法权中分离并设置独立的监察权,可以避免监察权沦为政党政治斗争的工具,防止个人为谋取私利,以弹劾权为工具胁迫司法机关和司法人员。但从实践来看,南京国民政府最为注重秩序与效率,没有建立起公正的、均衡的司法价值体系。加上相继经历了抗日战争和解放战争,社会环境一直处于动荡状态,表面上建立了全国统一的政权,但实际上众多地方势力拥兵自重,国民党集团内派系林立。因此,司法制度的实施并没有稳定的社会环境和强有力的国家政权作为保障,司法人员管理制度不得不依附于派系斗争,司法腐败现象不断滋生。时任南京国民政府司法行政部部长王用宾曾承认:"我国司法制度,建立将三十年,终以未尽完善,为国人垢病,外人也借作不撤废领事裁判权之口实。"[①] 而司法院参事吴昆吾更是尖锐地批评道:"中国新式司法,已于民国初年渐植根基。民国肇造,已二十三年,唯司法制度,比较在轨道之中,近十年来,较前反有退步者。"[②]

第三节 新民主主义时期的司法人员管理

新民主主义时期是指1927年新民主主义革命开始到1949年中华人民共和国成立前这段时间。直到1931年中华苏维埃共和国成立前,中国共产党并没有建立比较稳固的政权,因此我们在这里只论述1931~1949年的司法人员管理制度。

一、新民主主义时期的司法人员管理体制

新民主主义时期又可以分为三个阶段:工农民主政权时期、抗日民主政权

---

① 王用宾:《过去一年之司法行政概要》,载于《中央周报》第394、395、396期合刊,1936年1月6日出版,转引自王福永:《论南京国民政府时期的法官制度》,山东大学硕士学位论文,2009年,第31~32页。
② 吴昆吾:《中国今日司法不良之最大原因》,载于《东方杂志》第32卷第10号,1935年5月16日出版,转引自王福永:《论南京国民政府时期的法官制度》,山东大学硕士学位论文,2009年,第32页。

时期、解放战争时期。

(一) 工农民主政权时期的司法人员管理体制 (1931~1937年)

1927 年大革命失败后,毛泽东、朱德先后率领秋收起义和八一起义部队来到井冈山会师,在井冈山创建了中国共产党领导的第一个农村革命根据地。到 1930 年上半年,全国已经创建了近 10 个革命根据地和苏维埃政权。1931 年 11 月 7~20 日,中华工农兵苏维埃第一次全国代表大会在江西省瑞金县叶坪村召开,会议通过了《中华苏维埃共和国宪法大纲》,宣布成立中华苏维埃共和国。[①] 1931 年 12 月 13 日,中华苏维埃政府中央执行委员会颁发第 6 号令,指示各级苏维埃政府成立裁判部;1932 年 2 月通过决议成立临时最高法庭;1932 年 6 月颁布的《裁判部暂行组织条例》规定裁判部为临时司法机关,县、区分别设立裁判部。1934 年 2 月,中华苏维埃共和国临时最高法院成立。当时实行"审检合一"模式,审判机关内设的检察机构和中央人民委员会下设的工农检察委员部、军事检察(查)所共同组成了苏区的检察机构体系。各级裁判所由正副部长、裁判员、巡视员、检察员、秘书、文书等组成,最高法院设检察长一人、副检察长一人、检察员若干人,省裁判部设正、副检察员各一人,县裁判部设检察员一人。[②] 当时中国共产党建立的根据地在数量、面积和人口等方面都比较有限,司法人员相对较少。司法机关受同级人民政府领导,实行"政审合一"的管理体制,司法人员受同级政府和上级司法机关的双重领导。

(二) 抗日民主政权时期的司法人员管理体制 (1937~1945年)

1937 年 9 月,中国共产党将苏维埃临时中央政府驻西北办事处正式更名为陕甘宁边区政府。边区政府成立前,苏维埃临时中央政府驻西北办事处的司法机关是司法部,领导各县区裁判部开展工作。[③] 1937 年 5 月,司法部被改组为陕甘宁边区高等法院,在各分区专员公署所在地设高等法院分庭,1941 年在基层设地方法院(一年后撤销),1943 年设县司法处。在高等法院成立之初,只设检察官一人。1939 年 1 月,边区第一届参议会通过的《陕甘宁边区高等法院组织

[①] 孙谦主编:《人民检察制度的历史变迁》,中国检察出版社 2009 年 9 月出版,第 33 页。
[②] 孙谦主编:《人民检察制度的历史变迁》,中国检察出版社 2009 年 9 月出版,第 34 页。
[③] 孙谦主编:《人民检察制度的历史变迁》,中国检察出版社 2009 年 9 月出版,第 36 页。

条例》规定,"高等法院检察处,设检察长及检察员,各县设检察员一人","边区高等法院受中央最高法院(指国民政府最高法院,当时边区在形式上属于南京国民政府)之管辖,边区参议会之监督,边区政府之领导",同时规定,边区司法行政事宜由高等法院院长兼理,检察处设在高等法院内,行使检察职权。边区高等法院为边区司法的最高机关,独立行使审判权,检察处设在高等法院,司法行政事务也由高等法院院长兼理,基本上是三者一致的组织体制。"1942年1月实施'精兵简政'后,检察处及各县检察员均被裁撤,检察机关的职权由保安机关、公安机关或法院行使。边区大部分时间没有检察机关,且时存时废。"[①] 根据1943年《陕甘宁边区政纪总则草案》的规定,司法机关隶属于同级人民政府,受同级人民政府领导,其日常的行政、财政、人事甚至包括具体的审判事务都由各级政府管理,司法人员作为普通干部,其管理体制与其他干部的管理体制一样。

(三) 解放战争时期的司法人员管理体制 (1945～1949年)

解放战争时期,法院系统建立了大行政区、省(行署)、县三级司法机构,并且统一将审判机关改为人民法院,推事改称审判员,实行三级三审制。[②] 这一时期实行司法机关对法律负责,进行独立审判,不受地方行政机关干涉。1945年12月,陕甘宁边区司法会议提出重新建立检察制度。1946年5月,边区第三届参议会常驻会议决定在边区高等法院重新设立检察处;1946年10月,边区高等法院检察处根据政府命令正式更名为"陕甘宁边区高等检察处",分区设高等检察分处,各县(市)设检察处,受边区政府领导,实现了实质上的"审检并立"。[③] 1949年2月,边区政府和高等法院联合决定,检察职能仍由公安机关和群众团体代为执行。法院沿袭了抗日战争时期的制度,检察机关略有变化:1946年陕甘宁边区高等检察处设检察长1人,检察员2人,主任书记员1人,书记员2人;高等检察处分处设检察员、书记员各1人;大县设检察员、书记员各1人,小县设检察员1人,书记员由司法处书记员兼任。东北解放区最初实行司法行政与审判合一的管理制度,但不久设立了司法部,行使司法行政管理权。

[①] 袁勤华主编:《司法人员管理体制研究》,中国法制出版社2016年版,第46页。
[②] 余森、胡冰夏:《我国人民陪审制度的起源》,载于《人民法院报》2015年2月13日。
[③] 张伯晋:《陕甘宁边区:检察机构逐渐"走出"法院》,载于《检察日报》2011年11月9日。

二、新民主主义时期的司法人员管理

这一时期的司法人员数量较少,管理制度比较简单,司法人员的选任、教育培训、惩戒和职业保障等主要掌握在边区政府手中。

(一) 司法人员的选任

在选拔标准上,1941年5月10日发布的《陕甘宁边区高等法院对各县司法工作的指示》规定,担任司法干部应具备的条件是:(1)要能够忠实于革命事业;(2)要能够奉公守法;(3)要能够分析问题、判别是非;(4)要能够吃苦耐劳,积极负责;(5)要能够看懂条文和工作报告。1943年4月陕甘宁边区政府发布的《各级政府干部管理暂行通则》《干部任免暂行条例》和《干部奖惩暂行条例》规定,干部任用的基本标准是:(1)拥护并忠实于边区施政纲领;(2)德才资望与其所负职务相称;(3)关心群众利益;(4)积极负责,廉洁奉公。同时还规定了禁止条件,主要是有汉奸行为、反对边区施政纲领或破坏抗日组织、破坏政府法令、危害群众利益及贪污腐化、营私舞弊等。陕甘宁边区在司法人员的选任上主要强调政治上忠诚可靠,而专业能力方面仅仅要求"能够分析问题、判别是非""够看懂条文和工作报告",但这已经比对其他干部的要求高。这是由当时边区敌我斗争形势复杂、干部普遍出身于工农阶层、文化程度不高以及专业司法人才严重匮乏的社会历史条件决定的。

(二) 司法人员的教育培训

这一时期,对司法人员的教育培训中非常"重视思想政治教育,经常召开批评与自我批评检讨会,要求法官永葆艰苦奋斗、廉洁办案的作风"[①]。同时,在专业能力的教育培训上,"从1938年开始,陕甘宁边区政府制定了法官每天集体学习两小时业务知识的制度。从1939年到1940年,陕甘宁边区政府曾先后三次举办司法训练班,训练和培养了近百名工农出身的司法干部。1942年,延安大学

---

① 袁勤华主编:《司法人员管理体制研究》,中国法制出版社2016年版,第47页。

成立以后，在延安大学设了法学院，有司法系，仍然办司法训练班，又培养了大批干部"①。总体来看，这一时期对司法人员的教育培训主要由边区政府主导，更多是强调思想政治教育，业务能力的培训相对而言处于次要地位。

（三）司法人员的监督

陕甘宁边区政权建设的基本原则是议行合一和民主集中制。边区的权力机关是边区参议会，其职责是制定和修改法律，选举和监督边区政府、司法机关等。边区司法机关的产生和运行均受制于参议会；同时，按照1943年起草的《陕甘宁边区政纪总则草案》中规定："司法机关为政权工作的一部分，应受政府的统一领导，边区审判委员会及高等法院受边区政府的领导，各下级司法机关应受各该级政府的领导。"因此，当时的司法人员不仅要受到参议会的监督，还要受到同级政府的领导和监督。另外，边区司法工作非常注重人民群众的参与，还要求司法人员自觉接受人民群众的监督。

（四）司法人员的考核奖惩

从司法体制来看，边区司法机关是边区政府的组成部分，其司法人员也是政府干部。陕甘宁边区建立之初，由于专业司法人员较为短缺，司法干部直接由政府干部兼任，司法权基本上掌握在普通工农干部手中。1938年，陕甘宁边区党委发布《关于各级党委暂行组织机构的决定》规定，在各级党委设立组织部，负责各级政府干部的考核工作；1940年，在军队政治部下设干部科，负责军队干部的考核工作。由此可以推论，当时对司法人员实施的是和普通干部一样的考核奖惩制度，主要由同级党委组织部门负责。

（五）司法人员的职业保障

新民主主义时期的司法机关属于同级政府的组成部分，其日常的行政、财政、人事等管理权均掌握在同级政府手中。因此，司法人员的工资福利、职务职级、办案经费等均由政府财政予以保障。同级政府不仅在行政、财政和人事方面对司法人员进行领导管理，还在具体业务方面对司法人员进行领导，甚至

---

① 李忠全：《浅论陕甘宁边区司法制度》，载于《中国延安干部学院学报》2010年第3期。

普遍存在政府干部兼任司法人员的情况。当时敌我斗争形势复杂，司法工作必须服从对敌斗争和巩固政权的需要，这造成了实质上的司法行政合一。

三、新民主主义时期司法人员管理之评析

新民主主义时期司法机关隶属于各级政府，实行"政审合一"。在主要把司法作为发动群众的工具和手段的时期，这种做法无疑具有一定的长处，如便于实行党的统一领导，审判的结果取得党政军的一致支持，便于案件的执行等。"据统计：自1938年至1943年，边区的30个初审单位，共审理了10112项民、刑案件，其中属于汉奸和破坏边区犯罪的，占全部刑事案件的26%；属于土地、婚姻纠纷案的，占全部民事案件的61.9%。严惩汉奸和破坏边区的罪犯，保卫了边区的抗日民主政权；解决土地、婚姻纠纷，保护了抗日人民的合法利益，有助于促进边区人民团结抗日和发展生产，说明陕甘宁边区的司法工作，起到了应有的作用，获得了重大的成功。"[①]

但从司法人员管理的角度来看，一直存在着两种不正常的现象：一是由于各级政府的领导行政事务繁忙，对司法工作无暇顾及，导致案件审理的拖延，具体从事司法工作的司法人员无所适从；二是某些行政领导不懂法律，不按法律办事，随意干预司法活动或插手具体案件。前一种情况下司法人员容易被批评为不努力工作，而后一种情况下如果司法人员不照办又往往被指责为"闹独立"。因此，司法人员的不满情绪一直存在，司法人员与行政领导之间的摩擦频频发生。1945年12月，中共中央西北局开会对这一司法体制重新进行检讨：这种体制确实遇到了不少困难和矛盾，它只能是过渡时期的一种权宜之计。

陕甘宁边区司法制度与理念形成的原因是极为复杂的，它既有特定环境、条件下不得已而为之的无奈，也有对新制度的激情向往，更有理想支配下的自觉和主动；边区新型司法制度与理念的确立是各种力量共同作用的结果。[②] 在当时的历史条件下，边区政府在解决纠纷、维护社会秩序与公正之外，又给司法机关赋予了更高的，或许也是它本身极难达到的目标和一些新的政治功能。其

---

① 李忠全：《浅论陕甘宁边区司法制度》，载于《中国延安干部学院学报》2010年第3期。
② 侯欣一：《陕甘宁边区司法制度、理念及技术的形成与确立》，载于《法学家》2005年第4期。

结果是边区政府获得了极大的威信,但近代以来中国一直孜孜以求的西方近代意义上的司法制度则并未建立起来。有的学者甚至指出,"新中国的法律传统形成于陕甘宁边区政府时期"①,边区的司法人员管理体制对新中国成立后的司法人员管理制度产生了较为深远的影响。

第四节　新中国司法人员管理之发展历程

1949年2月,国民党军队节节败退,全国解放已经指日可待,中共中央发布《关于废除国民党的六法全书与确定解放区的司法原则的指示》(简称"二月指示")。1949年9月21日,第一届代中国人民政治协商会议在北平举行,会议通过了两个具有历史意义的法律文件——《中国人民政治协商会议共同纲领》(以下简称《共同纲领》)和《中华人民共和国中央人民政府组织法》。《共同纲领》第17条规定:"废除国民党反动政府一切压迫人民的法律、法令和司法制度,制定保护人民的法律、法令,建立人民司法制度。"② 1949年10月1日,中央人民政府委员会第一次会议在北京召开,决定成立中华人民共和国中央人民政府最高人民法院,通过决议任命沈钧儒为最高人民法院第一任院长,决定成立中华人民共和国中央人民政府最高人民检察署,任命罗荣桓为最高人民检察署第一任检察长。沈钧儒就职后,随即以原华北人民法院的组织机构和工作人员为基础于10月22日成立最高人民法院;10月22日,最高人民检察署检察委员在中南海举行第一次会议,罗荣桓检察长宣布最高人民检察署成立。③

一、多元管理体制下的司法人员管理(1949~1954年)

在新中国成立之初,尽快恢复生产发展经济,巩固人民民主专政政权就是

---

① 强世功:《权力的组织网络与法律的治理化》,转自《调解、法制与现代化:中国调解制度研究》,中国法制出版社2001年版,第204页。
② 袁勤华主编:《司法人员管理体制研究》,中国法制出版社2016年版,第51页。
③ 孙谦:《人民检察制度的历史变迁》,中国检察出版社2009年版,第153、155页。

中国共产党的中心任务，新中国的司法建设工作也服务和服从于这两大任务。

《中央人民政府组织法》第五条规定，由中央人民政府委员会组织政务院、人民革命军事委员会、最高人民法院及最高人民检察署，分别为最高政务、军事、审判及检察机关，作为中央人民政府的三大组成部分。第七条规定，由中央人民政府委员会任免最高人民法院院长、副院长和委员以及最高人民检察署检察长、副检察长和委员。"由此建立了司法与行政有机结合的司法体制。"[①] 根据1949年12月的《中央人民政府最高人民检察署试行组织条例》，检察署实行垂直领导体制，检察人员应由最高人民检察署统一任免。根据1949年《中国人民政治协商会议共同纲领》第17条和《中央人民政府组织法》的规定，建立司法行政机关——中央人民政府司法部。各大行政区设司法部，各省、市的司法行政工作由人民法院的司法行政处管理。1950年8月的《各级检察署工作人员任免暂行办法》和1951年11月的《中央人民政府任免国家机关工作人员暂行条例》均规定，最高人民检察署及其各大行政区分署的检察长、副检察长、秘书长及委员，由中央人民政府委员会任免；中央直属省市和大行政区直属省市的人民检察署的检察长、副检察长及委员，由最高人民检察署提请中央人民政府委员会任免；各级人民检察署的其他人员（包括县市人民检察署检察长）均由检察机关自行任免。此后，在土地改革、镇压反革命运动中，为了统筹政法各部门的工作，1951年，政务院、最高人民法院、最高人民检察署联合发布的《关于省（市、行署）以上人民政府建立政治法律委员会的指示》规定，"政治法律委员会负责指导与联系包括法院、检察署在内的政法各部门的工作，并对各级人民政府委员会（军政委员会）或行署负责，协助政府首长主管政法各部门业务政策的研究、拟定、执行及其相互关系和内部组织的调整、联系、统一……专署及县级人民政府有必要并有条件时，经省级人民政府批准，可逐步设立政法联合办公室，以便加强对法治工作部门的统一领导"[②]。1951年《人民法院暂行组织条例》第十条规定："下级人民法院的审判工作受上级人民法院的领导和监督；其司法行政工作由上级司法部领导。各级人民法院（包括最高人民法院分院、分庭）为同级人民政府的组成部分，受同级人民政府委员会的领

[①] 方育圚：《1949—1954年新中国司法建设研究》，中共中央党校硕士学位论文，2006年，第27页。
[②] 参见《政务院、最高人民法院、最高人民检察署关于省（市、行署）以上人民政府建立政治法律委员会的指示》。

导和监督。"《最高人民检察署暂行组织条例》和《各级人民检察署试行组织条例》同样规定各级检察署属于同级人民政府的组成部分,并受同级人民政府领导。"至此,司法机关从属于政府的体制基本确立。"① 最高人民法院的设置、干部的教育和管理、组织制度等司法行政事务由中央人民政府司法部管理,省以下人民法院的设置、干部的教育和管理、组织制度等司法行政事务由司法行政机关和人民法院的司法行政处共同管理。"1949 年到 1954 年期间,司法行政机关的主要工作是主管司法机关的组织建设、思想建设、制度建设、物质装备以及其他司法行政工作。"②

在这一时期,司法人员除受本级司法机关以及上级司法机关的领导和管理外,还要接受同级党委、政府、政治法律委员会(政法联合办公室)的领导和管理,处于多重监督管理之下。③

二、司法行政事务管理权"统"与"放"运行模式下的司法人员管理(1954~1959 年)

1954 年 9 月,第一届全国人民代表大会第一次会议通过了《中华人民共和国宪法》《中华人民共和国人民法院组织法》和《中华人民共和国人民检察院组织法》。在司法机关的设置上,会议决定撤销政治法律委员会、人民监察委员会和法制委员会,增设监察部。"根据《人民法院组织法》和《人民检察院组织法》的规定,人民法院、检察院不再是同级政府的组成部分,改人民检察署为人民检察院。人民代表大会下一府两院的国家体制从此形成,司法制度的基本框架也构建起来。"④《人民法院组织法》规定,人民法院独立进行审判,只服从法律,各级人民法院对同级人民代表大会负责(闭会期间对其常委会负责),上级法院仅监督而不再领导下级法院,各级法院之间审级独立。《人民检察院组织法》规定,最高人民检察院对全国人民代表大会负责(闭会期间对其常委会负责);地方各级人民检察院独立行使职权,不受地方国家机关的干涉;地方各级

---

① 方育颎:《1949—1954 年新中国司法建设研究》,中央党校硕士学位论文,2006 年,第 27 页。
② 袁勤华主编:《司法人员管理体制研究》,中国法制出版社 2016 年版,第 57 页。
③ 参见徐汉明:《论司法权和司法行政事务管理权的分离》,载于《中国法学》2015 年第 4 期。
④ 陈卫东:《中国共产党与新中国司法制度的创立、发展及其完善》,载于《法学家》2001 年第 4 期,第 47 页。

人民检察院和专门人民检察院在上级人民检察院的领导下，并且在最高人民检察院的统一领导下进行工作。这标志着在立法层面上司法从行政中分离出来，相对独立的司法制度正式确立。1954年《人民法院组织法》规定，人民法院的司法行政工作由司法行政机关管理，各级人民法院的人员编制和办公机构由司法部另行规定。1954年《中央人民政府司法部试行条例》规定，司法行政机关的主要任务是：管理人民法院的设置、干部的教育和管理、组织制度、律师、公证、司法统计、财务工作等。根据1954年《人民法院组织法》和《人民检察院组织法》，法院审判人员有院长、副院长、庭长、副庭长、审判员和助理审判员，其他人员有执行员、书记员；检察院检察人员有检察长、副检察长、检察委员会委员、检察员和助理检察员，其他人员有书记员。法院人员根据层级和职务不同，任免权分别掌握在人大及其常委会、人民委员会和司法行政机关手中；检察人员根据层级和职务不同，任免权分别掌握在人大及其常委会、最高人民检察院手中。而人民检察院的干部教育管理、考核奖惩等司法行政事务主要由检察院自行管理，法院、检察院人员的工资福利等则和普通干部一样，由同级政府财政予以保障。这一时期，司法机关在司法人员管理上取得了更多的自主权。1954～1957年反右派运动扩大化之前，司法制度和司法队伍建设进入快速发展时期，被称为新中国司法制度建设的"黄金时期"。[1]

1957年反右派运动扩大化，全国法院系统错划和清除了一批所谓右派分子，其中多数是经验丰富的领导干部和年轻有为的审判业务骨干，司法干部队伍遭遇严重挫折。1958年"大跃进"，在短时期内，一些地方实行公检法三机关合并，大批法院干部被调出。[2]

三、司法机关主导模式下的司法人员管理（1959～1966年）

1959年4月28日，第二届全国人民代表大会第一次会议以"司法改革已经基本完成，各级人民法院已经健全，人民法院的干部已经充实和加强，司法部

---

[1] 参见徐汉明：《论司法权和司法行政事务管理权的分离》，载于《中国法学》2015年第4期。
[2] 张向阳：《新中国司法干部队伍建设的曲折历程》，引自《董必武法学思想研究文集》（第六辑），第357～358页。

已无单独设立必要"为由通过决议撤销司法部,法院的司法行政工作移转归法院自行管理。1960 年 10 月 21 日,为强化公安机关的职权,中央政法小组会议向中共中央提出了公、检、法三机关合署办公的报告。11 月 11 日,中共中央发出《关于中央政府机关精简机构和改变管理体制的批复》,决定最高人民法院、最高人民检察院和国务院公安部合署办公,由公安部党组统一领导,从高层否定了 1954 年《宪法》确定的人民法院、人民检察院独立行使职权和中共八大所确认的公检法三机关分工负责、相互制约的司法体制。但在刘少奇、彭真等国家领导人的过问下,中央政法小组会议三天后就撤销了公检法三机关合署办公的决定。这一阶段,司法机关在机构设置、人员编制、干部教育、考核奖惩、组织制度等司法行政管理事务方面已经具有了高度的自主权,但司法人员应接受同级党委、政府的领导,在工资福利等方面与普通干部一样由同级政府财政予以保障。①

四、"军管"模式下的司法人员管理(1967~1977 年)

1966 年 5 月,中共中央政治局扩大会议通过了《中国共产党中央委员会通知》("五·一六"通知);8 月,中共八届十一中全会通过了《中国共产党中央委员会关于无产阶级文化大革命的决定》(即"十六条")。此后,"文化大革命"便在全国范围内发动和开展起来,造成了长达十年的内乱,给党和人民带来了严重的灾难。在"文化大革命"期间,司法制度遭到了全面的、严重的破坏,整个国家的法律秩序陷于瘫痪,部队接管了包括司法在内的很多重要工作。

1973~1975 年,全国各级人民法院先后恢复工作;1975 年 2 月,江华担任最高人民法院院长;1975 年《宪法》规定,检察机关的职权由各级公安机关行使;1976 年 10 月,"四人帮"被粉碎,长达十年之久的"文化大革命"得以结束。②

五、司法行政事务管理权"统"与"放"并存模式恢复运行下的司法人员管理(1978~1982 年)

1978 年 3 月,第五届全国人民代表大会第一次会议通过了新的《中华人民

---

①② 参见徐汉明:《论司法权和司法行政事务管理权的分离》,载于《中国法学》2015 年第 4 期。

共和国宪法》，选举江华为最高人民法院院长，恢复人民检察院的设置，选举黄火青为最高人民检察院检察长。1978年5月开始的关于真理标准的大讨论打破了"两个凡是"的束缚，极大地解放了人们的思想，为全面总结我国法制建设的历史教训奠定了思想基础。根据1978年《宪法》的规定，人民法院、人民检察院上下级之间均为监督关系；最高人民法院、检察院对全国人大及其常委会负责并报告工作，地方各级人民法院、检察院对本级人大负责并报告工作。1978年6月，最高人民检察院恢复办公，随后地方各级人民检察院迅速得以重建，基本上恢复了1954年《宪法》有关国家机关、人民权利的规定，但法院和检察院独立行使职权的原则仍然没有得到恢复。

  1979年，第五届全国人民代表大会第二次会议通过了修订后的《人民法院组织法》和《人民检察院组织法》，这是我国司法制度重新建立的起点。[1] "两院"组织法规定了人民法院的任务、审判制度、辩护制度和人民陪审制度，确定人民检察院的性质是国家的法律监督机关，上级人民检察院领导下级人民检察院的工作。根据"两院"组织法，全国建立了四级普通法院、检察院和专门法院、检察院，专门法院、检察院分别归最高人民法院、检察院领导。1979年9月，全国人民代表大会常务委员会决定重建司法部，随后各级司法行政机构相继建立。根据1979年《法院组织法》的规定，地方各级人民法院院长由地方各级人民代表大会选举，副院长、庭长、副庭长和审判员由地方各级人民代表大会常务委员会任免；在省内按地区设立的和在直辖市内设立的中级人民法院院长，由省、直辖市人民代表大会选举，副院长、庭长、副庭长和审判员由省、直辖市人民代表大会常务委员会任免。最高人民法院院长由全国人民代表大会选举，副院长、庭长、副庭长、审判员由全国人民代表大会常务委员会任免；助理审判员由司法行政机关任免，各级人民法院的设置、人员编制和办公机构由司法行政机关另行规定，"法院的司法行政工作又交由司法行政机关管理"[2]。1979年《人民检察院组织法》规定，最高人民检察院检察长由全国人民代表大会选举和罢免，副检察长、检察委员会委员和检察员由最高人民检察院检察长提请全国人民代表大会常务委员会任免；省、自治区、直辖市人民检察院检察长和人民检察院分院检察长由省、自治区、直辖市人民代表大会选举和罢免，

---

[1] 迟日大：《新中国司法制度的历史演变与司法改革》，东北师范大学博士学位论文，2003年，第27页。
[2] 胡健华：《明确规定法院的司法行政工作由法院管理》，载于《人民司法》1995年第11期。

副检察长、检察委员会委员和检察员由省、自治区、直辖市人民检察院检察长提请本级人民代表大会常务委员会任免，省、自治区、直辖市人民检察院检察长、副检察长和检察委员会委员的任免，须报最高人民检察院检察长提请全国人民代表大会常务委员会批准；自治州、省辖市、县、市、市辖区人民检察院检察长由本级人民代表大会选举和罢免，副检察长、检察委员会委员和检察员由自治州、省辖市、县、市、市辖区人民检察院检察长提请本级人民代表大会常务委员会任免，自治州、省辖市、县、市、市辖区人民检察院检察长、副检察长和检察委员会委员的任免，须报省、自治区、直辖市人民检察院检察长提请本级人民代表大会常务委员会批准。这一时期基本恢复到了1954年的司法人员管理制度，人民法院的司法行政工作由司法行政机关管理，人民检察院自行管理其人员编制、考核奖惩、教育培训等司法行政事务，司法行政事务管理权恢复"统"与"放"并存模式，司法人员还应接受同级党委、政府的领导，在工资福利等方面与普通干部一样由同级政府财政予以保障。①

六、司法机关内部司法权与司法行政事务权混同模式下的司法人员管理（1982～2014年）

1982年12月4日，第五届全国人大第五次会议通过了《中华人民共和国宪法》（以下简称"八二宪法"）。八二宪法规定："人民法院是国家的审判机关"，"人民法院依照法律规定独立行使审判权，不受行政机关、社会团体和个人的干涉。""最高人民法院监督地方各级人民法院和专门人民法院的审判工作，上级人民法院监督下级人民法院的审判工作。""人民检察院是国家的法律监督机关"，"人民检察院依照法律规定独立行使检察权，不受行政机关、社会团体和个人的干涉。""最高人民检察院领导地方各级人民检察院和专门人民检察院的工作，上级人民检察院领导下级人民检察院的工作。""人民法院、人民检察院、公安机关办理刑事案件，应当分工负责，互相配合，互相制约，以保证准确有效地执行法律。"根据八二宪法的规定，上级人民法院和下级人民法院之间仍然

---

① 参见徐汉明：《论司法权和司法行政事务管理权的分离》，载于《中国法学》2015年第4期。

是监督关系,而上级人民检察院和下级人民检察院之间由监督关系变成了领导关系。

1983年9月2日,第六届全国人大常委会第二次会议通过了修改《人民法院组织法》和《人民检察院组织法》的决定,删除了有关法院的司法行政工作由司法行政机关管理的条款,法院的司法行政工作改为由法院自行管理,助理审判员改由本级人民法院任免,取消了副检察长和检察委员会委员任免必须报上级人大常委会批准的规定,增加了关于检察员任免的规定。1985年9月1日,中共中央办公厅发出《关于加强地方各级法院检察院干部配备的通知》,规定基层人民法院院长、检察院检察长配备副县长级干部,中级人民法院院长、省级人民检察院分院、自治州、省辖市人民检察院检察长配备副专员级干部,高级人民法院、省级人民检察院一般配备副省长级干部。[①]

1995年2月,第八届全国人大常委会第十二次会议通过了《中华人民共和国法官法》和《中华人民共和国检察官法》,对法官、检察官的职责、权利义务、资格条件、任免以及等级、回避、考核、培训、奖励、惩戒、辞职辞退、工资保险福利、退休等做了比较详细的规定,这是我国司法人员管理制度走向正规化、专业化的重要标志。《中华人民共和国法官法》规定,初任审判员、助理审判员采用公开考试、严格考核的办法,按照德才兼备的标准,从具备法官条件的人员中择优提出人选;担任院长、副院长、审判委员会委员、庭长、副庭长,应当从具有实际工作经验的人员中择优提出人选;对法官的考核,由所在人民法院组织实施,考核结果作为对法官奖惩、培训、免职、辞退以及调整等级和工资的依据;人民法院设法官考评委员会指导对法官的培训、考核、评议工作;法官享受国家规定的审判津贴、地区津贴、其他津贴以及保险和福利待遇。《中华人民共和国检察官法》规定,初任检察员、助理检察员采用公开考试、严格考核的办法,按照德才兼备的标准,从具备检察官条件的人员中择优提出人选;担任检察长、副检察长、检察委员会委员,应当从具有实际工作经验的人员中择优提出人选;对检察官的考核,由所在人民检察院组织实施,考核结果作为对检察官奖惩、培训、辞退以及调整等级和工资的依据;人民检察院设检察官考评委员会指导对检察官的培训、考核、评议工作;检察官享受国

---

① 孙谦:《人民检察制度的历史变迁》,中国检察出版社2009年版,第359~360页。

家规定的检察津贴、地区津贴、其他津贴以及保险和福利待遇。

八二宪法颁布后,司法机关自己掌握了相当程度的司法行政事务管理权,司法权具备了更多的独立性,但司法机关内部仍呈现出司法权与司法行政事务权混同的管理模式。司法人员的工资福利等物质保障到 2014 年之前一直与普通干部(公务员)一样,由各级政府财政予以保障,人员编制、职务职级晋升等人事管理权均掌握在地方党委(组织部门)、政府(人社部门、编制部门)手中,甚至在司法办案中还要接受同级党委政法委的领导(协调)。根据 2002 年 7 月颁布(2013 年 12 月修订)的《党政领导干部选拔任用工作条例》,实行党管干部原则,该条例适用于全国人大常委会、国务院、全国政协、中央纪律检查委员会工作部门或者机关内设机构领导成员,最高人民法院、最高人民检察院的领导成员(不含正职)和内设机构的领导成员……县级以上地方各级人民法院、人民检察院及其工作部门或者机关内设机构的领导成员,由党委选拔、推荐、考察、监督、管理。2006 年《公务员法》实施后,将各级法院、检察院工作人员纳入公务员范围,实行与党政机关干部既统一又分类管理的制度。[①]

七、省以下司法机关人财物统一管理模式下的司法人员管理（2015 年至今）

2013 年 11 月 12 日,中共十八届三中全会通过的《中共中央关于全面深化改革若干重大问题的决定》指出,"改革司法管理体制,推动省以下地方法院、检察院人财物统一管理,探索建立立法与行政区划适当分离的司法管辖制度,保证国家法律统一正确实施"。"建立符合职业特点的司法人员管理制度,健全法官、检察官、人民警察统一招录、有序交流、逐级遴选机制,完善司法人员分类管理制度,健全法官、检察官、人民警察职业保障制度。"2014 年 10 月 23 日,中共十八届四中全会通过的《中共中央关于全面推进依法治国若干重大问题的决定》提出:"各级党政机关和领导干部要支持法院、检察院依法独立公正行使职权,建立领导干部干预司法活动、插手具体案件处理的记录、通报和责

[①] 参见徐汉明:《论司法权和司法行政事务管理权的分离》,载于《中国法学》2015 年第 4 期。

任追究制度。""建立健全司法人员履行法定职责保护机制，非因法定事由，非经法定程序，不得将法官、检察官调离、辞退或者作出免职、降级处分。""改革司法机关人财物管理体制，探索实行法院、检察院司法行政事务管理权和审判权、检察权相分离。""明确司法机关内部各层级权限，健全内部监督制约机制。司法机关内部人员不得违反规定干预其他人员正在办理的案件，建立司法机关内部人员过问案件的记录制度和责任追究制度。完善主审法官、合议庭、主任检察官、主办侦查员办案责任制，落实谁办案谁负责。""明确各类司法人员工作职责、工作流程、工作标准，实行办案质量终身负责制和错案责任倒查问责制，确保案件处理经得起法律和历史检验。""依法规范司法人员与当事人、律师、特殊关系人、中介组织的接触、交往行为。严禁司法人员私下接触当事人及律师、泄露或者为其打探案情、接受吃请或者收受其财物、为律师介绍代理和辩护业务等违纪违法行为。对因违法违纪被开除公职的司法人员、吊销执业证书律师和公证员，终身禁止从事法律职业，构成犯罪的要依法追究刑事责任。对司法领域的腐败零容忍，坚决清除害群之马。"

2014年，中央全面深化改革领导小组通过的《关于司法体制改革试点若干问题的框架意见》明确了试点地区省级统管的改革路径及其基本框架：对人的统一管理，主要是建立法官、检察官统一由省提名、管理并按法定程序任免的机制。对财物的统一管理，主要是建立省以下地方法院、检察院经费由省级政府财政部门统一管理机制。

2014年3月，中央确定上海、广东、吉林、贵州、海南、青海和湖北等作为第一批7个司法体制改革试点省市。6月6日，中央全面深化改革领导小组第三次会议审议通过《关于司法体制改革试点若干问题的框架意见》《上海司法改革试点工作方案》。7月12日，上海市召开全市司法改革先行试点部署会，成为首个启动司法改革试点的城市。11月18日，中共中央政法委回函批准了《湖北省司法体制改革试点方案》（以下简称《湖北司改方案》）。12月29日，中共中央政法委印发的《关于司法体制改革试点中有关问题的意见》提出：推进法官、检察官员额制改革……省以下地方法院、检察院经费统一管理……省财政部门管理省以下地方法院、检察院经费，省、市、县三级法院、检察院均为省财政部门一级预算单位，向省级财政部门编报预算，预算资金通过国库集中支付系统拨付。12月13日，上海在全国率先成立法官、检察官遴选（惩戒）委员会，并审议通过了《上海市法官、检察官遴选（惩戒）委员会章程》（以下简称《章程》）。《章程》规定，由遴选（惩戒）委员会按照"统一提名、党委审批、分级任免"的制度安排，统一提出法官检察官遴选、惩戒意见，再由上海市高级人民法院、上海市检察院党组按规定程序审批办理。《湖北司改方案》提出完善司法人员分类管理制度，建立以法官、检察官为主体的司法人力资源配置模式，将法院、检察院工作人员分为法官和检察官、司法辅助人员、司法行政人员三大类，实行分类管理，核定法官、检察官员额，实行法官、检察官单独职务序列管理；建立有别于普通公务员的司法人员保障体系；建立省以下法院法官、检察院检察官省级统一管理体制，组建省法官、检察官遴选委员会和惩戒委员会，建立与省级统一管理相适应的干部管理制度，全省各级法院、检察院符合条件的工作人员（含离退休人员）上划省级统一管理，机构、编制由省机构编制委员会办公室会同省高级人民法院、省检察院统一管理；建立省以下地方法院、检察院经费由省级政府财政部门直接管理的预算管理体制。

2015 年 1 月，湖北省司法体制改革试点正式启动，将全省法院、检察院经费统一上收到省财政管理，由省财政按照"托高补低，保证各地法检经费不低于现有水平"的原则，保障全省三级法院、检察院经费，法院、检察院规费收入和罚没收入等也全部收归省财政统一管理。2015 年 2 月 4 日，最高人民法院发布了《最高人民法院关于全面深化人民法院改革的意见——人民法院第四个五年改革纲要（2014—2018）》（以下简称《改革意见》），对司法改革进行了全面的部署，其中对省以下地方法院人财物统一管理制改革进行了说明。2015 年 9 月，湖北省全面推开司法体制改革试点，全省三级法院、检察院实行人财物省级统一管理。

根据相关文件精神和改革试点情况，在 2014 年以来的司法体制改革中，司法人员管理制度呈现出两大变化：一是司法人员分类管理，即将司法人员分为法官、检察官、司法辅助人员（法官助理、检察官助理、检察技术人员等）和司法行政人员三类并重新确定三类人员的员额比例；二是司法人员编制、工资等省级统一管理，即省、市（自治州）、县（市、区）三级法院、检察院司法人员的编制、工资等均由省级编制、财政等部门统一管理。相关制度将在第五章中进行详细论述。[①]

[①] 参见徐汉明：《论司法权和司法行政事务管理权的分离》，载于《中国法学》2015 年第 4 期。

2014~2017年，司法人员管理体制改革由中央顶层设计，历经批准省、自治区、直辖市为主体分第一、第二、第三批渐进推进，以司法人员分类管理、员额制为主要内容的改革与司法责任制、司法人财物省级统一保障改革一同实施，以改革设计目标任务方案化、任务分解清单化、实施主体明晰化、落实时间节点化、改革成效评估指标化的"五化"方式扎实推进，司法人员管理体制实现重塑性变革，司法权与司法行政事务管理权"性质混同"、法官和检察官与司法行政人员"身份混同"、司法权行使与司法行政管理"岗位混同"、法官和检察官与其他司法行政人员工资职务"待遇混同"、法官和检察官与司法人员绩效考评"指标混同"的错位现象得到根本扭转；法官、检察官"瘦身改革"取得标志性成果，法官、检察官队伍革命化、职业化、专业化、规范化建设迈出历史性一步，取得骄人成就。据统计，司法体制改革实施前，全国法院共有在编人员约34万名，其中法官211 990名，占在编人员员额的61.76%；在推进司法人员分类改革中，全国法院按照以案定额、按岗定员、总量控制、省级统筹的原则，经过严格考试考核、法官遴选委员会专业把关，全国法院遴选、审批产生员额法官120 138名，占其在编员额的35.33%；最高人民法院坚持"从严掌握、宁缺毋滥"的选任导向，遴选产生员额法官367名，占中央政法专项编制的27.8%。[①] 全国检察院共有在编人员约25万名，其中检察官约16万名，占在编人员员额的63.2%；在推进司法人员分类改革中，全国检察院遴选产生员额检察官87 000名，占在编人员员额的34.8%；最高人民检察院机关首批遴选员额检察官228名，占中央政法专项编制的31.89%。[②] 法官、检察官办案主体地位基本确立，优秀人才向业务一线流动趋势明显。

[①] 参见周强：《最高人民法院工作报告》，在第十三届全国人民代表大会第一次会议上，2018年3月9日。
[②] 参见曹建明：《最高人民检察院工作报告》，在第十三届全国人民代表大会第一次会议上，2018年3月9日。

第三章
国外司法人员管理比较

本章将对大陆法系和英美法系国家司法人员管理制度进行系统梳理，在分析、比较中提供司法人员管理的世界趋势的前提下，"必须坚持以我为主、为我所用，认真鉴别、合理吸收，不能搞'全盘西化'，不能搞'全面移植'，不能照搬照抄"[①]。对于推进中国式司法人员管理现代化意义重大。

第一节 国外司法人员管理概述

一、德国的司法人员管理

"二战"后的德国实行联邦总统制下的立法、行政、司法的政治体制。1990年"两德"统一后，联邦德国对"基本法"做了重大修改，形成了"两德"统一后的司法管理体制。

（一）德国法院人员的管理

德国在政体上属于联邦制国家，其法院是根据联邦法律而统一建立的单一性的全国法院结构。德国的司法系统区别于欧洲国家普遍采取的二元法院制度（即普通法院和宪法法院），按照案件类型可划分为普通司法法院、行政司法法院、财政司法法院、社会司法法院、劳工司法法院五个不同的管辖区。每一个法院序列按照审级分为初审法院、上诉法院及最高上诉法院。[②]德国唯一的联邦法院是这五个司法管辖区的最高上诉法院、少量高度专门化的法庭以及联邦宪法法院。[③]

---

① 习近平：《坚定不移走中国特色社会主义法治道路》，引自《人民代表大会制度重要文献选编》（四），中国民主法制出版社、中央文献出版社 2015 年版，第 1831~1832 页。
② 陆伟：《域外法院管理体制比较》，载于《中国法治文化》2016 年第 5 期。
③ 最高人民法院应用法学所编：《美英德法四国司法制度概况》，韩苏琳编译，人民法院出版社 2008 年版，第 322~323 页。

1. 法官的分类

在德国，法官职务具有终身法官、任期法官、试用法官和委任法官等法律形式。终身法官是法官任用的常态，取得法官任职资格后在法官岗位上服务3年以上，才可能被任命为终身法官。任期法官担任法官职务的时间是有限制的。只有在联邦法律规定的条件下，并且为履行由联邦法律规定的任务，才允许任命任期法官。试用法官，是指未来将被用作终身法官或检察官的人。试用法官任命后5年内，应任命其为终身法官或检察官。委任法官是保留其原来的职位，在其被任命为委任法官2年后，应任命为终身法官或者建议法官选举委员会予以选举。委任法官通过颁发证书予以任命。在设立法官关系的情况下，任命状中必须载明"任命为法官"并附加"终身""任期""试用"或"委任"等字样。[1]

2. 法官的任职资格

德国《法官法》第5条规定了法官的任职资格。具体来讲，在德国，大学里的法律学习要持续4~5年，一般包括3年半的在校学习和2年的实务训练。[2] 通过第一次国家考试后在不同岗位进行全面培训，之后顺利通过第二次国家考试且结束法学专业学习的学员，即可获得担任法官职务的资格。第一次考试由大学的重点领域科目考试以及国家的必修课考试组成。在一个州取得了法官任职资格，在联邦以及任何其他州都具有法官的任职资格。

3. 法官的任命

在德国，州法院的法官由司法部长任命，联邦法院的法官由联邦总统任命。法官的选任程序分为州法院法官的最初选任、晋升及联邦法院法官的选任三个层次。德国州法官的晋升采用职位空缺填补制度，即当法官职位有空缺时，首先由法官提出申请，其所在法院院长审查并出具对该法官的能力及其对新职务是否适合的鉴定意见送交上诉法院院长；上诉法院院长作出评估，并提出一份最佳人选名单（一般为3位），但不排名次，移交司法部；司法部人事部门结合该部门保留的每位获准从事公职者的永久档案对其进行审查，并向司法部长推荐人选；司法部长作出决定并提交法官委员会（由上诉法院选出的法官组成），法官委员会同意向司法部长推荐，司法部长作出任命。[3] 联邦法院有空缺职位

---

[1] 邵建东主编：《德国司法制度》，厦门大学出版社2010年版，第46页。
[2] 李立新：《中外法官管理制度比较研究》，中南大学博士学位论文，2010年。
[3] 丁艳雅：《法官选任方式和程序之比较研究》，载于《中山大学学报》（社会科学版）2001年7月。

时，由法官选举委员会（由 16 个州的司法部长及联邦议会委派的代表组成）提出一份建议任命人员名单交联邦司法部长；再由联邦法院的法官委员会（由联邦法院的 7 名法官组成）审查并提出最终的名单；最后由联邦司法部长提名，联邦总统作出任命。①

4. 法官的薪金

德国按照不同行业把国家工作人员的工资标准分为三大工资系列，即行政单位的公务员和军人的工资系列、高等院校教授和助教的工资系列、法官和检察官的工资系列。德国法官的薪金待遇高于相应的文官，初任法官月薪大约为 1 万美元，资深法官月薪大约为 2.5 万美元。法官实行 R 工资表，共分 10 级。其中 1 级、2 级工资用于初级法院和地区法院的法官，一般工资额相当于高级职务公务员的最高两级，最高工资额相当于特级公务员的 1 级、2 级；3~9 级工资依次与特级公务员的工资表相同或者相当；10 级工资相当于特级公务员工资表 10 级与 11 级的平均数。而且德国法律明确规定不得减薪，出差费用不受限制，实报实销。②

5. 法官的任职保障

德国《基本法》第 97 条规定："正式任用的法官，非经法院判决，并根据法定理由，依照法定程序，在任职届满前，不得违反其意志，予以免职、永久或暂时停职、转任或令其退休。法律规定终身任职法官的退休年龄。遇有法院的组织或其管辖区域变更时，得转调法官或令其停职，但须给予全额工资。"另外，《德国法官法》第 48 条规定："任职于联邦各终审法院之终身制法官，自年龄 68 岁开始退休，其他法官自年满 65 岁开始退休。"③ 由此可见，德国法官原则上实行终身制，除处于试用和备用期的法官以外，只有达到法定退休年龄才能退休。

6. 法院的自我管理

在德国，法院内部的自我管理机构是主席团。每一个法院都设有一个主席团。主席团由院长或者负责管理职责的法官以及一定数量的法官组成。④ 可以被选举进入主席团的法官是终身法官以及在该法院被授予法官职位的任期法官。

---

① 刘诚：《德国法院体系探析》，载于《西南政法大学学报》2004 年第 6 期。
②③ 李立新：《中外法官管理制度比较研究》，中南大学博士学位论文，2010 年。
④ 韩春晖：《域外"两权分离"的基本模式及启示》，载于《国家行政学院学报》2016 年第 3 期。

主席团成员的任期为 4 年，其主要任务是配置裁判机构、确定业务分配计划、合理分配业务和调配人力资源。主席团以多数票作决定。在本业务年度开始之前，主席团为本业务年度作出规定。①

（二）德国检察人员的管理

根据《德意志联邦共和国基本法》《法院组织法》和《刑事诉讼法》等相关规定，德国检察系统分为联邦检察系统与州检察系统，分别隶属于联邦司法部和州司法部管辖。检察系统与法院系统实行"审检合署"，联邦检察系统与州检察系统分别设置在联邦法院与州法院。检察系统因职权管辖分别设为三个等级②，即联邦总检察院、州总检察院、州地方检察院。

1. 德国检察人员的分类

检察机关的任务主要由检察官和职务检察官承担，司法辅助人员和书记员协助他们履行职务。根据德国《法院组织法》规定，检察机关工作人员分为四类：一是检察官，包括检察长、主任检察官、检察官和职务检察官。二是司法辅助人员，属于中高级公务员。他们协助检察官工作，但是不属于检察官序列，其地位要低于检察官。三是书记官，属于中级公务员。书记员由秘书长统一管理，受检察官领导，统一为检察官提供服务，而不是特定的书记员为特定的检察官服务。书记员的地位和收入要低于司法辅助人员。四是辅助人员，秘书仍然属于书记官处，书记官处向科室工作提供一切必需的支持。后三类人员并非真正意义上的检察人员。

德国检察机关内部是等级性的。德国的检察官职务等级规范明确，其规定检察官职务等级联邦范围内分为一级检察官、二级检察官；州范围内分为一级检察官、二级检察官、三级检察官。另外，德国检察官与检察辅助人员、司法行政人员配置总量大大超过英美法系国家的配置规模，其员额比例也与英美法系国家有很大区别，特别是根据层级不同的检察院承担检察职能任务的差异而配置检察官与司法辅助人员、司法行政人员的员额比例不同。比如，联邦检察

---

① 陈陟云等：《法院人员分类管理改革研究》，法律出版社 2014 年版，第 160 页。
② 德国只在柏林和黑森州的法兰克福各设置一个基层检察院，其他地区没有设置或者已经取消基层检察院；因德国基层检察院设置不具有普遍性，故基层检察院设置的首席高级基层检察官、高级基层检察官、基层检察官不进行统计分析。

院、州总检察院、州检察院检察官的员额比例分别为28%、42.3%、30.37%。

2. 检察人员的任职资格

《德国法官法》第122条第1款规定，只有履行法官职务资格的人才能被任命为检察官。在德国一所大学学习法律，通过第一次国家考试且在预备职务结束后通过第二次国家考试而顺利结束法学专业学习的，即获得履行检察官职务的能力。另外，除了通过两次国家考试外，联邦法律和州法律都未另行规定其他的任职条件。

司法辅助人员主要来自毕业于司法学校的高级司法职员或司法实习生。他们在专门的司法辅助人员专业学校接受3年相关教育，无须通过国家司法考试，即能成为司法辅助人员。书记员必须受过2年专门教育，在学习过程中必须在法院和检察院进行总计6个月的实习，并通过考试取得资格。

3. 检察官的遴选和任命

检察官的遴选程序和法官遴选程序非常接近。在德国，在成为一名正式检察官之前，获得职位者通常被任命为见习检察官，要从事3年的见习工作，由州司法部面试和考核后，才能选出最优秀的人担任检察官。①

联邦检察官和州检察官的任命权限分别归属于联邦和州两级。联邦总检察长和各州高等检察院的检察长由联邦司法部部长提名，由联邦总统任命；州和地方的检察官由州司法部部长任命。②

4. 检察官的晋升

德国检察官的晋升由司法部决定，需要经过考试和竞争，且晋升机会非常有限。德国的高级检察官与普通检察官的比例约为1:9，一般需要任现等级检察官达到一定年限才可以竞争上一级职务检察官。检察官的考试成绩、学历水平、日常工作评定等均作为晋升的重要依据。检察官若表现特别突出会被破格晋升，但须有一年的试用期。③

5. 检察官的福利与退休制度

德国重视检察官的福利、住房、医疗等保障制度建设，其公务员享有根据年龄确定时间长短的带薪休假的权利。在德国，检察官退休适用公务员退休的一般规定。德国的《官员法》和《官员供养法》规定，公务员退休年龄为65

---

① ③ 张承平、徐子良：《德国检察官选任制度评介》，载于《人民检察》2013年7月。
② 冉云梅：《德国检察制度一瞥》，载于《人民检察》2004年6月。

岁，个别部门官员退休年限可另行制定。[1] 供养义务由雇主单独承担，因此德国公务员的退休金全部由国家财政承担。退休工资标准计发办法为，凡工作满10年者，可按退休前1个月工资的35%发放；在11~25年之间的，每增加一年，退休金就增加2%；第26年以后，每增加一年，就增加1%，最高不超过75%。[2] 其中，无论男女检察官，其法定退休年龄都是65岁，由于工作特殊推迟退休的，不得超过68岁。退休工资取决于其工作年限和退休之前3年内的级别，最多是原来工资的75%。[3]

6. 检察官的惩戒制度

德国有严格的检察官惩戒制度。一方面，司法部如果收到针对检察官的投诉，便把投诉转到州检察院调查处理。如果被投诉的是检察院的高级官员，则由司法部任命官员进行调查。另一方面，检察机关内部也设有纪律委员会。[4] 根据德国《基本法》第34条和德国《民法典》第839条，纪律委员会可以通过纪律诉讼程序对检察官的执法行为进行监督，对违规行为进行处罚。各州对检察官的违法行为和处罚的规定并不完全相同。检察官的违法行为可能是擅权启动侦查、拖延程序的进行或延缓程序的终止，也可能是不正确的提起公诉或申请强制措施。

二、法国的司法人员管理

法国的司法管理体制自20世纪80年代以来推行改革，建立国家司法委员会统一管理下的检察官事务委员会与法官事务委员会的管理体制。法国实行"审检一体"，检察官与法官同在法院办公，等于法院也是检察院，但两套班子相互独立同时也相互配合，分别由法院院长和检察长领导。[5]

在法语里，法官和检察官是同一个单词，通常为"司法官"，法官和检察官在职业特点上有很多共同点，某种意义上只在诉讼环节上分工略有不同而已。其中，

---

[1] 马凯华：《公务员退出机制的比较研究及对策建议》，载于《安徽警官职业学院学报》2014年3月。
[2] 张柏林主编：《外国公务员养老保险制度》，中国人事出版社1997年版，第106页。
[3] 魏武：《法德检察制度》，中国检察出版社2008年版，第274~275页。
[4] 冉云梅：《德国检察制度一瞥》，载于《人民检察》2004年第6期。
[5] 刘宇琼：《在自由与规制之间的动态平衡——法国司法制度及其对我国司法改革的启示》，载于《比较法研究》2017年第5期。

法官工作居于主导地位，检察官则可视为掌握侦查和起诉环节的另一种法官。

（一）法国法院人员的管理

法国法院可以分为司法法院和行政法院两大系列。其主要特点可归纳为司法法院和行政法院分立，民事法院与刑事法院合一。司法法院受理刑事、民事案件，行政法院专门受理行政案件。在司法法院系统中，无论在民事或刑事方面均设有一些专门法院，负责处理普通司法法院不能或不予管辖的案件。此外，在司法法院与行政法院之间设有争议法庭。[①]

1. 法官的任职资格

经过大学四年法律专业学习毕业后，通过由政府主持的考试后才能进入设在波尔多的国家司法官学院。法国预备法官的选拔对象有四类人员：法学院毕业生、行政公职人员、法律职业人员和特别优秀人员。第一类即年轻的法学院毕业生，约占94%，其他约占6%。这四类人员还必须满足国家公务人员的资格要求，如具有法官公民身份、懂法语、身体健康、道德良好等。

2. 法官的培训

在学院的学习时间为31个月：包括2个月的社会实践、8个月的与法官工作实际有密切关系的理论学习、21个月的实习（其中有14个月的法院审判实习和4个月的相关专业实习）。[②] 在培训期结束后，这些学生就被分配到司法系统中不同的岗位。

3. 法官的等级与晋升

法国法官等级呈现扁平化结构，由高到低共分为三个等级：特级法官、一级法官、二级法官。法官等级的晋升由法官晋升提名委员会报请最高司法委员会决定。每一等级法官还区分不同档次，但等级内的每档升级以任职年限为主要依据，自然提升。在人数上，法国特级法官约占法官总数的10%，一级法官约占60%，二级法官约占30%。因此，法国多数法官为一级法官。二级法官多为年轻法官，未来绝大多数能够升为一级法官，不存在多少职级上的顾虑和考虑。[③]

[①] 刘新魁、陈海光：《法国司法制度的特色和发展》，载于《法律适用》2004年第7期。
[②] 李立新：《中外法官管理制度比较研究》，中南大学博士学位论文，2010年，第32页。
[③] 袁勤华主编：《司法人员管理体制研究》，中国法制出版社2016年版，第92页。

2001年5月30日，法律专门规定了法官晋升流程的限制，这包括：一是任何法官在其工作5年以上的法院都不得晋升为一级法官，但最高法院除外。二是任何法官都不能被任命为其工作的大审法院的院长，若其填补的职位相当于提升为上一等级的职务，可以作为例外。三是任何法官若没有在一个等级从事过两种工作，其都不得任命为上一等级的职务。四是任何法官若其不是一级法官，或者任最高法院法官之后没有任过其他法院一级法官的职务，都不得被任命为最高级职务。[1]

4. 法官的保障

法国司法系统的人、财、物的管理直接由司法部和司法委员会来调配使用，充分保障法官的身份地位、福利待遇、经费等。法国的法律规定，法官实行终身制。法国法官的选任、推荐、提名权以及任命权均由司法部和司法委员会行使。法国法官有着很高的社会地位，在任职期内不得减少薪俸，并且非因可弹劾之罪并经法定程序，任何人无权取消其法官身份。在退休后，法国法官也被予以充分的尊重，如法国称退休法官为"退职法官"，官职不变。[2]

5. 辅助人员相关制度

辅助人员有两类，一是书记官，二是执达员。书记官是一种公务助理人员和司法助理人员。最高法院、上诉法院、大审法院、小审法院等的书记室由一名首席书记官领导。首席书记官是公务员。司法执达员是从事送达法律文书和实施民事执行行为的公务人员。司法执达员是一项自由职业，在服从法律的前提下自由执业，在执行公务过程中受法律的保护，所有针对其的粗暴行为均构成刑事犯罪。[3]

（二）法国检察人员的管理

法国检察院设在法院系统内，按照法院的级别分为三级：驻最高法院检察院、驻上诉法院检察院、驻大审法院检察院。在比较法上，法国普通法院的检察官具有代表意义。法国的检察官分为三类：普通法院系统的检察官、行政法院系统的检察官以及特殊法院系统的检察官。

---

[1] 刘新魁、陈海光：《法国司法制度的特色和发展》，载于《法律适用》2004年第7期。
[2] 李立新：《中外法官管理制度比较研究》，中南大学博士学位论文，2010年。
[3] 袁勤华主编：《司法人员管理体制研究》，中国法制出版社2016年版，第92页。

1. 检察官的遴选

成为法国检察官有两种途径：一是法学院毕业的学生，通过选拔考试录取；二是因满足法定条件而获准成为检察官，包括已在法律院校任教两年以上或从事三年以上律师职业的法学博士以及具有法学本科学历的，从事司法、经济和社会领域职业的公务员等。检察官候选人除应具有法学文凭外，还须满足如下基本条件：五年以上的法国国籍；有权享受法律赋予的公民权利，具有良好的道德品行；履行法律规定的服兵役义务；健康状况良好。

2. 检察官的培训

司法官由国家司法官学校进行培训，考试合格后到司法机构工作。司法官培训主要分成两个阶段：第一个阶段为实习培训。学员将在各法院、检察院、律师事务所甚至公共行政部门从事司法实践，积累经验。第二个阶段则是专业培训。总的培训时间为 31 个月。对于满足法定条件而获准成为检察官的学员，培训期限仅为 10 个月。

3. 检察官的职务工资制度

检察官工资水平高于普通公务员，法国的职务等级工资制度有自身特点：检察官等级档次为基础。检察官分为三级，即二级、一级和最高级。法国检察官和法官采用同一薪酬体系，薪酬对应相应的等级与档次。

4. 检察官的晋升

检察官有和法官类似的晋升程序。国家制定了专门的章程规定被列入"晋级名单"的条件、司法官晋级的工作年限和年龄限制，以及非司法官（法学院教师、律师、公证员等）转入司法官退伍的晋级对等条件等。各个检察院一旦出现检察官职位空缺，采取公开的方式，由符合任职条件的人员竞争。检察官职位等级固定，即检察官职位只能由具有相同等级的检察官担任，如无相应等级的空缺职位，下一级的检察官不能晋升至上一等级。[①]

5. 检察官的惩戒制度

依 1958 年《司法官身份法之规定》，检察官符合如下条件之一的，将受到纪律惩戒：任何有违检察官就职誓言的行为；任何违背对国家所负之义务，有损司法官荣誉、公正、尊严的行为；获得荣誉称号的检察官，其行为与其称号

---

① 徐汉明、金鑫、姚莉等：《检察官单独职务序列研究》，中国检察出版社 2017 年版，第 52 页。

不符的；违反其他检察官业务的行为。对检察官违纪惩处的方式主要有：训诫并记入档案；调离现职；解除某些职权；降级；降职；强迫离职或终止其职务；撤职或附加取消其享受退休金的权利。①

三、美国的司法人员管理

（一）美国法院人员的管理

1. 法官的任职资格

美国法律没有明文规定联邦法院法官和州法院法官的任职资格。在实践中，联邦法院和州法院的法官任职条件存在且不尽相同。担任联邦法院的法官必须是美国公民；在美国大学法学院毕业并获得法律博士学位（J.D.）；经过严格的律师资格考试，取得律师资格，并从事律师工作（主要是出庭律师）若干年。担任州法院的法官一般也需具备上述条件，但实行选举制的州除外。②虽然美国法官来自各种其他法律工作岗位，但大部分美国法官从事过律师工作。

2. 法官的选任程序

美国法律没有对法官的选任程序作出明确规定，实践中美国联邦法院的法官多数由总统任命。对联邦法官而言，一般要经过以下程序：推荐法官人选；美国律师协会的联邦司法委员会就候选人的能力进行调查，并写报告给司法部长，司法部长指示司法部的下属机构——联邦调查局对候选人的政治背景、思想倾向等进行调查后，向总统推荐；总统提名；参议院司法委员会举行听证会后由参议院表决；总统任命。③

3. 法官的晋升

美国的法官可以从任何一级进入司法系统，一般也不在司法系统中按级晋升，这与大陆法系国家和其他普通法系国家的法官明显不同。在美国，一位从没有担任过法官的律师可以直接成为最高法院、最低法院或其中任何一级法院

---

① 章群：《检察官惩戒机制研究》，载于《前沿》2011年第10期。
②③ 李立新：《中外法官管理制度比较研究》，中南大学博士学位论文，2010年。

的法官，在这方面不存在限制。美国不存在任何正式的晋升制度，大部分法官都在同一法院度过其全部的司法生涯，而且美国的律师、法官或政客对这种制度似乎并不感兴趣。

4. 法官的工资保障

美国《宪法》第3条规定："最高法院和最低法院的法官如行为端正，得继续任职，并应在规定期间内得到他们的服务报酬，该项报酬在他们继续任职期间不得减少。"即使因紧缩政策或通货膨胀而对公务员的薪金采取减额政策时，也不得减少现任法官的报酬。[①] 总体来说，美国法官的工资远远高于普通公务员。

5. 法官的身份保障

英国的法官身份保障制度为美国所接受。根据《联邦宪法》第3条，法官除因违法犯罪受弹劾或者自动辞职，美国法官的职务是终身的。法官被动退出的唯一途径是由众议院提出起诉，由参议院的2/3出席成员投票做出有罪判决。除弹劾和主动辞职外，根据美国国会制定的《退休法》，联邦法官年满70岁可以退休。州级法官的退休年限一般为65～75岁，以70岁最为常见。

6. 法院辅助人员相关制度

法院辅助人员一般包括以下几类：一是秘书，负责法官日常事务；二是法官助理，其主要职责是记录案件摘要，审理筛选上诉案件，出席听证会，为法官准备与案件事实和法律相关的备忘录，与法官讨论案件，从事独立的法律研究，起草判决意见供法官审阅和批准[②]；三是限权法官，是由法院任命，协助法官履行一定审判职能；四是法院书记官，主要负责法院审理案件的日常安排；五是法院管理官，是负责管理法院日常工作的非司法官员。

（二）美国检察人员的管理

美国的检察官及其检察权的行使呈现出相对独立的特点，并逐步形成了"三级双轨、相互独立"的检察体制。所谓"三级"，是指美国的检察机关建立在联邦、州和市这三个政府"级别"上。所谓"双轨"，是指美国的检察职能分

[①] 石先钰：《法官道德建设研究》，华中师范大学博士学位论文，2006年。
[②] 刘晴辉：《法院工作群体的结构与司法的正当性——兼析德、美法院工作人员及配置》，载于《南京大学法律评论》2002年第1期。

别由联邦检察系统和地方检察系统行使,两者平行,互不干扰。[1]

1. 检察人员的职务序列管理

所有的检察官必须拥有律师执照,并且美国没有制定专门的检察官职务等级制度,美国检察官包括联邦检察官、地方检察官和独立检察官三类。第一类,联邦检察官。非终身制,其首长是联邦检察长,由联邦司法部长兼任,受美国总统直接领导。新总统上台后,一般要撤换大部分联邦检察官。第二类,地方检察官。地方检察官包括州、县、市的检察官,与联邦检察官没有隶属关系。第三类,独立检察官。由联邦检察长任命,负责调查高级政府官员犯罪案件。[2]

无论是联邦还是地方,每个检察官办事处只有一名检察官,其余的工作人员是由检察官自己雇用的助理检察官。他们虽然有职务和工资上的差别,但是没有"职务层次"上的差别,无论是局长还是处长,都是"检察官(长)的助理"。在较大的检察官办事处,除了助理检察官外,还有两种辅助人员:一种是法学院毕业生的"实习法律工作者",另一种是受过法律职业培训,不具备律师资格,非法学院毕业的"准法律工作者"。

2. 检察官的选任

美国现职检察官一般应当是现职律师。根据美国联邦和各州的宪法及有关法律的规定,检察官的任职资格为:法学院的毕业生;通过州律师资格考试,取得律师资格;任律师职务两年以上,并加入任何一个州的律师协会。同时,美国的检察官和助理检察官都必须是其所在州的律师协会的成员。换言之,在当地取得律师资格是从事检察工作的前提条件。[3] 美国检察官的产生具有多样性,产生途径有任命、选举和聘任制。市、镇检察官可能是聘任制职员,其身份是政府雇员,无固定期限。作为美国各级机构中的主要力量,助理检察官由检察官雇用。这种聘任检察官的做法给众多法学院的毕业生提供了获得诉讼经验的机会,给检察制度注入了生气和活力,同时对合理控制检察官的数量也是一个很好的调节手段。[4]

3. 检察官职务工资制度

美国实行普通公务员、检察官、法官、执法人员等多元工资体系。检察官

---

[1] 张玉华:《关于我国检察机关设置的思考》,载于《人民检察院组织法与检察官法修改——第十二届国家高级检察官论坛论文集》,中国检察出版社2016年版,第384页。
[2] 陈陟云等:《法院人员分类管理改革研究》,法律出版社2014年版,第119页。
[3] 宣章良、陈晓东:《检察官遴选制度研究》,载于《国家检察官学院学报》2006年第6期。
[4] 樊崇义、吴宏耀、种松志主编:《域外检察制度研究》,中国人民公安大学出版社2008年版,第54页。

与公务员、执法人员乃至高级公务员的薪酬标准相比起点高。另外，美国实行联邦检察官与州检察官两套职务序列工资体系。联邦范围内，检察官职务序列工资构成除工资等级档次外，还有地区津贴等。而 50 个州的检察官薪酬标准与地区津贴则按照各州财力状况和司法任务量相应设立各自的工资与津贴标准，各州虽无统一的职务序列工资津贴标准，但保障水平大体相当。

4. 检察官的福利与退休制度

检察官在年休假、节日假、医疗和人寿保险等方面享有与行政官员同样的权利。美国在保障检察官福利、住房、医疗待遇的同时，鼓励检察官延长退休。法律对退休年龄没有规定，退休由个人决定，但鼓励延迟退休。检察官的退休金数目一般根据个人服务时间长短以及本人工作的一段特定时期的平均工资数确定。根据 1987 年实行的《美国联邦公务员法》，退休金包括社会保险津贴、基本津贴和个人储蓄。[①]

5. 检察官的职业惩戒制度

美国检察官的工作一般不受州政府的监督，除非法律明确规定，检察官不能被撤换或免职。对县一级检察官免职的理由大致有：不胜任工作，经常喝酒，严重道德败坏，不着手、不进行或者拒绝着手或进行刑事侦查或控告，不向县行政官员提出法律上的建议，在刑事控诉中对被告人提供业务上的帮助，不服从法院命令，利用职务进行勒索，收受未经许可的酬金。

6. 行业组织管理

美国各类检察官协会均系由各地检察官自愿组建而成，其会员构成更为多样化。全美地区检察官协会成立于 1950 年，是世界上最早和规模最大的刑事检察官行业性组织。美国各州及多数郡市组建规模迥异的州及地方检察官协会，以推动和加强本地区检察官职业化建设。举例来说，德州地区与郡检察官协会通过下述三类活动来实现这一目的：一是向检察官、侦查员及关键雇员提供综合性的法律继续教育课程；二是向检察院及相关刑事司法机构提供技术服务；三是作为检察官与其他组织间日常刑事司法行政之纽带。[②]

7. 司法行政管理

美国为确保司法独立，使法院不受联邦政府的干预，于 1939 年建立了联邦

---

① 樊崇义、吴宏耀、种松志主编：《域外检察制度研究》，中国人民公安大学出版社 2008 年版，第 60 页。
② Texas District and County Attorneys Association. About Texas District and County Attorneys Association. Retrieved on July 31, 2011, from http://www.tdcaa.com/about.

法院司法行政管理局,由联邦最高法院领导,担负联邦司法系统的司法行政管理职责,为整个联邦法院系统提供总的管理。1972 年,国会还为联邦最高法院首席大法官配备了一名行政助理,协助其实现行政管理职责。[①]

四、英国的司法人员管理

(一) 英国法院人员的管理

1. 法官的任职资格

英国实行的是"优秀的律师任法官"的制度,也就是从资深律师中经过严格的推荐和考核程序来委任法官。在英格兰和威尔士,郡法院和刑事法院任职的巡回法官,须从从业 10 年以上的出庭律师或任职 5 年以上的记录法官(业余法官,每年担任法官的时间为四周,其余时间仍然以律师身份执业)中加以选任[②],记录法官须从从业 10 年以上的出庭律师或事务律师中选任;高等法院法官应至少有从事出庭律师 10 年以上的经历,并且年龄要在 50 岁以上[③];担任上诉法院法官须有 15 年以上出庭律师或者两年以上高等法院法官的资历。

2. 法官的工资保障

整体而言,英国法官的薪酬水平要远远高于其他公务员。以英国政府行政和立法分支最高级别官员为例,英国首相卡梅伦 2012 ~ 2013 年度总计薪酬为 142 500 英镑,同期内阁其他成员的年度薪酬为 134 565 英镑;领薪的特别委员会主席 2014 ~ 2015 年度的薪酬为 81 936 英镑,议会议员的同期年度薪酬预计为 74 000 英镑。而 2013 ~ 2014 年度,英格兰和威尔士首席法官的薪酬为 242 243 英镑,比首相高 70%,比内阁其他成员高 80%,即便是主事官、最高法院院长这些薪酬低一级别的法官,薪酬也达到 216 307 英镑,比首相高 52%,比内阁其他成员高 61%;首相和内阁其他成员的薪酬水平基本与薪酬级别第 5 级的中央刑事法院巡回法官、伦敦郡主审法官等持平。高薪保证了英国法官生活条件的优

---
① 周斌、蒋皓:《解除后顾之忧无需考虑出路或是否留任——欧美国家法官实行终身制享高俸禄》,中国法院网,https://www.chinacourt.org/article/detail/2013/07/id/1041980.shtml。
② 李立新:《中外法官管理制度比较研究》,中南大学博士学位论文,2010 年。
③ 梁三利:《英国行政型法院管理模式浅析》,载于《常熟理工学院学报》2008 年第 5 期。

越，确立了法官职业的尊荣感，也在一定程度上消除了法官贪腐的动机，从而使得英国法官们成为世界上最清廉的法官群体之一。[①]

3. 法官的身份保障

法官的身份保障这一制度始于英国。1876 年的《上诉管辖法》和 1981 年的《最高法院法》均规定法官行为良好即应留任，除非议会提出合法理由，才应将法官免职。英国法官一般终身任职，非因法定事由且经法定程序，不得解职；退休年龄是 75 岁，除非因身体等自身的原因由本人申请提前退休。[②] 另外，在审判活动中，司法人员免予民事起诉，即法官不能因作出不利于行政当局或者令其不满的判决而被撤销法职，这一特权旨在确保法官完全自主独立地执行其审判职能，使其没有后顾之忧。[③]

（二）英国检察人员的管理

在英国，不存在与法院并行的检察机关。总体来讲，英国的检察机关实行分级设置、垂直管理。

1. 检察人员的职务序列管理

英国现代检察制度起步较晚，其关于检察官职务序列的规定体现出双轨制、层级性特点。英国皇家检察署（The Crown Prosecution Service）是英格兰和威尔士负责检察业务的专门机构，现代英国皇家检察署是根据英国《1985 年犯罪起诉法》创立的。

皇家检察署的检察官履行职责独立于政府、法院、警察。皇家检察署的人员组成包括检察人员、助理检察官、案件事务官和管理人员。检察人员包括总检察长、检察长、首席执行官、皇家检察官。其中，总检察长监督皇家检察署的工作，接受检察长报告工作，并就皇家检察署的运作情况向议会负责；检察长是皇家检察署的最高领导，主要负责决定由苏格兰和威尔士的警察侦查的刑事案件的指控和起诉工作；首席执行官对皇家检察署的法律建议和案件工作之外的日常管理工作负责，并向检察长报告；皇家检察官由有经验的大律师和律

[①] 郑曦：《司法责任制背景下英国法官薪酬和惩戒制度及其启示》，载于《法律适用》2016 年第 7 期。
[②] 袁勤华主编：《司法人员管理体制研究》，中国法制出版社 2016 年版，第 104 页。
[③] 李立新：《中外法官管理制度比较研究》，中南大学博士学位论文，2010 年。

师担任，负责代表皇家起诉刑事案件。① 助理检察官这一职位是根据《犯罪起诉法》设置的，其有权协助皇家检察员办理事务。案件事务官主要负责帮助检察官准备拟起诉的案件的材料等事务性工作。管理人员负责在财务、管理和信息技术方面为皇家检察官提供支持。②

2. 检察官的职务工资制度

英国检察机关的工资薪级起步高于普通公务员，其工资体系也是多元结构。英国皇家检察官职务序列工资薪酬制度有英格兰及威尔士、苏格兰多套体系，相互平行，互不替代。在英格兰及威尔士地区，实行检察官职务序列薪酬与公务员职务序列薪酬相对应的系统；在伦敦地区，因为物价指数与消费水平等因素，又实行高于其他地区检察官职务序列薪酬标准的相对独立体系。另外其工资标准等级化。在检察官职务序列工资制度安排方面，英格兰及威尔士地区按照皇家检察院的助理皇家检察官（1阶和2阶）、皇家检察官、资深皇家检察官、特别检察官、皇家大律师、资深皇家大律师、首席皇家大律师、副首席皇家检察官、首席皇家检察官和刑事检控专员11个职务等级设置工资等级标准，并且与公务员职务等级的高级执行官（HEO）、资深执行官（SEO）、7级公务员（Grade7）、6级公务员（Grade6）、资深公务员1档（5级）、资深公务员1A档（4级）、资深公务员2档（3级）、资深公务员3档（2级）和资深公务员4档（1级）9个职务工资标准等级相对应。③

3. 检察官的遴选、晋升与福利

英国所有的检察官都必须是具有律师资格的法律工作者。英国的检察长由总检察长在有10年以上大律师或初级律师实践的人员中任命。皇家检察官必须由具有律师资格的人员担任，特别是到皇家法院和高等法院出庭的检察官还必须要有大律师的资格，其他的助理人员都必须是经过法律专业训练，经考试合格的人员。从总体上来说英国检察官的素质高，独立办案的能力强。④ 英国高度重视检察官福利、住房、医疗保障，同时鼓励检察官延迟退休。

4. 检察官的职业惩戒

从英国的检察官惩戒制度看，总体而言，主要惩罚的是检察官的行为而非行

---

① 黄达亮、蒋剑伟：《检察办案组织比较研究》，引自《主任检察官办案责任制——第十届国家高级检察官论坛论文集》，中国检察出版社2014年版，第770页。
② 袁勤华主编：《司法人员管理体制研究》，中国法制出版社2016年版，第104页。
③ 徐汉明、金鑫、姚莉等：《检察官单独职务序列研究》，中国检察出版社2017年版，第133页。
④ 袁勤华主编：《司法人员管理体制研究》，中国法制出版社2016年版，第105页。

为的结果，例如滥用地位谋取个人利益或好处、未申报潜在利益冲突等，这种主要惩罚行为的惩戒制度的好处在于不会给案件办理带来外在的压力。由于英国的检察机关带有强烈的上命下从的行政机关特征，因此针对检察官的纪律惩戒主要由其上级官员负责。皇家检控署的"公共检察主任"、首席皇家检察官、检察官直线主管、人力资源部门均对检察官的惩戒负有职责。其中前两者负责一般的制度性管理，而后两者主要负责具体的调查和决定。[①] 检察官是政府雇用的公务员，如果他们违反了执业规范，可以对他们提起训诫程序。此外，检察官对错误的监禁要承担民事责任，对构成犯罪的行为要承担刑事责任。

第二节 国外司法人员管理评析

受司法体制、司法传统、发展水平等方面的影响，上述国家、地区的司法官在具体管理实践中存在较大差异，但是，其在司法官的职业准入与培训制度、司法官的职业评价、司法官的职业保障等方面存在共通之处。

一、国外司法人员管理的共性分析

（一）在司法官职业准入与培训方面

1. 司法官的任职条件高

司法官对于保证诉讼程序的正当和裁判的公平正义具有关键性意义，因此西方国家对司法官的品行和专业素质的要求相当高。

在大陆法系国家，司法官一般不专门从律师中选任，而是作为法律职业者（通常称为法律人、法律家）之一专门培养，并且大陆法系的司法官不仅要通过

---

① 郑曦：《英国检察官选任、惩戒制度及其启示》，载于《检察日报》2019年5月11日第03版。

严格的资格考试，还要经过严格的理论和实践培训。如在德国要想成为法官、检察官，必须经过两次司法考试，第一次司法考试的内容以基础知识考察为主。法学专业学生通过第一次司法考试后必须参加一般时间为两年的实习。实习期满后，可以参加第二次司法考试。第二次司法考试以考察学生的法律适用技能为主。只有通过两次司法考试，考生才具备法官、检察官、律师、公证员的从业资格。①

在英美法系国家，法官、检察官一般从律师中选任。根据美国联邦和各州的宪法及有关法律的规定，检察官的任职资格为：①法学院毕业生；②通过州律师资格考试，取得律师资格；③任律师职务两年以上，并加入任何一个州的律师协会。担任地区检察长或各州、区检察长的人，还应该是该地区较有名望的律师。美国为了保证法官的独立性，没有出台独立的法官法，有关法官的立法散见于宪法和其他法律之中。在美国，担任联邦法院的法官必须是：①美国公民；②在美国大学法学院毕业并获得 J.D 学位；③经过严格的律师资格考试，取得律师资格，并从事律师工作（主要是出庭律师）若干年。担任州法院的法官一般也需具备上述条件。美国的律师被任命为法官同样要经历一个漫长的过程。

2. 任命司法官的主体层次高

在美国，所有联邦法官都是由总统任命，而很多州法官也是由州长任命。在英国的英格兰、威尔士地区，领薪治安法官、巡回法官、高等法院法官、上诉法官、上议院法律议员由大法官推荐或提名，由国王任命，而大法官则由首相提名，由国王任命；在英国的苏格兰地区，职业法官经国务秘书建议，由王室任命，最后由政府宣布。② 在德国，联邦总检察长和各州高等检察院的检察长由联邦司法部部长提名，由联邦总统任命；州和地方的检察官由州司法部部长任命。③ 在法国，最高法院法官和上诉法院院长由总统任命，其他法官则由司法部部长任命。在日本，除最高法院院长由天皇任命外，其他所有的法官都由内阁任命。可以看出，法官的任命决定权的行使主体在各国的政治层级上都比较高，一般有五种任命情况，一是由国家元首（总统、国王）负责任命，二是由国家元首和政府部长分别负责任命，三是由政府负责任命，四是由国家元首和

---

① 徐莹：《论中国司法考试制度的完善》，载于《哈尔滨学院学报》2008 年第 3 期。
② 李立新：《中外法官管理制度比较研究》，中南大学博士学位论文，2010 年。
③ 全亮：《美德法日四国法官选任程序之比较》，载于《人民论坛》2013 年第 26 期。

政府部长等结合任命,五是由国家专门机构负责任命。

3. 司法官任命程序严格

成为一名法官、检察官,不仅要通过国家司法考试和积累长期的司法实务经验,而且还有严格的任命程序以保障法官、检察官队伍优化更新。如在德国,联邦普通法院的法官由专门的法官选拔委员会提名,而法官选拔委员会由联邦议院选举产生的 16 名代表和 16 个州的司法部部长组成。① 在美国联邦法院中,法官候选人要经受各种国家机构和职业团体的审查,总统要按惯例征询和考虑相关人员的意见,在正式提名后,参议院司法委员会要举行听证会,公开审核候选人的各方面素质、能力和情况。在日本,日本宪法把法官分为最高法院法官和下级法院法官,最高法院的院长根据内阁提名,由天皇任命,其内部的法官由内阁任命,任免由天皇认证。②

4. 注重司法官的教育培训制度

司法官必须具有较高的道德伦理素质和法律业务能力,而大学的法学教育主要是基本素养和法学知识的教育,即使最优秀的法科毕业生也难以胜任司法机关的工作,所以国外的司法官很重视就职后的教育培训。在美国,不仅美国的法官培训机构较多,而且培训的内容也很广泛。通过教育培训,司法官可以更新知识结构以提升必要的基础技能和专业素质,可以开阔视野以增加处理复杂的各类案件的经验,可以提升独立思考能力以增强解决问题的敏锐性和实践性。

(二) 在司法官职业评价方面

1. 强调对司法官的职业道德约束

例如,1924 年美国制定了《司法职业道德准则》,1972 年美国律师协会制定了《美国司法行为守则》。1996 年美国司法委员会修订了《美国法官行为准则》,其主要内容包括七个条文:法官应当恪守公正与正直、法官应当约束司法外行动、法官应当避免政治活动、法官应当定期申报司法外活动的所得等。③ 另外,美国检察官须加入所在州律师协会,遵循所在州律师协会的行业伦理要求。《马科达德——马斯亚法》要求联邦检察官必须遵守所有州律师协会的道德准则。

---

① 全亮:《美德法日四国法官选任程序之比较》,载于《人民论坛》2013 年第 26 期。
② 梁薇:《西方法官制度对我国法官独立的启示》,载于《昆明大学学报》2006 年第 1 期。
③ 陈海光:《中国法官制度研究》,中国政法大学博士学位论文,2002 年,第 122 页。

美国检察官作为履行崇高使命的特殊群体，与普通律师相比，除了恪守所须遵守的一般性义务外，通常受到特殊专业操守的规制。

2. 对司法官的弹劾程序严格

西方国家对司法官违法犯罪和违纪行为的弹劾、惩处进行了规定。尽管各国规定的弹劾理由可能略有差别，但弹劾的程序同样严格。例如在英国，根据《上诉管辖法》和《最高法院法》，法官实行身份保障制，然而1971年的《法院法》第17条允许大法官（Lord Chancellor）对于行为不端（misbehavior）的巡回法院的法官予以免职，业余法官也可以被大法官免职。不过，自从1701年的《王位继承法》颁布以来，英国仅有一名法官（Sir Jonah Barrington）被罢免。[①]

（三）在司法官职业保障方面

各国普遍确立各种制度以赋予司法官充分的职业保障。例如在德国，检察官与法官享有相同的身份保障和经费保障，其薪酬待遇中年龄工资占有较大比重，司法官的物质利益和精神利益、内在利益和外在利益得到较为充分的满足，即便晋升激励弱化，仍能全力以赴地积极投入于工作。[②] 在西方司法官保障制度中，还有一种是司法官豁免权。例如在美国，检察官豁免权包括绝对豁免权和相对豁免权。一般情形下，检察官在启动和控诉案件或其他刑事诉讼中与司法阶段密切相关时可享有绝对豁免权。依《布莱克法律词典》（第九版），所谓检察官绝对豁免权是指检察官就刑事检控的决定及行为不承担民事责任。

（四）在晋升激励方面

两大法系国家晋升空间都比较窄小。如在德国，由于职务序列设置简单，全国两套检察系统仅有五个职务层级，州层面两级检察院仅有四个职务层次，并且各职务（包括检察长和主任检察官）均实行终身制，除非获得晋升、调任、遭到惩戒被撤职或退休，否则很难出现职缺。即便出现职缺，往往也是申请者甚众，职务晋升难度相当大。[③] 美国联邦法官晋升激励更弱。美国法官职务层次只有两级，且法官各项收益富足，大多数法官根本就不会想到晋升。但两国实

---

① 李立新：《中外法官管理制度比较研究》，中南大学博士学位论文，2010年。
②③ 刘万丽：《我国检察官管理制度重构》，湘潭大学博士学位论文，2014年。

践中扁平化的利益分配模式较为充分地满足了司法官在既定约束下的各项权益,成功地激发了他们的工作积极性。①

二、国外司法人员管理的差异分析

(一) 司法官待遇方面

大陆法系国家司法官享受文官式待遇,不同级别的司法官薪金与相应级别文官薪金相参照而确定,而英美法系国家司法官的培训、选任和晋升都不同于文官,其社会地位、名誉、威望远高于文官,因此,司法官的待遇也较文官丰厚。②

(二) 司法官等级方面

英美法系国家上级法院和下级法院管辖模糊,再加上严格限制上诉,因而各级法院独立性较大,不同级别法官之间差别很小。③ 而在大陆法系国家,高低级法官之间地位差异明显,职位由低到高,法官的薪酬和待遇也相应增加。大陆法系国家法官级别上的这种分明等级式有利于以级别的晋升来激励下级法官兢兢业业,秉公执法,但同时也容易导致下级法官过分迁就上级意见,丧失级别独立。④

(三) 司法官选任方面

大陆法系国家的司法官一般不从律师中遴选,实行"司法考试加职业培训"模式,而英美法系国家没有设置专门的资格考试,司法官基本上多从律师中挑选,要求候选司法官的人先有律师从业经历,而担任律师的前提是通过严格的资格考试。⑤ 英美法系国家的司法官都是由有实务经验的人士担任,故没有必要另行设定司法官从业资格考试。

---

① 刘万丽:《我国检察官管理制度重构》,湘潭大学博士学位论文,2014 年 3 月。
②④ 陈永生:《两大法系法官制度之比较》,载于《政法论坛》1998 年第 5 期。
③ 陈海光:《中国法官制度研究》,中国政法大学博士学位论文,2002 年,第 122 页。
⑤ 李立新:《中外法官管理制度比较研究》,中南大学博士学位论文,2010 年。

(四) 司法官约束方面

两大法系国家均存在宽松管理与严苛考核的差异。很多联邦法官对美国法院管理局汇编的统计季报都很敏感（显示多少案件被告诫超过特定时间长度——轻微的名誉制裁），甚至会在报告期结束前拒绝受理新案件以改善自己的统计数据。① 德国实行严格的定期双重鉴定，并强调鉴定结果在惩戒、晋升等人事制度上的应用，从而对检察官形成巨大的压力激励，督促检察官提高素能和责任心，勤勉地工作并呈现出较高的法律遵从度，避免遭受职务惩戒或获取职务晋升。②

三、国外司法人员管理的启示

(一) 以"职业化、精英化"为基准

由于法院存在审判权和行政权的双重属性要求，内部组织也形成了专业化审判组织和科层化管理组织并行、互补的二元权力运行机制，因此，与检察机关相对单一的管理模式相比，法院管理模式较为复杂，在人员管理方面更是纷繁复杂。尽管法官与检察官实施不同的管理模式，但司法官的职业化、精英化已是大势所趋。因此制度设计应以司法官的职业化、精英化为定位基准，构建与司法人员趋同的管理模式，才能够更好地满足社会对司法质量、数量的更高要求和社会公众对司法公正、高效的殷切期待。③

(二) 以检察人员分类管理为载体

从上述国家司法人员管理来看，实现专业化、职业化管理是其主要特征。各国、地区在检察人员的分类管理上，都针对不同类型的检察机关工作人员设置不同的任职资格、遴选条件、晋升条件和工资保障，将不同类别检察人员归

---

① [美] 波斯纳：《法官如何思考》，苏力译，北京大学出版社 2010 年版，第 131 页。
②③ 刘万丽：《我国检察官管理制度重构》，湘潭大学博士学位论文，2014 年。

属于不同职务序列中管理，充分利用、开发检察官这一核心人力资源。可见，对检察人员实行分类管理已成为大陆法系和英美法系的共同之处。分类化管理让专业人士从事其熟悉的领域和环节，提高每一个人的效率及效能，从而提升整体效率。因此，推行检察人员分类管理是对各项检察改革措施予以整合的基本载体。

（三）以司法官的职业保障和职业培训为支撑

司法官的职业保障是保证司法公正的前提，也是根本，因此司法官的身份地位、福利待遇、经费等应由国家予以充分的保障[①]，如法国的法官经过总统批准任命后，即成为终身的荣誉、职务和身份。在德国，根据法官任职表现，其可能被任命为终身制法官。同时，应建立符合工作实际需要的司法人员培训制度。要想成为司法官，必须经过一定工作年限。这一独具特点的、注重审判实务技能和其他社会能力培养的职业培训制度，较好地解决了大学法学理论教育与法院审判实务工作相脱节的问题。法国国家法官学院的设立在其司法系统中具有里程碑式的意义。直到现在，法官的职业培训制度在法国乃至整个欧洲都产生了比较大的影响，许多国家受此影响建立了类似的法官学院。

（四）以灵活高效的用人机制为关键

从国外考察可知，不少国家存在临时法官、非职业法官等，司法辅助人员的选聘也存在较大的灵活性。如在法国，根据法院不同的工作岗位，在不同时间的工作量和工作特点，可以采用不同的用人办法，有终身制、雇佣制；有全时制、临时制等。法国的商事法院法官是非职业法官，由工商会组织通过选举产生出来的商人担任。建立科学、合理、灵活的用人机制使得司法官的职责更符合司法官的身份，更有利于司法官素质的提高，体现了司法分工的科学化和司法资源的优化配置。在管理上，也要实行科学灵活的分类管理，制定各类人员任免、培训、考核、等级、晋升、奖惩的管理制度。

[①] 朱其高：《法国司法官职业道德建设的做法与启示》，载于《民主与法制时报》2016年10月第7版。

（五）以激励惩戒约束为保障

在外在约束方面，要求尽量避免对依法办案的法官、检察官造成不当干扰，危及其独立自主办案的职业精神。在内在约束方面，注重提高法官、检察官职业素能，培育法官、检察官职业伦理，提升其工作满足感，充分发挥声誉激励的约束作用等。[①] 此外，应注重完善退休制度、加强职业保障等。

[①] 刘万丽：《我国检察官管理制度重构》，湘潭大学博士学位论文，2014年。

第四章
司法人员政治管理

我国司法人员管理的政治属性与国家属性之统一的根本特征，决定了政治管理在司法人员管理中的显著地位与作用。一方面，司法人员政治管理的出发点和落脚点在于通过司法人员管理现代化的功能作用，诠释和体现代表国家行使司法权的机关及其人员始终坚持中国特色社会主义司法道路、制度、原则，以中国式司法管理现代化保障和服务坚定不移地走中国特色社会主义政治发展道路，自觉抵制"西化""分化"思潮，摒弃西方"三权分立"的政治模式和政治发展道路。另一方面，近百年来我国政治发展的历史逻辑、理论逻辑、实践逻辑反复证明，中国共产党的领导是中国特色社会主义最本质的特征，是中国特色社会主义制度最大的优势。[1] 中国政治发展的核心力量在于中国共产党，中国政治发展进程必须由中国共产党来主导。[2] 中国共产党处于我国《宪法》确立的统揽全局、协调各方的执政地位，是当代中国政治管理最重要的主体；其对司法机关、司法人员政治生活的协调与控制，决定着司法机关的政治方向、发展道路、领导体制、目标任务、职责使命、组织体系等诸方面，更影响着法治中国建设进程和公正、高效、权威司法制度的构建。围绕坚持党对司法工作的政治领导、组织领导、思想领导，发挥党的领导这一政治优势，全面深化司法体制改革，推进司法人员管理现代化，坚定中国式司法现代化政治方向和发展道路，以习近平同志为核心的党中央将全面深化司法体制改革纳入"改革与法治"双轮驱动战略，推动中国特色社会主义司法制度成熟化、定型化、法律化，开创中国式司法现代化新道路。围绕全面深化司法体制的政治方向方面，习近平同志强调："深化司法体制改革，是要更好坚持党的领导、更好发挥我国司法制度的特色、更好促进社会公平正义。凡是符合这个方向、应该改又能够改的，就要坚决改；凡是不符合这个方向、不应该改的，就决不能改。"[3] 他指出："党的领导是社会主义法治的根本保证，坚持党的领导是我国社会主义司法制度的根本特征和政治优势。深化司法体制改革，完善司法管理体制和司法权力运行机制，必须在党的统一领导下进行，坚持和完善我国社会主义司法制度。"[4] 围绕评价司法体制改革的标准方面，习近平指出："要坚持司法体制改革

---

[1] 习近平：《决胜全面建成小康社会 夺取新时代中国特色社会主义伟大胜利——在中国共产党第十九次代表大会上的报告》，载于《人民日报》2017年10月28日第1版。
[2] 金鑫：《我国检察机关领导体制研究》，武汉大学博士学位论文，2017年，第51页。
[3] 习近平：《在中央政法工作会议上的讲话》，引自中共中央文献研究室编：《习近平关于全面依法治国论述摘编》，中央文献出版社2015年版，第77页。
[4] 《以提高司法公信力为根本尺度坚定不移深化司法体制改革》，载于《人民日报》2015年3月26日第001版。

正确的政治方向，坚持以提高司法公信力为根本尺度……不断促进社会公平正义。"[1] 在如何评价司法体制改革这一重大问题上，习近平同志指出："司法体制改革必须为了人民、依靠人民、造福人民。""要广泛听取人民群众意见，深入了解一线司法实际情况、了解人民群众到底在期待什么，把解决了多少问题、人民群众对问题解决的满意度作为评判改革成效的标准。"[2] 围绕加强法治专门队伍的管理，习近平总书记再次强调，要"着力建设一支忠于党、忠于国家、忠于人民、忠于法律的社会主义法治工作队伍"。他指出："要深化执法司法人员管理体制改革，加强法治专门队伍管理教育和培养。"[3] 围绕铁腕治理司法腐败、保证公正司法、提高司法公信力，针对司法人员作风不正、办案不廉，办金钱案、关系案、人情案等突出问题，习近平同志多次谈到，"政法机关是老百姓平常打交道比较多的部门，是群众看党风政风的一面镜子。如果不努力让人民群众在每一个司法案件中都感受到公平正义，人民群众就不会相信政法机关，从而也不会相信党和政府"[4]。他深刻指出："如果司法这道防线缺乏公信力，社会公正就会受到普遍质疑，社会和谐稳定就难以保障。"[5] 他强调"公生明，廉生威"的极端重要性，并提出"禁止从事法律职业、追究刑事责任"[6]、"清除害群之马"[7]等铁腕治理措施。"要坚持司法为民，改进司法工作作风"[8]；"要坚持以公开促公正、树公信"[9]。"司法人员要刚正不阿，勇于担当，敢于依法排除来自司法机关内部和外部的干扰，坚守公正司法的底线。"[10] 围绕司法人员管理现代化方面，习近平总书记强调"要按照政治过硬、业务过硬、责任过硬、纪律过硬、作风过硬的要求，努力建设一支信念坚定、执法为民、敢于担当、

---

[1] 习近平：《严格执法，公正司法》，引自中共中央文献研究室编：《十八大以来重要文献选编》（上），中央文献出版社 2014 年版，第 718 页。
[2] 《以提高司法公信力为根本尺度坚定不移深化司法体制改革》，载于《人民日报》2015 年 3 月 26 日。
[3] 习近平：《坚持走中国特色社会主义法治道路，更好推进中国特色社会主义法治体系建设》，载于《求是》杂志 2022 年第 4 期。
[4][5] 习近平：《关于〈中共中央关于全面推进依法治国若干重大问题的决定〉的说明》，引自本书写组编著：《〈中共中央关于全面推进依法治国若干重大问题的决定〉辅导读本》，人民出版社 2014 年版，第 75 页。
[6] 参见习近平：《严格执法，公正司法》，引自中共中央文献研究室编：《十八大以来重要文献选编》（上），中央文献出版社 2014 年版，第 720 页。
[7] 习近平：《在中央政法工作会议上的讲话》，引自中共中央文献研究室编：《习近平关于全面依法治国论述摘编》，中央文献出版社 2015 年版，第 76 页。
[8] 《习近平在中共中央政治局集体学习时强调不断开创依法治国新局面》，载于《人民日报》（海外版）2013 年 2 月 25 日。
[9][10] 习近平：《加快建设社会主义法治国家》，载于《求是》2015 年第 1 期。

清正廉洁的政法队伍"①,提出"加快推进政法队伍革命化、正规化、专业化、职业化建设"②。这一系列重要论述是习近平法治思想的重要组成部分,是推进司法体系和司法能力现代化的理论精髓,是以政治管理保障中国式司法人员管理现代化的长期基本遵循。

第一节　司法人员政治管理概述

一、司法人员政治管理的概念厘定

(一) 政治管理相关概念界分

认识司法人员政治管理,首先需要厘清"政治""政治行为""政治统治""政治管理"之间的关系,把握其政治学、行政管理学和公共管理学意义上的基本内涵。

根据马克思主义国家理论,政治是社会的上层建筑,是管理国家的艺术,是统治阶级用来调控社会活动的一种手段。从政治学角度看,"政治""政治行为""政治统治"和"政治管理"密不可分。"政治行为是人们在特定的利益基础上,围绕着政治权力的获得和运用、政治利益的获得和实现而展开的各种社会政治活动。主要表现为政治斗争行为、政治统治行为、政治管理行为和政治参与行为。"③ 所谓政治统治,是指经济上占统治地位的阶级,依据国家的强制力,通过特殊的手段和方式,把统治阶级的利益普遍化、合法化、合理化和神

---

① 习近平:《努力建设一支信念坚定、执法为民、敢于担当、清正廉洁的政法队伍》,引自《论坚持全面依法治国》,中央文献出版社2020年版,第55页。
② 习近平:《维护政治安全、社会安定、人民安宁》,引自《论坚持全面依法治国》,中央文献出版社2020年版,第246页。
③ 阮云志:《社会主义政治文明概念辨析及其结构解析》,载于《安徽广播电视大学学报》2003年第3期。

圣化，把占统治地位的经济、政治、意识形态关系置入社会的行为。[1] 而政治管理泛指"国家权力对社会政治生活的协调和控制"[2]。通说认为，政治管理就是国家权力"按照某种特定的秩序和目标对政治生活进行自觉的、有计划的约束或制约的一种方式。就是说通过这种特殊的约束方式使政治生活的各方面都能按照某种既定的秩序和目标来运行和发展"[3]。由此我们可以知道，政治统治和政治管理都是国家的必然产物，实现政治统治的国家职能和管理公共事务的社会职能，是国家的两项基本职能[4]；如果说政治统治的确立是国家政权实施的基础，那么政治管理的运行就是国家政权实现的前提[5]。政治管理是实现政治统治的若干手段和方法之一。综合上述分析可知，与政治统治以统治阶级为主体，以被统治阶级为对象，以法律为基础，以法治为后盾，以专政与民主相结合为主要方式，构成一定社会的政治结构、组织系统及其运行方式。在现代社会，政治管理的主体主要是执政党和政府，客体是保证人民参与政治生活、行使政治权利，实现全过程人民民主，建设政治文明，推进政治现代化。

（二）司法与政治的关系简析

认识司法人员政治管理，还需要提示西方一些国家所谓"司法独立""司法官员中立"的迷雾，厘清司法与政治的关系，明晰对司法人员实施政治管理的指导思想、目标任务、方式方法、实施路径、绩效评估，使司法人员参与政治生活的渠道通畅、方式多样，以司法人员的政治立场坚定、政治理想明确、政治素质纯正、政治抱负远大等方面来彰显政治管理保障司法人员管理体制的科学性、系统性、规范性特征，从而激发司法人员的政治活力，提升司法人员管理的整体质效。

长期以来，西方一些国家政界和学界鼓吹司法独立于政治，强调司法人员在政治和政党面前"中立"，否则就是"政治干预司法"。受此影响，我国理论界和实务界存在一种司法应当"去政治化"的观点。如果按此逻辑，则司法领

---

[1] 赵汝全：《试论政治统治行为》，载于《四川师范学院学报》（哲学社会科学版）1996年第5期。
[2] 刘邦凡、何太淑：《当代中国政治管理学导论》，吉林人民出版社2014年版，第1页。
[3] 王浦劬：《国家治理、政府治理和社会治理的含义及其相互关系》，载于《国家行政学院学报》2014年第3期。
[4] 刘军：《从马克思主义国家理论看中国国家治理现代化》，载于《中国特色社会主义研究》2014年第5期。
[5] 刘邦凡、何太淑：《当代中国政治管理学导论》，吉林人民出版社2014年版，第9~15页。

域成为政治管理的"禁区",由此讨论司法人员的政治管理尤为必要而且急迫。

从政治学原理来看,司法活动作为政治活动的组成部分,两者的关系具有不以人们意志为转移的客观表现:司法本身即为政治的创造物,承载着重要的政治功能;司法权乃是政治权力的重要组成部分,离不开政治力量的支撑与保障;司法的结构和布局建构于政治需要之上,司法机关的人员组成受制于政治力量的角力;司法过程是政治过程的一个环节,并受主流政治意识形态的深刻影响。① 从世界各国政治实践看,尽管一些国家力图通过宪法和法律建构一种完全独立于政党和政治的司法独立模式,但无论是绝对的司法独立还是绝对的司法官员中立,在事实上都是没有实现的。② 如美国学者、联邦上诉法院,法官理查德·波斯纳断言美国联邦最高法院是"政治法院","在任命和确认联邦法官中政治具有毫无疑问的重要性","一位总统总是从自己的政党中任命大多数法官(通常超过90%)"③,又如"二战"后英国著名法官、享有世界声誉的法学家丹宁勋爵以避免对国家经济造成灾难性影响为由驳回钢铁工人的罢工申请,再如2017年3月10日,美国总统特朗普下令司法部长进行一次政治"大清洗",解雇了全美93名联邦检察官中的46名④,等等,就是典型例证。对此,有学者借助国际相关思想库和指标,对世界各国尤其是发展中国家司法独立的制度运行进行考察,发现司法独立存在着许多与人们日常认知不完全一致的方面,认为"迄今为止,司法独立的制度在绝大多数第三世界国家移植的实践并不成功"⑤,司法独立制度既存在着理论与实践的悖论,也并不必然导致正义,受到许多其他外部和内在条件的制约和影响⑥。而实际上,所谓司法应当"去政治化""司法的归司法,政治的归政治"的观点在实践中无法立足生根。⑦ 即使如同前述国家在宪法和法律中将两者予以隔离,也只不过是"皇帝的新衣"而已。⑧ 正如习近平总书记深刻指出的,"世界上不存在完全相同的政治制度,也不

---

① 江必新:《司法与政治关系反思与重构》,载于《湖南社会科学》2010年第2期。
②⑤⑧ 金鑫:《我国检察机关领导体制研究》,武汉大学博士学位论文,2017年,第58页。
③ 卢子娟:《正确认识司法与政治的关系——访最高人民法院副院长江必新》,载于《中国党政干部论坛》2011年第4期。
④ 尽管特朗普政府是按照惯例更替前任总统任命的联邦检察官,但是并非依照通常程序有序进行,引起舆论哗然。参见《检察官"大清洗"/特朗普新政100天》,新浪新闻,http://news.sina.com.cn/o/2017-03-11/doc-ifychihc6227653.shtml,最后访问日期:2017年5月6日。
⑥ 支振锋:《司法独立的制度实践:经验考察与理论再思》,载于《法制与社会发展》2013年第5期。
⑦ 徐昕:《司法改革应"去政治化"》,载于《财经》2011年第3期;徐昕、黄艳好、卢荣荣:《2010年中国司法改革年度报告》,载于《政法论坛》2011年第3期。

存在适用于一切国家的政治制度模式。'物之不齐，物之情也。'各国国情不同，每个国家的政治制度都是独特的，都是由这个国家的人民决定的，都是在这个国家历史传承、文化传统、经济社会发展的基础上长期发展、渐进改进、内生性演化的结果"[1]。"……它不可能脱离特定社会政治条件来抽象评判，不可能千篇一律、归于一尊。"[2] 司法权作为国家权力结构体系重要组成部分，其体系构建及其运行必然反映和体现执政党领导和实现国家各项工作包括司法工作在内的法治化的决策、布局、实施、监督与执行，乃至价值理念主张的影响和制约。由此，政治管理普遍存在于现代法治国家之中，即使是在宣扬司法与政治绝对"隔离"和司法人员绝对"中立"的国家，其对司法人员的政治管理仍然存在，只是呈现出不同形态和表现形式而已。

（三）司法人员政治管理辨析

认识司法人员政治管理，还需要把握政治管理的内在规律。司法人员政治管理无疑是政治管理的重要内容之一。对于司法人员政治管理的诸要素，目前学术界和实务界研究较少，难以形成定论，但有如下两个基本方向可以确定：(1) 司法人员政治管理，必然受制于特定社会的政治制度、法律制度和传统文化，政治法律文化传统、现实的宪法构造和政治实践决定着司法人员政治管理的主要内容。(2) 对司法人员进行政治管理的基本动因，主要是促进和保障司法人员的思想认识、能力素质、道德品质等适应特定社会的政治统治需要，实现司法人员政治生活和司法实践的正常运行。同时，司法人员政治管理还受到政治管理规律的制约，主要表现在：一是司法人员政治管理的主体，主要是政党和政府，但公众和非政府组织的作用日益凸显是一种趋势；二是它是以司法人员的政治生活为管理对象，具有鲜明政治色彩的一种管理活动；三是它是自上而下的、少数人对多数人的管理行为；四是它以政治领导、政治决策、政治教育、政治组织、政治沟通、政治监督等为基本内容和方式。

通过上述分析，我们认为，司法人员政治管理，就是政党和政府等组织，围绕特定的秩序和目标，通过政治领导、政治决策、政治教育、政治组织、政治沟通、政治监督等方式，对司法人员的政治生活进行自觉的、有计划的约束

---

[1][2] 习近平：《坚定对中国特色社会主义政治制度的自信》（2014年9月5日），引自《习近平谈治国理政》（第二卷），外文出版社2017年版，第286页。

或制约的制度安排和活动的总称。

二、我国司法人员政治管理的内涵与特质

(一) 司法人员政治管理的历史逻辑

研究我国司法人员政治管理的内涵与特质，必须准确把握中国政治发展的逻辑，遵循中国政治发展的内在规律，立足中国特色社会主义政治法律制度和文化的发展来把握其质的规定性。

政党作为现代政治的基本要素，在现代国家组织与运行中发挥着主导作用，这一点成为当今世界各国的共识。从我国政党政治的历史变迁来看，近代以来，中国面临着打破军阀割据，推翻帝国主义、封建主义和官僚资本主义的统治，改变积贫积弱面貌，建设现代化国家，最终实现中华民族伟大复兴的使命。中国社会的内在需求决定了中国政党的必然使命"并不仅仅出于运行民主共和政治的需要，更重要的是凝聚社会、建设国家的内在需要"[1]。在此背景下，自辛亥革命以来，中国在追求国家与社会现代化的进程中先后历经了两个政党的执政选择。首先在20世纪初登上历史舞台的是中国国民党，尽管国民党政权的建立标志着中国政治形态从漫长的王朝帝制到混乱的军阀割据，开始向一种新的党国体制转型并步入党治国家时代，但是由于长期的派系纷争，国民党只是一个弱势独裁政党，从来没有形成一个严密组织，党的机器软弱涣散，缺乏高度内聚力，党力离散而有限，训政力度与孙中山的设想相去甚远[2]。这样的政党自然无法成为中华民族的脊梁，也无法承担起中国追求现代化的使命。中国共产党则准确把握了中国社会这样的双重需要，将"以政党凝聚人民"发扬光大，将凝聚人民、治理社会、建设国家有机统一，成为一个具有高度社会动员能力和组织内聚力功能的政党。中国共产党在马克思主义中国化的指导下，在严酷的革命斗争和政治斗争之中，不仅铸造成为一个组织严密、纪律严明、理想信

---

[1] 林尚立：《中国共产党与国家建设》，天津人民出版社2009年版，第25页。
[2] 王奇生：《党员、党权与党争——1924—1949年中国国民党的组织形态》（修订增补本），华文出版社2010年版，第1页。

念坚定的革命政党，而且广泛组织动员工人阶级和广大农民群众，吸纳小资产阶级和民族资产阶级成为统一战线的革命盟友，为革命运动注入巨大能量，进而在缔造新中国之后，继续运用强大中央权力和国家力量整合社会资源推动中国的工业化和现代化建设。中国共产党不仅实现了国家政治统一的奇迹，而且创造了国家经济崛起的奇迹①，"很好地承担起了促进国家转型与国家整合有机统一，推进革命、建设和改革全面发展的重要使命"②。可以说，"中国现代国家转型在政治上的重要标志，就是中国共产党领导人民在千年古国建立社会主义政权，开启了建设社会主义新中国的现代国家建设之路"③。

历史经验证明，执政党支撑着国家建设，决定着国家发展；执政党的生命力、创造力和领导力，决定着国家的兴衰成败。也正是在这样的政治发展中，形成了中国的政治逻辑：中国共产党的领导是中国特色社会主义最本质的特征，也是中国特色社会主义制度最大的优势。④ 这也决定了中国共产党与司法之间的关系，即我国司法机关在中国共产党的绝对领导之下，我国司法人员中绝大多数是中国共产党党员，在我国政治体制框架之下，经由宪法和法律的明确规定，作为领导党和执政党，中国共产党对司法人员的政治管理通过党对司法机关的政治领导、思想领导、组织领导，以及一系列的制度机制安排来实现，呈现出党领导司法、支持司法、保障司法，推动国家法治建设的鲜明特色。这一现象，既是与法律密切相关的政治现象，也是与政治密切相关的法律现象，而这一现象的形成，是近代以来尤其是新中国成立以来中国政治发展的必然结果，也是历史和现实作出的必然选择，正如学者所述："中国社会目前这个政党政治与司法的关系格局和形态从一开始就不是从概念中演绎出来的，不是从某种意识形态中演绎出来的，也不是比照某个外国标准塑造的，它是中国近现代社会历史发展的产物——一种诸多社会变量促成的产物。"⑤

由此，我们可以得出两个结论：其一，作为司法人员管理体制的要素，我国真正意义上的现代司法人员政治管理制度形成于新中国成立以后，发展于改

---

① 金鑫：《我国检察机关领导体制研究》，武汉大学博士学位论文，2017年，第50页。
② 上海市中国特色社会主义理论体系研究中心：《中国政党制度的历史性贡献》，载于《求是》2013年第13期。
③ 林尚立：《当代中国政治：基础与发展》，中国大百科全书出版社2017年版，第73页。
④ 习近平：《决胜全面建成小康社会 夺取新时代中国特色社会主义伟大胜利——在中国共产党第十九次代表大会上的报告》，载于《人民日报》2017年10月28日第1版。
⑤ 苏力：《中国司法中的政党》，载于《法律和社会科学》第一卷，法律出版社2006年版，第272页。

革开放和中国特色社会主义法治建设的 30 年间，成熟于新时代中国特色社会主义法治体系成熟化、定型化、法律化的十年。它根植于新中国的政治法律文化传统，适应着当代中国的宪法构造和政治实践，呈现出鲜明的中国特色。其二，研究我国司法人员政治管理，必须始终贯穿坚持和加强中国共产党的领导这条主线。原因在于，在迈向现代化国家的道路上，中国既要遵循人类政治文明发展的基本规律，又不能跳出自身发展的政治逻辑。尤其是，在中国的政治逻辑中，政党现代化的极端重要性居于中国政治的核心，执政党的建设与发展不仅关系到执政党本身，而且事关整个国家建设和中国民主的前途命运。[1] 而中国共产党不同于一般政党政治意义上的执政党，其执政资格和执政地位不是通过政党竞选获胜取得的，而是中国人民选择和赋予的结果，是依靠共产党的先发组建和领导中国革命，推翻帝国主义、封建主义和官僚资本主义"三座大山"，建立新政权而取得的。这就使得中国共产党集领导党与执政党于一身，并在执政体制上形成两大特色：一方面，在政党体制上，实行中国共产党领导的多党合作和政治协商制度；另一方面，在执政党与国家政权机关的关系上，中国共产党按照总揽全局、协调各方的原则发挥领导核心作用，不仅按照执政党的一般规律和惯例掌控国家权力，而且还对所有国家政权机关和军事机关实行集中统一领导。[2]

（二）司法人员政治管理的规范分析

研究我国司法人员政治管理的内涵与特质，需要遵循政治管理的基本原理，明确司法人员政治管理的主体、客体、内容、机制等要素。从我国司法人员政治管理的主体来看，中国共产党及其各级组织、机关和职能部门无疑是最重要的主体；司法人员尤其是司法机关的中国共产党党员的政治生活无疑是其管理的对象。从管理方式看，中国共产党既在司法机关外部通过中央领导机关及其工作机关、地方党委和各级党委政法委的功能作用来实施政治管理，又深入内部，通过在各级司法机关设立党组和机关基层党组织开展政治管理。[3] 从管理内容看，则包含了政治领导、政治决策、政治教育、政治组织、政治沟通、政治

---

[1] 金鑫：《我国检察机关领导体制研究》，武汉大学博士学位论文，2017 年，第 50 页。
[2] 金鑫：《我国检察机关领导体制研究》，武汉大学博士学位论文，2017 年，第 56 页。
[3] 金鑫：《我国检察机关领导体制研究》，武汉大学博士学位论文，2017 年，第 61 页。

监督等诸方面。

（三）司法人员政治管理的时代要求

研究我国司法人员政治管理的内涵与特质，在当代还要从中国共产党领导人民统筹推进"五位一体"总体布局[①]、协调推进"四个全面"战略布局[②]，建设社会主义现代化强国、实现中华民族伟大复兴的宏阔背景，尤其是推进国家治理体系和治理能力现代化，建设法治中国，并由此推动司法体制深度改革的政治实践中来把握其时代要求。当前，中国特色社会主义进入了新时代，中国共产党进一步将政治建设与经济建设、社会建设、文化建设和生态文明建设有机结合在一起，提出了以"十四个坚持"为主要内容的党的基本方略，科学回答了新时代坚持和发展中国特色社会主义的总目标、总任务、总体布局、战略布局和发展方向、发展方式、发展动力、战略步骤、外部条件、政治保证等基本问题[③]，这为实现中国民族的伟大复兴和建设社会主义现代化强国指明了方向。与此同时，中国共产党深刻认识到，为了完成现代国家建设的使命，必须全面加强党的领导，全面加强执政能力建设，全面推进以党的领导、人民当家作主、依法治国有机统一的社会主义民主政治，从而使我国现代国家体系得以在现代化进程中发育成长。正因为如此，党中央把实现中国民族的伟大复兴和建设社会主义现代化强国称为"社会革命"，而将坚定不移全面从严治党，不断提高党的执政能力和领导水平称为"自我革命"。

一方面，党深刻认识到，"中国共产党是否能够成为依宪治国、依宪执政的现代政党，将对中国是否能够成功构建现代化国家治理体系发挥决定性作用"[④]，因此，党的十八大以来，以习近平同志为核心的党中央把全面依法治国提到更加突出的位置，党的十八届四中全会作出的《关于全面推进依法治国若干重大问题的决定》，明确提出"依法执政是依法治国的关键""把依法执政确定为党

[①] "五位一体"总体布局，是中国共产党对"实现什么样的发展、怎样发展"这一重大战略问题的科学回答。着眼于全面建成小康社会、实现社会主义现代化和中华民族伟大复兴，党的十八大报告对推进中国特色社会主义事业作出经济建设、政治建设、文化建设、社会建设、生态文明建设的"五位一体"总体布局。

[②] "四个全面"，即全面建成小康社会、全面深化改革、全面依法治国、全面从严治党。

[③] 习近平：《决胜全面建成小康社会 夺取新时代中国特色社会主义伟大胜利——在中国共产党第十九次代表大会上的报告》，载于《人民日报》2017年10月28日第1版。

[④] 任剑涛：《现代化国家治理体系的建构：基于近期顶层设计的评述》，载于《中国人民大学学报》2015年第2期。

治国理政的基本方式"。党的十九大提出"全面依法治国是国家治理的一场深刻革命""要改进党的领导方式和执政方式,保证党领导人民有效治理国家""必须把党的领导贯彻落实到依法治国全过程和各方面,坚定不移走中国特色社会主义法治道路"。① 另一方面,党清醒认识到,要团结带领人民进行伟大斗争、建设伟大工程、推进伟大事业、实现伟大梦想,必须毫不动摇坚持和完善党的领导,毫不动摇把党建设得更加坚强有力,并由此提出新时代党的建设总要求,即:坚持和加强党的全面领导,坚持党要管党、全面从严治党,以加强党的长期执政能力建设、先进性和纯洁性建设为主线,以党的政治建设为统领,以坚定理想信念宗旨为根基,以调动全党积极性、主动性、创造性为着力点,全面推进党的政治建设、思想建设、组织建设、作风建设、纪律建设,把制度建设贯穿其中,深入推进反腐败斗争,不断提高党的建设质量,把党建设成为始终走在时代前列、人民衷心拥护、勇于自我革命、经得起各种风浪考验、朝气蓬勃的马克思主义执政党。②

通过我国政治发展的逻辑、政治管理的原理和对当代中国政治实践的分析,我们认为,我国司法人员政治管理,就是中国共产党的各级组织,包括司法机关的党组织,着眼司法机关忠实贯彻党的基本理论、基本路线、基本方略,对司法人员尤其是司法机关的中国共产党党员进行政治领导、政治组织、政治教育、政治监督、政治激励等的制度安排和活动的总称,其目的在于促进司法人员依法履职,更好地担负起维护国家政治安全、确保社会大局稳定、促进社会公平正义、保障人民安居乐业的使命任务。

三、我国司法人员政治管理的基本特征

由前面论述可知,我国司法人员政治管理体现了党的领导、人民当家作主、依法治国的有机统一,体现了现代政党依法活动与依法自律的有机统一,同时体现了依法治国、依规治党的有机统一,具有如下明显特征。

---

①② 习近平:《决胜全面建成小康社会 夺取新时代中国特色社会主义伟大胜利——在中国共产党第十九次代表大会上的报告》,载于《人民日报》2017年10月28日第01版。

（一）鲜明的政治性

我国司法人员肩负宪法和法律赋予的职责使命，司法人员政治管理的目标就是充分利用对司法人员进行政治领导、政治组织、政治教育、政治监督、政治激励等方式来提高司法人员为实现维护国家政治安全、确保社会大局稳定、促进社会公平正义、保障人民安居乐业目标的能力。我国司法人员的主体是中国共产党党员，司法机关党的政治建设是党的政治建设的重要组成部分，对司法人员政治管理起着指导性的作用。"把党的政治建设摆在首位，旗帜鲜明讲政治是中国共产党作为马克思主义政党的根本要求，是党员干部最鲜明的本质特征。共产党员应该做到不断增强旗帜鲜明讲政治的思想自觉和行为自觉，做到真正从灵魂深处深化对讲政治的认识，坚定不移地执行党的政治路线，严格遵守政治纪律和政治规矩，保证自己在政治立场、政治方向、政治原则、政治道路上同党中央保持高度一致。"[1] "中央和地方各级人大机关、行政机关、政协机关、监察机关、审判机关、检察机关本质上都是政治机关，旗帜鲜明讲政治是应尽之责。"[2] 在我国，司法机关本质上就是政治机关，其政治属性不言而喻。司法人员尤其是司法机关的党员干部，更要义不容辞地讲政治。

（二）内在的法治性

习近平总书记在中央全面依法治国工作会议上强调，国际国内环境越是复杂，改革开放和社会主义现代化建设任务越是繁重，越要运用法治思维和法治手段巩固执政地位、改善执政方式、提高执政能力，保证党和国家长治久安。全面依法治国要加强和改善党的领导，健全党领导全面依法治国的制度和工作机制，推进党的领导制度化、法治化，通过法治保障党的路线方针政策有效实施。法治是政治管理现代化的内在要求。政治管理往往通过法律和政策的方式来进行，是国家意志的体现，具有拘束人们的政治行为和调整社会政治关系的特殊作用。[3] 主要体现在三个方面：一是政治管理权限来自宪法和法律法规的授

---

[1] 习近平：《决胜全面建成小康社会　夺取新时代中国特色社会主义伟大胜利》，引自《党的十九大文件汇编》，党建读物出版社2017年版，第42页。
[2] 《中共中央关于加强党的政治建设的意见》（2019年1月31日），http://www.gov.cn/zhengce/2019-02/27/content_5369070.htm，最后访问时间：2019年3月19日。
[3] 刘邦凡、何太淑：《当代中国政治管理学导论》，吉林人民出版社2014年版，第15页。

权。对司法人员进行政治管理是《中共中央关于加强党的政治建设意见》的重要要求,但发挥各级各类党组织的政治属性和政治功能的政治管理活动,也要受宪法和各类法律法规(包括党内法规)的约束。在走向社会主义现代化强国的过程中,政党现代化是国家转型的核心任务,随着中国共产党不断深化对共产党执政规律、社会主义建设规律和人类社会发展规律的认识,依法治国基本方略得以确立,依法执政被确定为党治国理政的基本方式,这也为加强和改进党对司法人员的政治管理提供了新的指引方向。[①] 二是政治管理目标服务于法治建设。司法人员政治管理以维护国家政治安全、确保社会大局稳定、促进社会公平正义、保障人民安居乐业为目标,司法人员开展司法活动实现这些目标的过程是司法权正确行使的过程,而依法行使司法权是依法治国的重要内容,是建设中国特色社会主义法治体系的重要组成部分。三是政治管理活动直接或间接作用于法律活动本身。司法人员政治管理活动通过提升司法人员对经济社会发展趋势及规律的把握能力、依法办案能力、维护公平正义能力和推进全民守法能力,促进司法人员依法开展各项司法活动。

(三) 主体的特定性

司法人员政治管理的主体主要是指对司法人员有权进行政治管理的群体,从政治管理的基本原理来看,这一主体主要是执政党及其各级组织,当然,作为政治权力来源的人民无疑是对司法人员政治管理的最根本主体。中国共产党对司法人员政治管理主要体现在各级党组织对司法人员政治管理的领导,包括党中央的绝对领导、各级地方党委的领导、党委政法委员会的领导、各级司法机关党组织的领导;人民对司法人员政治管理主要体现在人民群众根据人民代表大会制度,通过基本权利的行使赋予广大司法人员开展司法活动的权利,并对司法人员政治管理活动进行民主监督;其中,党对司法人员的政治管理是本书研究的重点。

中国共产党"通过包括思想政治组织领导以及本级人大及其常委会监督、人事任免等方式在内的多种形式,来具体实现对于本级司法人员的领导"[②]。这种领导不是局部的、片面的,而是全方位的、彻底的。党中央对司法人员政治

[①] 金鑫:《我国检察机关领导体制研究》,武汉大学博士学位论文,2017年,第2页。
[②] 金鑫:《我国检察机关领导体制研究》,武汉大学博士学位论文,2017年,第38~40页。

管理体现在绝对领导,决定大政方针、决策部署重大举措、管理重大事项;各级地方党委领导本地区的司法人员政治管理,贯彻执行党中央关于司法人员政治管理的大政方针;党委政法委员会指导、支持、督促司法人员政治管理的开展,对推动完善和落实政治轮训和政治监督起主导作用;各级司法机关党组织履行司法人员政治管理的主体责任,直接对本组织内的司法人员政治管理负责。

我国人民民主专政的国体决定了司法机关、司法人员从事司法活动的一切权利都是人民赋予的,这充分体现了人民在司法人员政治管理中的主体地位。此外,人民群众的监督是政治监督的重要内容,司法人员政治管理过程中的政治监督是不可或缺的内部监督方式,但是内部监督的诸多问题需要最广大人民群众监督来进行完善,以确保司法人员政治管理的有效性。

(四) 标准的统一性

标准的统一性是社会主义法治国家司法人员政治管理的客观属性。主要表现为政治管理标准体系的上下一体、左右一致、前后衔接。上下一体,是指各级司法机关在司法人员政治管理内容上的一致性,任何司法人员,不论层级差异、职务高低、身份类别,一视同仁,均应纳入政治管理的范畴,接受同一管理标准约束;左右一致,是指检察机关和审判机关在司法人员政治管理要求上的平等性,不因权力属性的不同、职能分工的区别而采取差异性对待;前后衔接,是指在同一政权体制内,不同时期司法人员政治管理注重理念的发扬、内容的延续、方法的传承、成果的共享,从而形成一个自成一体、渊源清晰、前后呼应的管理体系。

(五) 内容的系统性

本书认为,司法人员政治管理的内容主要包括政治领导、政治决策、政治组织、政治教育、政治监督、政治激励,它们是相互交融、相互促进的统一有机整体,共同构成了司法人员政治管理活动的各个方面。政治领导主要侧重于在指导思想、方向路径等方面对司法人员政治管理进行宏观把控,确立原则和方向;政治组织主要侧重于司法人员政治管理的制度化和常态化,确保有序性;政治教育主要侧重于全面提升司法人员的政治思想水平和维护公平正义的能力,体现司法人员政治管理的必要性;政治监督主要侧重于通过内外部监督防止权力腐败，保证司法人员政治管理的执行力；政治激励主要是指通过各项奖励性措施激发司法人员参与政治管理活动的热情，保证司法人员政治管理取得实际效果。

四、我国司法人员政治管理的基本原则

（一）坚持党对司法工作的绝对领导

法律确认并维护政治统治，法律规定政治行为的权利和义务。在我国，中国共产党对于国家和社会的领导地位由宪法和法律予以确认。坚持党的领导，是中国特色社会主义最本质的特征，也是司法人员政治管理坚持的首要基本原则。中国共产党在领导司法机关的行为方式上，主要是实行党中央的集中统一领导，构建党的根本领导制度和组织制度以实施政治、思想、组织上的领导，并通过完善党的具体工作制度、实行党管干部原则、制定司法政策等发挥总揽全局、协调各方的领导核心作用。[①] 在具有鲜明政治属性的司法机关，要毫不动摇地把党的领导作为司法工作的根本保证，必须把党的领导贯彻到司法工作各方面，确保党的基本理论、基本路线、基本方略在司法机关得到不折不扣的贯彻落实。体现在司法人员政治管理上，就必须认真贯彻党的路线、方针、政策，在管理活动中体现党的意志，在司法活动中维护党的权威，在思想和行动上与党中央保持高度一致，深刻领会"两个确立"的决定性意义，不断增强"四个意识"，坚定"四个自信"，不断提高忠诚核心、拥戴核心、维护核心、捍卫核心的政治、思想、行动自觉，把"两个维护"落到实处。要善于发挥党的政治领导力、思想引领力、群众组织力、社会号召力，促进司法人员紧紧围绕执政党确立的目标，在更高水平的平安中国、法治中国建设中更好地发挥作用。

（二）坚持依法治国基本方略

依法治国必须坚持党的领导，党的领导必须依靠依法治国。习近平总书记

---

① 金鑫：《我国检察机关领导体制研究》，武汉大学博士学位论文，2017年，第2页。

指出:"党领导人民制定宪法和法律,党领导人民执行宪法和法律,党自身必须在宪法和法律范围内活动,真正做到党领导立法、保证执法、带头守法。"[1] 党的十八届三中全会通过的《中共中央关于全面深化改革若干重大问题的决定》提出了"法治中国"的概念,并将"确保依法独立公正行使审判权检察权""健全司法权力运行机制"作为其重要内容。党的十八届四中全会通过的《中共中央关于全面推进依法治国若干重大问题的决定》(以下简称《决定》),围绕加强和改进党对全面推进依法治国的领导,提出的"三个统一""四个善于"原则,实际上也是司法人员政治管理的根本原则,这就是:把依法治国基本方略同依法执政基本方式统一起来,把党总揽全局、协调各方同人大、政府、政协、审判机关、检察机关依法依章程履行职能、开展工作统一起来,把党领导人民制定和实施宪法法律同党坚持在宪法法律范围内活动统一起来,善于使党的主张通过法定程序成为国家意志,善于使党组织推荐的人选通过法定程序成为国家政权机关的领导人员,善于通过国家政权机关实施党对国家和社会的领导,善于运用民主集中制原则维护中央权威、维护全党全国团结统一。[2] 因此,在司法人员政治管理过程中,既要坚持党的绝对领导,又要全面贯彻落实依法治国方略的各项基本要求。

(三) 坚定正确的政治方向

司法人员是我国社会主义法治体系的重要组成部分,健全和完善社会主义法治体系是我国司法人员政治管理的重要目标。这样的实践逻辑决定了司法人员政治管理必须正确把握政治方向,用党的纲领、路线、方针和政策统一司法人员的思想和行动,使司法人员同党在政治上保持高度一致,自觉服从党的领导,从我国实际出发,同推进国家治理体系和治理能力现代化相适应,突出中国特色、实践特色、时代特色,坚定不移地走中国特色社会主义法治道路。

(四) 坚持司法为民的宗旨

政治管理是充分满足公民政治要求、努力捍卫公民政治权利、不断扩大并

---

[1] 习近平:《在首都各界纪念现行宪法公布施行30周年大会上的讲话》(2012年12月4日),引自《习近平谈治国理政》,外文出版社2014年版,第142页。
[2] 本书编写组编著:《〈中共中央关于全面推进依法治国若干重大问题的决定〉辅导读本》,人民出版社2014年版,第5~6页。

合理分配政治政治资源、有效维护政治秩序与政治安全的过程及制度安排。政治管理的基本功能是为公民的政治生活提供服务，进行疏导和规范。政治管理的目标是最大限度地激发和维护全体公民的政治积极性、主动性和创造性，实现社会政治生活民主与国家政治安全的协调统一。① 从根本上讲，司法人员的政治管理不是高屋建瓴的口号，而是统一司法理念、规范司法行为的价值引领，其目的在于通过政治方向、政治组织、政治思想诸方面的管理，使司法人员的司法实践适应新时代社会主要矛盾的转化，适应人民群众对民主、法治、公平、正义、安全、环境等方面更高水平、更高层次的需求，紧紧围绕保障和促进社会公平正义，努力让人民群众在每一个司法案件中感受到公平正义来依法履职，从而更好地保护人民权益、伸张正义。

（五）坚持以改革创新为动力

在我国，法是党的主张和人民意愿的统一体现，推进公正司法，促进司法人员更好地担负起定分止争、权力救济、制约公权的职责任务，是司法人员政治管理的主基调。党的十八届三中全会以来，围绕推进国家治理体系与治理能力现代化的目标，着眼于解决司法领域存在的司法不公、司法公信力不高的问题，党中央对加快建设公正高效权威的社会主义司法制度进行了全面部署和推进，改革举措主要包括：优化法院检察院机构职能体系、司法人员分类管理制度改革、司法责任制改革、司法职业保障制度改革、省级以下地方法院检察院人财物统一管理改革、完善国家司法救助制度、以审判为中心的刑事诉讼制度改革、认罪认罚从宽制度改革、公益诉讼制度改革等。② 上述改革在对司法人员的司法能力提出更高要求的同时，也为司法人员政治管理赋予了新的内涵，内在地要求政治管理发挥好对各项改革的引领和规范作用，促进中国特色社会主义司法制度和工作运行体制机制的健全完善。与此同时，"由于现代科学的种种发现及其在工业而且许多其他领域的应用，整个社会基础正在迅速地科学化，而且国家司法官员和行政官员所面临的问题也愈发变得需要科学知识来解决"③，当今时代，信息化、网络新媒体技术、人工智能等科技的迅猛发展，使得司法

---

① 李景治：《从政治领导到政治管理》，载于《中国人民大学学报》2008 年第 5 期。
② 《建设社会主义法治国家》，人民出版社、党建读物出版社 2019 年 2 月第 1 版，第 153～179 页。
③ ［英］罗素：《我的信仰》，靳建国译，东方出版社 1989 年版，第 208 页。

人员政治生活的各种平台载体日益丰富，也呼唤着司法人员政治管理方式方法的持续创新。适应新时代、新征程、新需要，司法人员政治管理无论是在理念、方法、措施，还是平台、载体建设等方面，都需要坚持改革创新，推动政治管理的科学化、民主化、制度化和法治化。

第二节　我国司法人员政治管理的主要内容

如前所述，我国司法人员政治管理的本质是坚持和加强党对司法工作的绝对领导。主要包括政治领导、政治教育、政治决策、政治监督、政治激励等内容。

一、政治领导：以把握司法工作的政治立场、政治方向、政治原则、政治道路为核心

按照通说理解，政治领导是国家或政党所制定和执行的反映其阶级利益、意志的纲领、路线、方针、政策的具体活动。映射到司法人员政治管理过程中，就是综合运用党的纲领、路线、方针、政策，通过内部或外部的领导组织形式，对司法人员的思想和行动施加影响，从而引导司法人员坚定以人民为中心的政治立场、坚持党的绝对领导这一根本政治方向、坚持司法工作"十项原则"[1]，坚持走中国特色社会主义法治道路，坚决做到"两个维护"[2]，自觉在党和国家工作大局中审视、谋划、部署和推进司法工作，最终实现党对司法工作的全面领导，实现人民司法事业的全面发展与国家改革发展稳定大局的有机结合。可从行为特征、组织特征、宏观控制特征三个方面把握其基本内涵。

---

[1] 《中国共产党政法工作条例》，参见新华网，2019 年 1 月 18 日，http://www.xinhuanet.com/politics/2019-01/18/c_1124011592.htm，最后访问时间：2019 年 3 月 15 日。
[2] "两个维护"是指坚决维护习近平总书记党中央的核心、全党的核心地位，坚决维护党中央权威和集中统一领导。

（一）行为特征

通过实行党中央对政法工作的绝对领导①，构建党的根本领导制度和组织制度以实施政治、思想、组织上的领导，并通过建立完善《中国共产党政法工作条例》等具体工作制度、实行党管干部原则、制定司法政策等发挥领导核心作用。具体而言，就是坚持党的绝对领导、维护党中央权威，确保司法工作正确的政治方向；"坚持以习近平新时代中国特色社会主义思想为指导，为政法工作坚持正确方向提供根本遵循"②；"确立政法工作的政治立场、政治方向、政治原则、政治道路，严明政治纪律和政治规矩，为政法工作科学发展提供政治保证"③，紧贴党和国家工作大局开展司法工作，确保各级司法机关全面贯彻落实党中央的重大决策部署；坚持在党的领导下依法独立公正行使司法权；加强纪律建设，严格遵守党的政治纪律和政治规矩；"研究部署政法工作中事关国家政治安全、社会大局稳定、社会公平正义和人民安居乐业的重大方针政策、改革措施、专项行动等重大举措"④，实现对司法工作乃至整个政法工作的政治领导。

（二）组织特征

政治领导的具体组织形式可以分为两种：一种是外部领导，即通过党中央的集中统一领导、地方党委的领导和各级党委政法委的领导，从司法机关外部对司法工作实现政治上、思想上、组织上的领导；另一种是内部领导，即通过在司法机关内部设立党组织并直接带领司法机关内部的党员干部掌握司法权，执行党的意志。⑤ 这其中，党通过构建科学合理的选人用人机制、加强对司法机关领导人员的政治把关和管理监督，强化组织领导无疑是最重要的方式（本书将另行介绍）。具体分析，在外部领导中，党中央的领导首先是靠党的中央领导机关来组织实施，其次是靠党中央的工作机关来具体执行，当然，党中央的办事机关和其他职能部门、办事机构也在不同方面通过领导、指导、协

---

① 根据《中国共产党政法工作条例》规定，"党中央对政法工作实施绝对领导，决定政法工作大政方针，决策部署事关政法工作全局和长远发展的重大举措，管理政法工作中央事权和由中央负责的重大事项"。
②③④ 《中国共产党政法工作条例》，参见新华网，2019 年 1 月 18 日，http://www.xinhuanet.com/politics/2019-01/18/c_1124011592.htm，最后访问时间：2019 年 3 月 15 日。
⑤ 林尚立：《中国共产党与国家建设》，天津人民出版社 2009 年版，第 161 页。

调等方式影响着司法工作；地方党委领导的基本功能主要是政策供给、组织与协调、监督制约、行为约束、社会动员、人才选拔与培养、党内沟通[1]；地方党委政法委员会作为党委领导和管理政法工作的职能部门，"是党委领导政法工作的组织形式"，在推进国家治理体系和治理能力现代化的进程中发挥重要作用。在内部领导中，通过层层设立党组和机关党委、总支部委员会、支部委员会等基层党组织，广泛选派党员干部成为司法人员的骨干主体，来全方位落实党的意志。这其中，党组领导作用的发挥至关重要。比如，党组作为党的组织嵌入司法机关的纽带与中介，把党的路线方针政策与依法、独立、公正行使司法权有机统一起来，牢牢把握对司法机关重大决策、重大人事、重大项目安排等重要事项的决定权，实现保证党的领导体制与检察权的运作耦合的功能，形成政治统一体。

（三）目标导向特征

政治领导主要通过确立政治原则和政治方向、制定重大决策等，实现对所辖范围政治生活的宏观控制。各级党组织，特别是各级党委政法委、各级司法机关，把党的路线、方针、政策同本地区、本部门、本单位的具体实际结合起来，使党的路线、方针、政策得到贯彻落实，是政治领导宏观控制特征在司法人员政治管理过程中的重要体现。比如，为强调政治领导在政治建设中的关键作用，《中共中央关于加强党的政治建设的意见》明确指出，"党是最高政治领导力量"，旗帜鲜明地宣示了政治领导的主体及地位；为破解人民群众对"法福利"需求日益增长与司法"公共品"供给不充分的难题[2]，最高人民法院发布的《关于在司法解释中全面贯彻社会主义核心价值观的工作规划（2018－2023）》、最高人民检察院发布的《2018—2022年检察改革工作规划》都把坚持党对法院、检察改革的绝对领导，完善审判机关、检察机关坚持党的政治领导、思想领导和组织领导的工作制度，健全审判机关、检察机关坚持党的领导制度体系作为重点工作目标，等等。

---

[1] 邹庆国：《中国共产党地方党委制的组织形态与运作机制研究》，人民出版社2012年版，第82~86页。
[2] 徐汉明：《"习近平司法改革理论"的核心要义及其时代价值》，载于《商法研究》2019年第6期。

二、政治教育：以涵养司法人员的思想政治素质、业务工作能力、职业道德水准为主旨

政治教育，"本质上是做人的工作，是用马克思主义的理论、用社会主义主导的价值观来教育人，使人具有符合时代发展的政治素养、能力储备和思想品德"[①]。司法人员政治管理中的政治教育，是指围绕司法人员的思想政治素质、业务工作能力、职业道德水准等，从理性方面激发他们的理想原动力，使之成为司法人员组织行为的动机，"着力建设一支忠于党、忠于国家、忠于人民、忠于法律的社会主义"[②]司法队伍，从而实现预期管理目标的方法。这是我们党做好包括司法工作在内各项工作的重要法宝，也是抓好政治管理的常规方法，在司法人员政治管理的各项内容中处于基础性地位。主要包括思想政治建设机制、业务能力建设机制和职业道德建设机制等。

（一）思想政治建设机制

在政治教育的三大建设机制中，思想政治建设机制摆在首位。突出思想政治建设机制的重要性，就是要发挥政治工作的生命线作用。思想政治建设机制的主要目标，是以学习中国特色社会主义理论为根本，引导全体司法人员增强坚守法治、执法为民的政治觉悟，筑牢高举旗帜、听党指挥、忠诚使命的思想根基。思想政治建设机制的主要内容，一是，强化科学理论武装。注重运用以"习近平新时代中国特色社会主义思想"作为司法工作行动指南和基本遵循，深化社会主义法治理念教育，引导司法人员牢固树立法治信仰和法治理念。二是，完善思想动态分析制度。以突出讲政治、解决真问题、凝聚"精气神"为基本要求，定期分析司法人员思想动态，针对不同时期出现的倾向性苗头性问题，及时进行教育引导。三是，深化意识形态管理。在法官、检察官职业准入、遴选、等级晋升和司法行政人员选拔任用工作中，注重"德、能、勤、绩、廉"

---

① 渠丽娜、王瑜：《从制度入手，提高思想政治教育实效性》，载于《人民论坛》2016 年第 8 期。
② 本书编写组编著：《〈中共中央关于全面推进依法治国若干重大问题的决定〉辅导读本》，人民出版社 2014 年版，第 30 页。

的把关,完善政审工作机制;把形势任务教育作为重要内容,引导司法人员准确把握经济社会转型发展的实践要求,增强在司法实践中服务大局的思想自觉和行动自觉;强化互联网思维,树立主动开展思想政治教育的理念,增强思想政治教育的主动性、有效性。思想政治建设机制的主要抓手,是采取理论学习、文化浸润、典型示范、实践砥砺等方式,增强思想政治教育的效果。

(二)业务能力建设机制

业务能力建设机制的根本目标是加快推进司法队伍革命化、正规化、专业化、职业化,提升职业素养,树立司法公信力。《中共中央关于全面推进依法治国若干重大问题的决定》围绕这一目标部署了系列重大改革任务,主要有三个方面:一是,对法律职业准入制度进行调整完善。通过健全国家统一法律职业资格考试制度、建立法律职业人员统一职前培训制度、健全从政法专业毕业生中招录人才的规范便捷机制等,从源头上把好法治专门队伍的素质关。二是,对法律职业从业者之间的良性流动和开放的人才吸纳机制作出探索。比如,建立从符合条件的律师、专家学者中招录法官、检察官制度,促进形成相互尊重、互相支持、互相监督、平等交流的法律职业共同体。三是,以符合职业特点为基本要求,深化法治工作人员管理和培训机制。比如,推行检察官、法官、司法辅助人员、司法行政人员分类管理,探索实行差别化、规范化管理模式;完善专业培训机制,分层分类开展技能培训、岗位练兵和业务竞赛,着力培育各项专业能力,加强对办理互联网、金融、知识产权等新领域、新类型案件的培训;健全业务专家制度,深化各类人才库建设;优化网络平台建设管理与应用,不断加强政治性极强的审判、检察业务交流和工作指导,逐步构建教、学、练、战一体化教育机制。

(三)职业道德建设机制

职业道德建设机制的根本目标是,以践行和坚守职业良知为主导,筑牢司法人员忠实履行法定职责的道德底线。"坚持依法治国和以德治国相结合",大力提倡"社会公德、职业道德、家庭美德、个人品德""以法治体现道德理念,以道德滋养法治精神",是党的十八届四中全会为道德建设开出的一剂良方。司法机关职业道德建设机制的主要抓手,是把社会主义核心价值观融入法治建设。

为此，中共中央办公厅、国务院办公厅于 2016 年 12 月 25 日印发了《关于进一步把社会主义核心价值观融入法治建设的指导意见》，强调推动社会主义核心价值观入法入规、强化社会治理的价值导向、用司法公正引领社会公正、弘扬社会主义法治精神，大力培育和践行社会主义核心价值观。这就要求司法机关在以往抓职业道德教育的基础上，更加重视运用法律法规和公共政策向社会传导正确价值取向，既要深化职业良知教育，认真抓好职业信仰、职业精神、职业纪律等各类职业道德教育；又要通过加强职业伦理、职业操守教育，把职业良知作为提升司法人员职业道德、职业素养和职业精神的基石，不断强化司法人员的职业理念，引导司法人员深入学习领会社会主义核心价值观、社会主义法治理念和司法人员职业道德要求，不断增强职业认同、提升职业道德水平。与此同时，注重加强职业作风与职业纪律建设，不断规范司法队伍职业操守。比如，通过统筹深化司法体制改革与加强党风廉政建设，建立健全与司法权运行新机制相适应的廉政风险防控体系，"依法规范司法人员与当事人、律师、特殊关系人、中介组织的接触交往行为"[①]，不断完善纪律规矩经常性教育机制，引导司法人员养成纪律自觉，始终把公正、清廉作为法治工作的生命线。

三、政治决策：以确保党领导司法机关依法履行司法职能、服务职能为遵循

作为政治管理方式的政治决策，并非单指管理者为了实现某种特定目标而从备选方案中作出选择的活动，也包括安排分散的人或事物、调整相应的权力配置等，使其具有一定的系统性或整体性，即组合成为行为系统，建立配合关系的过程。在本书语境下，政治决策的指向性相对明确，一般是指司法工作、司法活动中的重大问题，包括但不限于工作方向、工作目标、工作原则、工作方法、工作步骤等内容，尤其是司法改革的重大部署、司法任务的工作重点、重大司法案件等，必须接受党中央和同级党委的领导、统筹，为此建立了严密的请示报告制度……其实质是以确保党领导政法机关依法履

[①] 本书编写组编著：《〈中共中央关于全面推进依法治国若干重大问题的决定〉辅导读本》，人民出版社 2014 年版，第 25 页。

行专政职能、管理职能、服务职能而进行的职权配置过程、机构设置安排和权力运行考量。其中，司法职权配置是基础，没有系统完备、科学合理的司法职能体系，政策决策将是无源之水；司法机构设置是保证，没有机构科学、功能完善的司法组织体系，政治决策将难以落实；权力运行是关键，没有权责统一、规范有序的司法权运行体系，政治决策效果将大打折扣，甚至南辕北辙。因此，司法职能配置、司法组织结构和司法权运行三者相辅相成，有机统一于政治决策体系中。

（一）系统完备、科学合理的司法职能体系

司法职能的配置，实质是作为国家政治权力结构的重要组成部分的司法权力结构的一种特殊表达方式，体现了我国政治权力结构体系中司法权与行政权、监察权在国家政治权力结构中协调平衡的状态。因此，司法职能体系的构建情况，不仅是国家治理体系和治理能力现代化的标识之一，而且是检验政治决策在推进国家治理体系和治理能力现代化成效的重要方面。因此，优化司法职权配置，就是要健全审判机关、检察机关等部门间各司其职、相互配合、相互制约的体制机制。在具体的职权配置过程中，应遵循"功能适当"的基本原则，即"在关注个人自由保障的同时，同样重视国家权力行使的正当性，主张应将国家职能配置给在组织、结构、程序上具有优势，从而最有可能做出最优决定的机关；同时也不再教条化地强调权力的分立和对抗，国家职能的最优化实现同样构成权力配置方案的正当性基础"[1]。比如，将提起公益诉讼的权力交由检察机关行使，主要考量就是检察机关作为国家法律监督机关的宪法定位和履行职责过程的优势。"在现实生活中，对一些行政机关违法行使职权或者不作为造成对国家和社会公共利益侵害或者有侵害危险的案件，由于公民、法人及其他社会组织没有直接利害关系，使其没有也无法提起公益诉讼，导致对行政违法行为缺乏有效司法监督。由检察机关提起公益诉讼，有利于优化司法职权配置、完善行政诉讼制度，也有利于推进法治政府建设。"[2]

---

[1] 张翔：《国家权力配置的"功能适当"原则》，载于《比较法研究》2018年第3期。
[2] 习近平：《关于〈中共中央关于全面推进依法治国若干重大问题的决定〉的说明》，引自本书编写组编著：《〈中共中央关于全面推进依法治国若干重大问题的决定〉辅导读本》，人民出版社2014年10月第1版，第61页。

(二) 结构科学、功能完善的司法组织体系

从宏观层面来看，审判机关、检察机关的组织体系主要是按行政区划设置。党的十八届四中全会以来，部分审判机关、检察机关先后探索设立跨行政区划的人民法院、人民检察院办理跨地区的案件。当前，按照中央的统一部署，司法机关掀起新一轮内设机构改革。其路径是，坚持优化协同高效，全面优化审判、检察职能配置，全面落实法律监督，整合司法资源，构建符合司法规律、系统完备、科学规范、运行高效的司法机关内设机构体系。最高人民检察院按照案件类型组建专业化刑事办案机构，实行捕诉一体办案机制；适应经济社会发展和人民群众司法需求，分设民事、行政、公益诉讼检察机构。根据最高人民检察院《2018—2022年检察改革工作规划》，检察机关还将健全法律监督机构，严格规范派出检察院、派驻检察室的职能定位、职责权限和设置标准。审判机关深化与行政区划适当分离的司法管辖制度改革，健全最高人民法院巡回法庭、知识产权法院、互联网法院、金融法院等审判组织体系，明确派出主体，完善审批程序和管理制度。从微观层面来看，司法机关的人员构成中80%以上为中共党员。因此，更加注重党的建设，充分发挥党的工作机关和基层党组织作用，突出政治功能、强化政治引领，不断增强党组织政治功能，必将促进审判机关、检察机关依法履行司法职能，有力捍卫党的执政地位，维护宪法法律的统一尊严和权威，加快推进国家治理体系和治理能力现代化，增强人民群众获得感、幸福感、安全感。[1]

(三) 权责统一、规范有序的司法权运行体系

由于"司法权是对案件事实和法律的判断权和裁判权"[2]这一本质未被揭示并达成共识，以致司法权长期按照"科层制"审批的方式运行，导致"先定后审、上定下审，审者不判，判者不审的行政办案方式"[3]成为普遍现象，不仅破坏了程序法治，而且难以保证公正司法。党的十八届四中全会提出，"完善司法

---

[1] 徐汉明等：《司法管理体制改革基础理论研究》，经济科学出版社2020年版。
[2] 习近平：《在中央政法工作会议上的讲话》(2014年1月7日)，引自《习近平关于全面依法治国论述摘编》，中央文献出版社2015年版，第102页。
[3] 徐汉明：《论司法权和司法行政事务管理权的分离》，载于《中国法学》2015年第4期。

权力运行机制……努力让人民群众在每一个司法案件中感受到公平正义"。这一改革要求迅速成为各界共识，并得到广泛支持。从应然层面解读，权责统一、规范有序的司法权运行体系至少包含以下内容：一是，依法独立公正行使审判权和检察权的制度；二是，开放、动态、透明、便民的阳光司法机制；三是，严密有效的司法活动监督制约机制。而其核心就是落实司法责任制。在党中央的大力推动下，审判机关、检察机关着力科学设置办案组织和办案团队，完善担任领导职务法官、检察官办案制度，规范法官、检察官办案权限，完善法官、检察官承办案件确定机制，完善法官、检察官业绩评价机制，完善案件管理和监督机制，完善司法责任认定和责任追究机制，深化司法公开等制度，推动司法责任制以及其综合配合制度相继落地，一个权责相对统一、运行基本规范的司法权力运行体系得以基本形成。[①]

四、政治监督：以强化纪律监督、政治督察、巡视监督、督促检查为手段

政治监督的根本目的是坚持和加强党对司法工作的全面领导。其主要内容是指，在政治管理过程中，为保证司法机关在所担负职权的正当范围内和法治轨道上运行，而对司法机关及其司法权力运行情况进行监督、检查、纠偏的一切活动。"政治监督本质是以权力制约权力。其目的在于抵御权力的腐蚀性，避免普遍利益受到特殊利益的干扰，以保证政治管理目标的顺利实现。"[②] 政治监督的对象适用于国家政治权力机关工作的全体人员。司法人员所专司的司法权是国家政治权力最为重要的特殊权力，其价值目的在于权利救济、定分止争、制约公权、保障人权、维护公平、彰显正义、促进社会和谐、增进人民法福祉，因而政治监督的一般原则、方法同样适用于司法人员。在司法人员政治管理过程中，政治监督的主要任务是防止和惩治腐败，增强制度执行的刚性，保证党对司法工作的全面领导落到实处。因此，纪律监督、政治督察、巡视监督、督促检查成为实现这一任务目标的主要手段。

---

① 徐汉明等：《司法管理体制改革基础理论研究》，经济科学出版社 2020 年版。
② 官晓慧：《提升县级政府执行力研究》，载于《理论界》2011 年第 3 期。

(一) 纪律监督

纪律监督是加强司法人员政治管理的基本手段，对于约束司法权力运行、完善纪律规定、强化管理刚性等具有重要意义。在司法人员政治管理的基本语境中，纪律监督既有体现党内监督共性要求的一面，又有彰显司法工作个性特色的一面，主要是指，政治管理的各类主体通过开展经常性纪律教育、深化运用监督执纪"四种形态"[①]、做深做细监督职责等方式，对司法人员遵守和维护党规党纪、司法工作规范、办案工作纪律以及实施奖励和处分等情况，进行监督或被监督的行为总称。其主要目的是使铁的纪律、规范真正转化为司法人员的日常习惯、思想自觉和实践遵循。《中国共产党党内监督条例》《中国共产党纪律处分条例》《中国共产党纪律检查机关监督执纪工作规则》等一批党内规章制度和《行政机关公务员处分条例》，集中体现了纪律监督的基本原则、主要内容、方式方法、程序步骤等共性要求，是开展纪律监督的基本遵循。各级司法机关结合自身职能特点，分别出台了一系列工作规范和纪律性要求，比如，为保障司法权力行使不被不当干预而出台的《领导干部干预司法活动、插手具体案件处理的记录、通报和责任追究规定》等"三个规定"[②]，即体现了司法机关纪律监督的特色要求。在具体实践中，要注重把纪律建设与党风廉政建设有机结合起来，强化关键少数的示范作用，突出反面典型的教育警示价值，将风险防控、动态监督、监督问责贯穿司法活动的全过程，为政治监督提供有力支撑。

(二) 政治督察

政治督察是政治建设的一项重要内容，其以加强党对政法工作的绝对领导，确保党的路线方针政策和党中央重大决策部署在司法活动中得到全面落实为价值取向。2017年1月，中共中央印发《关于新形势下加强政法队伍建设的意见》，首次将"探索建立政治督察制度"纳入政法队伍建设。2017年10月，中

---

① 《中国共产党党内监督条例》第七条对"四种形态"作了明确界定，即经常开展批评和自我批评、约谈函询，让"红红脸、出出汗"成为常态；党纪轻处分、组织调整成为违纪处理的大多数；党纪重处分、重大职务调整的成为少数；严重违纪涉嫌违法立案审查的成为极少数。
② "三个规定"，是对《领导干部干预司法活动、插手具体案件处理的记录、通报和责任追究规定》《司法机关内部人员过问案件的记录和责任追究规定》以及《关于进一步规范司法人员与当事人、律师、特殊关系人、中介组织接触交往行为的若干规定》的简称。

共中央办公室印发《关于加强法官检察官正规化专业化职业化建设全面落实司法责任制的意见》，明确指出，"党委政法委定期组织对司法机关党组贯彻落实党中央重大决策部署、执行政治纪律和政治规矩、履行审判检察职能、落实司法责任制的情况进行监督检查"。2019 年 1 月，中共中央颁布《中国共产党政法工作条例》，再次重申"党委政法委员会应当推动完善和落实政治督察……等工作制度机制"。据此，政治督察的内涵基本明确，按照狭义理解，即各级党委政法委对各级司法机关党组贯彻落实党中央重大决策部署、执行政治纪律和政治规矩、履行审判检察职能、落实司法责任制等情况的监督检查活动；按照广义理解，应当还包括上级司法机关党组对下级司法机关党组履职尽责情况的监督检查活动。在具体实践中，各级司法机关党组应自觉接受党委政法委的政治督察，主动抓好对下级司法机关党组的政治督察；要进一步拓展深化政治督察的内容，将督察面覆盖到意识形态工作、党建工作、履行"两个责任"等方面；要不断探索完善政治督察方式方法，灵活采取固定督察与不固定督察相结合的方式，深化政治督察工作质效。

（三）巡视（巡察）监督

巡视（巡察）监督是党内监督的一项重要制度，也是上级党组织对下级党组织监督的重要手段。与其他政治监督手段的不同之处在于，其更加聚焦中心任务，突出问题导向，强化震慑作用，并被纳入党章予以明确[1]，成为党章赋予的重要职责。对司法机关开展巡视（巡察）监督，是强化党对司法工作的绝对领导、落实全面从严治党要求、担当司法机关管党治党政治责任，深化全面从严治党的重要制度安排，是上级党组织对下级领导班子监督的重要抓手，在确保司法机关在政治立场、政治方向、政治原则、政治道路上同党中央保持高度一致，正确履行司法职责上具有不可替代的重要作用。2015 年 8 月，中央纪委会同中央组织部联合发布的《中国共产党巡视工作条例》，成为巡视监督系统性、规范性的工作指引。2016 年 10 月，党的十八届六中全会通过《中国共产党党内监督条例》，明确规定："中央和省级党委一届任期内对所管理的地方、部门、企事业单位党组织全面巡视。"2017 年 7 月，为贯彻落实党的十八届六中全

---

[1] 《中国共产党章程》明确规定："党的中央和省、自治区、直辖市委员会实行巡视制度。"

会精神，深化政治巡视，进一步发挥巡视监督全面从严治党的"利剑"作用，党中央对《中国共产党巡视工作条例》作出修改，巡视监督的作用更加凸显。按照内容不同，可将巡视监督分为专项巡视和常规巡视；按照主体不同，可将巡视监督分为系统内（检察系统）巡视和系统外巡视。比如，2018年，最高人民检察院制定印发《中共最高人民检察院党组巡视工作规划（2018—2022年）》（以下简称《规划》），则是对检察系统未来一段时期巡视工作的总体规划。虽然巡视（巡察）监督内容重要、作用特殊，但其也不可能替代一切，也不可能一劳永逸，还需要在加强协作配合、发挥监督合力上下功夫，要逐步向治本聚焦，加强对巡视（巡察）移交问题的跟踪监督，开展"机动式"巡视，强化巡视（巡察）整改和成果运用，推动司法人员对司法权力运行的监督制约，确保各项权力在法治轨道上有序运行。

（四）督促检查

督促检查是政治监督使用频率最高的一种监督方式，其主要落脚点在于抓落实、促落实。广义理解，督促检查的主体与对象没有限制，其可以适用于司法机关的各类对象，也可以被各级司法机关及其内部组织、机构采用；督促检查的内容也相对广泛。按照《中国共产党政法工作条例》第三十二条规定，"政法工作全面情况和重大决策部署执行情况"都应纳入监督检查的范围，但是各级党委、党委政法委以及各级司法机关党组在监督检查过程中的侧重点有所不同[①]；督促检查的手段可以灵活多样，中共中央《关于加强新形势下党的督促检查工作的意见》明确规定，"建立健全任务分解、回访调研、批示件办理、联合督查、调研督查、决策落实情况报告、核查复核、督促整改等工作制度"，同时鼓励"改进创新督促检查方式方法"。具体到实践中，需要界定好督促检查的主体责任，既要多方参与，又要分工明确，既要责任分明，又要衔接有序，确保监督合理；要把握好督促检查的工作重点，既要督任务、督进度、督成效，又

[①]《中国共产党政法工作条例》第三十二条规定：（一）党委应当加强对党委政法委员会、政法单位党组（党委）和下一级党委领导和组织开展政法工作情况，特别是贯彻落实党中央以及上级党组织决定、决策部署、指示等情况督促检查，必要时开展巡视巡察，并在一定范围内进行通报；（二）党委政法委员会应当推动完善和落实政治督察、执法监督、纪律作风督查巡查等工作制度机制，全面推进政法工作特别是党中央以及上级党组织决定、决策部署、指示等贯彻落实；（三）政法单位党组（党委）应当建立健全向批准其设立的党委全面述职制度和重大决策执行情况的督查反馈机制，确保党中央以及上级党组织决定、决策部署、指示等在本单位或者本系统得到贯彻落实。

要查认识、查责任、查作风，确保决策部署落实到位；要统筹好督促检查的计划安排，避免重复督查、多头督查、滞后督查，确保工作的系统性、科学性、预见性；要跟踪好督促检查的后续情况，避免上热下冷、阳奉阴违、虚假整改等工作落实不到位的情形，确保督促检查工作质效。

五、政治激励：以激发和维护司法人员履职担当的积极性、主动性、创造性为目标

政治激励是经济方法在司法人员政治管理中的具体表现，是指通过设计适当的外部奖酬形式和工作环境，以"一定的行为规范和惩罚性措施，借助信息沟通，来激发、引导、保持和归化"[1]司法人员的行为，以有效地实现司法机关及司法人员既定目标的系统性活动。按照激励的内容来划分，主要包括物质性政策激励和精神性政策激励两种方式；按照激励的性质来划分，主要包括正向政策激励和反向政策激励。政策激励以激发和维护司法人员的政治积极性、主动性、创造性为目标，从而实现个人需求与组织需要之间的有机统一。由于司法人员的"需要因人而异、因时而异，并且只有满足最迫切需要（主导需要）的措施，其效价才高，其激励强度才大。因此，政策激励必须在深入地调查研究，不断了解司法人员需要层次和需要结构的变化趋势的基础上，有针对性地采取激励措施，才能收到实效"[2]。本书主要探讨常见的三种政治激励机制。

（一）绩效考评机制

探索建立符合执法司法规律的绩效考评体系，是政治激励的一项应用之意。司法人员政治管理语境下的绩效考评，不仅是法官检察官的绩效考评，更是涵盖全体司法人员的绩效考评，不只是单纯考评办案业务绩效，还要综合考量职业操守、敬业精神、廉洁自律情况等全面情况，要通过设置科学合理的考核指标，实行多方位多层次的考核，突出实绩考核，充分反映各类人员在具体工作

---

[1] 申鑫、郭伟：《基于第三方治理模式的工业污染治理过程激励》，载于《天津城建大学学报》2018年第12期。
[2] 汪允国：《浅谈企业管理的激励问题》，载于《教育教学论坛》2010年第8期。

中的实际状况。在考评依据的把握上，要坚持客观数据为主、主观评判为辅的指导思想，构建司法人员履职数据库。在考评过程的把控上，应坚持规范考核的基本要求，制定简便易行的考核办法，设置科学合理的绩效分配政策，确保考核过程规范有序推进。在考评结果的运用上，要注重发挥考核结果的"指挥棒"作用，强化考核结果的衔接运用，将考核结果记入个人司法业绩档案，作为绩效奖金分配、评先评优、等级晋升、交流任职、惩戒和退出员额的重要依据。

（二）选拔任用机制

选拔任用机制，是政治激励的主要内容。司法人员政治管理语境下的选拔任用机制，应当将旗帜鲜明讲政治放在首位，把"五个过硬"① 作为重要标尺，一方面，要把《党政领导干部选拔任用工作条例》作为干部选拔任用工作的基本遵循，落实党管干部原则，突出政治标准，坚持事业为上，落实从严要求，科学合理使用干部，要加大司法人员轮岗交流力度，畅通司法人员交流渠道，完善发展晋升机制，发挥正向激励作用；另一方面，要严格落实《法官法》《检察官法》的有关规定，使党管干部、依法选任有机结合、紧密衔接。在具体实践中，把对党是否忠诚作为检验干部是否担当作为的重要标准，注重从精神状态、作风状况考察政治素质，既看日常工作中的担当，又看大事、要事、难事中的表现。坚持有为才有位，突出实践实干实效，让那些想干事、能干事、干成事的干部有机会、有舞台。坚持优者上、庸者下、劣者汰，对贯彻执行党的路线方针政策和决策部署不坚决、不全面、不到位等问题，相关部门要及时跟进，对不担当、不作为的干部，根据具体情节该免职的免职、该调整的调整、该降职的降职，使能上能下成为常态。

（三）容错关爱机制

政治激励中的容错关爱机制，本质上是鼓励司法人员干事创业，引导司法人员争当建设中国特色社会主义法治体系、建设社会主义法治国家、巩固人民

---

① "五个过硬"是指信念过硬、政治过硬、责任过硬、能力过硬、作风过硬。参见习近平总书记在学习贯彻党的十九大精神研讨班开班式上对中央委员会成员和省部级主要领导干部提出的5点要求，2018年1月5日。

民主专政、建设社会主义政治文明的实干家、促进派。建立完善容错关爱机制，是让司法人员感受到政治管理的温暖，激发司法人员的政治积极性、主动性、创造性，具体落实中要结合司法人员分类管理的实际，充分考量各类人员不同的管理要求和现实需求，主要从容错和关爱两个层面着手。一是容错。即宽容司法人员在推进司法工作改革创新中的失误，把司法人员在推进改革中因缺乏经验、先行先试出现的失误，同明知故犯、"办关系案、金钱案、人情案"等违纪违法行为区分开来；把尚无法律和司法解释明确限制，因地方经济社会发展条件差异性在法律适用方面导致同案不同判，同法律、司法解释规定明确因受外部干扰或徇情徇私导致办案错误的行为区分开来。二是关爱。由于有关法官、检察官单独职务序列相配套的单独工资、福利等职业保障制度长期未能建立；法官检察官晋升和工资保障需与其他司法人员一起通过为数有限的行政职务序列的职数及职级工资，形成"千军万马挤独木桥"的尴尬状态；由于司法人员保障待遇低，导致基层司法骨干流失，形成掏空基层、削弱中西部地区司法骨干力量，大批司法精英人才"孔雀东南飞"现象。① 因此，对司法人员的关爱机制，应在持续督促落实与法官、检察官单独职务序列相对应的政治、工资福利及生活保障等配套待遇的同时，关注未入额人员的职业发展，完善司法辅助人员、司法行政人员管理制度，营造忠诚、公正、担当、清廉、文明的良好司法氛围；进一步健全符合司法人员职业特点的工资收入保障体系，落实国家关于司法人员工资制度的规定；研究探索完善司法辅助人员、司法行政人员职业保障政策；完善落实司法人员履行法定职责保护机制，真正实现让法官、检察官非因法定事由并经法定程序，不被调离、免职、辞退或者作出降级、撤职等处分；完善司法人员申诉控告制度，健全司法人员合法权益因履行职务受到侵害的保障救济机制和不实举报澄清机制，切实解决司法人员后顾之忧。

鉴于政治组织、政治协调、政治控制等内容在本书前述部分和本节有关部分有较为详细的论述，此处不再展开。

---

① 徐汉明、林必恒等：《深化司法体制改革的理念、制度与方法》，载于《法学评论》2014 年第 4 期。

第三节　加强司法人员政治管理的基本路径

　　加强司法人员政治管理既是司法机关政治属性的根本要求，也是司法机关法治属性的内在要求，还是新形势下强化司法人员政治担当、政治责任，提升司法人员依法履职能力的现实需要。从当前司法人员政治管理的情况看，还存在一些不容忽视的问题：一是政治领导不够有力，少数司法人员不注重从服务经济社会发展大局、维护社会公平正义的高度看待具体的司法办案工作，简单办案、机械司法依然存在，难以实现"讲政治、抓业务"的有机统一，服务经济社会发展的针对性、实效性有待增强。二是政治教育不够到位，政治教育存在泛化、虚化现象，学习贯彻习近平新时代中国特色社会主义思想还需要在知行合一的实效性上下功夫，用法治思维和法治方式深化改革、推动发展、化解矛盾、维护稳定的能力水平还不适应新时代的需要。三是政治组织不够协调，司法职权配置体系不够健全，司法责任制及其综合配套制度改革不够完善，司法机关的专政职能、管理职能和服务职能与新时代新要求还有一定的差距。四是政治监督刚性不足现象仍然存在，从近年来查处的司法人员违法违纪案件情况看，司法人员滥用权力、贪腐现象仍没有得到有效遏制，这在一定程度上反映出对司法人员监督不够到位，制度落实刚性不足，监督制约缺失缺位。五是政治激励有待加强。对司法人员考核评价存在同质化现象，没有完全建立与人员分类管理制度相适应的差异化考核评价体系，实践中员额法官、检察官办案压力有所增加，司法辅助人员对未来发展信心不足，司法行政人员担心被边缘化等，这些都给司法人员政治管理工作提出了新的挑战。针对司法人员政治管理的基本内容和要求以及新形势下出现的新情况新问题，司法人员政治管理的基本路径应从把握根本方向、体现司法特点、完善机制支撑等方面着力，着眼加强政治领导、优化政治决策、健全政治组织、深化政治教育、强化政治监督、实化政治激励来展开。

一、把握根本方向：加强党对司法工作的绝对领导是司法人员政治管理的总体遵循

（一）坚持党对司法工作的绝对领导

党的领导是中国特色社会主义最本质特征，是社会主义法治最根本的保证。中国政治发展的历史逻辑、理论逻辑和实践逻辑反复证明，中国共产党为了完成现代国家建设的使命，必须全面增强党的领导，全面加强执政能力建设，全面推进以党的领导、人民当家作主、依法治国有机统一的社会主义民主政治，从而使我国现代国家体系得以在现代化进程中发育成长。当前，中国特色社会主义进入了新时代，中国共产党进一步将政治建设与经济建设、社会建设、文化建设和生态文明建设有机结合在一起，提出了以"十四个坚持"为主要内容的党的基本方略，科学回答了新时代坚持和发展中国特色社会主义的总目标、总任务、总体布局、战略布局和发展方向、发展方式、发展动力、战略步骤、外部条件、政治保证等基本问题[1]，这为实现中国民族的伟大复兴和建设社会主义现代化强国指明了方向[2]。

司法机关是党和人民掌握的"刀把子"，坚持党的绝对领导、强化"四个意识"、坚定"四个自信"、做到"两个维护"是新时代司法工作鲜明的政治主题，是新时代司法工作的最高原则、最大优势和根本保证。加强党对司法工作的绝对领导，关键在于落实《中国共产党政法工作条例》的要求，坚持党中央对包括司法工作在内的政法工作实施绝对领导、全面领导，决定和管理司法工作大政方针、重大举措、重大事项。在党中央集中统一领导下，各级党委领导本地区政法司法工作，管方向、管政策、管原则、管干部，研究解决政法司法工作中的重大问题；党委政法委作为党委领导和管理政法司法工作的职能部门，发挥牵头抓总、统筹协调、督办落实等作用；司法机关党组（党委）领导本单

---

[1] 习近平：《决胜全面建成小康社会 夺取新时代中国特色社会主义伟大胜利——在中国共产党第十九次代表大会上的报告》，载于《人民日报》2017年10月28日第1版。
[2] 金鑫：《我国检察机关领导体制研究》，武汉大学博士学位论文，2017年，第51页。

位司法工作，履行好把方向、谋大局、定政策、促改革、抓落实的职责。其中，核心是强化党中央对司法工作的绝对领导、全面领导，重点是落实地方党委对司法工作的领导责任，发挥好党委政法委员会指导、支持、监督、保证司法机关依法独立公正行使职权的职能作用，确保党的路线方针政策和宪法法律正确统一实施：一要坚持以习近平新时代中国特色社会主义思想为指导，为司法工作坚持正确方向提供根本遵循；二要确立政法工作的政治立场、政治方向、政治原则、政治道路，严明政治纪律和政治规矩，为司法工作科学发展提供政治保证；三要研究部署政法工作中事关国家政治安全、社会大局稳定、社会公平正义和人民安居乐业的重大方针政策、改革措施、专项行动等重大举措；四要加强司法机关组织建设和党风廉政建设，领导和推动建设忠诚干净担当的高素质专业化司法队伍，为司法工作提供组织保证。[①]

（二）健全落实党领导的体制机制

按照《中国共产党政法工作条例》的要求，落实好请示、报告、决策、执行制度，着力完善审判机关、检察机关坚持党的政治领导、思想领导和组织领导的工作制度，健全审判机关、检察机关坚持党的领导制度体系。[②] 重点包括，健全在审判、检察工作中发挥党组领导核心作用、党组成员依照工作程序参与重要业务和重要决策等制度，发挥好党组把握政策取向、改革方向、办案导向的作用，完善司法机关服务党和国家大局工作机制，确保党的基本理论、基本路线、基本方略在人民法院、人民检察院各项工作中不折不扣地落到实处。严格执行审判机关、检察机关党组向党委请示报告重大事项的规定，健全重大事项和办案工作党内请示报告制度，实现党对审判、检察工作的领导具体化、程序化、制度化。[③] 贯彻落实新时代党的组织路线，坚持把政治标准作为第一标准，在法官、检察官遴选任命、考核评价、监督管理、培养锻炼、奖励惩戒等工作中全面加强政治把关。严格落实党管干部原则，按照政治过硬、业务过硬、

---

① 《中共中央关于印发〈中国共产党政法工作条例〉的通知》，载于《中共中央办公厅通讯》2019 年第 1 期。
② 《2018—2022 年检察改革工作规划》，http：//news.jcrb.com/jxsw/201902/t20190212_1960232.html，最后访问时间：2019 年 3 月 20 日。
③ 《最高人民法院关于印发〈最高人民法院关于深化人民法院司法体制综合配套改革的意见——人民法院第五个五年改革纲要（2019－2023）〉的通知》，https：//www.chinacourt.org/law/detail/2019/02/id/149860.shtml，最后访问时间：2019 年 3 月 20 日。

责任过硬、纪律过硬、作风过硬的要求，打造忠诚、干净、担当的高素质专业化司法人员队伍。

（三）树牢践行适应新时代要求的司法理念

树牢践行讲政治、抓业务的理念。引导司法人员深刻认识司法工作既是政治性很强的业务工作，也是业务性很强的政治工作，把讲政治贯穿司法实践全过程；树牢践行以人民为中心的理念，引导司法人员坚守让人民群众在每一个司法案件中感受到公平正义的价值追求，用依法履职的实际成效，不断满足新时代人民群众对民主、法治、公平、正义、安全、环境等提出的更高要求，切实增强人民群众获得感、幸福感、安全感；树牢践行服务大局的理念，引导司法人员突出打好"三大攻坚战"和国家重大发展战略实施，打造国际化、法治化、便利化营商环境，以及产权司法保护等重点，服务、促进"五位一体"总体布局和"四个全面"战略布局的落实。树牢践行"三效统一"的理念，引导司法人员在办理的每一起案件中都追求法律效果、政治效果、社会效果的有机统一；树牢践行社会主义核心价值观，完善推动社会主义核心价值观深度融入审判执行和检察工作的配套机制，确保人民法院、人民检察院的司法解释、司法政策、裁判规则发挥价值引领功能，促进用法治思维和法治方式深化改革、推动发展、化解矛盾、维护稳定。

二、强化自身建设：提升政治能力是司法人员政治管理的重要基础

司法人员既是政治管理的组织者、实施者和接受者，也是在政治管理过程中提升自我、实现自我价值的主体力量。司法人员政治管理的最终目标是不断提升司法人员维护国家政治安全、确保社会大局稳定、促进社会公平正义、保障人民安居乐业的能力和水平。[①] 按照革命化、正规化、专业化、职业化的要求，建设一支信念坚定、执法为民、敢于担当、清正廉洁的过硬司法队伍是重

---

① 新华社：《习近平出席中央政法工作会议并发表重要讲话》，2019年1月16日，中华人民共和国中央人民政府，http://www.gov.cn/xinwen/2019-01/16/content_5358414.htm，最后访问时间：2019年3月25日。

要基础。

（一）以司法机关党的政治建设为统领，不断加强司法队伍革命化建设

坚持把司法队伍革命化建设作为根本，突出政治建设的首要地位，严明政治纪律和政治规矩，严肃党内政治生活，教育引领司法队伍始终坚持正确政治方向。以贯彻落实《中国共产党政法工作条例》为契机，强化党对政法工作的绝对领导，严格执行政法机关党组织向党委请示报告重大事项的规定；坚持以落实政治轮训、政治督察等制度，推进"两学一做"学习教育常态化、制度化，开展"不忘初心、牢记使命"主题教育等为载体，深化政法队伍对习近平新时代中国特色社会主义思想的学思践悟，引导司法人员提高政治站位，提升政治能力，切实增强"四个意识"、坚定"四个自信"、做到"两个维护"。

（二）以强化人员机构规范管理为基础，不断加强司法队伍正规化建设

加强司法队伍正规化建设应从三个方面深化：一要努力实现司法机关组织体系的规范统一。组织体系统一规范是正规化建设的应有之意。要遵循司法规律和司法权运行规律，设置司法机关统一规范的领导职务、内设机构、派出机构、检察人员员额、基本办案组织等，完善司法管理体制和司法权力运行机制，规范司法行为。二要努力实现管理机制的完备统一。建立完善统一的司法人员管理制度，包括编制管理、统一招录、纪律作风、人才选拔、内部监督制约等制度。通过完备统一的制度，实现靠制度管人管事管权，以制度保障权力的正确行使，以制度推进司法队伍建设。三要实现工作规范的标准统一。制定司法人员统一的司法规范、管理规范、保障规范，明确各类人员工作职责、工作流程、工作标准，量化、细化、实化工作要求、工作部署，使司法队伍执法办案更加精细准确，司法保障更加规范有力，司法透明度和公信力切实增强。[①]

（三）以提升司法办案能力为核心，不断加强司法队伍专业化建设

司法队伍专业化是指检察人员必须具备与其岗位相适应的司法理念、业务知

---

① 金鑫：《加强"三化"建设打造过硬检察队伍》，http://www.hbjc.gov.cn/jcyw/201411/t20141114_577307.shtml，最后访问时间：2019年3月25日。

识、工作技能等专业素质，专业化建设是我们党对政法队伍的一项长期要求，也是司法队伍建设一以贯之的一项重点工作，其核心在于提升检察人员党性修养和法律监督能力、提升业务工作专业化水平。一是要抓住"关键少数"。抓住领导班子建设这个关键，突出政治标准，把善于运用法治思维和法治方式推动工作的人选拔到领导岗位上来。二是要不断优化队伍专业素质结构，提升司法能力。要通过加强高素质人员招录、加强司法人员的学历再教育等途径，建设一支以法律专业为主体，以其他专业为补充，专业齐备、结构合理、数量充足的高素质专业化司法队伍。要结合司法人员岗位素能基本标准，强化措施，坚持总体统筹、分类实施、分级组织，广泛开展专项业务、岗位技能、通用技能等方面的培训，提升司法能力。三是要推进教育培训工作的改革创新。既要加强法律知识、法律条文和岗位技能的培训，还要加强对司法人员法治思维和依法办事能力的培训，引导各级司法人员和司法领导干部带头遵守法律，带头依法办事，做到不违法行使权力，不以言代法、以权压法、徇私枉法。要强化检校合作，积极开发符合法治建设要求、体现司法特色的理论体系、学科体系、课程体系，不断提升教育培训质量和效果。四是要大力推进法治人才队伍建设。重点加强领导人才队伍、高层次人才队伍、专门业务人才队伍等人才建设工作，加快建设一支规模宏大、素质优良的法治人才专门队伍，为服务依法治国提供坚实的人才支持。要健全司法机关和法学院校、法学研究机构人员双向交流机制，实施高校和法治工作部门人员互聘计划，建设一支数量充足、素质较高的专兼职教师队伍。①

（四）以完善职业保障为重点，不断加强司法队伍职业化建设

加强司法队伍职业化建设的核心在于建立符合司法权运行规律和司法人员职业特点的价值体系、管理模式和保障机制。要着重抓好四个方面：一是强化职业道德教育。增强司法人员职业荣誉感、使命感，提升职业道德水平，激励、引导司法人员坚守职业良知，践行司法为民，始终把公正作为法治工作、司法工作的生命线。二是推进司法人员职业管理改革。适应法治建设和司法职业的管理需要，以保证司法公正为出发点和落脚点，加强司法人员的职业准入管理，突出司法官的办案主体地位，完善实施法官、检察官专业职务序列，进一步明

---

① 金鑫：《加强"三化"建设打造过硬检察队伍》，http://www.hbjc.gov.cn/jcyw/201411/t20141114_577307.shtml，最后访问时间：2019年3月25日。

确法官、检察官，司法辅助人员，司法行政人员责权关系，科学设置各类人员职级比例和职数编制，深化落实司法责任制，在此基础上，按照职业化管理的要求科学选拔、培养、使用和管理司法队伍，使广大司法人员在法治建设工作中各归其类、各得其所、各展其才。三是完善职业保障体系。要完善专业职务序列及工资制度，建立完善司法人员激励保障制度，保障检察人员应有的职业待遇。同时，适当提高基层司法人员的职级、职数比例，适当缩短晋职晋级年限，增设和提高基层工作津贴、贫困边远地区津贴，营造基层司法人员扎根基层、安心工作的工作环境。四是健全检察人员合法权益保障救济机制。实践中，一些司法人员因履行职务受到打击报复，有的甚至身体受到了当事人的非法伤害。要落实好司法人员履行法定职责保护机制。真正做到"非因法定事由，非经法定程序，不得将法官、检察官调离、辞退或者作出免职、降级等处分"[①]。在落实完善领导干部干预司法活动、插手具体案件处理的记录、通报和责任追究制度的同时，建立健全司法人员合法权益保障救济机制。[②]

三、聚焦主责主业：维护司法公正是司法人员政治管理的重要使命

（一）把政治管理融入司法办案全过程，努力践行"以人民为中心"的司法理念

司法机关的主责主业是司法办案，司法干警的基本行为是司法办案，司法机关通过办案服务发展、落实司法责任制，让人民在办案中感受公平正义就是政治管理的体现。因此，政治管理必须紧紧围绕司法办案工作来开展，强化司法办案事前、事中、事后政治管理，把政治管理贯穿于司法办案活动的全过程，把政治领导、政治教育、政治组织、政治监督、政治激励等方方面面的政治管

---

① 笔者注：参见《保护司法人员依法履行法定职责的规定》第四条，该规定是为了贯彻落实《中共中央关于全面推进依法治国若干重大问题的决定》有关要求，建立健全司法人员依法履行法定职责保护机制，根据国家有关法律法规和中央有关规定，结合司法工作实际制定。由中共中央办公厅、国务院办公厅于2016年7月28日印发实施。
② 金鑫：《加强"三化"建设打造过硬检察队伍》，http://www.hbjc.gov.cn/jcyw/201411/t20141114_577307.shtml，最后访问时间：2019年3月25日。

理与司法办案实现全过程的同步跟进跟踪，推动规范司法行为、提高司法质效、提升司法公信。

（二）把政治管理融入司法改革全过程，推动各项司法改革任务落地见效

司法体制改革是司法体制系统性、重构性变革，司法责任制是司法体制改革的"牛鼻子"。全面落实司法责任制，需要办案人员牢记宪法确立的根本方向，坚持党的领导、人民当家作主、依法治国有机统一，坚定不移走中国特色社会主义法治道路。尤其是司法实践和法学教育都是中国特色社会主义法治体系的重要组成部分，要在学习宪法法律、尊崇宪法法律中准确把握中国特色社会主义方向，坚定中国特色社会主义道路自信、理论自信、制度自信、文化自信。全面落实司法责任制，就需要司法人员坚持党的绝对领导，推进全面依法治国，坚定不移走中国特色社会主义法治道路；深刻领会党中央关于修改宪法部分内容的重大决策，发自内心拥护宪法、信仰宪法，维护宪法权威，保证宪法实施；秉公用权，公平司法，依法独立公正行使审查权、审判权，决不让不规范的审查、不公正的审判伤害人民群众感情、损害人民群众权益。根据司法责任制改革后人员分类管理的特点，分类别、分层次地推进政治管理，在提升针对性上下功夫，既要体现员额检察官、检察辅助岗位、司法行政岗位的特点，更要体现各类人员的个性化特点。工作中，要充分发挥基层党组织的战斗堡垒作用，落实好"三会一课"制度，扎实开展谈心谈话，了解干警的思想动态和实际困难，不断凝聚改革共识和合力，推动司法改革深入推进。强化"党员司法人"和"司法人党员"意识，加强司法办案组织和司法人员党的建设、纪律作风建设等一系列政治管理，把全面从严治党从严治警主体责任落实到司法改革工作各环节、全过程，把对司法权的法律监督、社会监督、舆论监督等落实到位，保证法官、检察官做到"以至公无私之心，行正大光明之事"，把司法权关进制度的笼子，让公平正义的阳光照进人民的心田，让老百姓看到实实在在的改革成效，确保广大司法人员始终坚定政治定力，永葆政治本色。[①]

[①] 《习近平谈治国理政》第二卷，外文出版社2017年版，第131页。

（三）把政治管理融入司法工作全面协调充分发展中，推动司法工作整体高质量发展

司法办案的主责主业是纲，纲举目张，政治管理的效能最终体现在全面发力各项司法工作，推动司法工作整体高质量发展上。要矢志不渝地增强司法机关首先是"政治机关"的思想自觉和行动自觉，把政治管理融入其他各项司法工作中，促进司法机关和司法人员强化政治管理的理念和习惯，营造政治管理的浓厚氛围，形成司法机关和司法人员自觉接受政治管理、增强政治赋能的良性循环。

四、坚持统筹推进：增强工作合力是司法人员政治管理的有力保障

（一）把司法人员政治管理纳入司法工作考评体系

高度重视司法人员政治管理考评工作，全面对接司法责任制改革绩效管理，将司法人员政治管理与司法人员业绩考评统一起来，明确考评程序、方式和考评结果的运用方法，将考评指标标准化、评价方式合理化。通过加强考评，变静态控制为动态管理，变"软指标"为硬任务，变被动应对为主动推动，为政治管理工作平衡有序开展提供制度保障。可在现行绩效考评的基础上，坚持定性分析和定量分析相结合，健全科学合理、简便易行、公开公正的绩效考评机制，明确考评目的、考评对象、考评目标、考评内容、考评程序和考评要求，定期对政治管理工作进行绩效考评，将绩效考核结果与单位、司法人员的政治、绩效奖金挂钩，严格兑现奖惩，赏罚分明。同时，通过对政治管理工作督察，及时发现和掌握督察工作中存在的问题和不足，实施精确指导、激发工作潜能，充分调动司法人员参与、接受政治管理的积极性、主动性和创造性。

（二）促进信息技术在司法人员政治管理中的运用

加强政治管理与信息化的结合。把政治管理与信息化结合起来，以信息化

手段提升管理效果和影响力。建立电子化档案考评系统，与司法办案综合信息系统平台相链接，对司法人员在规范办案、信息采集录入、涉案财物管理、强制措施执行等方面是否存在问题进行实时监督、实时纠正。通过监督信息化平台，督促干警遵纪守法，积累司法人员的各项表现，为干警提拔任用、评先评优提供信息依据，形成对司法人员工作实绩、司法实绩、廉政实绩、日常表现等政治管理内容实时有效监督记载的档案考核体系，降低管理成本，提高管理效率，让司法人员在监督环境下提升政治素质、展示政治作为、修正政治不足。

（三）不断优化司法人员政治管理资源配置

优化司法人员政治管理资源配置的途径可概括为：一是加强政治管理组织机构建设，配备一支高素质、有权威的精干的专兼职管理队伍。结合司法体制改革"精装修"，配齐配强司法政治管理干部，研究探索政工干部在系统内外转任交流的制度机制，拓展政工干部发展通道，增强政治工作凝聚力、吸引力。[①] 二是高度重视政治管理队伍建设，大力加强业务培训，定期不定期组织开展集中学习培训，提高发现问题、解决问题的能力。同时，加强纪律作风建设，常态化开展警示教育，引导政工干部正确处理公和私、亲和清、自律和他律关系，始终坚守纪律底线，树立新时代政工干部良好形象。[②] 政治管理人员要严格自律，敢于坚持原则、严格监督，杜绝形式主义、好人主义；要讲究工作方法，把握工作尺度，严禁超越权限干扰司法办案，防止因方法不当影响司法办案。三是强化保障支撑，为政治管理工作配备必要的工作设施，并在经费上给予一定倾斜，将政治督察、政治轮训等活动经费单独列入年度经费预算。

[①②] 最高人民检察院：《关于印发〈2019年检察政治工作要点〉的通知》，2019年2月2日。

第五章
司法人员分类管理

第一节　司法人员分类管理概述

一、分类管理的内涵

随着生产力的发展，社会分工由简单到复杂，由宏观到微观演进，逐步呈现出专业化、精细化的趋势。生产力越发达，部门分工越细，对人的管理的类型化、规范化、专门化就越突出。因此，分类是社会分工的必然产物。从一定意义上讲，没有分类就没有社会的发展进步，没有分类就谈不上科学的管理。相对于社会部门的分工，分类一般指在社会生产中，按照一定的标准将人划分为不同的类别，进行分类管理。人员分类制度，是指进行人员分类的一整套的理论、原则、方法、技术，并以法律、法规、条例、规定的形式加以固定。[1]

20 世纪初，"管理科学之父"泰勒的科学管理思想在美国广泛应用，极大地提高了工作效率。泰勒的管理理论、管理思想适时地被政府引入行政管理中，成为一种崭新的政府机关从事分类制度——职位分类制度，并引起广泛重视和研究热情。[2] 1923 年，美国国会正式通过了美国第一个《联邦政府职位分类法案》，该职位分类法把联邦政府各部委及华盛顿特区机构的各种职位划分为 5 类 44 等。据此，美加文官协会编纂了公务员职位分类，并提出终极的分类因素：（1）代表性的主要事项、职掌、业务或职务；（2）职务的难度和繁复度；（3）非监督性的责任；（4）监督性和行政性的责任、资格条件。[3] 在此基础上，美国文官委员会研究提出了反映职位特点的八大职位分类因素范式。1931 年，美国联邦政府把职位分类结构调整为 7 类 81 等。1949 年颁布了新的职位分类法，新职位分类法将联邦政府雇员区分为一般职序列（GS）与技艺职序列（CPC）两大

---

[1] 丁建权：《职位分类原理及实施》，中国人事出版社 1990 年版，第 46 页。
[2][3] 王吉吉、汪晓霞：《公务员职位分类理论述评》，载于《北京交通大学学报》（社会科学版）2007 年第 6 期。

类别，形成了以一般职（GS）为主体的比较完整而系统的职位分类制度。①

职位分类制度沿用以来，对职位分类的定义大同小异。根据相关研究成果，职位分类是根据职位的工作性质、责任轻重、难易程度和所需资格条件等进行分类，划分为若干种类和等级，以便对从事不同性质工作的人用不同的要求和方法治理，对同类同级的人员用统一的标准治理，以实现人事治理的科学化，做到"适才适所"，劳动报酬公平合理，是现代人事分类的一种类型。职务分类的核心思路是，"按照工作性质、难易程度、责任大小、素质要求等对职位进行科学分类，因事设位、以位择人、以位定级、以位给薪"。从职位分类的含义中我们可以看出，职位分类具有以下几个特征：第一，职位分类是以"事"为中心的分类，即"因事择人"；第二，职位分类所依据的根本要素是职位的工作性质、难易程度、责任大小及所需资格条件；第三，职位分类并不是硬性规定何类职位应办什么事，而是对各个职位所干的事进行客观分析与评价，由此确定职位在职位分类布局中所处的位置，从而达到分类治理的目的；第四，职位分类不是固定不变的，可随着职位工作的变化而变化，但不因工作人员的变动而变动；第五，职位分类本身不是目的，而只是人事治理的一种科学方法。

与职位分类制度相对应的是品位分类。品位分类在中国源远流长，自魏晋以来，官阶就称品，将官吏分为"九品十八级"，以后各代逐步完善，品级也逐步增多，且品级同俸禄挂钩。② 在西方有些国家，特别是英国，也存在着对官员进行分类管理的品位制度。1870年，随着公务员制度的建立，英国对封建社会的品位分类制度进行了修正和改革，使品位分类制度更加具备现代意义。1971年，英国又对品位分类制度进行了完善，在品位分类中引进了职位分类的因素，把所有部门公务员的职务分为十大类，即综合类、科学类、警察类、资料处理类、调查研究类、法律类、秘书类、社会保险类、专业技术类、培训类。其中，每一大类又分为若干职级。③ 在法国，把公务员分为A、B、C、D四等。德国分为简单职务、中等职务、上等职务和高级职务。

与职位分类以"事"为中心的人事分类不同，品位分类是以"人"为中心的人事分类制度，即根据公务员个人所具备的资历、学历以及职务、身份等条

---

① 郭沛：《美、英两国公务员分类管理制度的演变及其启示》，载于《中国行政管理》2009年第1期。
② 吕建华、杨艺：《我国干部人事制度改革的回顾与展望》，载于《行政与法》2011年第9期。
③ 鄢龙珠：《公共部门人力资源管理》，厦门大学出版社2010年版，第78页。

件来确定公务员的录用、考核、培训、晋升和工资福利待遇。① 品位分类具有以下特征：第一，以"人"为中心。第二，注重"通才"，在公职人员的晋升、交流、调动方面重视他们自身所具备的德才表现、所做贡献、能力水平、任职年限等通用的资格条件。第三，激励效应显著。强调对公职人员的简单分类，等级划分较少，晋升幅度较大。第四，级随人走，即官位与等级职位可以分离。国家工作人员的流动一般不影响职务职级和工作级别的变化，实行级随人走。

人员分类并没有绝对的标准与模式，有以"事"为标准的分类，有以"人"为标准的分类，或者实行"人"与"事"相结合的分类。一般把以"事"为标准的人员分类界定为职位分类制，把以"人"为标准的人员分类界定为品位分类制。我国台湾地区则实行"人""事"相结合的分类方法，称为"官职并立职务分类制"。不同的人员分类，有各自相对独立的理论依据和分类原则，各自的分类方法与技术也不相同，由此构成了不同的分类体系和与之相应的一整套制度。② 值得注意的是，由于不同国家的政治制度和文化传统，在以职位分类为主导的前提下，品位分类也成为分类不容易忽视的重要因素。同时，因为强调专才原则，也使公务员的调转流动受到限制，不利于人的全面发展。由于职位分类中存在不利于人才综合能力培养、不利于人才流动、人员管理过于僵化的缺点，随着时间的推移越来越明显，原来实行职位分类的国家纷纷进行改革，其中部分借鉴了品位分类管理的优点。

关于分类管理的概念，一般是指根据公共部门公职人员的主体性质（如资历和学历），或根据工作职位的相关因素（如工作性质、责任轻重、资历条件及工作环境等），将人员或职位分门别类，设定等级，形成一定官职序列的基本管理制度，其目的是为人力资源管理的其他环节提供相应管理依据。对工作人员进行分类管理，是各个国家公职人员管理的通例。③ 关于分类管理的地位，一般认为是公共部门人力资源管理的基础，但从分类管理的发展趋势来看，分类管理更应当被界定为一种方法、手段和过程，或者说，分类管理是根据一定的标准，设置不同类别的职位或等级，按照既定程序对人员依职位、等级进行分类，实行不同的管理方式的制度、体系和过程。

---

① 吴志华、刘晓苏：《公共部门人力资源管理》，复旦大学出版社 2007 版，第 89 页。
② 陈陟云：《法院人员分类管理改革研究》，法律出版社 2014 年版，第 50 页。
③ 鄢龙珠：《公共部门人力资源管理》，厦门大学出版社 2010 年版，第 78 页。

二、我国公务员分类管理制度的历史变迁

新中国成立以来，与长期计划经济体制相适应，公共人力资源一直实行无差别的统一管理。党政不分、政企不分、政事不分，不管是党的机关、政府机关、权力机关、司法机关工作人员，还是事业单位、企业单位、群众组织的工作人员都统称为"干部"。这种"大混沌"的状态，一般被认为是一种特殊的"品位分类"，即以职务职级、资历深浅、学历高低和工资多寡为主要划分依据，对于计划经济体制下特别是经济困难时期统一人力资源管理、提高效率起到较好的作用。但随着社会主义市场经济体制的确立，这种特殊的品位分类管理模式越来越不适应形势任务发展的需要，单纯以人为中心很难体现各类工作的性质、繁简难易等方面的差异，造成人事脱节，品位层次过多形成各类人员之间的"隔离带"，导致官僚主义，因人设事、人浮于事、干部能上不能下，效率低下。

1993年8月，国家颁布了《国家公务员暂行条例》，规定国家行政机关实行职位分类制度。在确定职能、机构、编制的基础上，进行职位设置，规定职位说明书、确定每个职位的职责和任职资格条件，作为国家公务员录用、考核、培训、晋升等的依据。随后，在国家行政机关之外，党的机关、人大、检察、审判机关参照公务员管理，实行职位分类。原来的"国家干部"被分成：（1）行政机关工作人员（公务员）；（2）党务机关工作人员；（3）国家权力机关工作人员；（4）国家审判机关工作人员；（5）国家检察机关工作人员；（6）国有企业单位管理人员；（7）人民团体工作人员；（8）事业单位工作人员。同时，还进一步完善了专业技术职称系列。[①]

《国家公务员暂行条例》奠定了公务员分类管理的基础，但并不是完全意义上的职位分类制度，特别是把行政机关工作人员之外的公职人员排除在了公务员系列之外，作为一种准公务员管理，并不符合我国的政治体制和基本国情。2005年4月27日，国家颁布了《中华人民共和国公务员法》，扩大了公务员的范围，第二条规定，"本法所称公务员，是指依法履行公职、纳入国家行政编

---

① 鄢龙珠：《公共部门人力资源管理》，厦门大学出版社2010年版，第87页。

制、由国家财政负担工资福利的工作人员"。第八条明确规定,"国家对公务员实行分类管理,提高管理效能和科学化水平",作为一项基本原则放在"总则"中。第十四条明确规定,"国家实行公务员职位分类制度。公务员职位类别按照公务员职位的性质、特点和管理需要,划分为综合管理类、专业技术类和行政执法类等类别。国务院根据本法,对于具有职位特殊性,需要单独管理的,可以增设其他职位类别。各职位类别的适用范围由国家另行规定",为三类基本分类之外的职位分类制度预留了空间。第三条第二款规定,"……法官、检察官等的义务、权利和管理另有规定的,从其规定"。同时,第十五条、十六条、十七条、十九条规定了品位分类制度,对公务员的职务序列、职务层次等进行了明确。从总体上讲,《公务员法》分类管理的制度设计具有一些明显的特点:(1)我国公务员涵盖了各种不同性质的依法履行公职的人员,在此基础上,对公务员进行分类,即在公务员大类中分小类,从总体上看,对推进公务员专业化建设,具有积极的价值。(2)分类管理制度实行职位分类与品位分类相结合,在职位分类上,从横向上划分为综合管理类、专业技术类和行政执法类等类别,从纵向上划分为领导职务和非领导职务;在品位分类上,根据公务员所在职位的责任大小、工作难易程度以及公务员本身的德才表现、年龄资历因素等,分别将领导职务、非领导职务划分为10个层次、8个层次,每个层次对应相应的级别。这种管理体系基本涵盖了所有公务员。(3)为法官、检察官等特殊公务员分类管理预留了法律空间,但并未严格区分特殊公务员和一般公务员。法官、检察官的司法活动与行政管理活动的性质不同,决定了管理方式的差异化。有学者指出,将法官与政府工作人员同样对待、同样管理,与建设法治国家的要求不相适应,而且在实践中已经暴露出种种弊端。[①]

三、我国司法人员分类管理改革的历程

(一) 最高人民法院、最高人民检察院主导改革的阶段

1999年,最高人民法院(以下简称"最高法")出台的《人民法院第一个

[①] 刘效敬、马继华:《从立法目的看我国〈公务员法〉的制度创新及缺陷》,载于《中共济南市委党校学报》2005年第9期。

五年改革纲要（1999—2003）》就包含了分类管理的理念，如书记员单独序列管理和配备法官助理等。2002年，全国法院队伍建设工作会议提出，"对法官、审判辅助人员、司法行政人员、党政工作人员和司法警察等法院工作人员需要'分类管理'"[1]。同年，最高法出台《关于加强法官队伍职业化建设的若干意见》明确提出，"对法官、法官助理、书记员以及其他工作人员实行分类管理，建立科学的管理制度，提高法院干部人事管理法制化、科学化水平"[2]。这是法院系统首次正式使用"分类管理"概念，由此正式拉开了法院工作人员分类管理改革的帷幕。此后，最高法根据中央部署第一、二轮关于深化司法体制改革的精神，相继发布《人民法院第二个五年改革纲要（2004—2008）》《人民法院第三个五年改革纲要（2009—2013）》等文件，其中均有明确的关于"人员分类管理"的规定。

1999年，最高人民检察院（以下简称"最高检"）出台《检察工作五年发展规划》，提出对检察人员实行检察官、书记员、司法行政人员、司法警察和专业技术人员分类管理的设想。随后，2000年，最高检《检察改革三年实施意见》明确了检察人员的类别，拟实行检察官、书记员、司法警察和司法行政人员的分类管理。最高人民检察院根据中央部署第一、二轮深化司法体制改革的精神，出台《最高人民检察院关于进一步深化检察改革的三年实施意见》（2005），与此同时，2003年底，《检察人员分类改革框架方案》提出了检察人员分类管理的整体设想。2004年，《2004—2008年全国检察人才队伍建设规划》提出关于分类管理的新设想，将检察人员分为检察官、检察事务官（检察官助理）和检察行政人员三类。2009年，《2009—2012年基层人民检察院建设规划》提出，应坚持积极稳妥地推进检察人员分类管理改革。

与此同时，中央有关部门加强对司法人员分类管理改革的政策支持。2011年，中央组织部分别同最高法、最高检联合制定了《法官职务序列设置暂行规定》《检察官职务序列设置暂行规定》，首次确立法官、检察官有别于普通公务员的职务序列及等级，但仍然实行与行政职级相挂钩，在实践中并未实际运行。2013年3月，中央组织部又分别同最高法、最高检联合发布了《人民法院工作

---

[1] 祝铭山：《大力加强法官职业化建设，努力开创人民法院队伍建设新局面》，在全国法院队伍建设工作会议上的讲话，2002年7月6日。
[2] 强梅梅：《法院人员分类管理改革的历程、难点及其破解》，载于《政治与法律》2017年第1期。

人员分类管理制度改革意见》《人民检察院工作人员分类管理制度改革意见》，分别将人民法院工作人员划分为法官、审判辅助人员、司法行政人员，将检察机关工作人员划分为检察官、检察辅助人员、司法行政人员。至此，司法人员"三分法"的分类格局基本形成。

在此期间，局部地区的法院、检察院或自发或根据上级安排开展了相关试点。比如，开展自主分类管理改革的有广东佛山中级人民法院、上海浦东新区人民检察院；根据上级部署进行改革试点的单位有重庆的渝中区、渝北区检察院和山东的平邑县检察院等。此外，还有一些单项改革，比如，2004年9月，最高法确定了18个试点法院，推进法官助理试点，2008年1月将法官助理试点扩展到814个法院。

综上，"两高"自主进行司法体制改革阶段，虽然在分类管理政策方面有一些突破，试点地区也开展了相关探索，但分类管理只是停留在人员分类方面，没有真正实现按照不同类别进行管理。表现为：（1）改革由中央司法机关设计与推动，缺乏最高权威性，相关配套制度跟进不够，人事、财政等管理权"地方化"，改革停留在机制层面，"伤筋动骨"的体制性障碍未能有效克服。（2）法官、检察官与法院、检察院其他工作人员之间，有"分类"无"分类管理"，人员之间只是岗位分工的不同，在管理方式上没有明显区别。（3）分类管理改革缺乏人事和薪酬体制的支持，法官、检察官职务等级序列并没有起到实质性作用，类似于特殊津贴的依据，其工资、待遇仍然与行政职级挂钩，与普通公务员没有差异。（4）法官、检察官的职务晋升依赖于行政职级，法官、检察官职务等级被虚置。（5）分类改革缺乏统一的司法行政管理体系支撑。

（二）中央主导第三轮司法体制改革的阶段

在总结中央深化司法体制改革第一轮（2004～2008年）、第二轮（2009～2012年）的基础上，2013年11月，《中共中央关于全面深化改革若干重大问题的决定》提出，"建立符合职业特点的司法人员管理制度，健全法官、检察官、人民警察统一招录、有序交流、逐级遴选机制，完善司法人员分类管理制度，健全法官、检察官、人民警察职业保障制度"，标志着新一轮司法改革启动。2014年3月，中央政法委部署在上海、广东、湖北、吉林、海南、贵州开展司法体制改革试点，明确提出，把司法人员分类管理作为司法体制改革试点的重要内容。同年 6 月，中央全面深化改革领导小组第三次会议审议通过了《关于司法体制改革试点若干问题的框架意见》，明确提出，"实行司法人员分类管理。法官、检察官实行有别于普通公务员的管理制度，司法辅助人员按国家有关规定管理，司法行政人员按综合管理类公务员管理"。2014 年 10 月，《中共中央关于全面推进依法治国若干重大问题的决定》提出，"加快建立符合职业特点的法治工作人员管理制度，完善职业保障体系，建立法官、检察官、人民警察专业职务序列及工资制度"。

随后，最高法根据中央第三轮第一个时段全面深化司法体制改革部署精神出台《关于全面深化人民法院改革的意见（2014－2018）》《人民法院第四个五年改革纲要（2014－2018）》，根据中央第三轮第二个时段全面深化司法体制改革部署要求，出台《人民法院第五个五年改革纲要（2019－2023）》，其中分别提出"推动法院人员分类管理制度改革"。与此同时，最高检在相应出台的《关于深化检察改革的意见（2013－2017 年工作规划）》（2015 年修订版）、《2018～2022 年检察改革工作规划》（2018）、《2023—2027 年检察改革工作规划》（2023）中均明确提出，"实行检察人员分类管理，将人员划分为检察官、检察辅助人员和司法行政人员三类，完善相应管理制度；建立检察官员额制度，合理确定检察官与其他人员的比例；制定相关配套措施"。目前，司法体制改革试点已在全国全面推行，其力度大、涉及面广，对分类管理体制进行系统构建。第一，更加注重改革的顶层设计。中央针对第一、二轮改革中存在的问题，在多个文件中作出重要部署，并以员额制作为新一轮司法改革的突破口。第二，中央深化改革领导小组成为改革的主导，中央政法委、中组部、最高人民法院等多个部门都参与进来。第三，相较于之前的机制性改革，本轮改革更加侧重于体制性改革。[①] 第四，把分类管理作为司法责任制改革的基石，涵盖了职位分类、员额制、法官、检察官单独职务序列、选任制度等各个方面，相关配套制度进一步建立健全。

四、司法人员分类管理的基本原则

随着司法体制改革的深入，司法人员分类管理制度将会更加成熟和完善，

---

① 强梅梅：《法院人员分类管理改革的历程、难点及其破解》，载于《政治与法律》2017 年第 1 期。

必然会呈现出一些规律性。

（一）政治保证——坚持党的领导

党的十八届四中全会《中共中央关于全面推进依法治国若干重大问题的决定》把坚持中国共产党的领导放在首位，指出党的领导是中国特色社会主义最本质的特征，是社会主义法治最根本的保证。把党的领导贯彻到依法治国全过程和各方面，是我国社会主义法治建设的一条基本经验。我国宪法确立了中国共产党的领导地位，是历史和现实的选择。在司法体制改革中，完善中国特色社会主义司法制度必须始终坚持中国共产党的领导。坚持中国共产党的领导，必须围绕巩固党的执政地位来开展；必须按照党制定的有关依法治国的方略、推进司法体制改革的部署来推进；必须按照党总揽全局、协调各方的格局来进行；必须坚持党管干部和党管人才的原则，制定分类管理政策措施时，要严格按照党的原则，考察、推荐、配备优秀干部，遴选人才，并对各级干部进行有效管理和监督。我国宪法基础、政治认同都表明，司法机关依法独立行使职权不是西方国家的司法独立，司法人员分类管理也不能脱离党的领导。

（二）基本遵循——坚持司法权运行规律

党的十八届三中、四中全会均提出建立符合职业特点的司法人员管理制度。职业特点即司法活动本身固有的、本质的特点。关于司法的内涵，有等同于审判说、国家诉讼活动说、广义的解决纠纷说三种说法。通说认为，司法是指国家司法机关及其工作人员依照法定职责和程序把法律规范适用到具体案件的专门活动。① 司法具有特殊的规律性。司法体现独立性、被动性、交涉性、程序性、判断性、权威性等特点。相比而言，行政行为在本质上是一种政府行为，着眼于维护国家利益和社会公共利益，注重效率和迅速决断，拥有广泛的自由裁量权，较少受到制约，具有较大的侵权性，因此，行政行为难以把公正视为首要价值，对程序的遵循也不十分严格，更不具有司法那样的权威性。② 这些客观上要求司法活动的实施要排除外界因素的干扰，保持意志上的独立性。要确

---

① 陈卫东：《程序正义之路》，法律出版社2005年版，第90页。
② 陈光中：《中国司法制度的基础理论问题研究》，经济科学出版社2010年版，第12页。

保司法机关和司法人员能够独立实施司法活动，必须建立必要的制度保障机制，该制度保障机制包括：司法机关的整体独立或者外部独立，司法机关的内部独立，司法人员的身份独立，司法人员的职业特权，司法人员的职业伦理准则等。司法人员的身份独立，即司法人员的任职期限和任职条件应该得到特殊的保障。司法人员的职业特权，即司法人员正确履行职责所要享有的职业保障，使司法人员在行使司法职权时免受指控、追究和评论，为独立实施司法活动创造条件。[①] 在管理体制和机制方面，应以正规化、专业化、职业化为主要方向，对司法人员实行有别于普通公务员的管理制度。

（三）核心构造——坚持法官、检察官依法独立行使办案权的角色定位

人力资源管理（HR 管理）理论表明，管理的最高境界是角色定位，即在一定系统环境下（包括时间），在一个组合中拥有相对的不可代替的定位。管理制度的设计与展开必须符合角色定位原则，角色不对某一权力负责，不对某一个人负责，只对角色事务和角色原则负责，对于拥有出类拔萃角色能力的人员，它拥有角色责任内的最高事务处理权力[②]，也就是"角色终决权"。在整个中国司法结构中，显然法官、检察官由于某种原因，其司法功能上的核心作用在角色体系中显得更为重要，他们守卫着"法律帝国的王侯"，但是，在行为模式上，以上角色都属规定型角色，其角色特征又具有某些共性。制度、机构所承载之价值最终会毫无例外地落到它的角色身上，因此，角色对司法价值的实现、制度的有效运作都是至关重要的。这正是司法角色在现实社会中同时必然是规定型角色的原因所在，但确定角色的行为模式只是问题的一个方面，更为重要的另一方面在于如何使承载角色的具体的人成为真正的"角色"。看来问题的关键仍在于承担这些规定型角色的条件是什么，即什么样的条件能够最大限度地满足司法角色的功能需求，从而使承担者更像一个法官[③]、检察官。对于职业法官、检察官来说，司法不仅是一项需要自然理性来从事的职业，还依赖于法律教育与培训、法律经验的历练、生活经验的积累等后天获得的理性才能完成。

---

① 向泽选、谭庆之：《司法规律与检察改革》，载于《政法论坛》2009 年第 9 期。
② 高亚丽：《高校学生工作者面临的现实问题：角色观的建构》，载于《文教资料》2011 年第 10 期。
③ 程竹汝：《司法改革与政治发展：当代中国司法结构及其社会政治功能研究》，中国社会科学出版社 2001 年版，第 103~104 页。

同时，还应当具有独立的司法人格。① 从司法结构体系及功能转型来看，中国法官、检察官的规模大，与其承担的角色定位不相符合，司法功能也并未强化，角色错位是主因。因此，必须坚持法官、检察官的角色定位，对管理制度进行功能再造。

（四）制度传承——坚持继承与创新相结合

任何政治制度的形成与发展，既是人类选择的结果，也是历史发展的结果，它不可能离开历史传统的基础而任意选择。在中国封建历史中，曾实行过察举制、征辟制、九品中正制和科举制等选人用人制度，这些制度的实行虽然也分类定级，但基本是以人为核心，对人的出身、品格、能力、经历、学识等详加考察，作为选人用人的基本依据。品位分类制度在我国有着悠久的历史，这是不可忽视也忽视不了的传统。美国是一个没有封建主义"包袱"的资本主义国家，其建国的历史就是资本主义成长和发展的历史，企业管理的做法与经验对公共管理影响很大，而较早实行职位分类的做法为美国公共部门实行职位分类制度提供了传统和奠定基础。② 世界上没有绝对"一分就灵"的管理模式，不能以偏概全，就某个制度的某些方面优势而否定现存制度的合理性。制度移植的一些历史经验教训也表明，忽视制度存在的历史文化和现实基础，盲目全盘接收，往往会昙花一现。推进分类管理改革，应当对历史传统进行科学分析，秉持包容开放的科学态度，取其精华，去其糟粕，让传统精华与现代文明相结合，使制度的发展既有传承又有创新。在分类的价值取舍上，要充分吸取职位分类与品位分类的优势，形成一种新的管理制度。

（五）基本方法——坚持系统性与渐进性改革相结合

系统是由相互作用、相互依赖的多个要素组成的有机整体，这个整体具有其各个组成部分所没有的新的性质和功能，并和一定的环境发生相互作用。③ 系统论原则强调组织机构中各因素之间的协调性。司法机关属于一个相对独立的

---

① 张建伟：《司法体制改革中的利益纠葛》，载于《东方法学》2014 年第 9 期。
② 陈陞云等：《法院人员分类管理改革研究》，法律出版社 2014 年版，第 51 页。
③ 苟灵生、王春萍：《基于熵理论的学生管理组织有序度增长机理研究》，载于《北京理工大学学报》（社会科学版）2011 年第 8 期。

社会系统，其内部人员分类管理也要体现系统论原理的要求。司法机关人员管理的目的是保证法官、检察官依法、公正行使司法权，履行司法职责。[①] 新一轮司法体制改革突出司法责任制这一"牛鼻子"，强调让审理者裁判，由裁判者负责，实行办案质量终身负责制，严格执行错案责任追究。把司法人员分类管理作为"基石"，与司法人员职业保障，省以下法院、检察院人财物统一管理共同作为一项系统工程。围绕司法责任制，在员额制、职务序列、工资制度、履职保障、干部管理、内设机构、财物保障等方面整体推进分类管理改革，特别是要把分类管理改革与司法办案机制有机结合起来，有效破解停留在"人员简单分类"的浅层次改革的困境。同时，改革开放以来中国转型成功主要采取了"试错型"改革的路径，即先试点、成熟了再全面推行。由于旧体制机制的固有惯性，特别是"试错型"改革的渐进性特性，只能采取先易后难，先表层后里层的改革路径，在旧有制度的框架内渐进、逐步地对旧体制进行制度创新。[②] 随着司法体制改革试点的深入，新的体制机制、运行模式日趋成熟，进行否定之否定，不断把旧制度中对应的落后部分置换、挤压出来，最终建立起一套符合司法人员职业特点的管理制度。特别是我国幅员辽阔，东中西部人员结构、素质差异较大，不可能采取一个模式、"一刀切"的方式。中央分三个批次，选取不同的地区试点，在中央总体框架内，鼓励各地因地制宜，先行先试，先易后难，有所区别，把握时机向其他涉及利益更复杂的"深水区"前行。

第二节 司法人员职位分类管理

职位分类是司法人员管理的基础。从司法机关组织结构来看，职位是最微观的管理单位。管理学理论认为，职位分类的科学性决定管理绩效的最大化、最优化。司法人员职位分类就是根据司法机关职位的工作性质、难易程度、责任大小、任职条件的不同，划分出不同类别，建立分类科学、结构合理、职责

[①] 袁勤华等：《司法人员管理体制研究》，中国法制出版社2016年版，第158页。
[②] 李志亮：《关于我国渐进式改革的几点理解》，载于《中共山西省委学校学报》2013年第3期。

明晰、管理规范的管理方式和制度的总称。

一、司法人员职位分类的基本依据

按照职位分类理论，职务分类一般要经过五个步骤：职位调查→职系区分→职位品评→职位归级→编订职级规范。① 要对职位的工作性质、工作内容、工作程序和职责任务等进行全面客观的了解，厘清各职位之间的关系，为职位分类奠定基础。从《宪法》和《人民法院组织法》《人民检察院组织法》的定位看，法院是我国的审判机关，检察院是我国的法律监督机关。新一轮司法改革强调把人力资源向司法办案一线倾斜。因此，以司法办案为核心，是划分法院、检察院内部岗位的根本出发点。根据司法办案的特性来确定履行司法办案职责的范围，从而确实法官、检察官与其他人员的比例，同时对司法办案进一步分解，也就是说，要界定清楚司法办案岗位与非司法办案岗位、必须由法官检察官履行职责的司法办案岗位与司法辅助岗位。根据世界上司法机关通行的做法和司法办案规律，可以将岗位划分为司法办案岗位、司法辅助岗位和司法行政岗位。

（一）司法办案岗位

司法办案岗位即在法院、检察院从事司法办案活动的岗位。司法办案岗位一般设在法院的审判庭和检察院的办案业务部门。法院司法办案的内涵是明确的，即从事审判业务。但关于检察机关的司法办案，存在不少争议，或者以法院办案为参照，对具有监督属性的活动进行否定；或者立足于部门本位，把与司法活动有关联而并非直接关联的活动也包罗进来。这些认识，都存在一定偏差。从形式上讲，司法办案就是履行审判权、检察权，参与诉讼活动的过程，在司法办案过程中既要亲自阅卷，还要亲自听取相关当事人的意见，撰写相关法律文书，亲自参与诉讼活动，承担诉讼不利的后果，即司法办案具有亲历性。因此，不能把一些与司法办案无直接关联的活动等同于办案。但是，从我国检

---

① 李盛平、陈子明：《职位分类与人事管理》，中国经济出版社 1986 年版，第 1~2 页。

察权的属性看，并不宜简单套用固有的模式。从权力属性看，检察权具有司法属性、监督属性和行政属性等复合性，从检察权的表现形式看，既有被动式审查，比如批捕、公诉；又有主动式办案，比如职务犯罪侦查；还有两者兼具的，比如民事行政检察监督、刑事诉讼监督、刑事执行监督等。在改革实际操作中，一般引用"检察业务岗位"的提法，将检察业务岗位的范围限制在承担职务犯罪侦查和预防、侦查监督、公诉、未成年人检察、刑事执行检察、民事行政检察、控告申诉检察等职责的岗位，也包括承担法律政策研究、案件管理职责的岗位。对此，应做进一步论证，增强理论的体系化、说服力。

（二）司法辅助岗位

司法辅助岗位，即承担司法辅助工作的岗位。长期以来，对司法辅助岗位的认识不足，造成辅助力量严重不足，法官、检察官与辅助岗位"混岗"。另外，也存在对司法辅助岗位"打杂"的认识，造成岗位职责、人员编制不清晰，岗位缺乏吸引力，影响了司法办案的整体功效。关于司法辅助岗位，应有一个准确的定位，即司法辅助岗位也是司法办案岗位的重要部分，法官、检察官根据法律授权，对司法办案行使决定权，需要集中精力审查核实案件事实，把握法律适用。而司法辅助岗位的职责是进行司法办案的大量辅助性工作，与司法办案的主体互为依托。根据司法辅助岗位的职能不同，可以进一步细分为司法办案助理岗位、书记员岗位、司法警察岗位、司法技术岗位，并依法设置不同岗位的职业准入条件，特别是与履职相关的法律专业知识、技能与相关经历。

（三）司法行政岗位

司法行政岗位是在法院、检察院承担行政管理事务的岗位，包括政工人事、党务、行政事务、后勤管理等，即司法办案及辅助岗位之外的岗位都属于司法行政岗位。从中国的政治体制来看，司法行政岗位也是司法机关不可缺少的组成部分。特别是在各级司法机关中，实行党组织与机构设置并行的体制，决定了司法行政岗位的重要性。

二、司法人员职位分类

关于司法人员职位分类，有不同的职位名称设计，可以划分为法官检察官、司法（检察）事务官、司法行政人员[①]，也可以将司法人员分为法官检察官、司法辅助人员、司法行政人员。但从总体上讲，都倾向于"三分法"，《人民法院工作人员分类管理制度改革意见》《人民检察院工作人员分类管理制度改革意见》均沿用了"三分法"。新一轮司法体制改革进一步固化，从根本上打破司法人员单一行政化管理模式的弊端。

（一）法官检察官

《法官法》第二条规定，法官是依法行使国家审判权的审判人员，包括最高人民法院、地方各级人民法院和军事法院等专门人民法院的院长、副院长、审判委员会委员、庭长、副庭长、审判员和助理审判员。《人民法院工作人员分类管理改革意见》明确法官的基本职责是依法参加合议庭审判或者独任审判案件，以及法律规定的其他职责。《检察官法》第二条规定，检察官是依法行使国家检察权的人员，包括最高人民检察院、地方各级人民检察院和军事检察院等专门人民检察院的检察长、副检察长、检察委员会委员、检察员和助理检察员。第六条规定，检察官的基本职责是依法进行法律监督工作，代表国家进行公诉，对法律规定由人民检察院直接受理的犯罪案件进行侦查，以及法律规定的其他职责。法官、检察官应当配备在司法办案等司法业务岗位上。根据司法人员正规化、专业化、职业化建设的要求，理论界和实务界都赞成通过修改法律取消助理审判员、助理检察员的设置。

（二）司法辅助人员

司法辅助人员是协助法官、检察官履行审判检察职责的工作人员，是司法

[①] 珠海市人民检察院课题组：《检察人员分类管理研究》，载于《国家检察官学院学报》2005年8月，第13卷第4期。

办案的重要力量。按照国际通行惯例，司法人员的结构应当为"橄榄形"，即法官、检察官和司法行政人员"两头小"，司法辅助人员"中间大"。我国司法辅助人员长期缺乏应有的法律地位。修改后的《人民法院组织法》《人民检察院组织法》等法律均规定了法官助理、检察官助理相关的内容。根据分类管理改革意见，司法辅助人员包括法官检察官助理、书记员、司法警察、执行员和审判检察技术人员。司法辅助人员应配备在司法办案岗位。

（三）司法行政人员

司法行政人员从事行政管理事务，负责政工党务、行政事务、后勤管理等工作。从分布上看，司法行政人员主要有两个方面，一是配置在法院、检察院司法行政机构的岗位上，如办公室、政治部、监察、财务、后勤服务等岗位。二是配置在业务机构中的司法行政管理岗位，如负责业务机构的内务管理等。司法行政人员按照《公务员法》及配套法规进行管理，但司法机关的特殊性，决定了司法行政人员与普通公务员在履行职责上存在一定区别，故司法行政人员管理也与普通公务员管理略有不同。

三、对司法人员职位分类的分析

任何管理制度的运行都必须充分考虑到管理对象的接受程度，如果管理对象的基本立场与制度设计存在较大差异，再好的管理制度也难以推行。前两轮司法改革之所以未能推行司法人员分类管理，除了分类管理的配套制度及衔接机制建立不够外，司法人员的认同感不足也是重要因素。

以上海市浦东新区检察院课题组承担的最高人民检察院"检察人员分类管理制度研究"课题为例，对我国 7 省市 13 家基层检察院 1 748 名检察人员进行问卷调查的结果表明：（1）专业管理方面。针对"检察官应该走自己的专业路线，最好不要同行政部门的公务员混同在一起"，在 1 705 名受访人员（指有效回答本问题的所有受访人员，下同）中，有 878 名（51.50%）选择"完全同意"，552 名（32.38%）选择"比较同意"，两者加起来达到 83.88%；表示"比较反对"和"完全反对"的分别只有 47 名（2.76%）和 27 名（1.58%），加起来为4.34%。(2)人员分类管理方面。针对"检察行政人员应该同检察官分离，单独招聘，按照自己的序列晋升，原则上不应再转岗到检察官序列"，1 717名受访人员中有623名（36.28%）表示完全同意，675名（39.31%）表示"比较同意"，两者加起来，表示同意的达75.59%；表示"比较反对"的有147名（8.56%），表示"完全反对"的有84名（4.89%），两者加起来达13.45%。从反对的226名（13.45%）受访人员结构看，检察业务部门67名（7.16%），综合业务部门23名（16.55%），司法行政部门81名（26.05%），检察辅助人员27名（18.62%），领导人员8名（22.86%），其他岗位20名（19.8%）。(3)辅助人员职业化管理方面。针对"检察辅助人员（包括书记员在内）应该实行职业化，也就是原则上，检察辅助人员单独招聘，按照自己的序列进行晋升，原则上不应再转岗检察官序列"，1 711名受访人员中有512名（29.92%）表示"完全同意"，613名（35.83%）表示"比较同意"，两者加起来，表示同意的达65.75%；表示"比较反对"的有237名（13.85%），表示"完全反对"的有88名（5.14%），两者加起来达18.99%。从反对的316名（18.96%）受访人员结构看，检察业务部门140名（14.96%），综合业务部门26名（18.71%），司法行政部门84名（27.01%），检察辅助人员37名（25.52%），领导人员7名（20%），其他岗位22名（21.78%）。[1]

  虽然以上内容没有法院系统的调查数据佐证，但从总体上看，司法人员对职位分类管理是支持的，目标方向是明确具体的，这也是新一轮司法改革"做成了想了很多年、讲了很多年但没有做成的改革"[2]的原因。从上述数据看，反对者主要集中在辅助人员和司法行政人员，甚至领导人员也占有较大比重。职位分类是对司法机关内部人员利益的再分配。根据目前的操作方案，法官、检察官、辅助人员和行政人员序列将相对分离，各自发展，这样分类在理念上是对的。但就像职位分类管理本身也具有一定缺陷一样，潜在结果也必须充分估量。职位分类制度与外部衔接不够，内部行政人员和辅助人员相对较多反对分类管理的原因，也同目前改革工作重心放在内部"分流"有关。司法辅助人员和司法行政人员流向检察业务岗位的通道变窄，如果不打通内部三类人员的岗位转换通道，司法辅

---

[1] 程金华：《检察人员对分类管理改革的立场——以问卷调查为基础》，载于《法学研究》2016年第9期。
[2] 《习近平对司法体制改革作出重要指示强调 坚定不移推进司法体制改革 坚定不移走中国特色社会主义法治道路》，载于《检察日报》2017年7月11日第1版。

助人员和司法行政人员将成为体制内的"孤岛"。这在很大程度上也适用于已经在领导岗位上担任职务的检察人员。[1] 因此，职位分类管理制度应当与不同类别人员的职业发展、职业通道等统筹考虑，改善司法人员的整体职业预期。

四、司法人员职位分类制度的完善

（一）明晰职务权限

目前，对司法人员进行初步分类，向按照司法规律管理司法人员迈出了一大步，但这是从总体上进行的宏观分类，还缺乏深入细致的职能分解。要遵循审判权、检察权的运行规律，在明确司法机关内部岗位类别的基础上，进行机构序列划分，按照不同类别机构承担的职责和专业化的要求，进行职能分解，明确各内设机构的工作性质、职责权限并层层分解，最后明确每个具体职位的职责任务，建立权力清单和责任清单，建立内部结构合理、职责明晰、责权利相统一的管理体系。

（二）完善职位设置

设置职位和拟订职位说明书，明确每个岗位司法人员的职责范围及标准。根据人力资源管理理论，职位说明书是对每个职位的工作内容、职责、工作标准及升迁范围等有关事项的说明，一般包括以下7项内容：（1）职位名称，即每一个职位范围的称谓；（2）职位代码，即每一个职位的代码；（3）工作项目，即根据本单位的职能，列举本职位应承担的全部工作职责，包括临时交办的事项；（4）工作概述，即按前项工作项目的顺序简要说明每一项工作的内容、程序及期限；（5）工作所需的知识和能力，即担任本职位工作所需的学识、技术、经验以及其他各种技能；（6）升迁范围，即本职位按照有关规定升迁的等级和范围；（7）工作标准，即每一项工作项目应达到的最低质量标准和数量要求。[2]

---

[1] 程金华：《检察人员对分类管理改革的立场——以问卷调查为基础》，载于《法学研究》2016年第9期。
[2] 鄢龙珠：《公共部门人力资源管理》，厦门大学出版社2010年版，第90~91页。

（三）建立分类别管理制度

针对传说"大一统"管理模式存在的弊端，须加快构建以《法官法》《检察官法》为基础，以有关法官、检察官、司法人员管理的党内法规为遵循，与行政法规、规章和"两高"规范性文件配套协调的司法人员分类管理的科学制度体系。即法官、检察官按照《法官法》《检察官法》及相关规定进行管理。司法警察按照《人民警察法》进行管理，逐步建立司法警察管理规范；制定《法官检察官助理管理条例》，建立职业准入、职务序列、职务升降等管理制度。按照"老人老办法，新人新办法"的要求，建立书记员职务序列和管理办法，逐步实现政府购买服务的"聘任制"书记员管理办法，以及部分事务"外包"办法。与国家专业技术人员管理办法相衔接，根据审判检察工作的实际需要，建立审判检察技术人员管理办法。关于执行员，有建立专门的职务序列、按照司法警察管理方式管理和按照普通公务员管理三种观点，不管是哪一种管理方式，都应当从执行工作的职能性质、执行体制管理的方向出发进行统筹考虑。

第三节 员额制改革

员额制是按司法规律配置司法人力资源、实现法官检察官正规化、专业化、职业化的重要制度，是司法责任制的基石。此前两轮司法体制改革取得了一定成效，但司法公信力不高问题仍然存在，原因是多方面的，从制度层面讲，没有遵循司法规律，把法官、检察官作为一般公务员来管理，造成部分法官、检察官素质不高，是影响办案质量和司法公信力的重要原因。[①] 新一轮司法体制改革把员额制改革作为改革成败的关键。

---

① 孟建柱：《员额制关系到司法体制改革成败》，载于《北京青年报》2015年4月18日。

一、员额制概述

员额从文义上是指"人员的定额",属于单一的主体概念。关于员额制的概念,尚没有权威界定。有从文义出发进行理解,沿用《关于司法体制改革试点若干问题的框架意见》的表述,即根据辖区经济社会发展、人口数量和案件数量等情况,确定法官、检察官员额。有从制度机制方面进行认知,作为人和制度的集合体[1],认为员额制是人员配置与工作职能相结合的复合概念,即通过科学管理优化人员结构,最大限度地发挥人的潜能,使法官的职业属性与审判运行规律深度契合[2]。从司法体制改革的角度看,员额制是根据司法权运行规律,对法官、检察官实行定额限制,合理配置司法人力资源,进行科学管理的制度措施。实行法官、检察官员额制,一是司法权运行规律的体现。司法权必须由高素质的精英群体来行使,员额制是确保司法权正确行使的基石。二是推进员额制是重塑法官、检察官队伍的客观必要。当前法官、检察官门槛低、规模大、素质能力不适应,通过员额制改革严格遴选少数具有深厚专业知识和丰富司法经验的法官、检察官,是一种比较现实可行的选择。三是推进正规化、专业化、职业化建设的突破口。通过员额制改革带动法官、检察官遴选、职业保障、管理体制等方面的整体改革,有效提升司法权威。

(一)员额制的基本依据

员额制的基本依据包括以下几点:一是法律依据。《中华人民共和国法官法》第二十五条规定,"法官实行员额制管理。法官员额根据案件数量、经济社会发展情况、人口数量和人民法院审级等因素确定,在省、自治区、直辖市内实行总量控制、动态管理,优先考虑基层人民法院和案件数量多的人民法院办案需要;法官员额出现空缺的,应当按照程序及时补充;最高人民法院法官员额由最高人民法院商有关部门确定"。《中华人民共和国检察官法》第二十六条

---

[1] [美]莫里斯·罗森伯格:《司法的品质》,引自《亚利桑那州曼尼科巴高等法院编(法官手册)》附5页。
[2] 曾竞等:《员额制改革风险的防控与疏解》,引自《员额制与司法改革实证研究:现状、困境和展望》,东南大学出版社2017年版,第92页。

规定,"检察官实行员额制管理。检察官员额根据案件数量、经济社会发展情况、人口数量和人民检察院层级等因素确定,在省、自治区、直辖市内实行总量控制、动态管理,优先考虑基层人民检察院和案件数量多的人民检察院办案需要;检察官员额出现空缺的,应当按照程序及时补充;最高人民检察院检察官员额由最高人民检察院商有关部门确定"。二是实践依据。2014 年 6 月,中央全面深化改革领导小组第 3 次会议通过了《关于司法体制改革试点若干问题的框架意见》和《上海市司法体制改革试点工作方案》,要求确定法官、检察官员额。2014 年 7 月公布的上海司法改革方案里,对员额比例的表述为:以确保 85% 的司法人力资源直接投入办案工作为前提,使法官、检察官,司法辅助人员,司法行政人员分别占法院、检察院总人数的 33% 、52% 和 15%。① 第一批改革试点省份湖北、广东、青海、吉林等地公布的方案均采取了 "85% 的司法资源直接投入办案工作" 的比例,将法官、检察官,司法辅助人员,司法行政人员的员额控制比例设定为 39% 、46% 、15%。② 随后,全国第二批、第三批试点院先后开展了员额制改革。三是文件依据。最高法《关于全面深化人民法院改革的意见(2014 - 2018)》明确,"根据法院辖区经济社会发展状况、人口数量(含暂住人口)、案件数量、案件类型等基础数据,结合法院审级职能、法官工作量、审判辅助人员配置、办案保障条件等因素,科学确定四级法院的法官员额"。最高检《关于深化检察改革的意见(2013 - 2017 年工作规划)》提出,"建立检察官员额制度,合理确定检察官与其他人员的比例",将员额制改革作为司法体制改革的"重头戏"。

(二) 员额配置的主要因素

新一轮司法体制改革将 39% 作为总的控制目标,具体到各级法院、检察院,是采取"比例制"还是"定额制",存在一些争议。从长远看,"定额制"有利于克服员额的随意性,实现员额的法定化,提升正规化、专业化、职业化建设水平。但在改革试点时期,员额制还处于"试错"阶段,在员额核定方式并未完全成熟的情况下,采取"比例制"更有利于制度的完善。从改革的一般做法

---

① 李燕:《上海司法改革力推员额制》,载于《东方早报》2014 年 7 月 13 日 A2 版。
② 李云芳:《七地方案均获批》,澎湃新闻,http: //m. thepaper. cn/newDetail_forward_1286732,最后访问时间:2017 年 7 月 17 日。

来看，主要考量因素有：一是，政法专项编制。1982年11月，中央政法委、中央组织部等部门联合下发《关于公安、检察、法院、司法行政系统编制和经费若干问题的通知》，"将全国各级公安、检察、法院、司法行政系统编制单列，实行统一领导，中央和省、市、自治区分级管理"。至此，公安、检察、法院、司法行政系统编制从党政群机关中分离出来，作为专项编制单独管理，因而又称为中央政法专项编制。在中央政法专项编制调拨过程中，充分考虑了各地实际情况。因此，以中央政法专项编制为基数，实行"比例制"分配，从总体上也有其合理性。二是，司法办案量。司法办案量是确定员额最直接、最核心的因素。法官、检察官的主要工作是从事司法办案，从某种意义上讲，员额制改革是为了解决司法办案问题的，办理案件的数量、质量与法官、检察官直接关联，因此，司法办案量是确定法官、检察官员额的主要参照。法官、检察官员额应配置在司法办案一线。在以司法办案量为确定员额的重要依据的前提下，也并不能简单地以案件绝对数量作为确定法官员额的唯一依据，比如，在法院，由于审级、案件类型、性质、处理方式等方面的差异，法官审理不同案件的投入工作量也存在较大差异。又如，检察院职能与法院存在较大差异，除了司法办案外，还有大量的监督工作，有的并不容易进行简单量化，即使是司法办案，职务犯罪侦查、批捕与公诉的投入工作量也存在较大差异，因此，需要实行以"以案定额"和"以职能定额"相结合的办法，即在以案件量确定检察官员额的同时，根据检察机关的职能需要，确定检察官员额数。但不管怎样，司法办案量都是确定员额的最重要依据。三是，经济社会发展。由于我国正处于社会转型的重要时期，伴随着经济社会高速发展，各种社会矛盾集聚，从总体上看，经济社会发展速度快的地方，人口数量与密度也比较大，案件数也比较多。特别是经济社会发展变化的过程中，出现了一些涉众型案件、跨区域型案件以及新型案件，需要的司法投入也比较多。由此，可得出一个结论：经济增长速度决定案件增长速度，经济发达地区的法院受理的案件多，诉讼标的额大，案件类型也相对复杂。[①] 经济社会发展与司法办案量的关系体现了一定的阶段特征，并不是一成不变的，随着社会治理体系和治理能力现代化的推进，经济社会发展水平越高，往往社会治理的水平也会不断提高，案件量并不一定呈正增长。

[①] 陈陟云、肖启明：《回归本质——司法改革的逻辑之维与实践向度》，法律出版社2015年12月版，第264页。

四是，交通区位。从总体上讲，相同的司法办案量，交通越发达，所需要投入的人力资源成本越低，反之，投入的人力资源成本越高。实践表明，在贫困边远地区或者边疆地区，因为交通因素，办理相同案件，投入的工作量相对比较大。因此，交通区位也是考虑法官、检察官员额配置的因素之一。五是，信息化水平。伴随着司法体制改革，以大数据、人工智能技术为核心的智慧法院、智慧检务成为一种颠覆性的认知革命，引领司法运行新模式。现代科技迅猛发展，不断突破人的体力、智力局限，为提高司法效率创造了有利条件，使法官、检察官能够从大量的重复性劳动中解放出来，集中精力处理司法核心业务。[①] 尽管人工智能不可能完全取代法官、检察官的判断，但可以预见，随着大数据、人工智能在司法领域的应用，法官、检察官员额配置应充分考虑信息化的普及程度等因素。

二、员额制改革的主要探索

（一）员额制的核定与分配

总体上采取"比例制"，根据39%的总体员额目标，对总体目标从四个层次进行分解。

1. 第一个层次

法官、检察官按照39%的员额并预留一定比例。根据中央政法委避免"一步到位"用尽员额的要求，应当预留一定的员额比例，从实际需要出发，首次遴选后预留比例应在6%左右。预留员额比例，一是可以改善法官、检察官队伍结构，这次预留的员额可用于后续遴选工作，为暂时不具备条件入额的优秀人才进入员额留下空间，也可以适用于从法律人才中遴选法官、检察官；二是预留的员额可用于省内调控，解决区域间员额不平衡的问题。

2. 第二个层次

对法官检察官员额控制比例在不同层级法院、检察院之间分配。法官、检

[①] 李哲：《司法进入"人工智能时代"，破解"案多人少"难题》，中国经济网，http：//www.ce.cn/xwzx/gnsz/gdxw/201707/12/t20170712_24165856.shtml，最后访问时间：2017年7月12日。

察官39%的员额比例是就全国法院、检察院的法官、检察官员额控制整体而言的。具体到不同层级法院、检察院，由于案件量、案件类型存在差异，以及职能分布上有所区分，员额比例分配上也应有所差异。从办案量来看，基层法院检察院承担的司法办案绝对数比较大，越往上走，司法办案的相对数越小，但大要案、疑难复杂案件数较多，省级以上院还承担一定的司法办案指导任务。同时，也要考虑到省级以上院的政法专项编制基数比较大。因此，在员额比例分配上，要向基层倾斜。从试点地区的员额比例分配看，也体现了这一原则。比如，吉林省将省、市、县三级法院法官比例控制在34%、37%和40%。

3. 第三个层次

法官、检察官的员额比例在同一层级法院、检察院之间进行分配。这充分考虑到法院、检察院之间因办理案件数量、经济社会发展水平、交通区位等因素而实行差异化员额分配。比如，广东省对珠三角地区与粤东、西北地区法官检察官的员额控制，根据这两个地区办理案件数量的巨幅差异，对法官、检察官的员额分配则有20%~50%的差异。

4. 第四个层次

在同一层级法院、检察院内不同类型岗位之间对法官、检察官的员额进行合理分配。由于"员额制"改革有效淡化了法官、检察官的"行政化"色彩，内设机构的庭、处、科（局）对司法案件的审批职权弱化了。根据案件的不同类型，从有利于优化司法职权配置出发，员额制改革的最后环节是对具体的司法职能予以确定的法官、检察官，司法辅助人员的员额比例分配。试点改革经验样本显示，实行"员额制"改革应充分考虑司法职能类型化的特点与工作量这两个方面的因素，最后将遴选确定的法官、检察官入额确定到具体岗位，称为定岗或定员。

（二）入额法官、检察官的遴选程序

我国员额制改革与之不同的是，初任法官、检察官遴选以及常态化遴选的员额制改革，是在现有法官、检察官身份的人员中遴选一批"精英"。员额制改革的布局充分考虑法官、检察官原有履职岗位与员额制改革后的衔接。其主要步骤有：

1. 前置程序

主要包括岗位公布、报名申请、资格审查，由所在单位组织（人事）部门审核，省级以上人民法院、检察院根据公布的报名条件和资格进行资格审查，资格审查合格的方可参加考试，并在一定范围内予以公示。

2. 考试

主要是测试遴选对象的理论素养和对法律专业知识的掌握程度，重点考查运用法学理论、知识和方法分析解决审判、检察工作实际问题的能力。在考试内容设计上，区别了不同类型岗位的特点，设计了一部分案例分析，更加侧重于实务。在试点省份中，上海市规定具有审判员、检察员身份的人员，原则上不参加考试；对于具有助理审判员、助理检察员身份的人员，通过考试确定进入考核的人选。其他省份，除各级法院、检察院院长、检察长外，一律参加考试。考试体现了程序上的公平公正。

3. 考察

考察有利于凸显遴选的司法业绩导向和司法历练纵深。综合考察遴选对象的德能勤绩廉，突出考察遴选对象的司法实绩、任职经历、职业伦理等，主要采取民主测评、个别谈话、查阅资料、实地考察等方式，部分地方探索采取了情景模拟、角色对话等形式。最后，形成对遴选对象的综合考察报告。从各地改革试点的情况看，一般考察的分值比例要高于考试比例，在 60%～70%，表明遴选更加看重司法实绩、任职经历、职业伦理等法律工作实践，而不是简单地以分数取人。

4. 提出人选

根据考试、考察的综合情况，由所在院提出初步人选，向法官或检察官遴选委员会办公室（司法体制改革试点时设以省级法院、检察院）呈报审核，按照一定比例差额确定推荐人选，由省级法院、检察院党组研究通过，并由组织人事、纪检监察部门在政治素养、廉洁自律等方面把关。

5. 遴选委员会审查

法官或检察官遴选委员会体现了党管干部和独立性审查相结合，主要是根据法官或检察官遴选委员会办公室的推荐提名，对遴选对象的专业素质进行审查把关，根据试点情况，主要是书面审查，以无记名投票方式进行，差额确定人选。

6. 党组决定

根据法官或检察官或遴选委员会的建议人选，由省级以上院党组研究决定最终人选。不具备检察员身份的，根据各级院层级，由所在院提交同级人大常委会任命检察员。

三、员额制改革的绩效分析

员额制改革是一场深刻的革命，其影响远超出员额制本身。随着最高法、最高检首批员额内法官、检察官遴选到位，标志着员额制改革的目标任务基本实现。截至目前，全国各级法院从原来的 211 990 名法官中遴选产生 120 138 名员额法官[1]，全国检察机关遴选出员额内检察官 84 444 名[2]。虽然各地员额制改革后运行时间不太长，也缺乏较长时间段的数据支撑，但其主要成效很快凸显出来。

（一）一线办案力量大幅度上升

员额制改革让优秀人才回归司法办案一线，各地公布的司法体制改革方案均提出，一线办案人员要达到编制数的 85%，通过改革，一线办案力量上升了 20% 左右。比如，广东全省一线办案法官人数增加 30% 以上，江苏省南京市玄武区检察院一线办案力量翻倍，由改革前的 36% 上升为 71.5%。有效缓解了案多人少的矛盾问题。

（二）法官检察官的素质整体提升

员额制是实现法官、检察官队伍专业化、职业化、精英化的必由之路，通过入额遴选让高素质的法官、检察官脱颖而出，回归司法一线，形成优胜劣汰的竞争机制，也倒逼一线办案的法官、检察官提升素质能力。湖北首批计入员

---

[1] 周强：《最高人民法院关于人民法院全面深化司法改革情况的报告》，中国人大网，2017 年 11 月 1 日，http://www.npc.gov.cn/npc/c30834/201711/d8a86adedaad4765bb812b9831576014.shtml，最后访问时间：2019 年 3 月 15 日。
[2] 曹建明：《最高人民检察院关于人民检察院全面深化司法改革情况的报告》，中国人大网，2017 年 11 月 1 日，http://www.npc.gov.cn/zgrdw/npc/xinwen/2017-11/01/content_2030494.htm，最后访问时间：2019 年 3 月 15 日。

额检察官中,硕士研究生以上学历 592 名,提高了 6.2%;业务工作经历 5 年以上的 3 348 名,提高了 11%。

(三) 司法办案效率有效提升

法官人均结案率稳步上升,比如上海法院系统改革后的 2016 年,人均结案数为 228.39 件,较之改革前 2013 年的 131 件,增幅近九成。深圳市宝安区法院改革后法官人均办案达到了 460 件。贵州第一批试点法院案件平均审理天数由 52.17 天下降到 38.3 天,办案效率提升 26.59%;法官人均结案数达 230.40 件,同比上升 148%。[①]

(四) 司法责任体系基本建立

坚持授权与监督并重,各试点法院、检察院均制定了司法权力清单、责任清单,较大幅度地给法官、检察官授权,确立了以法官、检察官为主体的运行方式,一定程度上打破了层层审批的办案模式,初步实现了"让审理者裁判、由裁判者负责"。司法院、检察官司法办案组织有效构建。上海市法院系统改革后,直接由独任法官、会议庭裁判的案件比例为 99.9%,依法提交审委会讨论的案件仅为千分之一;上海检察系统通过检察官权力清单制度,检察长检委会行使的职权减少 2/3,检察官独立决定的案件占到 82%。

(五) 大数据、人工智能等现代信息技术普遍应用

法官检察官员额相对减少了,面对急剧增加的人案矛盾,在司法辅助人员不可能在短期内增长的情况下,倒逼各地探索使用现代信息技术辅助司法办案,破解"案多人少"难题,提高办案效率,催生了科技理性和司法理性融合效应。上海、江苏、广东、贵州等地法院、检察院大力推行"智慧法院""智慧检务"辅助办案,不仅提高了司法效率,而且规范了证据标准,避免了个人判断的差异性、局限性、主观性,有效防范冤假错案,避免了"类案不同判",更好地维护了司法公正。

---

① 陈卫东、程雷:《司法革命是如何展开的——党的十八大以来四项基础性司法体制改革成效评估》,载于《法制日报》2017 年 7 月 10 日第 3 版。

从改革的方法论来看，司法体制改革坚持试点先行到全面推行的改革方法，体现了中国改革的一般轨迹，也避免了改革走弯路。试点，在社会科学研究中被称为试验，作为实证研究方法中集成性程度较高的一类研究方法，对于改革类事项的研究与推动具有典型意义，能够通过试点前后数据比对验证改革方案的有效性，从而将改革建立在坚实的数据与客观的效果基础上，具有可衡量、可复制、可验证的科学精神。[①] 人们一般把改革试点的过程称为"试错型"改革，在试错过程中会面临许多无法预料的情形，包括制度与现实的困境。因此，客观地梳理员额制改革中的矛盾问题，也是改革的应有之义。

1. 员额制目标与改革策略的矛盾

任何改革必须选择正确的改革策略。法官、检察官队伍正规化、专业化、职业化是员额制改革的基本目标，客观上要求遴选真正的法律精英进入员额，这也是司法体制改革的主要方向之一。这种目标设计的初衷在司法改革浪漫主义者眼中并无问题，何况这也与现代主要法治国家司法发展趋势具有契合性。然而，这将会面临目标与现实脱离之困境。[②] 司法制度和体系自身的可欲与可能之间的落差，它所遇到的问题和挑战，却常常被忽略。因此，对于改革者来说，必须在目标与现实的把握与平衡中选择理性的改革策略，充分评估各种利益博弈的影响，否则，改革是无法推进的。比如，一些地方存在的长期不办案"特殊身份"法官检察官的"强势入额"问题。

2. 员额比例与测算方法的矛盾

我国没有以法律形式明确员额确定的基本方法，新一轮司法体制改革提出39%的员额比例如何实现，需要试点探索后形成比较成熟稳定的模式。在确定员额方面，比较公认的是工作量测算法。比如美国联邦司法中心用来测算法官工作量的"案件权值"（case weight）计算法，已适用60多年，有着较为成熟科学的工作机制，并被许多国家借鉴。但这种测试方式操作起来非常复杂，需要对法官办理各项事务的时间进行长期跟踪记录，并考虑独任、合议等因素。[③] 由于改革试点时间并不长，我国对于法官员额比这一司法改革的核心问题并未经过长时间的跟踪调查。因此，我国确定员额比的方法不仅在统计方法上不具备

[①] 陈卫东、程雷：《司法革命是如何展开的——党的十八大以来四项基础性司法体制改革成效评估》，载于《法制日报》2017年7月10日第3版。
[②] 宋远升：《精英化与专业化的迷失——法官员额制的困境与出路》，载于《政法论坛》2017年第3期。
[③] 何帆：《多少法官才够用？》，载于《人民法院报》2013年6月7日第5版。

高度科学性，而且也对例外因素考虑不足。[①] 另外，有不少观点以美国法官办案数以及德国检察官惊人的办案数来论证中国法官、检察官人均办案数偏低，而忽略案件类型以及在司法环节的办案工作量，只会带来制度的水土不服。[②] 在员额比例的具体配置等操作上还需要一段时间的探索。

3. 员额结构与功能的矛盾

任何一种模式的有效运行不仅需要科学的制度设计，而且需要结构功能的优化。员额制改革除了优选精英化的法官、检察官外，还需要员额法官、检察官与法官、检察官助理、书记员的科学配比。在域外国家，司法辅助人员一般是法官、检察官人员的数倍。根据39%的员额比例，至少法官、检察官，法官、检察官助理，书记员的结构比例为1∶1∶1，在目前是很难达到的。一部分没有进入员额、具有法官、检察官身份的人员转任法官、检察官助理后，利益调整影响结构功能也是显而易见的。加上司法警察、技术人员占有一定比例，法官、检察官助理的"泛空心化"现象在短时期内还难以逆转。

四、员额制改革的完善

（一）注重法官、检察官身份的塑造

法官、检察官正规化、专业化、职业化是为了重塑高素质的法官、检察官群体，而不应单纯把员额制改革简单等同于建立一种人员选择机制，或者是对入额法官、检察官实施物质激励的资格认证机制。"当市场逻辑扩展运用到物质商品以外领域时，它必然要进行道德买卖，出现过分功利化的效果。"[③] 有观点据此，从价值认同的角度提出，应把员额制改革定位为法官、检察官身份确认

---

① 宋远升：《精英化与专业化的迷失——法官员额制的困境与出路》，载于《政法论坛》2017年第3期。
② 在美国地方法院系统中，交通罚款、治安处罚之类的行政处罚案件也在法院进行，而这些案件却是美国数量最多并且绝大多数不需要开庭审理的。而在我国这类行政处罚在经过听取当事人理由、复核、复议等程序后，只有很少一部分会进入法院提起行政诉讼。在德国，检察官人均办案数为1 300件左右，但德国检察官受理案件的80%是警察处理完毕的案件，受理的案件中有50万件会以刑罚令（相当于中国的治安处罚），由检察官负责，其公诉检察官的人均起诉的案件为148件左右，与我国大部分地区公诉部门办案数基本相当。
③ ［美］迈克尔·桑德尔：《金钱不能买什么：金钱与公正的正面交锋》，邓正来译，中信出版社2012年版，第91页。

和认同机制的实践，从"利益分配逻辑"转向"身份塑造逻辑"，处理好员额的稀缺性与开放性、身份的终身性与流动性的矛盾，逐步实现人员身份安排上"行政管理/案件审判"的"分离模式"。[①] 通过确立员额制的司法机关内部和社会外部形成一种对法官检察官的身份认同，以获得法官检察官的独立性和权威性，形成一种优位的导向。

（二）建立员额制的基础性制度

建立员额制的基础性制度核心是建立科学的员额核算和管理制度。有观点认为，可以借鉴前述美国联邦司法中心用来测算法官工作量的"案件权值"（case weight）计算法，考虑案件的质和量、业务庭类型、审级、独任、合议等因素来衡量法官实际工作量负担，并采取长期跟踪的方式来最终确定我国所需法官数量或员额比。[②] 有观点提出在具体操作方式上，借鉴美国建立加权案件工作量公式，即需要的法官数量 =（年平均新收案件数 × 案件权重系数 × 司法比例）÷ 年司法时间。[③] 无疑这些理念方式都是科学合理的，"案件权值"（case weight）计算法在美国适用了 60 多年，是建立在长期实践检验基础上的。员额核定应当从初期以政法专项编制为主要计算依据转向科学合理的配置方式，但缺乏长期的经验积累和"大数据"支撑，不宜简单套用某一种模式。第一，要加强对各级法院、检察院员额使用绩效的分析评估。在前期改革试点的基础上，以省为单位，将法院、检察院内部评估与外部独立性评估相结合，分析各地案件数量、类型，以及员额制改革实现时段的案件办理情况，形成综合评估报告。评估报告至少应有三个或以上的年度，不应以短期或个别标本性地方为参照，力求评估结果的客观性。第二，探索建立法官、检察官员额计算的基本模型。中国幅员辽阔，各地情况千差万别，从前期司法体制改革试点的情况看，很难建立一个统一的公式。但可以区别东中西不同的区域，以员额制改革后案件量为主要依据，综合考虑案件权重系数，法官、检察官的工作量，建立加权案件工作量公式，并以省为单位，运用各级法院、检察院的办案大数据，进行模拟运行和反复专业化评判，借助信息化技术不断改进，形成相对稳定的数据模型。

[①] 丰霏：《法官员额制的改革目标与策略》，载于《当代法学》2015 年第 5 期。
[②] 宋远升：《精英化与专业化的迷失——法官员额制的困境与出路》，载于《政法论坛》2017 年第 3 期。
[③] 黄海锭：《法官员额科学计算的域外经验及启示》，载于《人民法院报》2016 年 4 月 29 日第 8 版。

同时，区别法院检察院不同职能特点，对检察院批捕、公诉、民事行政检察等适用定量的以案定额，对监督等岗位适用定性的以职能定额。第三，建立法官、检察官员额动态调整机制。在定期员额运行绩效评估的基础上，根据区域变化、经济社会发展、人口增减、政策变化等因素，以省为基本单位进行员额制的动态调整。

（三）优化员额制的结构体系

任何一个系统的运行功效都取决于内部结构体系。员额制改革要实现其整体运行功能，必须优化内部结构。突出法官、检察官司法办案的主体地位，目前在相关法律没有修改的前提下，采取清单式授权的办法比较慎重。在下一步的法律修改中，为奠定司法责任制的制度基础，可以考虑对司法权独立行使原则作出重要修改，由此确认司法官相对独立的法律地位和司法权限。特别是检察机关要克服"授权制"的弊端，按照"分权制"原则，对检察长和普通检察官分配配置检察权。检察官虽有指挥权、监督权、职务移转权、职务承继等权力，但必须受法律约束，必须尊重检察官的相对独立性，不能逾越权限实施指挥监督。[①] 推进法官、检察官助理改革，从法律上明确法官、检察官助理的定位，规范职业发展预期，增强职业吸引力。适度扩大法官、检察官助理队伍规模，一是在稳定现有法官、检察官助理队伍的基础上，加大招录力度，建立一支数量充足、结构稳定的职业化法官、检察官助理队伍。二是继续探索采取政府雇员制方式，招聘法官、检察官助理，解决好法官、检察官助理来源不足的问题。三是借鉴域外经验，探索法学类优秀大学生担任法官、检察官助理。我国法学教育资源丰富，由法学学生担任法官、检察官助理，一方面，可以缓解法官、检察官助理缺乏的现实矛盾；另一方面，促进法学教育与司法实践的有效融合，探索法学教育改革的模式。在办案团队的组成上，可以让职业化法官、检察官助理与非职业化法官、检察官助理按照1∶1的比例配备，以有效整合司法资源。

---

① 龙宗智：《司法改革：回顾、检视与前瞻》，载于《法学》2017年第7期。

第四节　法官、检察官单独职务序列管理

法官、检察官单独职务序列管理，是司法人员分类管理的重要组成部分。《关于司法体制改革试点若干问题的框架意见》明确，"实行司法人员分类管理。法官、检察官实行有别于普通公务员的管理制度。"从理论上看，以法官、检察官为中心，有别于普通公务员的管理制度应当是一个制度体系。但从改革的方法论角度看，法官、检察官管理制度的建立应当是一个循序渐进的过程，较为现实的是找到一个改革的支点或突破口，也即主要矛盾、矛盾的主要方面。无疑，从职务序列管理入手是一个最佳的选择，即将法官、检察官的管理与行政职务职级脱钩，构建以单独职务序列为主体的管理模式。

一、法官、检察官单独职务序列概述

关于法官、检察官单独职务序列的含义、范围、体系及其制度安排，理论界尚未有明确界定。从语义结构看，它是围绕法官、检察官这一主体密切相关的单独、职务、序列三组范畴。单独是指不跟别的合在一起。[1] 职务的"职"是执掌、主管的意思；"务"是指由职而产生的、所应承担的工作、事务。[2] 也就是说具有一定的"职"，就要承担一定的任务、事务，同时，根据职务的不同，相应地承担的责任也不同。序列是指按次序排好的行列。[3] 由此可见，界定法官、检察官单独职务序列应把握三个核心要素：（1）独立性，即该职务序列一般不得与普通公务员职务序列相混合，在职务等级、工资、福利、退休等职业保障方面也不得按照普通公务员的综合管理类职务序列，对法

---

[1] 中国社会科学院语言研究所编辑室编：《现代汉语词典》，商务印书馆2005年版，第265页。
[2] 《辞海》（缩印本），上海辞书出版社1989年版，第2049、942页。
[3] 中国社会科学院语言研究所编辑室编：《现代汉语词典》，商务印书馆2005年版，第1539页。

官、检察官职务等级及其工资福利待遇进行管理。（2）专业性，即职务序列的设定与评定始终围绕彰显法官、检察官履行职责的司法属性与法官、检察官在司法活动中的主体地位。（3）次序性，即该职务序列体现《法官法》《检察官法》所规定的职务等次，依据单独职务等次赋予其相应的权利、责任，并且形成与之相配套的工资福利待遇保障体系。因此，法官、检察官单独职务序列是指与普通公务员行政职务和级别完全脱钩，体现司法权、检察权运行规律，客观评价法官、检察官履行职责状况，按照其职务等级高低次序排列的职务结构体系。

与综合管理类公务员相比，法官、检察官单独职务序列与其履行的职务职责紧密相关，具有以下特点：

1. 司法专业性

法官、检察官单独职务序列管理的核心要素是司法办案，以法官、检察官司法办案所涉及的办案责任大小、工作业绩、任职年限长短等内容作为法官、检察官职级认定和升降的基本依据。其基点在于体现职务层次设置上明晰法官、检察官行使职权的范围、程序，形成与司法权、检察权运行相匹配的权力运行体系。

2. 适用专属性

法官、检察官单独职务序列只适用于法官、检察官的等级管理，不能用于司法辅助人员、司法行政人员等其他人员的职级管理。其基点在于破除司法人员管理实践中存在的检察官职务等级岗位与辅助岗位、行政岗位混同，导致法官、检察官身份混同、角色混乱，司法人员管理能力不足的难题，推动职业化建设。

3. 体系完整性

法官、检察官单独职务序列是一套独立的、完整的管理体系，在名称上体现法官、检察官的职业和职务特点，与行政职务、级别完全脱钩，不再参照综合管理类公务员职务序列的职务或职务层次名称。其基点在于破解司法人员管理实践中以公务员行政级别管理体系代替法官、检察官单独职务序列管理体系。

二、法官、检察官职务序列管理现状

（一）法官、检察官职务序列管理的基本内容

根据《法官法》《检察官法》以及中央组织部分别同最高法、最高检联合制定的《法官等级暂行规定》《检察官等级暂行规定》《法官职务序列设置暂行规定》《检察官职务序列设置暂行规定》，我国法官、检察官职务序列管理制度的基本内容包括：

1. 法官、检察官职务名称

《法官法》明确法官职务名称为：院长、副院长、审判委员会委员、庭长、副庭长、审判员、助理审判员。

《检察官法》明确检察官职务名称为：检察长、副检察长、检察委员会委员、检察员、助理检察员。

2. 法官、检察官职务层次

《法官法》第十八条规定，法官的级别分为十二级。最高人民法院院长为首席大法官，二至十二级法官分为大法官、高级法官、法官。《检察官法》第二十一条规定，检察官的级别分为十二级。最高人民检察院检察长为首席大检察官，二至十二级检察官分为大检察官、高级检察官、检察官。这是关于法官、检察官等级划分的法律依据。将法官、检察官的级别划分为十二级，并将法官、检察官分为首席大法官、大法官、高级法官、法官，首席大检察官、大检察官、高级检察官、检察官，形成了"四等十二级"的职务架构，有利于加强对法官、检察官的科学管理，增强法官、检察官的责任心和荣誉感。

3. 法官、检察官等级与级别对应关系

《法官单独职务序列规定》《检察官单独职务序列规定》明确，法官、检察官的职务等级仍然与公务员的行政等级对应。法官、检察官等级与级别的对应关系是：①首席大法官、首席大检察官：四级至二级；②一级大法官、大检察官：八级至四级；③二级大法官、大检察官：十级至六级；④一级高级法官、高级检察官：十三级至八级；⑤二级高级法官、高级检察官：十四级至九级；

⑥三级高级法官、高级检察官：十七级至十一级；⑦四级高级法官、高级检察官：十九级至十三级；⑧一级法官、检察官：二十一级至十五级；⑨二级法官、检察官：二十三级至十六级；⑩三级法官、检察官：二十四级至十七级；⑪四级法官、检察官：二十四级至十八级；⑫五级法官、检察官：二十五级至十八级。

（二）法官检察官职务序列管理状况

长期以来，法官检察官的职务一直套用行政级别的做法，各级法院院长、检察院检察长在行政级别上相当于同级政府的副职级别，这种简单套用行政级别的做法违背了司法规律，也不利于保障法官、检察官依法行使职权。1997年底，中央组织部、人事部分别同最高法、最高检联合制定了《法官等级暂行规定》《检察官等级暂行规定》，就落实"四等十二级"的等级编制及评定进行了规范。1998年全国首次评定法官、检察官等级，由于对法官、检察官等级的职数比例没有规定，加上法官、检察官职务等级并没有与级别及工资挂钩，只是相邻级别之间相差10~20元，法官、检察官的工资依据仍然是行政职级，造成一些地方特别是高等级法官、检察官职务评定过多过滥，结构分布也不够合理，被称为"等级虚挂"现象。2011年7月，中央组织部分别同最高法、最高检联合制定了《法官职务序列设置暂行规定》《检察官职务序列设置暂行规定》，规范了法官、检察官职务等级与级别的对应关系，法官、检察官"等级实化"起来后，同步对职数比例进行了规范，虽然同样适用"四等十二级"，但与前述1997年的两个规定相比，并不完全对应，特别是在基层呈现出全面收紧的趋势，由于涉及职数做"减法"，相关职务等级的套改办法又没有出台，两个新规定并没有实现，相关职务等级评定、晋升处于停滞状态。2014年，中央部署推进以司法责任制为核心的四项改革，法官、检察官单独职务序列改革被重新提上议事日程，2015年9月，中央全面深化改革领导小组第十六次会议审议通过了《法官、检察官单独职务序列改革试点方案》，对单独职务序列制度的范围、等级设置、晋升方式、等级比例等方面内容进行了重新规范，适用对象为进入员额的法官、检察官，并对法官、检察官的职务等级进行重新套改，再按照新的职务序列进行晋升。按照相关政策解释，没有进入员额的法官、检察官也进行职务等级套改，保留身份及等级。2022年3月，中央组织部、中央政法委、最高人民法院、最高人民检察院分别联合出台《法官单独职务序列规定》《检察官单独职务序列规定》（2022），为推进法官、检察官职务管理制度走向成熟定型奠定了政策基础，进一步加强了法官、检察官单独职务序列的系统集成和综合配套，健全完善相关制度机制，形成改革合力，进一步释放了改革效能。至此，法官、检察官单独职务序列改革进入制度化、规范化阶段。建立和推行法官、检察官单独职务序列制度，是全面推行法官、检察官职业化改革的重要标志，是推进依法治国进程中迈出的重要一步，极大地促进了法官、检察官正规化、专业化、职业化建设，增强了法官、检察官的责任感、使命感和尊荣感。

单独职务序列改革存在新旧制度的转换，存在对国情、现有公务员等级体系、现实可操作性等方面的现实考量，在制度的独立性等方面还存在很大的探索空间。主要表现在：（1）单独职务序列管理制度改革是同体修复性改革，即在"四等十二级"架构不变的情况下，对适用对象、等级结构、职数比例的内部调整，未入额法官、检察官的法定职务并没有免除，在体系不变的情况下如何处理好入额法官、检察官与未入额法官、检察官的职务等级关系，存在较大的难度。（2）等级分布、职数比例的设置正在经过改革的实践检验，其结构性矛盾的平衡问题还需要进行研究解决。（3）法官、检察官职务等级与行政级别存在对应关系，是否会弱化法官、检察官的主体地位，制约其他司改措施的顺利推进，还需要进一步分析评估。（4）"四等十二级"层级过多，过于烦琐，如何防止"老瓶装新酒"，走科层次的老路，变相的行政化、"上命下从"，限制法官独立意识的形成，还需要相关制度予以规范。

三、法官、检察官职务等级序列管理制度的完善

关于当前实行的法官、检察官职务等级及其评定制度，由于审判权、检察权的性质不同，有不同的观点，对于法官等级及评定制度，学者们争论激烈，其中代表性的观点主要有肯定说、否定说和折中说。（1）肯定说。认为这是我国法院系统内部管理体制改革的一次重大革新，有利于理顺长期以来存在的管理体制比较紊乱的状况。建立和实行法官等级制度，是我国开始全面推行法官职业化改革的重要标志。（2）否定说。部分学者主张废除法官等级制度。具体理由有法官职业天然是反等级的职业；法官等级制度的实行损害法官的独立性，

背离司法独立的要义；法官的学识与经验不能被有效量化；法官的职业特点要求"均质"或"准均质"的法官职业共同体。(3) 折中说。有学者认为现行法官等级存在明显的不足，没有体现出法官职业的特点，违背了法官职业化建设的要求。对此，他们提出了改革与完善我国法官等级制度的意见和建议，主张建立以法官等级为核心的独立的职业待遇体系，推进法官职业化进程。① 关于检察官等级及评定制度，到目前为止，尚未有否定说。我们认为，不管是法官还是检察官等级，既是对法官、检察官职务身份的认定，也是工资核定的基础，在一个新的等级序列管理体系尚未建立的情况下，简单取消职务等级序列制度，是不合适的。因此，在现有管理体系的基础上进行调整完善是改革的主要方向。

关于法官检察官职务等级设置改革，主要有以下几种思路：

(1) 沿用现行"四等十二级"制度。同时，提高每一级别法官、检察官工资等级。其中，四级、五级法官、检察官重点用于放宽学历地区基层法官、检察官等级评定。这种思路的优点是制度成本低，只涉及对应的工资等级，不涉及职务等级设置调整。同时，现有法官、检察官身份的人员都已评定职务等级，操作性比较强。但由此产生员额制改革后法官、检察官数量减少与职务等级过多的矛盾。②

(2) 实行"四等十级"制度。在现有"四等十二级"的框架内，过渡期内四级、五级法官、检察官主要用于基层法院检察院初任法官、检察官的等级评定。新入额法官、检察官的门槛抬高，四级、五级法官、检察官设置已没有必要，应当予以取消。这种思路的优点是有利于法官、检察官职务等级形成两头小、中间大的橄榄型结构，位于等级顶端的大法官（检察官）和位于等级底端的法官、检察官数量分别低于位于中间等级的高级法官、检察官数量，有利于扩大职务等级底层法官、检察官的晋升空间，舒缓等级蕴蓄的对立情绪及衍生问题。但需要对相关法律条文进行修改。③

(3) 实行"六个层级"制度。根据国家关于法院、检察院四个层次的设置与考虑采取首席大法官（检察官）、大法官（检察官）、高级法官（检察官）、主任法官（检察官）、法官（检察官）、初任法官（检察官）六个层次法官、检察官职务的设置。"主任法官（检察官）、法官（检察官）、初任法官（检察

---

① 谭世贵：《中国法官制度研究》，法律出版社2009年11月版，第332~335页。
②③ 徐汉明、金鑫、姚莉等：《检察官单独职务序列研究》，中国检察出版社2017年版，第82页。

官)"职务层次的设置,与当下正在推行的司法官办案方式(合议制、主任检察官办案责任制)的改革相适应,司法官职务序列的设置不再以与行政级别的对应关系为依据,而是以办案责任方式为依据。这种改革,既能够有效摆脱、彻底摒弃以往司法官职务层次与行政官员的一一对应关系,也能为基层司法官提供充足的职务发展空间和可预期的物质待遇创造改善空间。[1]但主任法官(检察官)、初任法官(检察官)的定位比较难,缺乏法律定位。[2]

(4)实行"四个层级"制度。即按照四级法院、检察院的设置划分四类即可,同一法院、检察院内部的等级应取消,使法官、检察官之间的地位与待遇平等。即使不同层级的法院、检察院,法官、检察官之间的待遇也不能差别太大。这样的安排,有助于基层法院、检察院吸引优秀法律人才。法官、检察官级别薪金制度,也有利于稳定各级法官、检察官队伍。

(5)实行"四个等级"制度。即保留"四等"取消"十二级",首席大法官(检察官)、大法官(检察官)、高级法官(检察官)、法官(检察官)四等。该方案与现行规定相比,主要区别是保留法官、检察官等次,取消每一等次内法官、检察官的级次,即最高人民法院、最高人民检察院配置省席大法官(检察官)、大法官(检察官)、高级法官(检察官);省级人民法院、检察院配置、高级法官(检察官)、法官(检察官);地市级人民法院、检察院配置高级法官(检察官)、法官(检察官);基层法院、检察院配置高级法官(检察官)、法官(检察官)。[3]

法官、检察官职务等级制度改革,应分两步走:从当前看,建议采用第二种思路,即将职务等级设置为"四等十级",主要理由有:(1)改革成本低。现行"四等十二级"等级制度已经使用了很长时间,基本格局相对稳定成熟,特别是与法官、检察官等级对应的工资等级制度,是我国工资制度改革的成果固化,符合我国经济社会发展水平和公民对司法价值认同的现状,应当予以保留。(2)容易操作。沿用现有"四等十二级",对现法官、检察官身份进行职务等级套改,再衔接进行职务等级晋升。(3)稳定性强。一方面,"四等十级"中间大、两头小,结构比较稳定;另一方面,有利于新旧制度的衔接,保持平稳过渡。[4]

---

[1] 王守安:《司法官职务序列改革的体制突破与司法价值》,载于《当代法学》2014年第1期。
[2][3] 徐汉明、金鑫、姚莉等:《检察官单独职务序列研究》,中国检察出版社2017年版,第83页。
[4] 徐汉明、金鑫、姚莉等:《检察官单独职务序列研究》,中国检察出版社2017年版,第82~83页。

从长远看,应采取第五种思路,即法官、检察官职务等级建议设置为:首席大法官(检察官)、大法官(检察官)、高级法官(检察官)、法官(检察官)。主要理由有:(1)有利于引导法官、检察官专注于司法办案。根据该方案,除最高人民法院、最高人民检察院设3个等次法官、检察官外,地方三级法院、检察院只设2个等次的法官、检察官。这种职务等级设计在很大程度上可以缓解法官、检察官对职务等级晋升追求的迫切性,有利于引导法官、检察官把精力用于司法办案能力的提升。(2)有利于缩小法官、检察官之间的收入差距。根据这种思路,法官、检察官群体工资、福利、退休待遇等等级差距将大大缩小,体现待遇差距的将主要是年龄工资和绩效奖金。其中,年龄工资根据从事司法办案工作年限确定;绩效资金则是根据法官、检察官司法办案的业绩确定,每一名法官、检察官都能够通过对自我的有效管理获得。(3)有利于打破法官、检察官的等级壁垒。法官、检察官的等级只需按四级法院、检察院的设置划分四类即可,在同一法院、检察院内部取消等级,使法官、检察官之间地位与待遇平等,有利于避免形成新的行政层级,使法官、检察官更好地踏实于法律,也有利于基层法院、检察院吸引优秀法律人才。[①]

第五节 法官、检察官选任管理

"法律是靠人来执行的,司法的权力如果经过无知和盲从的非职业者之手,那么再神圣纯洁的法律也都会变质。"[②] 科学的法官、检察官选任管理有助于建设高素质的法律家群体,推动实现司法公正和树立司法权威。员额制从根本上催生了法官、检察官选任制度的系统改革,需要对现行法官、检察官选任管理进行系统梳理,改革并完善其中不合理、不科学的成分,建立起符合我国国情的法官、检察官选任制度。

[①] 徐汉明、金鑫、姚莉等:《检察官单独职务序列研究》,中国检察出版社2017年版,第83~84页。
[②] 张文显:《法理学》,法律出版社1997年版,第248页。

一、法官、检察官选任管理概述

法官、检察官的选任管理主要包括任职资格、选任方式和选任程序等方面的制度体系。任职资格主要是指法官、检察官应当具备的资格条件或准入条件。选任方式和程序是选任法官、检察官的形式、步骤和规程。

从世界各国法官、检察官选任来看，尽管表述方式有所区别，但都坚持走精英化的道路。关于一个称职的法官应当具备哪些基本素质，众说纷纭。全美律师协会联邦司法委员会提出美国联邦法院法官素质的考核应适用三个标准：正直（intergrity）、职业能力（professional competence）、司法品性（judicial temperament）。正直是指候选人的品格、在法律职业共同体中的威望，以及其勤勉程度等品德；职业能力是指候选人的智力、判断力、写作和分析能力、法律知识以及职业经验等；司法品性指候选人的性情、决断力、开放性、敏锐度、礼仪、耐心、不抱偏见和对正义的追求等性格。[1] 英国对法官素质的要求是"具有法律知识和经验、判断和分析的能力，有良好的决定和交流技巧。富有权威、道德、公正，能够理解普通人和社会，性格温和，有礼貌和尊严，对社会服务具有责任"[2]。日本学者大木雅夫提出，"法官非有良知不能表现出正义，对他们的资质不仅要求具有法律知识，而且特别应当有广博的教养和廉洁的品质"[3]。

关于检察官的基本素质，有关国际性文件有《检察官角色指引》《检察官专业责任标准和基本职责及权利声明》《刑事司法体系中公诉之原则》《检察官及行为准则》。首先，对其任职条件提出了专业、能力、人品等各方面的较高要求，并指出检察官在任何时候都应保持其职业荣誉和尊严、任何时候都应践行正直和谨慎的最高标准；其次，检察官在执行职务时应依法办事，尊重、保护人的尊严以及维护人权；最后，公正、独立是司法官职业伦理的共同要求。检察官应避免任何形式的歧视，不受政治干预，不带畏惧、偏好和偏见地履行职责，不受个人或局部利益、公众或媒体的影响，只关注公众利益。检察官还应

---

[1] Livingston Armvtage: Educating Judges, *Kluwer Law International*, 1996. P. 45.
[2] *Honourable lonl justiee Brooke*（Sir Henry Brooke），Roral Courts of London, June 21, 1996.
[3] ［日］大木雅夫：《比较法学》，范愉译，法律出版社 1999 年版，第 318 页。

该按照客观标准行事，保障被告接受公平审判的权利，注意一切有关情况以寻求真相；检察官负有保密义务；为维护法治权威，检察官应拒绝使用通过非法手段获得的证据，尤其是通过拷打或者残酷的、非人道的或有辱人格的待遇或处罚，或以其他违反人权的办法获得的证据；对检察官列明了合作的要求，即检察官根据法律和合作精神，应尽量与警察、法院、辩护律师（包括公共辩护律师）和政府其他机构协作，并在国内和国际空间范围内协助其他辖区的同行，完成相应的司法服务。①

世界法治国家都形成这样一个共识，应当归纳一些合格司法官的优秀素质，这些素质也就是在选任过程中需要重点考察的方面，决定法官、检察官选任制度的内容和方向。

1. 崇高的法律信仰

法律信仰是基于对社会生活的公平正义的理想和秩序需要的理性认识和情感体验的产物，是长期的法律实践经验的积累和理性思维活动的结晶，是社会法文化系统中各种主观因素的有机整合和高度提炼。② 法律只有被信仰，才能得到切实的遵守。法官检察官应当对法有神圣的法律情感，类似于宗教信仰对法的信仰，能产生对法的归属感和依恋感，并激发对法所代表的正义、平等的追求甚至献身精神。有学者这样评论，法官、检察官"应当具有卫道士的气概和殉道者的气节，富贵不能淫，威武不能屈，贫贱不能移"③。

2. 优秀的专业知识储备

法律是一门博大精深的社会学科，对法律专业知识的掌握不仅局限在对条文的基本理解，而且应当精通法理，具备领悟法律真谛的能力。必须有宽阔的知识面，因为司法职业面对的是整个社会，涉及各个领域的问题；同时必须学有所精，因为现代法律包罗万象，不可能门门精通。法律专业知识的系统获得必须经过大学法学院的正规教育培训，非一日之功，因此各国基本都规定法官、检察官有一定的专业学历背景。在美国必须在大学毕业之后才有资格进入大学法院进修，足以显示慎重，也表明法学与一般学科相比要求之高。④

---

① 徐媛媛：《检察官职业伦理的国际共识》，载于《法制日报》2016 年 6 月 15 日。
② 许章润等：《法律信仰：中国语境及其意义》，广西师范大学出版社 2003 年版，第 8 页。
③ 王利明：《司法改革研究》，法律出版社 2000 年版，第 404 页。
④ 张华、王丽：《我国法官选任制度研究》，载于《金陵法律评论》2004 年第 2 期。

3. 丰富的实践经验

法学是一门实践性非常强的学科，法律职业者则更需要具备丰富的司法实践经验。案件事实的认定、证据的审查判断、适用法律的选择，需要的是娴熟的法律运用能力、分析和判断是非的能力、评价和分析证据的能力、驾驭庭审的技巧等。"丰富的实践经验同时意味着丰富的人生阅历，丰富的人生阅历则意味着对社会生活、人性、价值和利益等的深刻理解和感悟，并意味着高度的社会责任感。"[①]

4. 缜密的逻辑思维能力和法律思维方式

无论是从事法学理论研究还是从事法律实务，都需要丰富的逻辑学知识以及逻辑思维能力作支撑，否则就难以深入。就法官而言，审理案件的过程就是法官在当事人的参与下通过严密的思维而将规范与事实巧妙地结合起来，熟练地运用法律规则解决各类纠纷的过程。同时他还须注重对于规范的合理性含义的推敲和综合操作，留心于法条之后的共同规则和指导原理。[②] 这样的职业特点要求法官检察官必须具备对事理的高度的综合分析和判断能力。逻辑思维能力和法律思维能力的结合，能使法官检察官将繁多的事实和正确的规范联系在一起，通过他高超的分析判断能力，得出接近正义的具有说服力的结论。

二、法官、检察官选任管理的现状

改革开放以来，法官、检察官选任制度不断取得新进步，已经有了质的突破：一是法律法规日益健全。《人民法院组织法》《人民检察院组织法》《法官法》《检察官法》对法官、检察官职业准入进行了明确规定。二是法律职业资格考试制度健全完善。2001年修改的《法官法》《检察官法》将法官、检察官担任者的教育层次从大专提高到本科，并确立了全国统一司法考试制度；2016年，修改为国家统一法律职业资格考试制度，法官、检察官选任迈向了专业化、职业化的关键一步。三是员额制改革积累了丰富经验。法官、检察官遴选制度基本建立，遴选方式程序初步形成。

[①] 何家弘、胡锦光：《法律人才与司法改革》，中国检察出版社2003年版，第23页。
[②] 季卫东：《法律职业的定位——日本改造权力结构的实践》，载于《中国社会科学》1994年第2期。

与两大法系成熟的法官、检察官选任制度相比，我国法官、检察官选任制度还有不少值得成熟完善的地方：

1. 法官、检察官任职资格条件低

其一，现行《法官法》《检察官法》对担任法官、检察官的年龄要求低，仅为 23 岁，形成大量"小法官"（"baby judge"），有的刚出校门不久，未结过婚，就去审理离婚案件，判断"感情是否破裂"。其二，对法官、检察官学历要求低。初任法官、检察官学习起点是高等院校法律专业本科毕业或者高等院校非法律专业本科毕业具有法律专业知识，让"具有法律知识"标准的非法律专业毕业生做法官、检察官，缺乏系统的法律知识的学习和长期专业技能的训练，难以驾驭复杂的审判检察工作。其三，对初任法官、检察官的法律实践经验要求低。特别是高级法院以上仅仅需要一至两年的从业经验就可以担任，实务经验难以让人信服。在美国，联邦法院法官需要在美国大学法学院毕业并获得法学第一专业学位（J.D 学位），经过严格的律师资格考试，取得律师资格，并从事律师工作若干年，"几乎没有听说过总统要提名一位不是律师出身的人做法官"[①]。

2. 法律职业资格考试制度不够完善

其一，法律职业资格考试的条件、内容等需要改进。具有高等院校其他专业本科以上学历并具有法律专业知识的人可以报名参加司法考试，在某些地区，具有高等院校法律专业专科的人亦可以报名参加司法考试。客观上造成许多具有高等院校其他专业本科以上学历但未受过法律专业系统训练的人，也可以通过短期的司法考试培训班死记硬背掌握法律知识，从而报名参加司法考试，进而取得担任法官、检察官的资格。显然这与司法改革中所倡导的司法职业化改革的改革取向是背道而驰的，这与没学过医学专业的人当医生是同样令人担忧的。其二，法律职业资格考试的形式与内容等需要改进。例如，法律职业资格考试往往强调记忆、知识，而弱于分析、思辨和创新。"一考定终身"的考试，其通过带有"天下一家"的偶然性，容易引发部分考生不注重长期的学习和积累，而是参加临时培训，突击复习，从而难以培养考生的法治精神和职业素

---

① ［美］拉塞尔·韦勒：《美国法官管理制度的演进》，陈海光译，引自苏泽林主编：《法官职业化建设指导与研究》，人民法院出版社 2003 年第 1 辑，第 115 页。

养。① 其三，法律职业资格考试的通过率设定较高。首次国家司法考试平均通过率为7%，后来节节攀升。

3. 任职前培训制度不够完善

实行国家统一司法考试制度之后，通过法律职业资格考试的，在实践中可以不经过长期的职业训练，即可被任命为法官、检察官。《法官法》《检察官法》以及《公开选拔初法官、检察官任职人选暂行办法》均未对法官任职所需要的职业培训资历作出明确要求。法律专业人才要成为法官、检察官，并不取决于有了法律专业知识和法律职业经验，而必须经过严格的专业培训，通过考试考核确定其是否具有担任法官、检察官的综合素质，而这些培训与考试考核应当在遴选培训前完成，形成优胜劣汰机制。

4. 法官、检察官选任程序不够科学

其一，公开招录程序公务员化。员额制改革前，各级法院、检察院招录人员在标准、渠道、方式方法等方面与普通公务员没有区别，法院、检察院在招录方面没有主导权。员额制改革后，各级法院、检察院招录法官助理、检察官助理，除要求具备法律职业资格外，也实行与普通公务员相同的程序。甚至在考试内容等方面，法律知识所占的比例并不十分突出，与普通公务员基本类似。其二，遴选程序有待于规范。在员额制改革中，各地在遴选法官、检察官过程中程序标准都不够统一。《公开选拔初任法官、检察官任职人选暂行办法》虽然较为明确地规定了公开选拔初任法官、检察官的程序，包括公告、报名与资格审查，考试，考察与体检，决定任用等内容，但缺乏硬性规定。其他不通过公开选拔方式选任的初任法官、检察官或者领导成员法官、检察官，其选任则缺乏统一、规范和明确的程序规定。其三，遴选范围过窄。主要是在法院、检察院内部遴选，社会优秀人才难以进入遴选范围，不利于人才竞争机制的形成。其四，遴选委员会的运行模式有待于清晰。作为新一轮司法体制改革的制度性措施，遴选委员会已开始实质性运作。但遴选委员会的定位、设置、审查方式等方面都需要进一步明确，以提高遴选工作的公信力和权威性。

---

① 谭世贵：《中国法官制度研究》，法律出版社2009年版，第51页。

三、法官、检察官选任管理的完善

(一) 提高法官、检察官的任职资格门槛

法官、检察官是具有系统的法律学问、专门的思维方式和相应的职业伦理的特殊群体，他们的语言、知识、思维以及伦理都与普通人不同，其遴选条件也应当与其素质要求相对应。(1) 明确初任法官、检察官的学历要求。法官、检察官的法律知识、思维方式和职业伦理不是一朝一夕养成的，长期的法学教育对法官、检察官职业素质的培养起着非常关键的作用。要突出法学教育经历，明确规定法官、检察官任职资格中法律专业学历为普通高等学校法学类本科以上学历，或者普通高等学校非法学类本科及以上学历并获得法律硕士、法学硕士及以上学位。(2) 适当抬高初任法官、检察官的任职年龄。建议将初任法官、检察官的任职年龄提高为28周岁，避免低龄化法官、检察官，最短成长轨迹的预测为：接受法学专业四年本科教育，22周岁毕业，同时获得国家统一法律职业资格，通过公开招录法官、检察官助理考试进入法院、检察院，试用期一年后转正即23周岁，一般经过5年左右法律实务经历，在员额空缺的情况下顺利通过遴选。另外，28周岁一般都有了一定的社会阅历，身体、心智都比较成熟，看待问题比较理性，在民众中有了公信力。(3) 适当延长初任法官、检察官的法律实践经历。同上理，建议初任法官、检察官的法律实践经历为5年；中级法院、市级检察院应担任基层法官、检察官5年以上；高级法院、省级检察院应担任中级法院、市级检察院法官检察官5年以上；最高法院、最高检察院应担任高级法院、省级检察院法官检察官5年以上。并可根据发展，再适当延长。基于法官、检察官职业的特殊性，不宜对法律实践经历作过宽泛的解释。

(二) 完善国家统一法律职业资格考试制度

这包括：(1) 提高国家统一法律职业资格考试报考条件。明确报考条件为必须接受过法律专业训练的人才，即普通高等学校法学类本科以上学历，或者普通高等学校非法学类本科及以上学历并获得法律硕士、法学硕士及以上学位。

提高报考条件，遵循了司法职业准入的普遍规律，更加符合法律职业共同体建设的需要。（2）有序改进国家统一法律职业资格考试的内容和形式。优化法律职业资格考试主、客观题中理论考题与案例考题的比例，在主观题考试中适当增加开放型试题的设置以考察应试者的法学基础知识与实务融合的能力，防止经过短期培训"过关"的做法。

（三）建立统一的职前培训制度

对域外法官、检察官入职前培训的做法需创新性转化，结合我国法官、检察官教育培训的实际，构建符合推进司法人员管理现代化要求的教育培训体系。除国家法官学院、检察官学院培训外，以省级法官学院、检察官学院为培训主体，分两步走：第一步，对取得国家统一法律职业资格考试、通过公开招录的法官、检察官助理进行培训，经过考试考核合格的，取得预备法官、检察官资格，在员额空缺的情况下，通过遴选成为初任法官、检察官。培训时间以1年较为合适。第二步，对取得国家统一法律职业资格考试、有意谋取法官、检察官职位的人员，公开报考，经考核进入法官学院、检察官学院接受培训，考试考核合格后取得法官、检察官助理资格。培训时间以2年较为合适。

（四）拓展法官、检察官选任渠道

为了巩固司法体制改革成果，2016年出台实施的《从律师和法学专家中公开选拔立法工作者、法官、检察官办法》规定法官、检察官选任渠道主要有三个方面：（1）从法官助理、检察官助理中遴选初任法官、初任检察官，并一律到基层任职。（2）上级法院、检察院逐级从下一级法院、检察院遴选法官、检察官。（3）从优秀的律师、法学学者等法律职业人才中公开选拔法官、检察官。前两种情形将成为法官、检察官选任的常态。第三种情形目前限于高等级法官、检察官的选任，应在此基础上，积累经验，建立和完善从社会上优秀法律人才中选拔法官、检察官制度。当前，由于律师、法学学者的收入远远高于法官、检察官，法官、检察官向律师流动的趋势比较明显，律师、法学学者向法官、检察官流动的例子并不多见。随着法官、检察官职业尊荣感的增强，司法权威进一步提升，其作为社会精英的社会认同感将进一步增强，律师、法学学者向法官、检察官群体流动将成为一种常态。今后，除高等级法官、检察官外，应探索在各级法院、检察院有条件地公开招录律师、法学学者担任法官、检察官。

(五) 建全规范的法官、检察官遴选制度

这包括：(1) 明确法官、检察官遴选委员会的法律定位。关于遴选委员会的定位，有不同的观点，有的认为应当在同级人大领导下工作[①]；有的认为应当设置在同级党委政法委；有的认同应当设置在省级法院、检察院。我们认为，遴选委员会的价值在于确保遴选工作的中立性和公信力，遴选委员会应保持相对独立性，不宜与某个机关具有隶属关系，也不宜成为有专门机构编制的常设机构。可以分为中央和省两级设置。遴选委员会是在党的领导下负责法官、检察官遴选的专门工作机构，主要职责可以定位为发布法官、检察官遴选公告，报名与资格审查，组织考试、考核，进行专业审查，提出任命意见等。组成人员应分为常任委员和非常任委员，常任委员包括同级人大，党委组织人事部门，法院、检察院领导；非常任委员包括资深法官、检察官，律师，法学学者，社会知名人士代表等，实行轮换制。(2) 建立法官、检察官遴选工作规程。主要包括：①法官检察官遴选委员会工作章程，主要是规范遴选委员会的设置、组成、成员资格条件、任期等。②法官、检察官遴选委员会工作规则，主要是规范遴选委员会工作流程。探索建立专业审查的指标体系、方法和程序，加强对候选人专业素养、司法办案能力、职业伦理等方面的全方位审查。③法官、检察官遴选委员会与党委组织部门、纪检监察部门、省级法院检察院党组之间在遴选工作方面的互动关系及衔接方式等。(3) 建立不适任法官、检察官退出机制。一方面，要突出司法办案，落实司法责任制，对司法办案能力严重不足的，通过遴选委员会审查，退出法官、检察官员额，有利于提升司法权威。另一方面，要突出法官、检察官履职保障，严格不适任法官、检察官退出的审查程序，防止退出的随意化。

(六) 完善法官、检察官选举和任命制度

西方国家通行的做法是将法官、检察官的任命权集中由中央机关行使，有利于防止司法地方化，增强法官、检察官的职业尊荣感。新一轮司法改革有条

[①] 谭世贵：《中国法官制度研究》，法律出版社 2009 年版，第 85 页。

件地将法官、检察官遴选入额的权力上收省级管理,但法官、检察官法律职务任免权仍然由同级人大选举或任命。不少学者呼吁提高法官、检察官任命主体的层次,也有学者建议取消通过选举方式产生法院院长,所有法官以及法院领导职务均通过任命产生。但人民代表大会制度的宪政定位表明,审判机关、检察机关由人大产生,对人大负责,取消选举产生法院院长、检察院检察长并不符合宪法原则。另外,中国地域面积大,选举制也有利于人大对审判权、检察权的监督制约。鉴于员额制改革后法官、检察官的管理格局,可以考虑逐步实行两级任命体制,即最高人民法院法官、最高人民检察院检察官由全国人大常委会任命;省级以下法官检察官由省级人大常委会任命,各级法院院长、检察长仍然由选举产生。

第六章
司法人员任免管理

第一节 党内任免程序

"党管干部"是"中国共产党的优良传统和组织优势,也是我们全面深化改革和全面建设小康社会取得成功的重要组织保障"[①]。回顾我国干部选拔制度的历史,党对干部的管理存在全能化管理、组织化管理、参与式管理等特点,但也形成了对"管"的机械认识及制度科学化不足等问题。实现党管干部的科学化,要坚持党管干部与民意选择相统一、权力与责任相统一,还要坚持依法设计与执行制度。

一、党管干部原则的基本内涵

党管干部原则的基本内涵主要包括:"(1) 党负责领导制定干部工作的路线、方针、政策及目标任务;(2) 在党中央确立的干部管理体制之下,各级党组织按照干部管理权限实行分级分类管理;(3) 各级党组织必须依照民主集中制原则,对各级各类干部进行推荐提名、组织考察、集体讨论和决定任免;(4) 建立党内法规与国家法律衔接机制,有效协调党组织推荐干部与国家机关依法选举、任免干部的关系;(5) 将群众路线贯彻干部工作始终,加强对干部的管理和监督。"[②]

二、党内法规关于干部任免规定

随着政治体制改革的不断深入,党的干部工作逐步走上了法制化轨道。这

[①] 张向鸿:《中国党政领导干部选拔任用制度研究》,中共中央党校博士学位论文,2014年,第1页。
[②] 参见王海峰:《干部国家——一种支撑和维系中国党建国家权力结构及其运行的制度》,复旦大学出版社2012年版,第343~344页。

一阶段颁布的干部政策总量相当于前几个阶段的总和，一些过去"试行""暂行"的政策经过一段时间的实施、补充和完善之后，以正式法规和文件的形式重新予以颁布。2004年3月召开的中央政治局会议，审议通过了《公开选拔党政领导干部工作暂行规定》《党政机关竞争上岗工作暂行规定》和《党政领导干部辞职暂行规定》等5份文件，加之此前中央纪律检查委员会和中央委员会组织部联合下发的《关于对党政领导干部在企业兼职进行清理的通知》一起，被称为"5+1"文件。2006年，中央又颁布了《干部教育培训工作条例（试行）》《党政领导干部交流工作规定》《党政领导干部任职回避暂行规定》和《党政领导干部任期暂行规定》。这一系列文件的颁布，作为《公务员法》和《党政领导干部选拔任用工作条例》（中共中央2019年3月3日印发）的配套制度和措施，标志着党管干部原则进入到一个整体推进、不断完善的新阶段。同时，中央进一步规范了干部管理工作的监管机制，于2004年颁布了《中国共产党党内监督条例（试行）》，确立了中纪委和中组部联合巡视、干部选拔任用工作情况检查通报、用人失察失误责任追究等监督制度。各级纪委、组织、监察部门都开通了举报网站、电话等，构建起立体式举报网络。这一阶段，党的干部工作加强了计划性，其重要标志是2000年6月和2009年12月中央分别印发了《2001—2010年深化干部人事制度改革纲要》和《2010—2020年深化干部人事制度改革规划纲要》，对党政干部制度、事业单位人事制度、国有企业人事制度的改革任务作出了原则性规划，保证了党的干部人事制度改革的持续有效推进。

（一）党的章程相关规定

2017年10月，党的十九大对党章进行了部分修改。我党的章程专门对干部的任免等内容进行了专门规定，如第三十五条：党的干部是党的事业的骨干，是人民的公仆，要做到忠诚干净担当。党按照德才兼备、以德为先的原则选拔干部，坚持五湖四海、任人唯贤，坚持事业为上、公道正派，反对任人唯亲，努力实现干部队伍的革命化、年轻化、知识化、专业化。

（二）《中国共产党纪律处分条例》相关规定

2018年8月，中共中央印发了修订后的《中国共产党纪律处分条例》（以下简称《条例》）。此次修订，有以下几个特点：（1）总则部分增加了以习近平新时代中国特色社会主义思想为指导，坚持和加强党的领导，坚决维护习近平总书记党中央的核心、全党的核心地位，坚决维护党中央权威和集中统一领导，牢固树立政治意识、大局意识、核心意识、看齐意识等内容；政治纪律部分，增加了对在重大原则问题上不同党中央保持一致，搞山头主义、拒不执行党中央确定的大政方针，落实党中央决策部署打折扣、搞变通等行为的处分规定。(2)《条例》分则政治纪律部分共 26 条，新增 5 条，修改 12 条，新增和修改条款数在六项纪律中居于首位。例如，增加对搞山头主义、制造传播政治谣言等危害党的团结统一行为的处分规定，增加对搞两面派、做两面人等对党不忠诚不老实行为的处分规定，增加干扰巡视巡察工作或者不落实巡视巡察整改要求的处分规定，对组织、利用宗教活动破坏民族团结的首要分子从严处理；将不按照有关规定向组织请示报告重大事项、诬告陷害等由其他纪律调整到政治纪律，等等。(3)《条例》将一些新型违纪行为列入"负面清单"。例如，将故意规避集体决策、借集体决策名义集体违规等违反民主集中制原则行为列入违反组织纪律范畴；以学习培训、考察调研为名变相公款旅游，进行股票内幕交易，借用管理和服务对象钱款、通过民间借贷等金融活动获取大额回报等被列入违反廉洁纪律范畴；利用黑恶势力欺压群众、充当黑恶势力"保护伞"等行为被纳入违反群众纪律范畴；贯彻党中央决策部署只表态不落实、热衷于搞舆论造势等形式主义、官僚主义等行为被列入违反工作纪律范畴；不重视家风建设，对配偶、子女及其配偶失管失教等行为纳入违反生活纪律范畴。

（三）《中国共产党党内监督条例》相关规定

2016 年 10 月 27 日，中国共产党第十八届中央委员会第六次全体会议通过《中国共产党党内监督条例》。党要管党，首先要管好主要领导干部；党内监督，首先要监督好主要领导干部。主要领导干部权力集中、岗位关键，强化监督至关重要。从已查处的违法违纪案件来看，一些主要领导干部从曾经的"好干部"沦为"阶下囚"，一个重要原因就是日常监管不力。《条例》明确规定"党的领导机关和领导干部特别是主要领导干部"是党内监督的重点对象，抓住了这个"关键少数"，就起到了带动"大多数"的作用。

三、党内法规对司法人员管理规定

党的十八大以来,以习近平同志为核心的党中央全面推进依法治国,推进法治中国建设,坚持依法治国、依法执政、依法行政共同推进,坚持法治国家、法治政府、法治社会一体建设。其中,司法体制改革是全面推进依法治国的一项重要内容。党的十八大报告提出要"进一步深化司法体制改革",党的十八届三中、四中全会分别通过了《中共中央关于全面深化改革若干重大问题的决定》《中共中央关于全面推进依法治国若干重大问题的决定》,对进一步深化司法体制改革进行了全面部署。党的十八届四中全会决定指出:"把党的领导贯彻到依法治国全过程和各方面,是我国社会主义法治建设的一条基本经验。"在新一轮司法体制改革中,以中央全会的形式通过司法改革的整体方案,习近平总书记亲自研究审议司法改革方案和文件并多次对司法改革作出重要部署,成立中央深改小组审议通过重要司法改革文件,地方各级党委认真贯彻中央部署,加强对司法改革的领导,解决改革中面临的难题,形成了党中央统一领导和部署司法改革的新格局。在这种新格局中,党发挥了总揽全局、统筹协调、整体推进、督促落实的积极作用。

1. 总揽全局方面

"党把精力放在抓方向、议大事、管全局上,把握住了司法体制改革的整体方向和基本原则;重大的司法体制改革事项实现了由党加以决策,抓住了具有全局性、长远性、战略性的四个主要问题,即司法责任制、员额制、司法职业保障、人财物省级统管,确保了司法体制改革整体向前发展。"[①]

2. 协调各方面

"司法体制改革涉及不同的机关部门、不同的地域,牵涉到不同的利益诉求,不可避免地会出现各种矛盾、冲突;在我国,党具有最高的权威和最大的资源协调能力,正是因为有了党的协调,司法体制改革才能解决这些跨机关部门、跨地域的问题,也才可以调动各方面的资源,为司法体制改革提供最大程

---

① 陈卫东:《十八大以来司法体制改革的回顾与展望》,载于《法学》2017年第10期,第9页。

度的保障。"①

3. 整体推进方面

"司法体制改革是一项系统工程，牵一发而动全身，改革难度非常大。特别是本轮司法体制改革步入了深水区，面临的是体制方面的重大难题，触动的是上至机关部门、领导干部，下至司法人员的利益，改革遭遇的阻力之大可想而知。如果没有党下定决心进行整体性的改革，这样的改革几乎无法推进。"②

4. 督促落实方面

"作为执政党，党有一整套高效、权威的领导、执行监督机制，通过该机制有效地推动了司法体制改革的落实；通过发布司法体制改革意见和实施分工方案的形式对推进司法体制改革进行了分工，明确了改革的任务和责任主体；通过发布年度工作要点、部署工作任务、发布有关改革的文件等形式有条不紊地推动了司法体制改革向前发展，逐步落实司法体制改革的任务和要求；通过听取关于落实党的十八届三中、四中全会精神的进展情况的汇报，关于司法体制改革推进落实情况的汇报等形式从整体上掌握了司法体制改革的进展，督促了有关责任主体落实司法体制改革的任务。"③

第二节　权力机关法律任免程序

人大选举任免权，是指各级人民代表大会及其常委会对各级国家机关领导人员及其组成人员进行选举、批准任命、罢免、免职、撤职等的权力。行使选举任免权的具体形式有选举、决定人选、决定代理人选、决定任免、任免、推选、通过人选、补选、补充任命、批准任命、接受辞职、撤销职务等。

一、权力机关关于司法人员任免的相关规定

《中华人民共和国全国人民代表大会和地方各级人民代表大会代表法》第十

---

① 陈卫东：《十八大以来司法体制改革的回顾与展望》，载于《法学》2017年第10期，第9页。
②③ 陈卫东：《十八大以来司法体制改革的回顾与展望》，载于《法学》2017年第10期，第10页。

一条规定：全国人民代表大会代表有权对主席团提名的全国人民代表大会常务委员会组成人员的人选，中华人民共和国主席、副主席的人选，中央军事委员会主席的人选，最高人民法院院长和最高人民检察院检察长的人选，全国人民代表大会各专门委员会的人选，提出意见。县级以上的地方各级人民代表大会代表有权依照法律规定的程序提出本级人民代表大会常务委员会的组成人员，人民政府领导人员，人民法院院长，人民检察院检察长以及上一级人民代表大会代表的人选，并有权对本级人民代表大会主席团和代表依法提出的上述人员的人选提出意见。此外，第十五条还规定：全国人民代表大会代表有权依照法律规定的程序提出对全国人民代表大会常务委员会组成人员，中华人民共和国主席、副主席，国务院组成人员，中央军事委员会组成人员，最高人民法院院长，最高人民检察院检察长的罢免案。县级以上的地方各级人民代表大会代表有权依照法律规定的程序提出对本级人民代表大会常务委员会组成人员，人民政府组成人员，人民法院院长，人民检察院检察长的罢免案。

二、权力机关任免程序

随着改革开放和市场经济的不断发展，全国和地方各级人大及其常委会的任免工作也面临着许多新情况和新问题，地方组织法对人大常委会任免国家机关工作人员做了明确规定，这是地方各级人大常委会行使任免权的法律依据。依法行使好任免权不仅要严格按法律条文办事，而且要从完善任免工作制度入手，建立和完善具体的任免办法，规范任免程序，使任免工作逐步走上程序化、规范化、制度化的轨道。

1. 推荐阶段

人大常委会要与党委组织部门衔接，组织有关人员对拟任命人员所在单位和其上级主管机关进行必要的调查了解，广泛听取党内外群众的意见，全面归纳整理后，向党委和人大党组汇报，尽量在任命前取得一致意见。

2. 提请阶段

对提请报告呈送时间、考核材料要求等作出具体规定。

3. 任命阶段

认真审议和表决，这是任免工作的关键环节，它关系到能否更好地实现把党的意图与人大依法任免有机地结合起来。

三、权力机关任免制度与司法人员依法管理的关系

按照法律规定，地方各级人民检察院、法院对产生它的国家权力机关和上级人民检察院、法院负责；各级检察院检察长、法院院长由本级人民代表大会选举和罢免，副检察长、副院长、检察委员会委员、审判委员会委员和检察员法官由检察长、法院院长提请本级人民代表大会常务委员会任免。在处理人大任免程序与司法人员依法管理的关系时，要做到以下几点：

1. 坚持人大监督下的"一府一委两院"国家权力结构及其运行机制

《宪法》规定，国家行政机关、监察机关、审判机关、检察机关都由人民代表大会产生，对它负责，受它监督。人大监督是代表国家和人民进行的具有法律效力的监督，是不可替代的。人大依法进行监督，有利于推动"一府一委两院"改进工作；"一府一委两院"依法自觉接受人大监督，有利于依法行政和公正司法。

2. 坚持依法独立行使审判权、检察权原则

依照法律规定，人民法院院长、人民检察院检察长由同级人民代表大会选举产生，对同级人大负责，向同级人大报告工作，接受其监督。笔者认为，人大监督主要是对审判机关、检察机关工作宏观层面的监督，而不应监督具体案件的办理、具体事项的处理等。因此，省以下法院、检察院在具体案件的办理上要坚持司法依法独立行使职权的原则，防止受到地方不必要的干扰。在宏观层面上，审判机关和检察机关要认真接受当地人大对审判、检察工作的监督，主动加强与当地人大代表的联系。每年向当地人大汇报工作时，如果审判工作、检察工作报告没有获得半数以上人大代表支持，应当根据代表的意见进行修改，院长、检察长作出相关说明。

第三节 司法人员遴选管理

一、司法人员遴选管理的内涵及运行模式

司法人员遴选管理就是规定法官、检察官资格，遴选法官、检察官机制的行为准则。

（一）司法人员遴选管理的意义

国家之所以创建司法人员遴选制度，是为了保证被遴选出来的法官、检察官是具有较高的素质和能力，能够公正地、正确地行使审判权的称职的职业司法官。

（1）科学的司法人员遴选管理有助于专业化、职业化司法官制度的形成。"司法人员遴选制度建立，可以从制度上保证选拔法律精英，提高法官检察官的素质，以此应对和在一定程度上解决司法腐败、司法不公等司法毒瘤。"

（2）司法人员遴选管理将有利于实现司法公正和树立司法权威。司法人员遴选管理挑选法律界精英出任司法官，同时保证司法官崇高的社会地位。这首先从形式上向社会公示了司法将会是公正的，同时司法掌握在一群受过良好法律教育和实践，且通过严格程序挑选的司法官手中，的确有利于司法公正的实现。严格的遴选管理同样有助于树立司法权威。人们信任司法官，进而对他们做出的裁判的信任度也较高，司法的权威因此树立。

（二）司法人员遴选的条件

根据《人民法院组织法》《人民检察院组织法》《法官法》《检察官法》等规定，司法人员遴选的条件一般包括：（1）具有中华人民共和国国籍；（2）拥护中华人民共和国宪法，拥护中国共产党领导和社会主义制度；（3）具有良好

的政治、业务素质和道德品行；（4）具有正常履行职责的身体条件；（5）具备普通高等学校法学类本科学历并获得学士及以上学位；或者普通高等学校非法学类本科及以上学历并获得法律硕士、法学硕士及以上学位；或者普通高等学校非法学类本科及以上学历，获得其他相应学位，并具有法律专业知识；（6）从事法律工作满五年。其中获得法律硕士、法学硕士学位，或者获得法学博士学位的，从事法律工作的年限可以分别放宽至四年、三年；（7）初任法官应当通过国家统一法律职业资格考试取得法律职业资格。适用前款第五项规定的学历条件确有困难的地方，经最高人民法院审核确定，在一定期限内，可以将担任法官的学历条件放宽为高等学校本科毕业。此外，还有禁止性规定，如不能担任法官、检察官的条件及法官、检察官回避规定。

二、司法人员的遴选程序

一般来说，省级司法人员的遴选需要经历以下步骤：

1. 申报

根据遴选时间安排，省法官遴选工作办公室和省检察官遴选工作办公室（以下简称"办公室"）综合候选人考试、考核、考察等情况，向遴选委员会秘书处（以下简称"秘书处"）提交以下申报材料。

2. 审核

秘书处负责审核办公室申报的材料，并将符合遴选要求的候选人电子材料导入遴选系统，与书面材料一并向遴选委员会委员和其他面试评委提供。

3. 面试

遴选一般应设置面试环节（程序）。遴选委员会制定面试组织办法，对候选人进行遴选面试。评委由遴选委员会委员，省法官、检察官惩戒委员会委员，法学专家，律师担任。

4. 审议

遴选委员会全体会议进行集体审议。综合候选人考试、考核、考察、面试情况，遴选委员会委员独立判断投票产生法官、检察官建议人选。

5. 公示

遴选出的法官、检察官建议人选名单，在省级政府指定网站、省法院、省检察院门户网站公示。公示期内，对遴选工作程序的异议，由秘书处负责核实有关情况，报遴选委员会主任会议研究处理。对法官、检察官建议人选的异议，由遴选工作办公室负责核查有关情况，提出处理建议，报遴选委员会主任会议审核。

6. 报审和反馈

公示期满后，遴选委员会向省级党的组织部门（或党的政法委员会）依照党管干部原则与对司法人员职业准入遴选审查机制，由省级遴选委员会向其提交遴选工作情况报告，提请法官、检察官建议人选名单。经省级党的组织部门（或党的政法委员会）审核同意后，遴选委员会在 5~7 个工作日内，将法官、检察官建议人选名单分别向省法院、省检察院反馈。

第七章
司法人员职业保障管理

第一节　司法人员职业保障管理概述

一、司法人员职业保障的含义

司法人员的职业保障，总的来说是指国家通过制定相关的制度、配置相应的设施，对司法人员的职业权力、职业身份、职业收入和职业尊严等进行保障，从而维护司法的权威。从集体层面看，在党对司法机关绝对领导的前提下，一方面要保障法院、检察院在外部环境上具有独立性[①]，确保办案工作不受任何机关、团体和个人的干扰；另一方面又要确保法院、检察院在内部环境上的超然性，以保障法官、检察官具有对承办案件独立判断的能力。从个人层面看，须确保法官检察官在身份认定、物质生活及职权运行上仅依赖于法律的明确规定，使司法权力的特性和权力运行的特殊规律得到尊重，法官、检察官在司法工作中的中心地位得到凸显。

自党的十八大以来，党中央深入推进全面依法治国，司法体制改革也随之逐步展开，这场改革无论是对整个司法体系结构还是个人而言都是意义重大、影响深远的。随着司法体制改革中各项制度的不断出台和落地，部分法官、检察官因改革导致利益受损从而纷纷离职的新闻层出不穷。司法体制改革的终极目标应当是提升司法公信力，确保公正司法，而作为司法实践者，如果得不到有效的职业保障，很难想象如何让他们信仰法治、维护公平正义。诚然，为司法人员提供职业保障，其最终的目的并非是为某个个体或群体谋取特殊福利，而是通过有效的职业保障措施，使司法人员在依法履职的过程中能够排除干扰，进而确保公正司法。从这个角度来看，司法人员职业保障制度，是决定我国司法体制改革能否成功的决定性因素之一。

[①] 袁勤华主编：《司法人员管理体制研究》，中国法制出版社 2016 年版，第 205 页。

二、司法人员职业保障的功能

（一）有助于强化尊荣感

司法人员的尊荣感既包括行使司法权所带来的职业尊荣感，也包括司法人员的个体尊严。在我国当前的法治环境之下，整个社会对于司法人员的印象和敬畏感远不如西方国家；同时，随着新一轮司法改革中人员分类管理以及员额制度的出台，对司法人员的类别、名称都做了较大调整，对于不熟悉改革具体内容的公众来说，无形中又降低了对一部分司法人员（如"司法辅助人员"等）的身份认可和地位评价。因此在现阶段，完善的职业保障一方面能够使社会公众直观感受到司法职业的尊贵性，另一方面也能强化司法人员这份由自身职业所带来的尊荣感。

（二）有助于缓解内外压力

司法人员职业保障制度可以使司法人员在依法履职时免受外界的各种干扰，这些干扰既有来自社会的，也有来自体制内的。一方面，司法工作需要处理各种利益纠纷和社会矛盾，新一轮司改改革中，司法程序的公开力度也是日益增大，如法律裁判文书等已基本实现同步上网，司法程序的公开程度和风险程度显然是成正比的，这就需要司法人员职业保障在两者之间找到一个平衡点。同时，在司法公信力还有待提高的现阶段，社会整体对于司法机关及司法人员仍缺乏敬畏，司法人员遭受恐吓或人身攻击的新闻屡屡见报，往往形成一种"能够保护得了受害人，却保护不了自己"的尴尬局面。另一方面，当司法人员在履职过程中受到体制内的各种干扰因素时，会严重阻碍司法人员恪尽职守、公正独立的依法履职。因此，唯有对其给予充分的履职保障，才能使其公平公正地依法履职。

（三）有助于遏制司法腐败，推进廉政建设

工作压力大、工资待遇低一直以来都是困扰司法人员尤其是基层干警的难

题，而完善司法人员职业保障将有效缓解这一现状，将司法人员的工资水平与其职级相匹配，合理提高岗位津贴、办案津贴以及加班补助，逐步实现"优薪制"，然后再向高薪制过渡，最终拉开与普通公务员的收入水平。法官、检察官作为特殊群体，对其实行优薪制、高薪制甚至建立专门的司法官"养廉基金"，有助于缩小司法腐败的空间，提高司法人员的廉洁自律性，实现高薪养廉的目的。通过每年度法官、检察官任职廉洁性的考察等级决定每位法官、检察官"廉洁基金"账户的个人等级数额，这样一来又以经济手段加强了对法官、检察官廉政工作的监督。在现代法治国家中，高薪养廉已经成为先进的司法理念和通行的司法保障。法官、检察官的基本物质生活得以有效保障，解决其生活中的后顾之忧，他们才能够专注于司法审判和检察工作，同时减少司法腐败的可能性，最终也将有助于法院、检察院的廉政建设。

（四）有助于落实司法责任制

新一轮司法改革出台了许多相关制度，其中之一就是办案质量终身负责制。该制度的建立对于"有权必有责、用权受监督、失职要问责、违法要追究"，建设公正高效权威的社会主义司法制度，实现司法公正，是十分必要的。但责任与保障总是并行的，尽管改革方案中也提出要完善相应的职业保障制度，但若职业保障的建设过于滞后，就会对司法人员造成一种消极的心理暗示，这无论是对于司法人员的依法履职还是司法责任制的落地落实而言都是不利的，因此只有尽快完善相应的职业保障机制，才能有效确保司法责任制的顺利推行。

三、司法人员职业保障的现实困境

（一）生活保障水平较低

工作压力大，工资待遇低始终是困扰司法职业者的一大难题，司法职业者作为法律人的同时也像普通人一样需要在社会上生存，当其所获得的薪酬待遇无法满足一定条件下的生活需要（如养家糊口等），所谓的尊荣感也就失去了谈论的意义。自新一轮司法改革启动后，频频出现法官、检察官辞职转行的现象，尽管多数依然从事法律职业，在一定程度上推进了社会法律行业专业化的转变，但目前这种流动主要还是一种单向性的流动,即从法官、检察官向党政国企单位、律师行业流动,反方向的流动并不多,长此以往必将会出现失衡。退一步讲,即便是有能力的法官、检察官继续留在原有岗位,但长期在薪水少、责任大、任务重的环境下,也难免会利用独立起来的地位进行寻租。①

(二) 职务等级序列晋升空间狭小

在当前的司法现状下,依然存在一些领导出于维护个人或部门、地方利益等对司法人员的办案过程加以干预的情况,中央对此虽出台了"三项规定",建立了相关的制度体系,用以防止领导干部和司法机关内部人员干预司法活动,一定程度上缓解了司法人员在依法履职过程中被干扰的现状,但在实践中,还是存在一些隐形的干扰因素,这导致司法人员职务等级序列晋升空间狭小,如司法人员的职务任免和变更常常遭受与职务等级能力和贡献大小无关的外部要素的约束,等等。具体情况将在后文予以详细分析。

(三) 保障制度建设滞后

纵观新一轮司法改革的相关政策和文件,有关完善司法人员职业保障方面的制度设计起初明显滞后于责任制度的设计。2014年6月出台的《改革框架意见》和《上海市司法改革试点工作方案》都将司法责任制作为改革试点的重点;2015年4月,中央出台的《实施方案》更是进一步细化了相关规定。② 相比之下,2016年7月出台的《保护司法人员依法履行法定职责规定》,作为首个全面加强法官、检察官依法履职保护的纲领性文件,尽管细化了司法人员各类权益保障机制,拓展了司法职业保障范围,但在实践中还是存在不足和需要进一步完善的地方。

四、构建司法人员职业保障的条件

(一) 法律依据——《法官法》《检察官法》

保障司法人员的权益,有一个非常重要的前提性条件,那就是必须明确其

---

①② 徐同武、孟凡立:《新一轮司法改革背景下司法人员职业保障制度的完善》,载于《法治论坛》2015年第39辑,第61页。

地位和究竟应该享有哪些具体的权利。倘若这一条件无法达成，那么所谓的权益保障也必将只是一句口号。我国《法官法》《检察官法》都明确规定了法官、检察官所享有的权利，如修订后的《法官法》第十一条规定法官享有的权利为："（一）履行法官职责应当具有的职权和工作条件；（二）非因法定事由、非经法定程序，不被调离、免职、降职、辞退或者处分；（三）履行法官职责应当享有的职业保障和福利待遇；（四）人身、财产和住所安全受法律保护；（五）提出申诉或者控告；（六）法律规定的其他权利。"修订后的《检察官法》第十一条也相应地规定了检察官应享有的权利。上述规定尽管属于原则性的规定，离真正的落实还有一段差距，但我们不能因此而否定它们对我国司法人员职业保障制度构建的重要意义，司法人员职业保障制度的构建完成需要我们以《法官法》《检察官法》为基础去做进一步的完善。

（二）社会基础——公众的广泛支持和关注

近年来，随着我国社会转型的加剧，利益日趋多元，由此带来的多元利益间的冲突日益增多，社会对于司法的需求空前巨大。然而，法官、检察官在案牍间整日劳作，为维护司法公正、化解社会矛盾、促进社会和谐稳定付出巨大努力的同时，也承受着越来越多的误会和指责，这些误会与指责不断发酵，最终导致近年来我国司法人员受害事件呈多发趋势。可以说，司法人员职业保障问题从未像当今这样受到全社会的广泛关注、高度重视和支持，这毫无疑问成为我们在制度上探讨司法人员职业保障的深厚社会基础。

（三）制度基础——司法外部保障制度完善

党的十八大以来，党中央部署了一系列司法体制改革的基础性、制度性措施。2015年3月，中共中央办公厅、国务院办公厅印发《领导干部干预司法活动、插手具体案件处理的记录、通报和责任追究规定》，同月中央政法委出台《司法机关内部人员过问案件的记录和责任追究规定》以及2015年9月最高人民法院、最高人民检察院、公安部、国家安全部、司法部出台《关于进一步规范司法人员与当事人、律师、特殊关系人、中介组织接触交往行为的若干规定》（以下合称"三个规定"），为保障司法机关依法独立公正行使职权提供了制度遵循，也为司法人员职业保障提供了坚实的制度基础和外部条件。

五、司法人员职业保障的结构体系

当前有关司法人员职业保障的内容大多散落于不同的法条法规及相关政策之中,并未从法律上形成一个系统的规范制度,而对于司法人员职业保障制度应包含哪些内容,在学术界的划分也是各不相同。有的学者将司法人员职业保障分为职业权力保障、职业身份保障、职业经济保障、职业安全保障、职业培训保障和职业监督保障[①];也有学者将其分为履职保障、身份保障、社会及其他权利保障[②];还有的学者认为司法人员职业保障制度除了应包括使司法人员无后顾之忧的薪资、退休、抚恤和职务变动等事项外,更应包括选任、考核和惩戒等事项,而最重要的是,应该要有人事自主及程序保障的规划,以及体制外的评鉴监督机制[③]。

本书根据保障内容的不同,将司法人员的职业保障制度分为以下几个部分:

1. 工资制度

司法人员的工资待遇涉及其切身利益,同时关系到司法人员工作的积极性和队伍建设的稳定性,也是保障法官、检察官履行法定职责的有力条件。当前国内法官、检察官的工资待遇相比于国外来说还是较低的,外国一般都实行的是高薪制,它们认为,高薪制能够促使法官、检察官拒绝腐败、拒绝贿赂,公正无私地依法履职。法官、检察官作为职业属性特殊的国家人才,其工作性质与地位决定了理应提高工资福利待遇,高薪制有利于反腐保廉,有利于吸引优秀人才,也有利于激励法官、检察官履行法定职责努力工作,珍惜自己的职业。

2. 退休与福利制度

福利、住房、医疗与退休制度是现代社会职业保障体系的基本内容,是提高人的生活质量,实现人的全面现代化的基本标志。构建科学福利、住房、医疗与退休制度是现代法治国家致力于推进国家与社会现代化的根本任务之一。与此同时,世界大多数国家高度重视和保障法官、检察官的福利、住房、医疗

---

① 郝志凯、张永会:《检察官职业保障的现实问题及改进》,载于《中国检察官》2016 年第 1 期。
② 张纳军:《完善检察官职业保障制度的路径》,载于《第十二届国家高级检察官论坛论文集》,第 914~915 页。
③ 李美蓉:《检察官身份保障》,知识产权出版社 2010 年版,第 9 页。

和退休待遇,并通过法律法规等强制性规范保障其福利、住房、医疗等待遇。

3. 职业保护制度

司法人员的职业保障,最终要落实到保障依法履行其职权上。法官、检察官能否不受任何干涉,依法独立行使司法权,是其职业保障是否有效的根本衡量标准。司法人员的职业保护机制在整个职业保障制度中显得尤为重要,侧重于履职过程中涉及的权利保护,主要有以下几个方面:①身份保障,即对司法人员身份地位的保障,使其在执法时不受任何个人和团体的干预;②安全保障,即对司法人员身心安全的保护,有效化解职业风险,免除法官、检察官的后顾之忧;③责任豁免,即对司法人员办案责任的豁免,法官、检察官在办理案件过程中依法实施的工作行为、发表的案件评判性言论以及判决的结果等,享有不被指控或不被法律追究的权利,后文会对此进一步作详细解读。

4. 其他权利保障制度

除了上述几类主要保障制度外,司法人员的职业保障还应包括:(1)教育培训:为法官、检察官提供接受继续教育的机会,使其能够得到系统化的专业训练,不断更新业务知识;(2)权利救济:有权利必有救济,法官、检察官的职业保障权只有存在有效的权利救济,那么对个人的惩戒才不至于对整个职业保障体系造成危害。

第二节　司法人员工资管理

一、法官、检察官工资制度设计之基本原则

我国现行《法官法》第五十八条和《检察官法》第五十九条都分别规定了法官、检察官的工资制度。根据法律规定,法官、检察官的工资制度和工资标准,分别根据审判(或检察)工作的特点,由国家规定。同时,法官、检察官

实行定期增资制度，经考核确定为优秀、称职的，可以按照规定晋升工资，有特殊贡献的，可以按照规定提前晋升工资。另外，法官、检察官还可以享受国家规定的审判（或检察）津贴、地区津贴、其他津贴以及保险和福利待遇。

1. 以法官、检察官单独职务序列为基础

法官、检察官单独职务序列是确定司法人员工资、福利待遇的依据，司法人员工资制度的设计符合法官、检察官等级的具体设置，与法官、检察官等级晋升一起发挥激励作用，促使司法人员积极努力从事业务工作。

2. 突出法官、检察官主体地位与兼顾公平

工资制度设计突出了司法人员职业的司法属性，使工资等级与法官、检察官等级相对应。设置合理差距的级别工资和档次工资，体现出不同等级法官、检察官之间及同等级法官、检察官之间不同职务、不同任职年限的工资差别。同时在具体工资发放上兼顾公平，位于工资等级顶端和底端的法官检察官工资差距不会过大。

3. 与公务员的职级工资制度相协调

在制定实施工资制度时，应充分考虑本行业的工作性质和劳动特点。鉴于历史原因，可以将公务员作为主要参考，再对比其他行业的工资水平，在合理范围内予以提升。法官、检察官的工资福利等级与现行公务员职级工资相协调，按照法官、检察官工资起点普遍高于普通公务员的通行做法，提高法官、检察官初入职的工资等级，并随着公务员工资福利的增长同步进行。

4. 与我国当前经济发展水平相适应

立足国情是设计司法人员工资制度的重要指导原则。只有结合我国当前所处的现实，不片面地攀比律师或发达国家法官、检察官的收入，才能有效解决在制度设计中所遇见的各类问题，从而确保改革既符合国情又符合司法人员职业保障规律。

二、司法人员工资制度结构及其实施

法官、检察官实行全国统一的基本工资制度，工资标准由国家统一制定，与法官、检察官单独职务序列设置办法相衔接，调整法官、检察官基本工资结

构,由现行的职务工资、级别工资两项构成调整为职务等级工资一项。

(一) 工资标准及调整

法官、检察官基本工资只设职务等级工资一项,每个职务等级内设若干工资档次(见表7-1)。同时建立一个正常调整机制,即随着其他公务员基本工资标准调整,法官、检察官的基本工资标准也将予以相应调整。

(二) 基本工资的套改

法官、检察官按所任职务等级①执行相应的职务等级工资标准,职务等级工资档次按所任职务等级和套改前执行的级别、级别工资档次确定(见表7-2)。

(三) 工资的正常晋升

晋升职务等级增加工资。法官、检察官晋升职务等级后,从晋升职务等级的次月起执行新任职务等级相应的工资标准。逐级进入晋升后职务等级对应的工资档次时,晋升一级法官、检察官及以下职务等级的,执行原任职务等级1~2档的进入晋升后职务等级的1档,执行原任职务等级3档的进入晋升后职务等级的2档,执行原任职务等级4档的进入晋升后职务等级的3档,依次类推;晋升四级高级法官、检察官及以上职务等级的,执行原任职务等级1~3档的进入晋升后职务的1档,执行原任职务等级4档的进入晋升后职务的2档,执行原任职务等级5档的进入晋升后职务的3档,依次类推。

按年度考核结果晋升职务等级工资档次。法官、检察官年度考核称职及以上的,一般每两年晋升一个职务等级工资档次。从员额制落实到位当年起,法官、检察官年度考核累计两年称职及以上的,从次年1月1日起在所任职等级对应工资标准内晋升一个工资档次。下一次按年度考核结果晋升职务等级工资档次的考核年限,从工资档次晋升的当年起重新计算。晋升职务等级相应增加工资时,执行原任职务等级1档或一级法官、检察官及以上职务等级2档的,按

---

① 职务等级,是指根据《中共中央组织部、中共中央政法委员、最高人民法院、最高人民检察院关于印发〈法官、检察官单独职务序列改革试点方案〉的通知》有关规定,按等级晋升审批权限正式任命的法官、检察官单独职务序列等级。

表 7-1　法官、检察官职务等级工资标准建议方案

单位：工资档次/职务等级

职务等级	工资档次																
	1	2	3	4	5	6	7	8	9	10	11	12	13	14	15	16	17
一级高级法官、检察官	6 300~6 700	6 500~6 900	6 700~7 100	6 900~7 300	7 100~7 500	7 300~7 700	7 500~7 900	7 700~8 100	7 900~8 300	8 100~8 500	8 300~8 700	8 500~8 900	8 700~9 100	8 900~9 300			
二级高级法官、检察官	5 200~5 600	5 400~5 800	5 600~6 000	5 800~6 200	6 000~6 400	6 200~6 600	6 400~6 800	6 600~7 000	6 800~7 200	7 000~7 400	7 200~7 600	7 400~7 800	7 600~8 000	7 800~8 200			
三级高级法官、检察官	4 300~4 600	4 500~4 800	4 700~5 000	4 900~5 200	5 100~5 400	5 300~5 600	5 500~5 800	5 700~6 000	5 900~6 200	6 100~6 400	6 300~6 600	6 500~6 800	6 700~7 000	6 900~7 200	7 100~7 400	7 300~7 600	7 500~7 800
四级高级法官、检察官	3 600~3 900	3 800~4 100	4 000~4 300	4 200~4 500	4 400~4 700	4 600~4 900	4 800~5 100	5 000~5 300	5 200~5 500	5 400~5 700	5 600~5 900	5 800~6 100	6 000~6 300	6 200~6 400	6 400~6 700	6 600~6 900	6 800~7 100
一级法官、检察官	3 200~3 500	3 350~3 650	3 500~3 800	3 650~3 950	3 800~4 100	3 950~4 250	4 100~4 400	4 250~4 550	4 400~4 700	4 550~4 850	4 700~5 000	4 850~5 150	5 000~5 300	5 150~5 450	5 300~5 600	5 450~5 750	5 600~5 900
二级法官、检察官	2 900~3 200	3 030~3 330	3 160~3 460	3 290~3 590	3 320~3 620	3 450~3 750	3 580~3 880	3 710~4 010	3 840~4 140	3 970~4 270	4 100~4 400	4 230~4 530	4 360~4 660	4 490~4 790	4 620~4 920	4 750~5 050	4 880~5 180
三级法官、检察官	2 700~3 000	2 820~3 120	2 940~3 240	3 060~3 360	3 180~3 480	3 300~3 600	3 420~3 720	3 540~3 840	3 660~3 960	3 780~4 080	3 900~4 200	4 020~4 320	4 120~4 440	4 220~4 520	4 340~4 640	4 460~4 760	4 580~4 880
四级法官、检察官	2 500~2 800	2 600~2 900	2 700~3 000	2 800~3 100	2 900~3 200	3 000~3 300	3 100~3 400	3 200~3 500	3 300~3 600	3 400~3 700	3 500~3 800	3 600~3 900	3 700~4 000	3 800~4 100	3 900~4 200	4 000~4 300	4 100~4 400
五级法官、检察官	2 350~2 650	2 450~2 750	2 550~2 850	2 650~2 950	2 750~3 050	2 850~3 150	2 950~3 250	3 050~3 350	3 150~3 450	3 250~3 550	3 350~3 650	3 450~3 750	3 550~3 850	3 650~3 950	3 750~4 050	3 850~4 150	3 950~4 250

表7-2 法官、检察官职务等级工资套改建议方案

单位：套改后的职务等级/现有级别工资档次

级别\职务等级	一级高级法官、检察官	二级高级法官、检察官	三级高级法官、检察官	四级高级法官、检察官	一级法官、检察官	二级法官、检察官	三级法官、检察官	四级法官、检察官	五级法官、检察官
八	11								
九	10	11							
十	9	10	11						
十一	8	9	10	11					
十二	7	8	9	10	11				
十三	6	7	8	9	10	11			
十四	5	6	7	8	9	10	11		
十五	4	5	6	7	8	9	10	11	
十六	3	4	5	6	7	8	9	10	
十七	2	3	4	5	6	7	8	9	
十八	1	2	3	4	5	6	7	8	
十九		1	2	3	4	5	6	7	
二十			1	2	3	4	5	6	
二十一				1	2	3	4	5	
二十二									
二十三						16	15	17	16
二十四					17	15	14	16	15
二十五					16	14	13	15	14
二十六					15	13	12	14	13

202

续表

级别	套改后职务等级工资								
职务等级	一级高级法官、检察官	二级高级法官、检察官	三级高级法官、检察官	四级高级法官、检察官	一级法官、检察官	二级法官、检察官	三级法官、检察官	四级法官、检察官	五级法官、检察官
现级别工资档次									
八									
九									
十									
十一									
十二									
十三									
十四									1
十五							1	2	
十六						1	2	3	
十七					1	2	3	4	
十八				1	2	3	4	5	
十九			1	2	3	4	5	6	
二十			1	2	3	4	5	6	7
二十一		1	2	3	4	5	6	7	8
二十二		1	2	3	4	5	6	7	8	9
二十三	1	2	3	4	5	6	7	8	
二十四	1~2	3	4	5	6	7	8		
二十五	1~3	4	5	6	7				
二十六	1~4	5	6						

年度考核结果晋升职务等级工资档次的考核年限从晋升职务等级增加工资的当年起重新计算；执行原任职务等级其他工资档次的，按年度考核结果晋升职务等级工资档次的考核年限从上一次按考核结果晋升职务等级工资档次的当年起计算。

法官、检察官按套改办法确定工资档次后，如次年按原执行的综合管理类公务员工资制度符合两年正常晋升级别工资档次的条件，可以从次年 1 月 1 日起，在套改确定的工资档次基础上晋升 1 档。下一次按年度考核结果晋升职务等级工资档次的考核年限，从工资档次晋升的当年起重新计算。

三、司法人员津贴补贴及执行

法官、检察官按国家和省政策规定，享受地区附加津贴（现为规范津贴、补贴，下同）、艰苦边远地区津贴、改革性补贴和奖励性补贴等津贴补贴。对按职务确定标准的津贴补贴，参考法官、检察官职务套改等级与综合管理类公务员职务层次的对应关系确定，并执行当地综合管理类公务员现行各职务层次标准。

法官、检察官原享受的法官审判津贴、检察官检察津贴和办案人员岗位津贴、法定工作日之外加班补贴按原额度保留，更名为"法院、检察官工改保留津贴"。"法院、检察院工改保留津贴"的计算办法是，法官审判津贴、检察官津贴和办案人员岗位津贴按工作人员现执行的绝对额计算，法定工作日之外加班补贴按工作人员上一年度月平均津贴额度计算，按三项合计确定每一个工作人员的工改保留津贴额度。

四、司法人员绩效考核奖金及核定

对法官、检察官设立绩效考核奖金，主要体现工作实绩和贡献。法官、检察官的年终一次性奖金和获得奖励的一次性奖金，按照国家有关政策规定，执行与其他公务员相同的办法。

法官、检察官的绩效考核奖金人均水平，按照高于当地其他公务员人均工资收入（基本工资、地区性津贴补贴、改革性补贴和年终一次性奖金之和，下同）一定比例的水平，扣除法官、检察官其他工资项目（包括基本工资、地区性津贴补贴、改革性补贴和年终一次性奖金）的差额确定。

绩效考核奖金的发放，不与法官、检察官职务等级挂钩，主要根据责任轻重、办案质量和办案难度等因素，向一线办案人员倾斜并适当有所增减；被追究违法办案责任的，停发绩效考核奖金。

五、司法人员工资制度的分析与完善

（一）完善工资福利制度需考虑的相关制约因素

司法人员的工资福利受到诸多因素的制约，主要分为内在因素和外在因素两大类。内在因素，是指与本职工作特征有关的一些因素，如工作时间、内容、地点、福利待遇等。外在因素，是指与本职工作特性无关，但又能对工资的构成造成实质影响的一些因素，如生活费用与物价水平、财政负担能力、地区和行业间工资水平等。[1] 这包括：

1. 社会经济的发展水平

衡量国家经济发展水平的一个最重要的指标是国内生产总值（GDP），它是指一定时期内一个国家或地区的经济中所生产出的全部产品和提供劳务的市场价值的总值。GDP 的构成包含了大量的居民工资收入的成分，其与工资之间存在一定的正相关关系。其中分配率则决定了劳动者在多大程度上可以分享国家经济发展的成果。[2] 分配率是指劳动者的工资性收入总额占 GDP 的比重，它是衡量国民收入初次分配的重要指标。分配率越高，表示劳动者的工资性收入占国民收入的初次分配所得份额越大。在 GDP 一定的条件下，分配率越高，劳动者享受到的国民收入的成果越高。我国的 GDP 发展水平，以及劳动报酬分配率

---

[1] 徐汉明、金鑫、姚莉等：《检察官单独职务序列研究》，中国检察出版社 2017 年版，第 157~160 页。
[2] 王尊丽：《职工工资决定因素与改革分析》，载于《人才资源开发》2016 年 11 月。

都是影响司法人员工资收入的主要因素。①

2. 财政承受能力

2006年《公务员工资制度改革方案》规定，我国公务员工资由职务工资、级别工资、津贴和奖金等构成。其中，前两项实行全国统一标准，由中央和地方财政支付，已于2006年开始执行；后两项则主要由地方财政支付，各地、各级政府的标准并不统一。由于我国目前公务员工资中占较大比重的是津补贴部分，这部分钱主要来自地方财政，某种意义上左右着公务员的收入水平高低程度。② 因此，一直以来现行司法人员工资中有一部分来自地方财政，其工资收入要受到当地财政实力的制约。当然这一问题在实行省以下人财物统一管理之后，情况会有所好转，但前提必须是确保法院、检察院系统的财政独立。③

3. 税收状况

税收是财政收入的最主要来源，其对国家、企业和个人的影响都是直接的。对司法人员工资收入影响最大的税收，就是个人所得税。个人所得税主要包括以下内容：工资、薪金所得；劳务报酬所得；稿酬所得；利息、股息、红利所得；租赁所得；产权转让所得；偶然所得；其他所得。特别是在实行法官、检察官单独工资制度后，法官、检察官增加的工资额度与缴纳税款的额度要相协调，需要进行通盘考虑，确保工资福利待遇能够增加。不能出现工资增加数元，个税增加数百元，反而导致最终到手工资减少的情况。④

4. 人民群众认可度

我国以前也曾经多次调整过包括法官、检察官在内的公务员工资，但那时并未在社会上造成较大的负面影响，而今，随着传媒资讯的日益发达，主要原因是司法公信力不高，一旦出现少数司法人员贪腐问题，人民群众就容易以偏概全，加之司法人员工资不够公开，想要提升司法人员工资的做法就更难以获得人民群众的普遍认可。因此，司法人员工资制度的改革还需要从提高司法公信力和工资收入透明度着手，以获得社会公众的认可和支持。⑤

5. 司法人员的职业水准

不同行业对劳动者素质的要求不同，这是导致行业工资差异的重要因素。

---

① 徐汉明、金鑫、姚莉等：《检察官单独职务序列研究》，中国检察出版社2017年版，第143页。
② 高泽华：《影响公务员工资调整的三大因素：经济、财政、舆论》，人民网，2014年09月12日，http：//theory.people.com.cn/n/2014/0912/c40531-25648313.html，最后访问时间：2019年3月15日。
③④⑤ 徐汉明、金鑫、姚莉等：《检察官单独职务序列研究》，中国检察出版社2017年版，第144页。

那些要求员工素质高的行业，工资平均水平会高一些，这是大家容易理解的普遍事实。司法部门作为有着特别技能要求的特殊部门，要求法官、检察官必须具备较高的法律适用能力。具备较高专业劳动素质的法官、检察官，其工资收入高于普通行业和一般公务员是大多数国家和地区的通行做法。如根据美国联邦人事管理局统计，2009 年美国居民人均年收入为 39 055 美元，公务员人均年收入为 74 403 美元，检察官人均年收入为 128 422 美元，美国公务员人均收入是美国居民人均收入的 1.91 倍，检察官人均收入是公务员的 1.73 倍。[①]

6. 物价因素

消费者物价指数（Consumer Price Index，CPI）是反映与居民生活有关的商品及劳务价格的物价变动指标，通常作为观察通货膨胀水平的重要指标，也是影响法官、检察官实际工资收入的重要因素。在我国，随着经济水平的提高，食品支出占居民消费支出比重的恩格尔系数逐渐降低，但是我国恩格尔系数仍然与发达国家有较大差距，反映在 CPI 中食品的权重占到三成以上，所以，食品价格的变动对于 CPI 的变动有很大的影响。如果 CPI 不断增长，一定工资收入的购买力度就会不断下降，法官、检察官的实际工资收入就会不断下降，影响实际消费和生活水平。[②]

（二）关于有别于普通公务员的司法人员单独职务等级工资制

从当前改革试点情况来看，薪酬制度虽然与专业等级挂钩，但挂钩后涨幅不大。一直以来，许多专家学者包括业内人士都在提倡，要借鉴国外普遍采取的司法人员高薪制，因为各国法治实践证明，它在吸引优秀人才、维护司法尊荣、防止司法腐败等方面有着十分积极的作用。实际上，对司法人员采用高薪制，除了高薪制自身所带来的积极影响外，这与司法人员本身所从事工作的性质、要求和特点也是分不开的，例如法官、检察官的执业门槛较高，一个优秀的法官、检察官的养成需要漫长的过程，同时其也受到了严格的职业伦理限制，比如必须与商业活动保持距离，授课、写作行为都受到严格限制。《法官法》第三十六条就要求法官从法院离任后两年内，不得以律师身份担任诉讼代理人或者辩护人，终身不得担任原任职法院办理案件的诉讼代理人或者辩护人。法官

---

① 徐汉明、金鑫、姚莉等：《检察官单独职务序列研究》，中国检察出版社 2017 年版，第 145 页。
② 王尊丽：《职工工资决定因素与改革分析》，载于《人才资源开发》2016 年第 22 期。

的配偶、子女不得担任该法官所任职法院办理案件的诉讼代理人或者辩护人。《检察官法》第三十七条也有类似的离职回避的规定。

我国宜采用相对高薪制。绝对高薪,是指司法人员的薪酬应为与其岗位相似、投入精力相同、付出劳动相同、花费时间相同的劳动者收入的1~2倍。按照该理论,若我国采用绝对高薪,那么,我国法官、检察官的工资待遇应是与其同级别公务员甚至普通律师薪酬的1~2倍,如此一来就会比最低工资高出太多,甚至会出现大大高于一般律师收入的情况,这显然不符合我国国情。因为,现阶段我国工资待遇发放必须以按劳分配原则为基础,否则会进一步拉大贫富差距,加剧社会矛盾。

所谓有别于普通公务员的单独职务等级工资,是指司法人员的收入略高于与其岗位相似、投入精力相同、付出劳动相同、花费时间相同的劳动者的收入,尤其是要高于与其级别相同的普通公务人员的工资,基本等同于一般律师的收入。具体标准为,法官、检察官的收入大致比国家普通公务人员的收入高出0.5~1倍。同时,相对高薪制度还应满足以下三个条件:(1)工资收入满足其本人及其家人的基本生活;(2)各级、各地区的薪酬不能相差太大;(3)薪酬改革不能偏离当地经济发展水平和社会平均工资水平。在英美国家,高薪制度早已成为惯例,但我国却不能盲目相仿,只有相对高薪制度才更加符合我国的基本国情。

(三) 关于基本工资标准的确定

确立科学、合理的工资标准是实施相对高薪制度的先决条件。现阶段,我国实行四级法院十二级法官设置[①],每级法院、法官具体工资如何安排,将是一个复杂的工程。因此,首先要确定基层法院法官的工资标准,以此为基准根据各级法院、法官的不同而逐级增加。那么,如何确定基层法院法官工资呢?我们需要做到以下几点:

1. 完善从业人员工资统计标准

国家统计局应将全国所有从业人员的工资进行统计,而不能像以往一样仅仅统计国家工作人员的工资。因为,域外国家的统计机构,在进行工资增减统

[①] 鉴于检察机关结构与法院类似,也是四级检察院十二级检察官,因此此处就仅以法院系统为例进行阐述,检察机关可予以参照。

计时，会将该国境内所有从事劳动的劳动者纳入工资统计的范围内，不但包括国家公务人员、银行职员、白领，还包括快递员、保姆、饭馆洗菜工、酒店服务员等。他们认为，社会上的所有劳动者都是国家财富的创造者，不能在统计时将其抛弃或者忽视其存在的价值。统计局根据其做的统计，计算出人均GDP，借鉴发达国家经验，进而确立我国最低工资标准（最低工资为人均GDP的58%）。

2. 确定与国家公务员工资相区别的司法人员类型化基本工资保障标准

依据刘植荣提出的理论①，确定我国普通国家公务人员的工资标准后，我国法官的工资标准应比国家普通公务人员工资水平高出 0.5~1 倍。在确定了基层法院最低级别法官的工资标准后，基层法院高级别法官的工资在此基础上，可以逐级增加 1%~3%。据此，我们可以制定出基层法院各级别法官的工资标准。

3. 对域外司法官工资保障标准进行创新性转化，适应国情发展状况与合理借鉴

根据各级别法院法官工资差距不得大于 60% 的域外经验，中级法院法官工资在基层法院法官工资的基础上提高 3%~5%，而高级法院法官的工资在中级法院法官工资的基础上再提高 5% 左右。最高人民法院各级法官的工资水平，根据各高级法院法官的平均工资水平，再提升 5%。当然，建立我国科学、合理的法官工资标准不仅仅只能依靠理论，更为关键的是还需要国家落实法院财政独立政策，并制定出合理可行的法官工资实施细则。

第三节 司法人员退休与福利制度

一、司法人员退休制度

（一）我国司法人员退休制度现状

司法人员退休制度存在诸多短板。这包括：（1）退休年龄缺乏调整，除

---

① 刘植荣：《世界工资研究》，中国共产党新闻网，http://theory.people.com.cn/GB/11147737.html。其观点是："建立科学的工资制度，其基础是确定合适的最低工资标准。而最低工资的参照系是人均GDP，最低工资是人均GDP的58%。最低工资一旦确定，自然就形成了全国从业人员的平均工资，平均工资一般是最低工资的2倍，而普通公务人员的工资又是最低工资的2倍。"

了对一些特殊群体的退休年龄有所调整外,其他均未做调整,如法官、检察官正常退休年龄一般为男性 60 周岁,女性 55 周岁。但随着社会经济和各项工作的发展,以及人口老龄化的出现,原有的退休年龄设置早已不符合当前的实际。(2) 退休制度缺乏弹性,造成人力资源的浪费。长期以来实行"一刀切"的退休制度,导致一些具有丰富实践经验的法官、检察官提前退出工作岗位。这一部分人身体状况良好,工作经验丰富,生活无后顾之忧,可全身心投入工作,搞好"传帮带"。由于提前离岗、离职现象,这部分人不得不退居二线,在一定程度上造成司法资源浪费。

(二) 司法人员退休制度之完善

一直以来,法官、检察官退休基本沿用国家行政人员的退休制度,即男满 60 岁、女满 55 岁退休。① 修订后的《法官法》第六十二条、第六十三条,《检察官法》第六十三条、第六十四条分别规定,法官和检察官的退休制度,根据审判或检察工作的特点,由国家另行规定。这是考虑到审判、检察工作不同于其他国家机关工作特点,在法律上首次确立的法官、检察官退休制度。但是这条原则性的规定并没有化为现实的制度。因此,我们应当结合我国国情,建立法官、检察官专门的退休制度。

1. 延迟退休年龄

从国外对于法官、检察官退休年龄的规定来看,法官、检察官退休依据其特点有自愿退休和强制退休;在强制退休的国家,法官、检察官的退休年龄原则上也高于公务员的退休年龄。例如,美国联邦法院系统宪法第三条规定,法官的任职是终身制的,但期间法官可以因为个人健康或其他原因主动提出辞职。自 1984 年以来,联邦法官可以按"80 规则"退休,并保留全部工资和待遇。所谓"80 规则",即法官"年龄达到 65 岁"且"年龄与法官任职年限之和达到 80"即可领全薪退休。但由于美国法官社会地位高、待遇优厚以及终身任职的制度,使他们很少在身体健康的情况下退休。② 年龄大的法官、检察官是这个社

---

① 笔者注:2015 年 3 月 1 日起实行的中组部、人社部联合下发的《关于机关事业单位县处级女干部和具有高级职称的女性专业技术人员退休年龄问题的通知》规定:为充分发挥女领导干部和女性专业技术人员的作用,党政机关、人民团体中的正、副县处级及相应职务层次的女干部,事业单位中担任党务、行政管理工作的相当于正、副处级的女干部,具有高级职称的女性专业技术人员,年满 60 周岁退休。
② 周泽民:《国外法官管理制度观察》,人民法院出版社 2012 年版,第 85 页。

会难得培养起来的人才，我们应当充分利用和发挥他们在长期司法工作中累积起来的知识，而不应当像其他职业一样让他们早早地退休。

结合我国的实际国情和法院、检察院的工作特点，可以明确法官、检察官延迟退休的资格条件和审批权限，逐步推行有别于普通公务员退休制度的一线优秀办案法官、检察官延迟退休制度。符合条件的，经本人申请，所在单位推荐，省级法官、检察官遴选委员会审核，省级法院、检察院审批，可逐步延迟退休。法官、检察官按照法定年龄年满 65 周岁正常退休，有特殊规定的除外。法官、检察官提前退休、延长退休、暂缓退休参照国家公务员退休人员有关规定执行。同时，还可以更好地利用现有的审判检察资源，充分发挥资深法官、检察官经验丰富的优势[1]，对一线资深法官、检察官（可以限定一些条件）采取返聘的方式，请其继续留下在法院、检察院从事审判、检察工作。返聘时间可暂定为 2~3 年，返聘期间，保留其审判、检察职务，可适当减少其工作量和工作时间。

2. 建立功勋荣誉制度

法官、检察官退休是一项庄重严肃的职业保障制度，建立科学完备的法官、检察官福利制度、退休制度是司法人员职业保障制度的重要组成部分。这项制度对于法官、检察官在职期间正确履行职责，兢兢业业工作，公正司法、廉洁奉公，具有很强的激励与约束作用。法官、检察官尤其是资深的法官、检察官，其退休后应当获得国家荣誉和褒奖。法官、检察官退休时无违法记录，从事审判检察工作满 30 年的，颁发国家功勋证书和功勋证章，增加退休费计发比例 5%；从事审判、检察工作满 25 年的，颁发国家荣誉证书和荣誉证章，增加退休费计发比例 3%。

3. 保留司法津贴

根据现行规定，法官、检察官退休后其职务经过法定程序免除，其法官、检察官津贴从其退休时起减除，不计入退休工资。笔者认为此做法不妥，理由是：第一，目前我国政府所属的公安机关的警务人员退休后依然保留警衔津贴，而与政府同等职权地位的法院、检察院的法官、检察官退休后其津贴未继续享用，"两院"法官、检察官与"一府"下属公安机关警务人员的待遇不匹配。第

---

[1] 周泽民：《国外法官管理制度观察》，人民法院出版社 2012 年版，第 92 页。

二，随着社会主义法治体系的不断完善，法官、检察官的职责任务不断加重，保留其岗位津贴是建立法官、检察官单独职务序列工资福利制度的有机组成部分，是在全社会崇尚法治精神、培育法治理念、树立司法职业尊严、提升司法公信力的应有之义。第三，恢复法官、检察官岗位津贴为法治文明国家通例。美国检察官的退休基本津贴以检察官任职期间任意一个连续3年的最高基本工资的平均值为依据来发放，除基本津贴外，退休的检察官还可以享受社会保险津贴和个人储蓄免税等待遇。英国检察官如果达到一定的级别和任职年限，退休后可以领取全额薪金。日本检察官退休后薪金不减少。《俄罗斯联邦检察院组织法》第44条规定，退休金的发放随职务工资附加检衔津贴。总而言之，保留岗位津贴既能体现国家对法官、检察官的关心和爱护，又能体现对法治事业的高度重视，真正发挥法官、检察官岗位津贴的激励约束作用，有利于推动司法队伍专业化、职业化和正规化建设。

4. 调整提高退休金待遇

在英国，凡达到一定级别或任职年限的检察官，退休后可领取与在职时同等数额的全额薪金。德国《法官法》规定，检察官退休后，虽不再保留其原职务，但是依然可以领取相当于原工资75%左右的公务员退休工资；同时，退休的检察官无须经过考试，可以直接从事律师工作。日本《检察厅法》规定，检察官退休后，应获得与在职时同等的优厚待遇，足以维持比较体面的生活。我国《检察官法》第六十四条规定："检察官退休后，享受国家规定的养老保险金和其他待遇。"由于行政管理体制和法律也没有对此条作出进一步的规定，因此只能适用国家公务员的退休标准。但由于我国没有对公务员实行优厚的退休金制度，因此参照公务员制的法官、检察官，其退休待遇更是微薄。有人云："有权不用，过期作废。"这是因为中国官员的许多特权和待遇都与"在职"密切关联，一旦辞事或退休，便"荣禄兼卸"。故在位时当竭尽"权力"为自己谋取利益，一旦退休，权力随之失去，剩下的就只有一点可怜的退休金，退休前后待遇差别极大，而这也正是"相逢尽道休官好，林下何曾见一人"的原因。[①] 因此，应当给予法官、检察官优厚的退休金，以保障其安心任职，维护司法队伍的稳定性。

---

① 李美蓉：《检察官身份保障》，知识产权出版社2010年版，第167~168页。

5. 丰富司法人员的退休生活

在社会上,"人一走茶就凉""家有一老如有一宝"确实反映在退休人员的退休生活中,但不是普遍性。作为司法机关,在对待退休法官、检察官的晚年生活时应给予高度重视,使每位司法人员在岗工作和退休生活都倍感光荣,增强队伍的凝聚力和战斗力,擦亮检察机关的品牌。具体做法有如下几方面:一是设立专门的管理部门;二是建立长效的关心机制和活动场所;三是形式多样地组织他们参加各种活动。退休司法人员依然是司法队伍的一部分,他们的现状在一定程度上能够直接反映出退休保障制度是否落实到位。因此司法机关应当予以高度重视。

二、司法人员福利制度

(一) 司法人员福利制度的构成

我国当前司法人员的福利制度体系是按照公务员福利制度体系运行的,主要包括经济性福利、服务型福利和非物质性福利三个方面。具体而言:

(1) 经济性福利。主要包括为了满足司法人员的不同需要,解决基层司法人员家庭生活负担而建立的各种福利、补助和补贴。典型的有:福利费制度、医疗福利待遇、冬季采暖补贴、交通补贴等。

(2) 非物质性福利待遇。主要包括法官、检察官的工时制度、探亲制度和休假制度等。

(3) 服务性福利待遇。主要是指为了满足法官、检察官日常生活所需以及文化、体育等方面的基础设施,主要包括食堂、图书室、计算机室、健身房、羽毛球馆等。

(二) 司法人员福利制度的现状

虽然我国司法人员福利制度对于改善司法人员的工资待遇起到了一定作用,但由于相关法律和机制的不健全,在人财物统一管理尚未彻底落实的情况下,实践中仍存在诸多问题。

1. 福利制度不健全

我国法官、检察官福利保障一直套用普通公务员福利保障制度，使法官、检察官职业保障呈现滞后性、落后性的特点，难以适应现代司法人员日益繁重的法律职业发展需要。

2. 分级保障法官、检察官福利的体制弊端居多

由于我国财政、医疗卫生、住房管理体制一直实行中央与地方分设，医疗住房保障分级承担，财政实行"分灶吃饭、分级负担"的管理体制，受这种体制的制约，形成东、中、西部地区的法官、检察官福利保障千差万别，基层福利保障十分低，住房、医疗等保障成为困扰司法人员职业发展的一大难题，不少基层法官、检察官因工资收入微薄加之福利保障不到位，常常小病因工作繁忙无时间看、大病因福利保障不落实看不起，身心健康得不到有效保障；由于法官、检察官单独官邸、保障性住房制度尚未建立，一些大中城市新入职的法官、检察官无钱购房，成为"蜗居族"；基层法官、检察官工作辛苦，工资待遇收入低、福利待遇跟不上、生活十分清苦，更无能力购买房屋，这不仅严重挫伤了他们的从业积极性，也损害了其职业尊严感。

3. 福利保障水平低

一方面，由于司法人员福利待遇制度的缺陷，中、西部地区司法人员流失严重，出现"孔雀东南飞"现象；另一方面，在推进司法人财物省级保障改革过程中，仍有 1/3 的省份"打折扣""留余地"，有的甚至实行法院、检察院执法办案与解决福利待遇挂钩，助长"办案为钱、为钱办案"的不良风气。

（三）完善司法人员福利制度的进路

1. 提高福利费提取比例

福利费制度是为解决生活困难而建立的专项制度，主要体现在三方面作用：对基本生活的保障作用；对部分支出的弥补作用；有利于恢复工作能力，维护身体健康。我国现行福利费的提取仍然是按照 1957 年的有关规定执行。目前，在京中央国家机关及事业单位和各省、自治区、直辖市及其以下地方各级机关、事业单位，均是按工资总额的 2.5% 提取。实行法官、检察官单独职务序列工资制度后，为加强职业保障，应当对福利费提取比例做相应调整，建议按照法官、

检察官工资总额 5% 的比例提取福利费，这是提高法官、检察官福利待遇的前提。

2. 提高医疗待遇

从全国看，现行医疗制度改革步骤各地差异较大，保障体系与保障标准呈现多元化的状况，比如有的地方法官、检察官的医疗待遇已经纳入医保，有的仍然实行公费（统筹）医疗，有的则实行医疗费包干使用，结余奖励，许多省级直属机关工作人员仍然实行公费医疗，超过包干经费的部分由各单位自筹经费解决，有的地、市、州参加医保的按有关规定执行等。现行条件下，法官、检察官长期超负荷的进行办案工作，特别是实行员额制分类管理后，法官、检察官的职责、任务更加凸显，一个时期内人员少、任务重的矛盾将会更加突出。法官、检察官的身体健康问题值得关注，畅通医疗通道，提高医疗档次，使其享受优诊（比照厅级以上公务员政策）干部待遇，是提高法官检察官医疗待遇的首选方案。

3. 提高住房待遇

根据国家相关规定，自 2000 年以来，国家公务员不再享受福利房政策待遇。由于现有年轻法官、检察官工龄短、职级低、工资待遇普遍不高，依靠工薪购买商品房十分困难，迫使许多年轻法官、检察官"蜗居"，举贷购房，还款压力大，工作辛苦，生活清苦，给身心健康及事业发展带来双重压力；即使依靠住房公积金筹款购房，但由于工作年限短，公积金额度小，难以解决住房困难。可以借鉴发达国家和我国港澳台地区做法，建立完备的住房保障制度，如根据司法人员类别和等级的不同提供相应的官邸、公寓、公租房或周转房，并提高公积金贷款优惠待遇和公积金提取比例。

4. 提高丧葬、抚恤待遇

根据法官、检察官的社会作用、入职门槛、职责任务及其高度的职业荣誉，应当享有较高的死亡抚恤、丧葬待遇。建立法官、检察官单独职务序列工资制度，应当相应提高相关待遇，丧葬所需费用也在不断提高。对于死亡抚恤、丧葬待遇问题，许多国家和地区都有明确规定。比如我国台湾地区有抚恤、资遣、眷属丧葬补助、因公伤残死亡慰问金、三节慰问金制度；澳门地区有丧葬津贴制度。所以，在制度设计中，其标准应当是高于地方公务员的，以检察官为例，检察官被追认为烈士和因公牺牲的，其一次性抚恤金应当按照上一年度全国城镇居民人均可支配收入的 40 倍加本人生前 50 个月基本工资发放。检察官病故的，为上一年度全国城镇居民人均可支配收入的 4 倍加本人生前 50 个月基本工资或退休费发放。

5. 建立廉政保证金制度，保障公正司法

建立廉政保证金制度，是与职业保障、职业保护、职业荣誉制度、职业惩戒相匹配的重要制度，是建设公正高效权威社会主义司法制度、确保司法机关依法独立行使司法权的必然选择，也是改革开放以来探索推进司法队伍正规化、专业化、职业化的经验总结。廉政保证金发放后，发现在职时有不廉洁行为或者犯罪行为的，根据有权机关做出的处理决定，由原发放部门予以追回。这样规定，既是作为一种福利，对法官、检察官在职工作的认可与奖励，又可以对法官、检察官在任时的职务行为起到约束作用，促进其公正司法，提高司法机关执法公信力。

第四节　司法人员履职保护制度

一、制约我国司法人员依法履职的主要因素

1. 司法人员身心健康损害因素增多

当前，司法已成为权利救济、解决矛盾的重要手段。为了"让人民群众在每一个司法案件中感受到公平正义"，司法人员付出了艰辛的努力。但司法人员在办案过程中，对案件的处理有时难免会受到一些技术手段、时间、空间等客观因素的影响，从而导致当事人或公众的不理解甚至误会。[①] 司法人员及家属遭

---

① 史立丽：《建立健全司法人员履行法定职责保护机制研究》，载于《思想政治与法律研究》2015 年第 10 期。

受打击报复的情况也时有发生，司法人员身心都受到巨大伤害。

2. 司法人员履职遭遇不当干预现象仍然突出

当前，我国司法的核心问题在于司法人员不能依法独立公正的办理案件，影响的因素有很多，既有司法体制外的，也有司法体制内的。[①] 司法机关的人员选拔、任用和财政供给等因素，或多或少造成了一些领导干部对司法的干预，影响司法人员依法独立公正履行职责。

3. 司法人员的责任压力与薪酬待遇不对等

与律师和其他公务员相比，司法人员的工作压力、所承担风险及责任相对较大，但在薪酬待遇方面却远远赶不上律师和其他公务员，上升空间较窄，同时还面临高房价、夫妻异地等难以解决的现实问题[②]，从而产生了不平衡感，导致司法队伍人才流失。

二、司法人员职业保护制度的价值

司法人员在履职中受到上述体制内外多因素的制约，从而造成司法不公，也影响社会的公平稳定。因此建立和健全司法人员职业保护机制意义重大。

1. 实现依法独立行使司法权的内在要求

法官、检察官能否做到司法公正、独立自主，很大程度上依赖于其履职保障是否健全。司法人员在履职过程中承担着比一般公务员更大、更严格的责任，所以责任与其享有的权利应当是平衡的。法官、检察官的责任豁免不是特权，而是其依法独立办案的保障性权利，这一制度的落实有助于使司法人员在工作时不必过多考虑其他因素，在最大限度上做到依法独立履职。

2. 确保司法人员安心执业的有效途径

如前文所述，近年来，司法人员在司法活动中身心遭受伤害的事例屡屡发生。司法人员职业保护制度中关于人身安全的保障措施落实到位，不仅有助于减少上述伤害行为的发生频率，有助于确保司法人员依法履职，实现司法公正，维护社会公平正义，更有助于树立良好的司法形象，提高司法公信力。

[①②] 史立丽：《建立健全司法人员履行法定职责保护机制研究》，载于《思想政治与法律研究》2015 年第 10 期。

3. 促进司法人员合理晋升的坚实基础

有效的任职保障措施是确保法官、检察官职级稳定晋升的前提与基础，试想，司法人员在工作中不能遵守法律尊严，却要看某些领导的脸色，不然随时都有被调离岗位的"风险"，此种情况下怎么可能专心工作，更别说通过认真工作提高业绩来追求晋升更高的职级。

4. 落实办案质量终身负责制和错案责任倒查问责制

推行办案质量终身责任制是新一轮司法改革的重点之一，但它的有效落实与职业保障的完善是密不可分的。一方面，责任与保障只有并驾齐驱，才不会有失公允，责任终身制的落实才有基础可言；另一方面，完善的职业保障在确保司法人员依法履职的同时，也能进一步提升办案质量，从而降低承担错案责任的概率。

三、司法人员职业保护制度的特点

1. 特定性与法定性

所谓特定性是指该制度所保护的对象具有特定性，应当是在人民法院、检察院承担办案职责的法官、检察官和司法辅助人员。而法定性简单来说就是"非因法定事由，非经法定程序，不得将法官、检察官调离、辞退或者作出免职、降级等处分"。具体而言包括两个方面，一是法官、检察官身份的变更必须满足法定事由，才能产生法律效果，否则行为具有违法性；二是法官、检察官的职务变动必须符合法律规定的程序要求，由法定主体依据法定程序作出免职决定才具有法律效力。

2. 国家性与权威性

《中共中央关于全面推进依法治国若干重大问题的决定》明确提出"建立健全司法人员履行法定职责保护机制"，对于确保司法机关依法独立公正行使司法权至关重要。司法人员履行法定职责保障机制的具体构成包括身份保障、职业保障、经济保障、特权保障等，这些具体保障制度需要国家通过制定规章制度甚至立法的方式加以确定，并在全国范围内实施。各种保障措施的制定机关也都是国家机构。司法人员履职保障机制是确保司法人员依法履职，完善法官、检察官制度的重要组成元素,而确保司法人员依法履职是国家司法机关合理有效运行的基础,法官、检察官制度则是国家司法制度的重要内容。因此,司法人员的履职保障亦可以看作一种国家行为,与其他方面的保障措施相比较,更具权威性。

3. 科学性和合理性

保护制度的组成内容必须科学、合理设定,各个组成部分之间不但要有内部的关联性,而且各个部分还应当有机配合,共同确保机制的合理有效运行。人身安全得以保障才能使司法人员安心于本职工作;充分的裁决自由才能保障司法人员在履职时不受外界干扰,仅凭借法律和内心的信念来公正执法办案;足够的履职精力才能让司法人员将更多精力投身于司法活动中;司法豁免等特权合理设置,则会消除法官、检察官执业的后顾之忧,大胆放心依法执法。

四、司法人员职业保护制度的内容

(一)职业保护的范围

1. 法官、检察官的裁决自由

即司法人员在办案过程中能够依法、独立作出裁决而免受行政机关、社会团体和个人的干涉。实践中,一些地方党政机关和领导干部,利用其掌管人财物的便利干预司法活动,甚至把司法机关作为推行地方保护主义、贯彻领导干部个人意志的工具,司法机关内部也或多或少存在干预司法办案的现象,在这种情形下,保障司法人员的裁决自由显得迫在眉睫。

2. 法官、检察官履职精力的保证

确保履职精力,是司法人员职业化、专业化的理性选择和必然要求。而当前,法官、检察官主要精力被职责外消耗的主要原因是他们需要承担本职业务工作之外的诸多行政性事务,既有本单位的,也有本地区或上级单位的,这些工作的工作量往往不便统计,但却着实需要耗费大量精力,因此保障法官、检察官的履职精力显得尤为重要。要确保其能将绝大部分有限精力投入到事实、证据及法律分析、研究中,不因行政事务、机关内部各类活动等消耗浪费法官、检察官宝贵的人力资源。

3. 法官、检察官职业风险的防范

在司法人员履职过程中，对事物的判断会受到诸多因素影响，除了时间、空间等客观因素之外，司法人员的身心状态也是影响判断结果的重要因素之一，一旦其遭受了很大的安全风险，司法公正性多多少少会受到一定影响。除了人身安全风险外，广义的职业风险还应当包括：一是案件程序风险，即法律对各阶段的诉讼办案期限、送达、转换程序等都有严格规定，稍把握不当，即埋下程序风险；二是案件质量风险，即法官、检察官均应在职责范围内对办案质量终身负责；三是信访风险，实践中，许多当事人信访不信法，在诉讼各个关节不休止地缠访、闹访，给办案法官、检察官施压，试图通过信访达到自己的预期目的；四是舆论风险，在各地司法机关全面推开司法公开、法律文书上网、主动接受媒体监督后，法官、检察官的司法活动更多地曝光在公众面前。当前信息化时代，司法公开后，在接受公众监督的同时，也面临被曲解发酵、恶意炒作的风险。对此，法律制度安排、职权机关应从不同层面建立健全司法人员风险识别、预警、规避、分散及其防范机制，确保法官、检察官心无旁骛的依法独立行使办案权，进而确保层级司法机关依法独立公正行使审判权、检察权，不断提高司法公正公信的水平。

4. 司法人员的任职保障

司法权是国家政权的重要组成部分，具有国家终极性、权威性的特征。维护司法权威、实现司法公正，首先需要保障司法人员的身份稳定，使其不必担心因不合法或不合理的因素而导致被取消任职资格。这里即指法官、检察官在任职期间，"非因法定事由，非经法定程序，不得对其进行调离、辞退或者作出免职、降级等处分"[①]。

5. 司法人员的职务豁免

即赋予法官、检察官司法豁免权，法官、检察官审判、检察职责的活动受法律保护，不因职务行为受司法追究，即使法官、检察官在行使审判、检察职权时由于客观原因而造成裁判错误，也不应承担责任。[②] 这也是为了避免法官、

[①] 陈冀平：《不得非法调离、辞退或处分法官和检察官》，共产党员网，https://news.12371.cn/2015/03/11/ARTI1426063234270127.shtml，最后登录时间：2022年3月16日。
[②] 王昊、蒋洁：《关于完善我国法官豁免制度的思考》，载于《兰州学刊》2015年第1期。

检察官因履行司法审判、检察职能而处于不利之境地,保障其能够依法规范地履行职责。

(二) 职业保护的方式及程序

1. 防止外界干预办案的机制

新一轮司法管理体制改革建立起了防止外界干预办案的机制。中央颁发的《保护司法人员依法履行法定职责规定》第二条规定:"法官、检察官依法办理案件不受行政机关、社会团体和个人的干涉,有权拒绝任何单位或者个人违反法定职责或者法定程序、有碍司法公正的要求。对任何单位或者个人干预司法活动、插手具体案件处理的情况,司法人员应当全面、如实记录。有关机关应当根据相关规定对干预司法活动和插手具体案件处理的相关责任人予以通报直至追究责任。"为有效防止领导干部干预司法活动、插手具体案件处理,防止司法机关内部人员违反规定过问案件,确保法院、检察院依法独立公正行使审判权和检察权,2015 年出台的"三个规定"[1] 也对此方面做了详细规定,从而建立起了防止外界干预办案的机制。

2. 专注司法本职工作

《保护司法人员依法履行法定职责规定》第三条规定:"任何单位或者个人不得要求法官、检察官从事超过法定职责范围的事务。人民法院、人民检察院有权拒绝任何单位或者个人安排法官、检察官从事超出法定职责范围事务的要求。"《人民法院落实〈保护司法人员依法履行法定职责规定〉的实施办法》(以下简称《实施办法》)第二条规定:对于任何单位、个人安排法官从事招商引资、行政执法、治安巡逻、交通疏导、卫生整治、行风评议等超出法定职责范围事务的要求,人民法院应当拒绝,并不得以任何名义安排法官从事上述活动。严禁人民法院工作人员参与地方招商、联合执法,严禁提前介入土地征收、房屋拆迁等具体行政管理活动,杜绝参加地方牵头组织的各类"拆迁领导小组""项目指挥部"等临时机构。这是新一轮司法体制改革为确保法官、检察官专注

---

[1] "三个规定"是指 2015 年中央政法委印发的《司法机关内部人员过问案件的记录和责任追究规定》以及同年中共中央办公厅、国务院办公厅印发的《领导干部干预司法活动、插手具体案件处理的记录、通报和责任追究规定》以及 2015 年 9 月最高人民法院、最高人民检察院、公安部、国家安全部、司法部出台的《关于进一步规范司法人员与当事人、律师、特殊关系人、中介组织接触交往行为的若干规定》。

司法本职工作、建立保障机制的重大成果。

3. 维护人身安全及合法权益

包括以下几点：一是对诬告陷害司法人员的严厉惩处，并及时消除影响，恢复名誉，赔偿经济损失。法官、检察官因接受调查暂缓晋级的，晋级时间从暂缓之日起计算。二是对干扰阻碍司法活动，威胁司法人员及其近亲属的人身安全、自由和正常生活的从严惩处。三是必要时对办理高危案件的司法人员及其近亲属采取特殊保护措施。四是防止个人信息泄露。[1]《实施办法》第十条规定：各级人民法院的立案信访、诉讼服务、审判区域应当与法官办公区域相对隔离，并配备一键报警装置，便于及时处置突发事件。各级人民法院应当严格执行《人民法院安全保卫工作人员和装备配置标准》和《人民法院司法警察不同执勤岗位警用装备配备标准》，普遍设立安全检查岗，配备相应安全设备，强化安全监察人员的责任意识、规范意识和操作水平。

4. 职位保障

法官、检察官的调离、免职、辞退或者作出降级或撤职处分均应具备法定情形，且应当按照法律规定的程序和管理权限进行。决定应当以书面形式通知法官、检察官，并列明作出决定的理由和依据。法官、检察官对决定不服的，可以申请复议、复核，提出申诉、再申诉。不得以办案数量排名、末位淘汰、接待信访不力等方法和理由调整法官、检察官工作岗位。

5. 责任豁免

法官、检察官非因故意违反法律、法规或者有重大过失导致错案并造成严重后果的，不承担错案责任。法官、检察官依照司法责任制，对履行审判、检察职责中认定的事实证据、发表的意见、作出的决定负责。上级机关、单位负责人、审判委员会或者检察委员会等依职权改变法官、检察官决定的，法官、检察官对后果不承担责任，但法官、检察官故意隐瞒或者因有重大过失而致遗漏重要证据、重要情节，或者提供其他虚假情况导致该决定错误的除外。法官、检察官履行法定职责的行为，非经法官、检察官惩戒委员会审议不受错案责任追究。[2]

---

[1] 中共中央办公厅、国务院办公厅：《保护司法人员依法履行法定职责规定》第十五至十九条，2016 年 7 月 28 日发布。

[2] 中共中央办公厅、国务院办公厅：《保护司法人员依法履行法定职责规定》第十一至十四条，2016 年 7 月 28 日发布。

五、司法人员履职保护制度的完善

2015年3月30日,中共中央办公厅、国务院办公厅公布《领导干部干预司法活动、插手具体案件处理的记录、通报和责任追究规定》,同日中央政法委公布《司法机关内部人员过问案件的记录和责任追究规定》,2015年9月最高人民法院、最高人民检察院、公安部、国家安全部、司法部出台《关于进一步规范司法人员与当事人、律师、特殊关系人、中介组织接触交往行为的若干规定》。这三项规定的出台分别从外部和内部构筑起防止干预司法的"防火墙"和"高压线"。这种过问必留痕的制度设计,将排除外部干预与加强内部监督相结合,建立一整套防止干预司法的制度体系,从而极大地挤压了行政权力、人情关系对司法活动干扰的空间,然而在实践中,却依然无法避免体制内领导干部利用人员任免及调动等方式对司法活动加以干预。2016年7月出台的《保护司法人员依法履行法定职责规定》,作为首个全面加强法官、检察官依法履职保护的纲领性文件,尽管细化了司法人员各类权益保障机制,拓展了司法职业保障范围,但也还是存在不足和需要进一步完善的地方。[①]

(一)以法律形式明确法官、检察官罢免的事由及罢免程序

强调法官、检察官的职位保障,并非意味着其在任职期间绝对不能被免职,而是应对法官、检察官的弹劾、免职、调动等方面作较为慎重的考虑。我国《法官法》和《检察官法》[②]虽然对法官、检察官应当予以处分的行为作出了规定,但实际上并不十分明确。新修订的《法官法》第四十六条、《检察官法》第四十七条分别规定了10种法官、检察官应当予以处分的行为,但使用了如"拖延办案,贻误工作"等较为抽象的表述,这类词语外延广泛,含义模糊,实践中容易流于随意性解释。另外,现有法律和相关规定未对法官、检察官罢免的程序作出明确规定,现实中法官、检察官被随意罢免的情形有所存在,其职业

---

① 徐同武、孟凡立:《新一轮司法改革背景下司法人员职业保障制度的完善》,载于《法治论坛》2015年第39辑,第60页。
② 《保护司法人员依法履行法定职责规定》中关于免职规定的情形同《法官法》《检察官法》的规定一致。

稳定性未能得到很好的保障。基于此，本书认为，在法官、检察官面临可能被罢免的情况时，可由其所在的单位提请法官、检察官惩戒委员会进行审查，提出作出处分的意见。然后根据法定程序提请人大常委会罢免。在整个过程中，必须保障法官、检察官享有陈述申辩的权利。①

（二）明确法官、检察官职务的变更应以自愿为前提

为了保证法官、检察官在办理案件过程中没有后顾之忧，在非处分性的变更职务或调离工作问题上，应实行法官、检察官"自愿"原则。② 自愿原则并不排除法官、检察官在不同办案岗位上的流动，相反，法官、检察官轮岗制不但有利于掌握各类案件的审理，更有利于完善法律知识储备，形成系统的法律思维模式，但是法官、检察官的流动，应以保持其职务的稳定性为前提，也就是说，在没有法定原因，也未经当事法官、检察官同意的情况下，不得将其任意调出，或从办案岗位调入非办案岗位，否则将变相剥夺其司法权，不利于其职业的稳定性和专业化，从而间接影响司法权的独立运行以及司法的公正性。另外，自愿原则也并不排除法官、检察官因违反审判检察纪律受到惩戒或因回避事由，而被调离办案岗位③，只要这种调离是遵循一定的程序进行，并保障被调离法官、检察官享有要求听证、申诉等最基本的程序权利。

（三）事前事中事后全方位保障司法人员的人身安全

当前对司法人员人身安全的保障主要集中于事前预防，各地按照相关规定落实常规安保机制，加强安保硬件设施的建设，配备必要的录音、录像监控设施，在办案场所安放安检装置，强化司法警察在维护法庭秩序与安全方面的职责。但仅靠事先预防还远远不够，在危险来临之际，对风险的及时化解和后续的处理工作也显得尤为重要。因此，笔者认为，除了落实常规的安保工作外，还应当从以下两方面出发，全方位地保障司法人员的人身安全：一是加强法官、检察官处置突发事件的能力及心理辅导培训④，通过印发学习手册、邀请安全专

---

① 具体流程可参见本书第十章司法人员职业惩戒制度中关于司法惩戒程序的相关内容。
② 陈文兴：《法官职业与司法改革》，中国人民大学出版社 2014 年版，第 166 页。
③ 袁勤华主编：《司法人员管理体制研究》，中国法制出版社 2016 年版，第 207 页。
④ 柴立军、邹耀广、许东劲：《广州法院法官人身安全保障情况的调研报告》，载于《法治论坛》2008 年第 2 期。

家开设辅导课程等方式，加强法官、检察官在履行审判检查职责过程中遇到扰乱法庭秩序、人身被威胁、伤害等突发事件时的处置能力，通过心理辅导培训，使其掌握一定心理辅导知识，便于察觉当事人的情绪波动，并及时缓解。二是建立法官、检察官人身安全保险制度，根据不同地区的经济情况为其购买人身意外伤害保险，增强法官、检察官面临职业风险后的保障。

（四）健全心理调节机制，守护司法人员心灵家园

司法人员拥有和谐心理是履职的必备条件。国家在劳动者心理健康权益保护方面，应加快出台相应的法律规定或司法解释，如着力解决司法人员所面临的一些生活难题（如夫妻、子女异地工作等）；通过开展丰富多样的文娱活动，培养司法人员兴趣爱好，释放工作压力，提升综合素质；关注司法人员的思想动态，尤其是在一些关键时间点，定期对司法人员开展心理健康评估，发现问题及时进行干预和治疗等。

（五）将扰乱法庭秩序犯罪引入直判程序，保障法官依法履职

针对开庭审理案件过程中，当事人不遵守法庭秩序，侮辱法官、咆哮法庭、造成法官人身伤害等情形，我国《刑法》第三百零九条规定了"扰乱法庭秩序罪"，即：（1）聚众哄闹、冲击法庭的；（2）殴打司法工作人员或者诉讼参与人的；（3）侮辱、诽谤、威胁司法工作人员或者诉讼参与人，不听法庭制止，严重扰乱法庭秩序的；（4）有毁坏法庭设施，抢夺、损毁诉讼文书、证据等扰乱法庭秩序行为，情节严重的，处三年以下有期徒刑、拘役、管制或者罚金。该规定能够从一定程度上制裁妨碍正常审判秩序的行为，保障法官依法、公正履行审判职责。由于缺乏具体的操作程序，司法实践中法官往往会根据当事人的具体行为予以警告、罚款或适用其他相关罪名定罪处罚。

但实际上，在扰乱法庭秩序犯罪中，法官目睹犯罪发生的全过程，能够形成全面、真实的认识，对于该类犯罪可以启动直判程序，既确保法官能够依法公正履行职责，又能增强民众对法律、法庭和法官的信仰与尊重。当然，法官直判程序要依法设定范围条件[①]，避免造成权力滥用。

---

① 陈彬：《扰乱法庭秩序犯罪能否引入直判程序》，载于《人民法院报》2015年11月23日，第2版。

（六）建立司法信息公开机制，促使司法人员依法履职

近年来，我国司法机关全面推行司法公开，但无论是司法公开、检务公开，还是案件信息公开，都不属于司法信息公开。司法信息公开是在司法行为发生之后，由司法机关对其制作或者获取的司法信息的公开，具有明显的事后性，而司法公开强调的是司法行为的公开进行，是司法过程的同步公开。① 推进司法信息公开，符合社会公众本位的理念，能够确保公民充分行使其知情权、参与权等各项权利，这种权利的行使，从某种意义上来说，也能够进一步倒逼司法权的依法独立行使。因此，司法机关在全面推行司法公开之后，还应当尽快实行司法信息公开。

---

① 谭世贵、陈党：《依法独立行使审判权检察权的保障机制研究》，载于《江汉论坛》2015年第10期。

第八章
司法人员绩效管理

绩效管理一直以来都是一个备受关注的话题，尤其是在员额制改革全面落实的背景下，司法人员队伍日趋正规化、专业化、职业化，原有的司法人员绩效管理理念与方式已不能适应人员分类管理改革的态势，由此，科学完备的司法人员绩效管理体系对司法队伍向专业化、精细化和职业化方向转变意义重大。

第一节　司法人员绩效管理概述

一、司法人员绩效管理的内涵

绩效的概念源自管理学，一般理解为"功绩、功效"[1]，从字面上来看包括绩和效两个方面。绩，即业绩，代表完成的事业和取得的功劳；效，即效率，体现为完成工作的行为、方法等。绩与效结合在一起，则指某一主体在某一单位时间内的投入及产出情况。在实践中，绩效通常被用于衡量企业以及其他组织的成果，一般包括经济、效率、效益。早期更多适用于企业投资及企业项目管理等方面。最初绩效呈现的表现形式是考核。[2] 据记载，在我国三皇五帝时期，《尚书·尧典》里的"纳于大麓，暴风骤雨弗迷"，说的就是尧采取绩效考核后，才将帝位禅让给了舜。[3] 而在西方，早在19世纪初，罗伯特·欧文斯最先将绩效考核引入苏格兰。17世纪早期到中业，美国首先从军方运用绩效考核，逐步过渡到美国联邦政府对政府公务员开展绩效考核。[4] 1988年，美国已有94%的组织实施了绩效考核。当今所使用的各种绩效考核方式都是在各种组织中充分实施和运用的结果。1999年6月，我国财政部、国家经济贸易委员会、

---

[1] 《新现代汉语词典》，世界图书出版公司2008年版。
[2] 付亚和、许玉林主编：《绩效管理》，复旦大学出版社2003年版，第23~27页。
[3] 何琪：《绩效管理：走出绩效考核的困境》，载于《上海行政学院学报》2007年第1期。
[4] 王淑红、龙立荣：《绩效管理综述》，载于《中外管理导报》2002年第9期。

人事部、国家计划委员会联合颁布企业效绩评价体系,对企业开展效绩评价作出战略部署,我国进入了绩效管理的初步探索性阶段。[①] 然而实践中,绩效考核的功能单一性、目的简单化、指标固定化、结果应用错位等局限和不足日益凸显,绩效考核已然成为理论和实践中的首要管理难题。

20世纪70年代后期,理论界开始提出"绩效管理"的概念,其兴起源于绩效考核的局限和不足,同时也源于人们对绩效考核的反思和批判。直到80年代后半期,人力资源管理理论和实践研究逐渐被重视,系统化的绩效评估体系随之产生。[②] 在绩效管理思想发展过程中,存在三种不同的观点[③]:第一种观点将绩效管理的作用分为两个方面,一是对工作成绩的奖惩,二是对个人工作能力的评估,是组织在一定周期内完成的任务;第二种观点的核心在于组织整体的战略部署或事业计划,个体因素不是绩效管理的主要对象;第三种观点则是前两种观点的集合,可以说是组织管理和个体绩效综合考虑的结合体。事实上,以往研究更多地倾向于第一种观点,以个体为中心施行的组织干预活动,体现更多的是管理的控制功能。根据上述分析,结合管理学的理论,本章认为,绩效管理是通过充分开发和运用每个个体的资源优势,以期达到组织战略目标的整体管理方法及过程。

一个完整的绩效管理体系包含四个核心步骤:第一步是明确目标与制定计划。在明确组织战略目标并得到个体认同的情况下,对个体目标作出承诺,包含禁止性承诺和目标性承诺。第二步是强化沟通与指导实施。绩效管理的核心在于持续有效的沟通,沟通的主体即管理者与考核对象,沟通的内容包括目标工作进展情况,并共同讨论解决问题的可能性措施。第三步是明确标准与合理评估。在一个时间周期内及时对个人和部门工作绩效进行评估,尽早发现工作偏差或失误,同时也考察个体对实现组织战略目标的投入与付出,对发现的问题采取措施补救。第四步是结果反馈与绩效改进。绩效考核结果必须通过一定形式反馈给被考核对象,可以是公示也可以是面谈,一方面是使被考核对象了解自己的绩效,找出工作中的优势与不足;另一方面则可对下一步绩效管理计划制定进行预估。这四个步骤体现了绩效管理运行具有动态性与循环性的特点,

---

① 何琪:《绩效管理:走出绩效考核的困境》,载于《上海行政学院学报》2007年第1期。
② 仲理峰、时勘:《绩效管理的几个基本问题》,载于《南开管理评论》2002年第3期。
③ 付亚和、许玉林主编:《绩效管理》,复旦大学出版社2003年版,第26页。

正是因为其具有上述特点，循环反复，总结改进，才能促进绩效管理水平不断提高层次。国外学术界对公务员绩效考评建立了一个绩效评估模型，其认为，一个比较完美的绩效评估理应涵盖七个步骤，"即明确评估项目、给出期望结果、制定衡量标准、设计具体指标、做好过程监督、撰写业绩报告、做好运用结果"[①]。实践中，人们更多关注于绩效管理计划制订、目标确定及结果运用，却不知持续的绩效沟通，如一对一的面谈，不定期的工作汇报、思想交流等，才是促进绩效管理不断提升的关键环节。通过沟通与了解，管理者才能随着组织目标即个体实际而调整绩效计划及绩效评估方式。因此绩效管理活动发生在日常，作为主管部门必须对一些关键事件，有关工作绩效的事实、数据随时记录，才能确保绩效管理信息来源的准确、及时，进而实现系统的不断更新和发展，确保绩效管理系统的良性发展。对这些理论的认识也为我们从管理学角度理解绩效管理在司法领域的应用提供了理论依据和逻辑铺垫。

司法人员的绩效管理是绩效管理理论与实践在司法系统内各个组织运行的体现。[②] 现代社会中，司法职能的作用不断增强，司法组织面临的问题日趋复杂。为保障司法职能的顺利实现、提高司法组织的整体绩效及促进司法人员个人素能提升，有关司法管理的基础理论与实践技术得到了长足的发展，并逐步体现出其独特价值。一般认为，司法领域的绩效管理关注点在于对司法人员的工作业绩、行为表现、个人品德等方面进行综合评价，以实现对个体的有效控制与激励。然而由于司法活动或者说司法工作的特殊性，工作完成的好坏不仅取决于司法工作的质量与效率，还应当包括对司法程序运行状况的把握、对司法人员行为的监督，以及司法公信力等。这些通过企业管理方式或是传统管理方式，有些可以解决，有些则是无能为力，由此便催生了司法人员绩效管理的概念与实践。有鉴于此，司法人员的绩效管理应当是通过为考评对象和组织绩效定义、衡量各项客观指标，收集采集各类相关信息，为决策和奖惩提供依据，以达成整体目标和增进司法人员责任感，激发工作潜能为最终目标。

---

① H. J. Bernadin, J. S. Kane. *Performance Appraisal*: *A Contingency Approach to System Development and Evaluation*. second edition, Boston, 2005.
② 公丕祥：《能动司法与审判管理》，载于《人民司法》2010 年第 19 期。

二、司法人员绩效管理的理论依据

西方国家在 20 世纪中期,发生了一场主张运用市场机制和借鉴私人部门管理经验提升政府绩效的"新公共管理"运动。在这场运动中,政府部门借鉴企业模式对公务员进行管理,得到大众认可后发展非常迅速,被世界很多国家采用,其中就包含当今绩效管理的很多理论基础。

(一) 人本管理理论

管理要以人为本,绩效管理的初衷和最终目的在于激发人的潜能。从微观层面而言,每个组织都是由个体组成,个体能力和积极性的集合才能成就整体的力量。绩效管理需要全员全程参与,包括参与绩效计划的制订、绩效考核的实施,并将目标计划作为自己的奋斗目标,推动工作任务的实现,逐渐升华个人自身的追求,绩效目标的实现由"自在"变成了"自为"。此外,从"监督者""裁判员"到"辅导员""教练""咨询员",不同个体角色有助于减轻传统绩效考核中易出现的焦虑现象,管理者采取有效的绩效沟通,可以帮助被考核对象克服工作过程中遇到的障碍。[①]

(二) 目标管理理论

"目标管理"由"现代管理之父"彼得·德鲁克创立,也称为"成果管理"或"责任制",是以目标为导向,以人为中心,以成果为标准,促使组织和个人取得最佳业绩的现代管理方法。目标管理法是在个体的积极参与下,自上而下地确定工作目标,并在工作中实行"自我控制",自下而上地保证目标实现。德鲁克认为,目标是工作的前提,而非相反,一个领域如果没有目标,这个领域的工作必然会被忽视。因此,管理者需要以确定该领域工作目标为前提,并对其进行有效分解,转变成各个组织机构及每个个体的独立目标,进而对各项目标完成情况进行考核、评价和奖惩。一般而言,采取目标管理法包含 5 个阶段:

---

① 徐晓锋、车宏生、陈慧:《组织支持理论及其对管理的启示》,载于《中国人力资源开发》2004 年第 5 期。

确定整体目标、目标逐级分解、明确责权、组织实施、考评和反馈,其与现代绩效管理的核心流程是基本一致的。

(三) 职务分析理论 (job analysis theory),亦称工作分析、岗位分析

职务分析,即关注点在于某项工作职务的性质、任务、责任、隶属关系、工作条件、任职资格等信息,由此确定完成该项工作需要的方案及人力资源配置。① 职务分析最初在企业管理中成功地得到了应用,后被应用于公共部门。② 对于司法机关而言,每个岗位职责均具有特殊性,只有通过职务分析能够确定不同岗位和个人的工作规范及工作要求,才能科学合理明确考核要素,从而达到客观准确考评的目的。

三、司法人员绩效管理的价值功能

"有效的绩效评估系统能够以两种途径通过提高雇员工作绩效产生竞争优势。一是指引雇员的行为趋于组织的目标,二是监督雇员行为以确保那个目标得以实现。"③ 美国劳伦斯·S. 克雷曼 (Lawrence S. Kleiman) 教授坚信良好的绩效评估体系不仅能凝聚员工力量和意志,为经理们提供一个系统的监督和鞭笞下属的方法,还是组织发展的最有力工具。④ 在持续管理与控制中,对司法人员开展评议、评价,保证司法效果的持续改进,对全面提高司法质量、效率、效果,提升司法公信力发挥着重要的作用和效能。具体体现如下:

1. 落实司法责任

司法责任强调司法人员依法办理案件、忠实履行职务,违背职责时应受到责任追究。司法责任制是健全检察权运行机制的核心内容,在司法改革中居于基础性地位。绩效考评是落实司法责任制的倒逼机制、基础平台、有效形式,是不可逾越的管理环节。通过对绩效管理体系的不断完善,将社会对司法公信

---

① 周智红、王二平:《多维效标测量的构成》,载于《心理学报》2001 年第 33 期。
② 王定云、王世雄:《西方国家新公共管理理论综述与实务分析》,上海三联书店 2008 年版,第 86 页。
③ [美] 劳伦斯·S. 克雷曼:《人力资源管理获取竞争优势的工具》,机械工业出版社 2004 年版,第 249 页。
④ 农中校、刘缨:《检察官职业化建设探索与研究》,中国检察出版社 2008 年版,第 151 页。

力的需求转化为司法责任纳入目标体系之列,指引司法人员规范司法,在追求法律效果的同时,关注社会满意程度,为不断提高司法公正的质量与效率提供了一种可行路径。

2. 司法决策科学

绩效考核打破了传统的集权控制型管理模式,通过培训指导、考核实施、绩效反馈等方式帮助个体实现绩效目标。重要思路是设置科学合理的司法人员专业化、职业化绩效标准,引导规范、高效的职业活动。绩效评估结果,也能够为司法决策和管理者提供准确有效的信息预测,特别是站在全局角度考量部门之间信息不对称、工作不平衡、人员配置不合理等问题,有针对性地优化司法资源配置,保证司法行为的科学性、合理性和有效性,以实现整体工作预期目标。

3. 案件精细管理

"流程管理不应是孤立开展,需要和制度、绩效有效结合。"① 司法人员绩效管理正是将案件流程管理、案件质量管理和司法效率管理结果运用其中,采取更为精细化的管理方法,注重评估与反馈,特别是对流程优化、行为纠偏具有重要作用,调控各项工作在优化战略的主线上规范有序地推进,以达到优化司法资源配置、提升司法能力和工作绩效的目的。

4. 提升司法效能

"组织目标的实现得益于战略,管理控制系统是实施战略的工具。"② 司法人员的绩效管理,既包含管理约束人的行为,同时也强调人的主动性和创造性,才能有助于发挥管理的整体效能。③ "美国、德国等发达国家法官的整体素质较高,但为了激励法官不断保持、提高案件的审判质量与效率,仍在法官工作的评估机制方面进行了积极、有效的探索。"④ 实践中,绩效管理中的评估与反馈环节具有很强的激励与导向作用,有效地促使部门之间、个人之间的比较与学习并最终形成相似的绩效。将绩效考评结果作为司法人员奖惩考核的重要依据甚至唯一依据,营造创先争优的良好氛围,提高工作整体效能。

---

① 王玉荣编著:《流程管理》,机械工业出版社 2004 年版,第 131 页。
② 汪家常、魏立江:《业绩管理》,东北财经大学出版社 2011 年版,第 18 页。
③ [美]哈罗德·孔茨、海因茨·韦里克:《管理学》,郝国华等译,经济科学出版社 1993 年版,第 377 页。
④ 孙万胜:《以科学考评提升审判质量和效率》,载于《人民法院报》2006 年 1 月 9 日。

5. 激励个人发展

哈罗德·孔茨认为："差不多在所有的场合，不论是工作或消遣，都存在着某种形式的对表现的评价。而且，大多数人，尤其是那些有能力的人，都想了解自己干得如何。"[①] 在法院、检察院队伍正规化、专业化、职业化建设的大背景下，通过考核及时反映工作成就和发现存在的问题，有效测量司法人员能力和业绩表现。实行绩效考核之前，各地往往采取传统"民主推荐、民主测评、个别谈话、领导讨论"的选任模式，实践中显然难以胜任职业化、精英化选任的要求。唯有科学的绩效管理才能激励司法人员提高工作动机，通过设定绩效目标，有效甄别职业素能、司法表现优劣，成功选任出拥有较高职业素质、技能、意识和伦理，司法表现优异的司法人员，同时促使被考核对象将自己的行为结果与既定的目标与标准相对照，及时进行调整和修正，如果能够真正使考核结果与利益分配联系起来，则能实现个人素能提升与整体目标实现的"双赢"。

第二节 司法人员绩效管理评析

一、国外司法人员绩效管理模式

20世纪80年代开始，美国、英国、法国、德国等发达国家尝试将绩效管理的相关理论引入司法系统，开始在法官、检察官中推行绩效考核、司法质量评估或司法绩效评估等制度。

（一）德国的简便易行鉴定制度

德国是欧洲最早实行公务员考试任用制的国家。德国的《公务员法》则为

---

① ［美］哈罗德·孔茨、海因茨·韦里克：《管理学》，郝国华等译，经济科学出版社1993年版，第387页。

绩效考评制度提供了具体的法律依据。在德国，检察官虽然是国家公务员，但却把检察官从公务员队伍中区分开来单独考评，无论内容、形式和效果都呈现出权威性、公开性、客观性、决定性四个特点，同时注意宽严适度，要求考核必须准确、全面、均衡。德国检察官绩效考评体系的设计主要包括以下几个方面：一是考评周期。根据1978年颁布的《联邦公务员职业生涯条例》规定，公务员至少每四年接受一次定期绩效评估，除此之外，在关键时间节点也需要接受评估，如实习考评、任职考评、换岗中期考评三种。"年满55周岁或工资级别在A16级以上的，原则上不进行定期考核。"① 二是考评指标。考评指标包含三个大类共15个项目，涵盖专业成绩、个人素质、综合能力三大项。其中专业成绩主要考核履行职务的工作业绩、工作责任心和团队精神。个人素质包括个人身体素质和职业道德素养等。综合能力更为广泛，包括但不限于决策、组织计划、专业知识运用、社会处置、领导等多方面能力，同时也会考核口头表达能力和文字写作能力等。三是考评等级。"从考核标准上看，德国公务员法中明确规定，对公务员实行18分制，即每个项目最低得分为0分，最高得分为18分，分为A、B、C、D四个等级。其中A类（16~18分）为优秀，B类（12~15分）为良好，C类（7~11分）为一般，D类（0~6分）为较差。"② 德国检察机关根据公务员法制定的统一标准，由主管上级领导对所属司法人员的绩效评估分值进行综合平衡，最终确定司法人员的绩效等级。四是考评主体。检察长每四年对检察官进行书面评价，司法部将检察长的评价作为评估检察官的主要依据和重要参考。五是考评方法。首先是考评主管部门根据相应的评价工作情况逐一进行评估打分，再按照各项考评指数的评价，"结合其平时表现情况、执行职务和工作表现以书面形式进行综合评价后，报总检察院审核"③。六是考评结果应用。考核结果记入司法人员的个人档案，并运用于司法人员人事决策等关键环节，但对于薪酬的影响并不大。德国的考核制度简便易行，同时并不按比例排名或区分出优劣，保护了大部分人积极性的局面，这是司法人员绩效考评体系的可取之处。④

---

① 谢明：《试论我国公务员制度的改革、发展与完善——冲破不合时宜的观念、体制和做法的束缚》，载于《天津行政学院学报》2003年第12期。
② 卢乐云：《德国检察官为何受宠备至——德国检察官选任与考核机制见闻》，载于《人民检察》2011年第1期。
③ 姜海如：《中外公务员制度比较》，商务印书馆2003年版，第75页。
④ 谭融：《公共部门人力资源管理》，天津大学出版社2003年版，第52~63页。

（二）法国的客观精细考核制度

在法国，《司法官身份法》对法官、检察官的业绩评价做了较为详细的调整和规定。其特点主要表现在：一是详尽的"行政档案"。每位司法官在司法部内均存有一份"行政档案"，所涉内容广泛，包括公民身份、任命文件、司法级别、所受培训以及司法事故和纪律惩戒，其中最核心的部分便是业绩考核。二是定期考核为主。定期考核反映司法官在一定时间段内的职业能力、职业强项以及需要提升的方面，进而由此准确评判该司法官在所在岗位完成职能的职业潜能。三是考核指标多样化。在法国，对司法官的考核指标包括28项，同时对于领导层级的法院院长、总检察长或总秘书长，专门设定13项与领导、管理、沟通及规划相关的单独考核指标，与此同时，针对法官、检察官的不同特质还分别设置了专门考评指标，如对检察官侧重于对部门管理、执行刑事政策、上下级沟通、团队协调、执行计划及辩论能力等方面的考核，而对法官则侧重于对是否能撰写清楚可行的判决、引导庭审及组织辩论、冲突管理能力等能力的考核。[1] 四是考核程序的周密性。司法官的考评程序由司法官的自我评述、事先谈话和总结、上诉法院院长或总检察长的最终评价、对考评结果的抗辩四部分组成。五是考核结果及其运用。法国司法官考评制度格外重视考评结果的应用，对于在考评中获得优秀评价的司法官，有机会获得更多荣誉和表彰，当然晋级晋职也与之密切相关。对应其考评结果，所获奖金也有所区别。从特别优秀、优秀、很好、合格到不合格，分别对应17%到3%的不同比例予以奖励。而对于两次被评定为不合格的惩戒，则视具体情形和原因而给出。一般而言，对于"特别优秀""不合格"的考评应说明理由。考评结果的充分运用，更激励司法官们认真工作，以期获得更好的考评结果。六是不可或缺的抗辩程序。异议抗辩程序是被考评对象对考评结果不服的救济手段，目的是保证评价结果的公正性。根据法国《司法官组织法》第12-1条的规定，"如果被考评者对最终考评结果不服，可以在收到最终结果后的15天内向晋升委员会提出抗辩。晋升委员会通过综合考虑考评结果和被考评者的抗辩理由，作出考评意见，该意见随同原考评结果一并装入档案"[2]。

---

[1] 孙琴、刘俊：《法国司法官考评制度及其适用》，载于《人民检察》2013年第4期。
[2] 卞宜良、林学华：《法国检察官业绩考评与晋升制度评析》，载于《人民检察》2015年第12期。

(三) 美国的科学法官评估制度

在美国，检察官属于政府公务员，对检察官的考核仍采取对公务员的考核标准和方法，因此体现出强烈的行政管理色彩，考评的内容多为主观性评价，需要进行程序复杂的多层考核。① 而对于法官则采取单独考核方式，较为突出的是美国康涅狄格州（以下简称"康州"）的法官评估项目，主要体现在：一是评估目的。康州法官工作表现评估项目着眼于促进法官素质的提高与进步，在评估项目中设置法官在职培训课程，同时根据对法官能力的评估对法官职务和岗位进行分配。二是评估方式。除了内部评估外，康州法官评估项目的最大特点是将那些在法庭出庭的律师和参与法官主持的陪审团成员纳入考评主体，收集其对法官履行职能的评价，而评价的标准按照"一向如此""有时如此""从未如此"或者"不适用"等类别。尤其值得注意的是，为了使这些评价主体更客观实际地给出评价，评估意见往往采取匿名进行，以鼓励调查对象提出坦白、直率与尖锐的意见。② 三是评估内容与标准。主要体现在举止、专业能力及司法管理技巧。③ 其中举止表现在法官主持法庭诉讼程序过程中的个性和行为；专业能力则是考察法官对法律知识的掌握和理解以及在诉讼程序中的应用；司法管理技能更侧重于庭审遇到阻碍或困难，如在可能造成陪审团成员偏见或发生无效审判情况下做出果断决定的能力、迅速稳妥地进行诉讼程序的能力、促进诉讼各方达成协议的能力以及在恰当情况下向陪审团成员解释审判程序的能力。④

除此以外，其他各国在司法人员绩效管理上积极实践，如韩国在1993年进行司法改革将考评制度纳入其中。⑤ 阿根廷1994年成立了"司法委员会"，其中就包含业绩考核和司法人员遴选的职责。⑥ 新加坡法院采取平衡计分卡制度，以定性与定量评价两种途径对法官的绩效进行评估。域外实践表明，尽管对司法人员绩效管理方式存在差异，但均以体现司法运作的规律和符合司法人员职业

---

① 张国庆、袁尔：《美国公务员的工作考评》，载于《中国行政管理》2003年第1期。
② 最高人民法院司法改革小组编，《美英德法四国司法制度概况》，北京人民法出版社2002年版，第84页。
③ 王宏、王明华：《法官内部考核机制研究》，载于《山东师范大学学报》（人文社会科学版）2006年第1期。
④ 李立新：《中外法官管理制度比较研究》，中南大学博士学位论文，2010年，第81~82页。
⑤ 苏永钦：《司法改革的再改革》，月旦出版社1998年版，第369页。
⑥ 孙谦、郑成良：《司法改革报告——有关国家司法改革的理念与经验》，法律出版社2002年版，第40页。

化特性及内在要求为基础,在追求公正和效率价值的基础上,更关注个体的素能提升与职业保障及发展,增强了司法人员的责任感。①

二、我国司法人员绩效管理必要性分析

自 1995 年我国《检察官法》《法官法》("两法")制定之初,考核就作为法官、检察官管理的重要一章,2019 年"两法"修订后仍然作为重要内容。虽然从具体的规定来看,尚未形成一个充分体现司法职业特征的司法人员绩效考核制度,但这一机制的基本法律框架已跃然纸上。随着这一框架在司法改革过程中得到不断完善,绩效管理必将成为我国司法管理不可或缺的重要内容。

(一) 建成专业化、职业化司法队伍的有效途径

在我国,检察官、法官虽为国家的司法人员,但多年来我国对司法人员仍采取行政管理和军事管理相结合的管理方式。"管理上是准军事化的模式,实行上主要是以强制和服从为特征,依靠钢的纪律和铁的手腕来取得目标统一行动一致的结果,组织上是行政机关化的结构,一级管一级,以目标责任制和数量众多的约束性规范作为实现较高工作效率的保障。"② 这种管理方式不仅容易忽视司法人员的职业特色,更影响司法人员工作积极性,一定程度上束缚了其主观能动性的发挥。

要实现司法人员专业化、职业化管理,科学绩效管理必不可少,其中就包括科学的目标、职业的评估及正确的奖惩。随着司法改革的全面铺开,近年来各地司法机关开始尝试着从司法责任制落实、业务工作目标管理体系、案件质量评查着手突破原有的管理模式。应当承认,这些改革取得了一定的成果,积累了丰富的经验,但是,在绩效管理体系尚未建立健全的情况下,司法人员职业行为的评价机制、引导机制并没有根本改变,在这样的状态下,所有的相关

---

① [加]马丁·L 弗里兰德:《加拿大法官表现评价体系研究》,向华译,引自《国外法官管理制度观察》人民法院出版社 2012 年版,第 86 页。
② 农中校:《论检察官绩效考核机制》,引自张智辉、谢鹏程主编:《中国检察 现代执法理念与检察业务改革》(第五卷),中国检察出版社 2004 年版,第 570 页。

改革都只能是局部性的改良，即便在管理的手段上、形式上有所改善，仍无法从整体上改变原来的行政化管理体制。因此，要真正突破传统管理模式，实行职业化管理必须选择对行政化管理模式具有重大冲击力的突破口。

（二）有效提升司法公信力的必然要求

司法权作为国家公权力，在现代社会被赋予了维护社会公正的"最后一道防线"的崇高使命，其权力运行必然要受到有效的制约与监督，以防止司法权滥用、保障司法权有效实施和人民权益目标。从理论视角分析，对司法人员的监督和制约包括事前监督、过程监督和事后监督，因监督主体不同可以分为内部监督和外部监督。司法人员绩效管理是在内部对司法人员全面监督与制约的有效手段。不少西方国家由于有严格的法官、检察官准入制度和职业保障机制，司法人员的职业素质和能力有充分的保障，考核监督一般侧重事后考核监督。

我国司法队伍的实际状况与国外相比差异巨大。主要体现在：过去大量军队转业人员、外单位调入人员、院校毕业生、公开招录的人员进入司法队伍，且大部分只经过简单的初任法官、检察官考试就已获得法律资格。另外，法官、检察官与其他公职人员的个人经济待遇、工作条件适用同一标准，并且，其经济、工作待遇通常只能维持最基本的生存和工作需要。在这样的背景下，司法队伍是否真正具备了能够适应业务所需的职业素质、能力和品德，是一个难以否定的疑问，实践中体现出的实际业务水平和一系列违法违纪司法不公现象反映出的职业道德素质更强化了人们的这种疑虑。这种状况使我们在监督方式上只能作出一个选择，即建立完备的绩效管理机制，通过事前、过程、事后考核监督等多种渠道确保司法队伍的职业化和廉洁性。

（三）择优选任科学定级的重要依据

近年来，随着我国司法体制改革员额制改革的推进，法官、检察官队伍准入门槛提高，论资排辈传统被打破，司法人员走"优而精"的道路，逐渐成为一种趋势。尤其是在员额制改革施行后，对法官、检察官按照单独职务序列进行管理，实行按期晋升和择优选任相结合的晋升机制。全国法院、检察院按照"以案定额"和"以职能定额"相结合，施行总量控制、省级统筹的原则，经过严格考试考核、遴选委员会专业把关、人大依法任命等程序，遴选产生员额法官、检察官，坚持"入额必办案"，建立办案刚性约束和监督保障机制。通过建立员额退出机制，不办案、不胜任办案工作或离开办案岗位的，及时退出员额。2019年修订后的《检察官法》第十四条规定："初任检察官采用考试、考核的办法，按照德才兼备的标准，从具备检察官条件的人员中择优提出人选。人民检察院的检察长应当具有法学专业知识和法律职业经历。副检察长、检察委员会委员应当从检察官、法官或者其他具备检察官条件的人员中产生。"同时，第二十九条规定："检察官等级的确定，以检察官德才表现、业务水平、检察工作实绩和工作年限等为依据。"这些法律规定说明，择优选拔、任用法官、检察官及科学合理公正的等级晋升已经成为法律的基本要求和重要发展方向。而要实现择优选拔、任用和公正合理等级晋升，就必须建立科学的考核机制，以公平、公正的方式和手段为检察官、法官选拔、任用及等级确定提供科学的依据。多年来，我国检察机关不断深化干部选拔、任用机制改革，希望通过选拔、任用尽快建立一支专业化、职业化的司法队伍，但由于干部考核仍然按照"民主推荐、民主测评、个别谈话、领导讨论"的传统模式运作，择优选拔的效果并不突出，队伍的专业化程与预期相比，依然差距巨大。这一实践说明，没有科学的绩效管理，择优选拔制度不可能真正发挥出甄别英才的作用，按部就班、论资排辈的等级晋升也难以实现司法队伍的精英化。司法人员绩效管理无疑需要揭开其神秘面纱走向前台，并逐步具体化、专业化，准确评估、测量司法人员业务素质、工作能力、实际业绩，成为科学合理公正选任定级的重要依据。

（四）遵循司法规律的根本保障

不论是审判业务还是检察业务，自身都存在一定的规律，只有遵从规律，自觉按规律办事，各项工作才能得到健康、持续发展。绩效管理是引导工作方向的重要手段，从实践的角度看，近几年一些地方通过各种形式的量化考核对司法工作提出了种种绩效目标和要求。这些做法当然立足于良好的愿望，不少内容和要求也值得提倡，但也有不少内容的科学性、合理性值得认真考究，特别是通过量化考核变相下达办案指标的做法，已经导致诸如人为降低立案标准、勉强起诉抗诉，有错不纠等与工作规律背道而驰的不良后果。这些现象的存在，必将对我国法治进程造成发展"硬伤"。因此，从确保司法工作规律得到切实遵守的角度出发,应当尽快建立与司法公正规律、司法职业要求相吻合的绩效管理制度。

三、我国司法人员绩效管理可行性分析

在我国,虽然在法院、检察院开展绩效管理实务的时间相对较短,相关研究比较匮乏,但追根溯源,我国绩效管理历史悠久,具有持续发展完善的思想基础、现实背景和实践基础。

(一) 现实背景层面

新中国成立后,我国并未将司法人员与其他公职人员进行明显区分,而是统一适用《国家机关工作人员考绩暂行条例》。从 1952 年司法改革运动起直至改革开放之前,政治运动成为国家生活的主线,政治素质成为主要的甚至是唯一的考核标准。改革开放之后,面对干部选拔任用工作出现的新情况、新问题,党和党的各级组织人事部门不断总结经验完善制度。1986 年 1 月,中共中央下发了《关于严格按照党的原则选拔任用干部的通知》;1995 年,中央制定颁发了《党政领导干部选拔任用工作暂行条例》。[①]

此后,各级党委及组织部门从实际出发,制定了相应的实施细则及配套措施对干部考核的方式、内容、程序等进行规范,干部考核评价工作的科学化、民主化和制度化有了相当大的发展。建立科学的绩效考核机制逐渐成为全社会的共识,创造一个公开、平等、竞争、择优的用人环境和建立一套干部能上能下、能进能出、充满活力的管理机制的做法得到了广大干部群众的广泛认可和支持。这些制度上的发展和认识上的转变,促使各机关特别是法院、检察院等专业性强的机关积极探索适合本部门工作特点和要求的选人用人机制,为职业法官、检察官绩效管理机制的建立奠定了基础。随着干部人事制度改革的推进,党政领导干部考核制度也不断向规范化、公开化、民主化、精确化发展。2000 年 8 月,中共中央批准《深化干部人事制度改革纲要》,明确提出要建立健全党

---

① 夏红:《试论党的干部制度改革的发展趋势》,载于《中国青年政治学院学报》2003 年第 5 期,第 18 页。

政领导干部定期考核制度，研究制定以工作实绩为主要内容的考核指标体系。2002年7月，中共中央印发《党政领导干部选拔任用工作条例》，2014年、2019年对其进行再次修改，明确了信念坚定、为民服务、勤政务实、敢于担当、清正廉洁的好干部标准，提出了考察党政领导职务拟任人选要把好政治关、品行关、能力关、作风关和廉洁关；尤其要注重考察工作实绩，深入了解履行岗位职责及取得的实际成效；同时还明确了干部考察的内容、范围、方法、程序等内容。党政领导干部考核制度的变化与发展，其影响力、约束力所及，不仅是对党政机关和党政领导干部，它对任何一个行业的绩效考核工作都会产生巨大的影响和促进作用。

（二）思想文化层面

我国绩效考核机制历史悠久，自战国时期开始就存在以上计制度为主要形式的考课制度，即要求官吏将管辖地区的户口、农业钱粮收入、教育治安、自然灾害等登记上报中央，以便对各级官吏进行考核，测评、监督官吏的政务。在秦朝，除定期上计外，还有平时考查，以对官吏的品质、作风、能力进行综合考核，做出相应的奖惩。这一延续几千年的做法，客观上形成了为官要考评，能者上、庸者下的思想传统。清朝末年，清政府非常重视司法人员的考核问题。根据《法院编制法》的设计，司法官自录用之日起就要接受多方面的监督与考核，如试用期间的考核和监督、检察官的监督。北洋政府时期，司法人员考核制度在正规化、法制化方面又有一定的发展。其间，北京政府司法部制定《司法官考绩规则》《司法奖章条例》和《司法官惩戒法》[1]，对司法官进行业绩考核及奖惩进行了详细规定，考核包括工作情况考核、工作表现考核和守法情况考核三个方面，如"厅员必须亲器到署、出署时间于考勤簿""检察长每日应查阅考勤簿，并饬书记宫长按照考勤簿编制各员每月及全年出勤总比较表"。[2] 为了强化考核机制的作用，法律还设计了一套与考核相对应的奖惩机制，根据考核结果经常性地进行评比，评定名次、表先进、处分应受惩戒之行为者。随后颁行的《考核法官成绩条例》《法官考绩条例》等对考核机构及结果运用进行了进一步明确。中国近代的司法官考核制度虽仅具雏形，但仍不失为珍贵的精神

---

[1] 毕连芳：《北京政府时期司法官考绩制度初探》，载于《历史教学》（高校版）2007年第8期，第86页。
[2] 余绍宋编：《增订司法例规》，民国十三年版，第475~476页。

遗产，为现代司法人员绩效管理提供了历史的经验教训，形成了检察官绩效考核的文化氛围和思想认同，体现了近代人事管理中量才任职、优胜劣汰的原则和精神，为绩效管理的建立与实施提供了思想基础。

（三）实践基础层面

在国家人事制度和领导干部考核制度不断改革完善的精神启发、鼓舞下，司法人员绩效管理逐步得到重视并在实践中不断完善。1995 年《法官法》《检察官法》的颁布，使中国法官、检察官第一次有了彰显"身份性"和"专业化"的制度规范。《法官法》中，专门以"法官考核"和"法官考评委员会"两章的篇幅，对业绩考评制度的内容和形式进行了比较具体的规定[1]，《检察官法》也专门设定了"考核"一章。但由于规定模糊，实践中对司法人员考核仍与行政考评模式趋同，主要是按照行政体制的结构和运作模式建构和运行，具有行政化特征。[2] 随后，最高院、最高检（以下简称"两高"）陆续出台的《法官考评委员会暂行组织办法》《检察官考核暂行规定》《检察官考核委员会章程（试行）》等配套规定，对司法人员考核、选拔考试、辞职辞退等事项进行了规定，在实践中各地也开始以岗位责任制的管理方式为主，确定了简单的效率、质量指标。2003 年起，最高人民检察院制定了《基层人民检察院规范化建设考核办法》《最高人民检察院考核评价各省、自治区、直辖市检察业务工作实施意见（试行）》等文件，对业务工作考核的基本原则、指导思想、考核方法及结果运用予以明确并不断改进。[3] 在最高人民检察院 2014 年出台的《关于进一步改进检察业务考评工作的意见》中进一步明确了考核原则应当是四大原则，即内外部评价相结合原则、遵循检察工作规律原则、正确考核导向原则以及定性评价与定量评价相结合原则，并将检察业务核心数据、案件质量评查情况、落实上级院重要工作部署及社会评价列为四大考核内容[4]，尽管相关文件明确的是对检察业务工作的考核，但同样作为一个组织的战略目标，其核心考核内容、考核指标、考核方式等亦能够为检察人员考核提供思路和参照，各地检察机关也

---

[1] 黄玮鹏：《法官业绩考评制度研究》，华侨大学硕士学位论文，2013 年 10 月。
[2] 张卫平：《论我国法院体制的非行政化——法院体制改革的一种基本思路》，载于《法商研究》2002 年第 3 期。
[3][4] 李俊涛：《论我国检察机关绩效考核制度的完善》，西南政法大学硕士学位论文，2015 年 9 月。

开始围绕上级检察机关对下级检察机关的考核制定符合当地实际的考核办法。与此同时，基于法院实际需要的绩效管理制度悄然起步，以建立审判质量效率评估体系为内容的管理制度得到了初步发展。上海、四川地区法院首先启动案件质量评估与管理工作，2008年最高人民法院发布《关于开展案件质量评估工作的指导意见（试行）》，确定北京、上海江苏、广东、四川等11个地区的高级人民法院为案件质量评估重点试点单位，并于2011年3月对指标体系进行了优化，正式公布《关于开展案件质量评估工作的指导意见》，以审判质量效率评估体系为导向的管理模式正式建立。[①] 建立量化考核、案件质量考核机制等系列改革措施的实施，一方面，促使司法机关工作逐步纳入系统化、制度化、规范化、经常化、科学化的轨道，一定程度上实现了以机制明确导向、以导向形成风气、以风气培育人才、以人才促进发展的良性循环，为司法人员的提拔晋级、轮岗培训、奖惩等提供了相对比较客观的依据，增强了干警的危机感、紧迫感和责任感，激发了干警的积极性，促使公平竞争、能上能下、奖勤罚懒、奖优罚劣、优胜劣汰、能进能出逐步变为现实。另一方面，在实现队伍管理、业务管理制度化、规范化过程中，量化考核的一些不足也逐步显示出来。特别是量化考核在实践中往往具有下任务、下指标的导向作用，这一与司法规律不相协调的现象引起了各级司法机关的重视。立足司法公正实际，建立与司法职业相适应的绩效管理机制的呼声越来越高。由此反映出不论是司法业务绩效考核还是司法人员绩效考核在实践运用中存在的许多问题，有些违背司法规律，影响检察权、审判权的行使，必须及时解决。随着司法体制改革全面推进，为适应人员分类管理，促进司法责任制落实落地的一系列配套措施相继出台，2017年底中共中央办公厅印发了《关于加强法官检察官正规化专业化职业化建设全面落实司法责任制的意见》，其中专门指出要建立健全司法绩效考核制度，提出要"紧紧围绕办案质量和效率进行考核，综合考虑案件类型、难易程度等因素设置权重指标，制定科学合理、简便易行的绩效考核办法。考核信息动态管理、全程留痕，并在系统平台公开。考核结果记入司法业绩档案，作为法官、检察官等级管理、评优奖励及员额退出的重要依据"，对考核重点、考核内容、考核方式及考核结果运用提出明确要求。由此，司法人员绩效考核向着更加科学、合理、符合司

[①] 沈志先主编：《法院管理》，法律出版社2013年版，第179页。

法规律的方向发展。

总体而言,我国司法人员绩效管理虽然起步较晚,系统性还有待增强,但随着依法治国方略的实施和社会主义法律体系的不断完善,整体发展稳健,成效明显,各级司法机关都在实践中积极探索,不断完善绩效评估体系的思路,构建科学绩效管理制度,以推动司法人员绩效管理的科学化、规范化和制度化。

第三节　我国司法人员绩效管理现状与前瞻

绩效管理体系本身必须客观、公正、准确,以绩效为标准调整司法人员的职务级别待遇,实现司法人员个人利益和整体利益的均衡激励。[1] 实践中存在的矛盾是,司法人员职务上的相对独立性和崇高的法律地位,客观上要求绩效考核机制,尤其是对其在工作岗位上的行为表现和工作结果方面的信息采集,尽量避免司法人员在行使职权的过程中受到不当影响和干涉,这就需要探索符合法律精神和职业特色的考核机制。

一、司法人员绩效管理现状评析

随着司法体制改革的推进,我国高度重视对司法人员的绩效管理,各级检察机关、法院基本都建立了一套符合自身发展的绩效管理机制,形成了一套独特的评价体系。由于地方党委和上级法院、检察院双重管理的特殊性,考核主体则体现出明显的分级制,依据不同主体的考核权限进行划分。考核内容也与公务员考核基本一致,即实行德、能、勤、绩、廉全面考核,其中重点考核政治及履行岗位职责等工作表现;在考核的方法上,采用平时考核与定期考核相结合,本人总结、民主评议、组织鉴定相结合的模式。值得注意的是,近年来,

---

[1] 张德主编,《人力资源开发与管理》,清华大学出版社2003年版,第175页。

各地党委政府探索对公务员实行绩效考核评价系统,采取日常记载工作日志、周总结、月评价、半年小结、全年总结的全过程记载评价机制,并将司法人员纳入其中,这样使得检察机关、法院对司法人员的考核可以专注于司法办案尤其是落实司法责任制之上,为日常行为考核提供了便利条件。在考核的目的上,专注于对司法人员的奖励、提拔、晋升。这种以自我考核、同一标准考核、围绕政治表现和工作态度考核为特色的考核机制虽说政治色彩重于职业特色,但其结合实际搭建了基本的考核框架和平台,并且总体方向上契合我国的政治体制和司法构架,一定程度上体现了公正、公平、民主的精神,对司法人员勤政、廉政起了一定的促进作用,对司法的正规化、专业化、职业化发挥了积极的促进作用。然而,由于制度机制的全面性、准确性、针对性和有效性欠缺,绩效管理效果并非如人所愿。这些局限与不足主要表现如下。

(一) 定位狭隘

绩效管理的定位即实行绩效管理应达到的目标,是管理者对绩效管理作用的预期,直接影响到考核的实施,定位错误必然带来实施方法上的差异。司法机关实行绩效考评的目的是更好地管理司法人员,司法机关通过绩效管理实现其目标,司法人员通过绩效管理提升综合能力,实现"共赢"。然而,我国对司法人员绩效管理,无论是从制度设计还是从制度实践,都呈现出明显的简单化、狭隘化倾向。一是认为绩效考核就是对结果进行考核。事实上,考核结果只是绩效考核最终的表现形式,而考核的关键还是行为,行为是工作任务完成的关键,也是达到绩效结果的重要条件。[①] 尤其是对司法机关而言,程序正义与实体正义同等重要,每一个司法行为过程、案件办理流程,均需成为绩效管理的关注点。一旦只注重考评结果,忽视司法行为过程,则容易增加主观的随意性和不确定性,客观性和公正性就无从谈起。二是对考核目标的简单化认知。如前所述,考核目标应具有多重性,既促进自身全面发展,同时保证权力公平行使,维护司法公正。因此,考核结果并非只是用于薪酬奖金、职务晋升的区别对待,更重要的是衡量个体间的发展潜能。然而,实践中的绩效管理多停留于等次与排名,少于改进。多数司法人员对绩效目标并不明确,甚至不理解不支持,认

[①] 仲理峰、时勘:《绩效管理的几个基本问题》,载于《南开管理评论》2002 年第 3 期。

为民主测评足矣,有的看中个人荣誉和利弊得失,丧失大局意义。虽然绩效管理在实施过程中起到一定积极作用,但其应有的激励绩效、弘扬先进的作用没有发挥出来,反而耗费了一定的物力、财力和精力。长此以往,其非但未起到积极的正面作用,反而助长了"不求有功,但求无过"的风气,滋生了形式主义而毫无生机的氛围。因此,对绩效考核必须要有一个科学、准确的定位,既不能丧失其激励作用而流于形式,也不能将其作用局限于拿奖金、争优秀。

(二) 指标固化

一是关键指标不突出。从事绩效管理的人,尤其是制定绩效管理办法的人大多有一个感触,方案制订的难点往往聚焦到指标体系设置上。受传统公务员行政考评影响,"德能勤绩廉"式的考核标准固然具有一定的合理性,其兼顾了政治思想、职业道德、业务能力、业务知识、工作态度、工作纪律、工作效率、工作成果、工作质量、廉洁自律等多项考评指标,每一项对管理者而言都十分重要缺一不可,但指标设置得过于全面往往又容易陷入重点不突出的困局,导致管理者"眉毛胡子一把抓",既不能提高工作绩效,更无法识别和判断个体与团队的发展潜能。作为被考核对象则会因面面俱到、细枝末节的衡量指标而分散"集中精力办大事"的注意力,极大地影响了组织的成功。二是职业特性不明显。司法人员绩效考核评估指标应具有独特的职业色彩,司法人员内部根据分工不同、职责不同、岗位不同,考核指标也应当有所区别,特别是对考核重点的司法质量、效率和效果未合理的设置合理有效指标,同时也未能体现各考评指标的重要程度。"法律是一门艺术,在一个人能够获得对它的认识之前,需要长时间的学习和实践。"[1] 因此,无论是检察机关还是法院均不同于一般行政机关,专业化、专门化程度更高,公务员应当具备的基本素质是司法人员被关注的基础,但更多的关注点还应体现出法官、检察官职业特性的科学、明确、重要的量化指标。

(三) 方法不适

采用何种方法进行绩效管理,与能否实现绩效管理的目的密切相关。考核

---

[1] [美]诺贝特,塞尔兹尼克:《转变中的法律和社会》,张志铭译,中国政法大学出版社1994年版,第64页。

评价的方法是否科学，直接影响绩效管理的效果。国内外人事管理专家普遍认为，考核既是管理活动中最为关键的环节，同时又是最为复杂难以做好的环节。考核方式科学与否取决于考核对象的参与程度。在我国，对司法人员进行考核的主体往往只由内部人员构成，一般而言只有领导才能对司法人员进行评价，考评过程相对封闭，社会参与率低，整个考评过程缺乏一定的监督和公开公正性。定性考核与定量考核如何有机结合是司法人员绩效管理实践运行中的又一难题。鉴于长期以来单纯的定性考核实践所体现出的种种弊端，近年来，各地积极试行量化考核制，尽可能地以各种数字化指标来考核司法人员的绩效。客观而言，量化考核具有明显的优点，如目标明确、标准清晰、简便易行。但其缺点也相应存在，主要表现为：一是定量指标与量值设定难。司法行为、司法过程及司法结果具有非常复杂的背景和归因，往往是多维因素非线性作用的结果。每个个体的努力程度、职业能力和风险态度均不相同，尤其是某些核心司法指标，难以量化测度，如果非要强调某一因素而忽视那些难以测度的司法活动，反而会产生不适当的激励效果。二是科学性受到质疑。司法的结果具有非常复杂的背景和归因，往往这些复杂的背景和归因，不但隐含着人的因素，如努力程度、职业能力和风险态度等，而且还受到许多因素的影响，并且某些核心司法领域亦难以进行量化测度。单凭量化考核实难科学、合理地处理上述复杂背景和归因因素，而偏倚地强调某一因素和特征甚至忽视那些难以测度的司法活动，则可能产生不适当的激励效果。无论是法官还是检察官，办理的案件或是从事的司法行为大多是无形的，即便是同样办案，也存在难易之别。许多重要司法活动，其量化考核指标实难确定，一旦强行量化，其指标科学性会受到质疑。三是公平性受到质疑。由于司法职能的多样性，每一项职权都具有其岗位特点和要求，部门内部以及部门之间司法人员的业绩如何量化以及量化之间如何平衡也是确保考核公平性面临的一个难题。而这一问题如果不能得到很好的解决，量化考核就有可能挫伤那些自认为未受到重视的部门人员的积极性。与此同时，定性考核的优点则体现在，制定考核指标难度较小，可变性强，但从另一个方面来看，定性考核的往往通过民主测评、领导评分、自我评价等形式展现，所设定的指标最终容易流于形式缺乏客观性、准确性。因此，我们在制定考核指标时，要充分利用每一种考核模式，优势互补，必须充分考虑考核内容的性质和具体特点，充分利用每一种考核模式的长处，把定量考核与定性考核有机结合，同时还要有充分的理论准备和实践论证，否则很难达到预期的效果，将会再次陷入考核只是"走过场"的困局。

（四）反馈缺失

如前所述，绩效管理一方面是完成组织整体目标，另一方面也是为了提高被考核对象的工作能力和水平。而当被考核对象遇到困难时，考核、评价过程完成后，管理者有必要将考评结果及时反馈给被考核对象，找到问题症结，并着手帮助其完善工作方法。绩效考核最基本的目的是提高被考核对象的绩效，同时也是为了更好地完成实现组织整体需要的任务。为此，应在绩效考核实行前设定好考核所要达到的目标，在考核实行过程中充分了解被考核者遇到的困难或进度，考核过程结束后将考核结果及时反馈给被考核对象，找出导致不良结果的问题及其原因，并帮助被考核对象一同改进工作方法。可以说，考核结果反馈是绩效考核的关键环节，但却在实践中最容易被忽视。考核结果反馈不能被狭义地理解为考核信息的传递，更重要的是要聚焦考核的目标，通过考核维持和改善司法人员自身素能，有效的反馈，尤其是主管领导与其下属司法人员之间的沟通是能够提供有益的指导和支持的。然而在实际运行中，轰轰烈烈考核，悄无声息结束，成为绩效管理的日常写照。考核中对绩效管理不在意，对存在的问题自然很少过问，即便考核结束了，考核对象也只是了解其结果，并不能从中发现自身的优势与不足，尤其是职业的定位与选择。长此以往，必将导致大家对考核要么漠不关心，要么敷衍了事，要么斤斤计较，要么得过且过。

（五）结果应用趋同

花费大量人力、物力、财力开展绩效管理，然而却存在考核等次差异小、结果运用不合理等问题。其主要原因在于：一是缺乏必要沟通，信息获取不对称，导致评价者心态很矛盾，要么只唱赞歌，要么褒贬各半，不痛不痒。致使考核结果或者出现"你好我好大家好"的一团和气，或者出现"今年你优，明年他优，轮流分享，皆大欢喜"的过场局面，考核的激励作用弱化。二是等次比例设置不合理。绩效考核结果一般被分为"优良中差"四个等次，"优秀"等次一般占15%~20%；由于获得中以下等次的后果过于严厉，不仅与当年绩效奖金直接挂钩，法官、检察官连续两年考核为不合格等次要退出员额。因此，在实践中基本没有"中"或"差"等次。绝大多数司法人员均拥挤在"良"等次上，考核结果的层次自然会差别非常小，但其中必然包括业绩好的司法人员，也包括业绩差的司法人员，混淆了他们履职行为方面的差别，出现"干多干少、干好干坏都一样"的现象。三是结果运用不合理。在传统的绩效考核中，结果多运用于年底评先表优，通过颁发证书、奖状、口头表扬等方式进行表彰，但考核结果亦与利益分配关联性不强，由于大多数被考核对象在一个评价等次上，对应绩效奖金差距也微乎其微。上述现象客观上助长了司法人员漠视考核的心理，预期的激励效果未能较好地体现，实践中更是出现"为考核而考核""礼让优秀"或"轮流当优秀"的情况。绩效考核结果与职务晋升关联性更小，总体来讲，考评结果的应用主要体现在精神层面。

二、司法人员绩效管理体系之健全

目前，我国司法人员绩效管理主要依据的是 1995 年颁布并在 2001 年、2007 年予以修改的《法官法》《检察官法》，2019 年第十三届全国人民代表大会常务委员会第十次会议对上述两部法律再次修正，两部法律在第六章对考核制度作了专门规定，具体内容依次为：考核组织、考核方法、考核内容、考核结果和结果运用、申请复议。实践中，随着司法改革特别是员额制改革的推进，各级审判机关、检察机关按照上述两部法律，结合各地实际，引入先进管理理念，为构建完备的司法人员绩效管理体系提供有益经验。

（一）绩效管理的原则

为了确保绩效管理的合理性及考核结果的公正性，需要确立一定的基本原则。目前《法官法》《检察官法》已经确立客观公正原则、领导和群众相结合原则及平时考核与年度考核相结合原则三项原则：所谓客观公正原则，是指对司法人员考核要坚持实事求是，公平正直，没有偏私，不能扩大或缩小考核对象的工作实绩、业务能力，更不能先入为主，凭个人的感觉或好恶恩怨对考核对象作出不符合实际的考核评价，以彰显考核制度的公平和机会的均等。客观公正对待每个被考核对象是绩效管理的基础，只有考核符合实际，被考核对象才可能对考核结果心服口服。因此，在考核过程中，有必要通过建立司法档案汇总、收集、整理、计算有关信息资料，用实实在在的工作数字、行为表现及实际效果、同事评价等作为衡量的客观标准。所谓领导和群众相结合，是指在考核中既要注意倾听群众的意见、评价，又要考虑考核对象主管领导对其工作实绩、法学理论和业务水平等方面的评价。坚持领导与群众相结合原则，是考核质量及全面性的重要保障。所谓平时考核与年度考核相结合原则，是指考核要坚持以工作业绩为重点，并在此基础上做到业绩考核和道德考核相结合、定性考核和定量考核相结合，对司法人员作出符合客观实际的综合评价。上述三项原则无疑具有相当重要的意义，但为避免司法人员在行使职权过程中受到不当的干涉和影响，有必要增加一些符合法律精神和职业特色，同时能够现实指导和约束考核工作的内容，通过合理定位最大限度地维护绩效管理的公平性、合理性，维护司法人员行使职权的积极性。

一是正确导向原则。绩效考核不能仅仅是一张司法实践的"体检表"，还必须是司法管理的"导向标"和司法公正的"指挥棒"，必须发挥出优化资源配置、提升司法办案质量和效率的作用。因此，考核体系的设置，要与其对办案质量、效率的作用力相适应，便于司法机关有效分析影响司法办案质量、效率、水平的关键因素和查找案件质量效率的"短板"，有针对性地作出科学决策与加强司法管理。考核体系中各个指标数值的升降，还要与案件质效高低联系起来，让指标数值的变化能够直接反映案件质效的变化，为司法决策和管理提供重要依据，对个别指标还要增设制约性指标，避免追求单一指标带来负面影响，比如设置平均审限天数和结案天数，以避免出现拖延办案时间的异常情况。

二是科学合理原则。科学合理原则要求在考核指标设计时既遵循指标的一致性同时也遵循指标的差异性。坚持评价指标的一致性，一是出于司法人员的共同性质和使命。不论是法官还是检察官，其均具有特定的法律职称，具有行使司法权的法律资格。不论其具体承担何种职责，都应该具有相当程度的法律和业务知识修养，遵守相同的职业道德、职业纪律标准，都承载着维护法律正确统一实施的重任。基于共同的性质和使命，对司法人员的基本要求不应因人而异。二是出于司法人员职业化的内在要求。职业化要求司法人员应当具备同质性，在职业素质、职业能力、职业意识等方面必须达到从事职业所必须达到的程度。而要考察司法人员是否真正达到这样的程度，就只能以相同的标准来衡量。三是出于检察工作高效运转的实际需要。由于司法人员内部换岗现实存在，有效流动不可避免，而要确保这样的流动产生积极的意义，就需要在考核等环节坚持相同的标准，促使司法人员具备从事多业务的能力和潜力。坚持评价指标的差异性则是多年来干部考核实践得出的必然结论。

三是简便易行原则。考核内容必须完整、客观，但并不意味着考核标准、指标和方式方法上的复杂、烦琐。周密详尽的考核指标和考核方法不仅耗费大量人力，也会使某些指标形同虚设。简约的考核标准和方法，更便于考核者操作，提高效率；也可以使被考核对象较为容易地掌握。

四是过程公开原则。坚持考核公开原则，就是将对司法人员考核的依据、过程和结果向被考核人和公众公开，使被考核人和公众知悉，以增加考核的透明度，体现考核的民主性，这就是考核公开原则立法的根本价值。修订后的《检察官法》《法官法》均规定："考核结果以书面形式通知本人。本人对考核结果如有异议，可以申请复核。"这一规定除赋予被考核人救济权外，也是基于考核的公开性设计的，既体现了考核的严肃性，同时也有利于被考核人维护自身的合法权益。

五是考用结合原则。从人力资源管理学角度而言，司法人员绩效管理与其奖惩、任职、晋升、培训、报酬等关系密切。只有考用结合，绩效考核才有可能充分发挥其应有的作用。现行《检察官法》明确规定，将考核结果作为调整检察官等级、工资以及检察官奖惩、免职、降职、辞退的依据，因此，对司法人员考核，在注重考核标准和方法的科学性的同时，更要充分运用考核结果，将其与司法人员所关注、关切的选拔任用挂钩，与激励奖惩挂钩，与教育培训挂钩，与物质利益挂钩，通过合理运用考核结果，进一步提升管理的水平和效益。

(二) 绩效管理的主体与对象

绩效管理的主体即直接从事绩效管理的组织或个人，其人员构成决定着考核的模式和具体的方法。[①] 在实践中，对法官、检察官绩效考核的主要组织机构是该院政工部门，在绩效管理运行过程中的参与主体一般还包括院领导及部门

[①] 苏吴检：《浅论检察官绩效考核机制的重构与完善》，载于《唯实》（现代管理）2017年第9期。

负责人。政工部门承担对司法人员全部绩效的考核工作并不合理，主要因为政工部门对日常司法活动缺乏直接认知和监控，无法对司法人员的专业素质、能力和表现给出最为权威的评价，加之考核方法也大多局限于自我评定和群众评议，考核方法结果往往缺乏科学性和公信度。因此，确有必要设置专门的考核组织如绩效考核委员会，负责本单位司法人员的绩效考核，其主要职责包括组织制定绩效考核方案；组织开展绩效考核并就考核等次提出意见；审查办理绩效考核结果的复核申请。绩效考核委员会由法院、院长或检察院、检察长负责组织，委员会应包括负责干部人事、纪检监察、案件管理及一定比例的业务部门检察人员。同时可考虑增加外部评价主体，如案件当事人、辩护人及其他司法活动参与人，不同角度对涉及自身案件办理的法官、检察官进行评价，由此增加评价的公开度和透明度，降低考评的主观性和内部性。与此同时，要根据实际确定管理对象。近年来，部分院在实践中仅将员额法官、检察官单独考核，虽对落实司法责任制有促进作用，但考核对象过于狭窄，不利于对司法队伍的全面管理，尤其是辅助人员、司法行政人员在日常工作中承担了大量司法办案服务保障职能，同时也是员额法官、检察官的后备梯队，因而有必要把考核对象扩大为辅助人员、司法行政人员甚至包括不属于政法专编的雇员制司法辅助人员。

（三）绩效管理的内容

《检察官法》第四十二条和《法官法》第四十一条分别规定，对检察官、法官的考核内容包括工作实绩、职业道德、专业水平、工作能力、工作作风，重点考核工作实绩。其中，工作实绩是指在履职司法职务时所取得的工作成绩，主要包括工作的数量、质量、效率及所产生的社会效果。将工作实绩作为考核的重点，体现了对司法人员考核的主要方向，是适应当今司法工作的实绩需要，同时也是一名司法人员德才素质和外在表现的综合反映，考察工作实绩，是对司法人员做出公正评价的基础，是考核的重点。思想品德，主要指司法人员的政治思想表现和道德品质，包括是否认真执行党的路线、方针、政策；是否忠实执行宪法和法律，依法行使权力、秉公执法、廉洁自律；是否全心全意为人民服务，自觉接受法律和人民群众的监督；是否遵守社会公德、职业道德，品行端正等方面。审判水平或检察业务则是指法官、检察官履行审判、检察职责的专业能力水平，司法人员除应当具备综合分析能力、应变能力、语言文字表达能力等基本能力外，还应当熟悉本职业务知识，根据本职业务工作的需要，具备运用法律政策、侦查、出庭支持公诉、组织合议庭的能力等。作为一名合格的司法人员，要想胜任工作，就要勤奋钻研业务，特别是针对重大疑难复杂案件，在熟练地掌握法律知识的同时，能够学习相关学科的知识，不断提高自身业务水平。法学理论水平是指司法人员对法学理论掌握的程度。所谓法学理论既包括法学基础理论，也包括刑事法学、民事法学、经济法学、行政法学、诉讼法学等部门法学理论。实践中主要指司法人员从事审判工作或检察工作应当掌握的法学理论。考核法学理论水平，有助于促进司法人员全面提高其业务素质和司法水平。工作态度是司法人员责任心、事业心、敬业精神的体现。考核司法人员的工作态度，主要看其是否热爱本职工作，是否勤勤恳恳、恪尽职守、尽职尽责，是否积极主动、认真负责，是否刻苦钻研业务、精益求精、努力进取。工作作风是司法人员思想品德、精神风貌、人格修养等在行为上的外在表现。考核司法人员的工作作风，主要是考察其是否能够实事求是、理论联系实际、密切联系群众，是否具有吃苦耐劳、艰苦奋斗的精神，是否能够严格司法、刚直不阿。为使考核具有可操作性，在考核工作中还须将上述内容进一步细化、分解各项要素，形成考核指标体系，根据考核重点，分别给各项指标加权赋分，对考核情况进行量化，以提高绩效考核的科学性和可操作性。

（四）绩效评估指标

评价指标体现了司法人员绩效考核的评估范围和重点，这个环节与考核体系构建的科学性和可行性密切相关，必须认真研究和慎重对待。评估指标是评估内容的重要载体，也是评估内容的外在表现。为有效发挥考核评价体系对司法人员、司法工作的分类指导功能，必须要设置多类别、多层次的评估指标，以打造多维度、全方位、立体化的绩效管理评估体系。以上海法院为例，现已经形成了横向上区分评估指标、调研指标、附件指标三大类别，纵向上划分主指标、副指标、辅助性说明性三个层次的评估体系。指标设计中包含每个指标价值计算公式及指标方向。有的地方评估指标则设计相对简单，如湖北省人民检察院对司法人员评估分为基本行为规范、岗位职责目标和其他奖励项目三大类，基本行为规范对标六大纪律施行逆向扣分，奖励项目根据实际设计具体内容施行正向加分,而在岗位职责目标中设计司法办案得分、履职领导岗位职责得分等指标施行累加分。在评价指标确定后,为体现重点指标与非重点指标,考核的关注点是必须对每个指标给予一定的分值权重。所谓权重就是指在体系内所有指标当中某个指标在整个体系当中的重要性。权重高的指标说明其具有相当的重要性,权重低的指标则说明其具有一般重要性。

(五) 绩效管理方法

考核的方法是否科学,直接影响考核的效果。人事管理专家普遍认为,考核既是管理活动中最为关键的环节,同时又是较为复杂、难以做好的环节。这是因为考核不仅要受考核对象的素质、行为、成长环境、工作环境等因素的影响,还要受考核者的政治素质、心理素质、道德水平、能力水平的影响。采用科学的考核方法,对于排除考核中的消极影响,保证考核结果的客观公正,是十分重要的。根据考核目的和考核对象的不同,选择适用的考核方法,或者将集中方法综合适用,以保证考核的有效性。常用的考核基本方法包括[①]:一是案卷查阅法,即借助档案、文卷等材料,对考核对象进行考察了解的手段,主要了解考察对象的自然情况、家庭情况、个人经历及其历史表现。这种方法有助于对考察对象的情况有一个连续的、历史的、深入的了解。其缺点是过多地注意历史材料,而不是注重现实的德才表现。二是首长判断考核法,又称为臆断考核法、径行决定法。这种考核方法是由主管领导或直接行政首长根据平时的观察与印象,对所属人员作出的评价。其优点是简便易行,工作效率高,直接反映领导对下属的看法;缺点是单凭领导个人的感觉、印象来判断,缺乏客观的标准,考核的效果基本决定于领导者的识别能力和用人准则,难以保证考核的客观公正性,如果领导者德才水平低,就会造成严重误差。三是自我评价法,又称为自我鉴定法。自我鉴定法与首长判断考核法不同,是考核对象根据考核内容自己评价自己。这种考核方法体现了自我管理的精神,促使工作人员严格自律,有利于调动工作人员的积极性。但是这种方法缺乏统一标准,自我评价的真实性依赖于工作人员自我的评价标准。四是相对比较法,具体方法是按照各考核要素把考核对象两两编对进行比较,以确定每一对中的优劣。相对

---

① 于萍编著:《检察官管理制度教程》,中国检察出版社2007年版,第125~126页。

比较法可以避免考核者的主观影响，准确性很高，但是操作手续比较烦琐，工作量较大，不适宜对多数考核对象采用。五是序列法。采用序列法考核，首先是在同级工作人员中选定共同的考核要素，根据每个要素的评定标准，将考核对象按优劣排队，然后将各考核要素评定序数综合起来，得出每个人的总序数和总成绩。序列法适用于对担任同一职务或同类职务的工作人员进行比较，其优点是简便易行，缺点是每次考核人数不宜过多。六是综合评议法，这种考核方法依据规定的考核内容和标准，先由考核对象进行自我总结，然后在一定范围内进行群众评议，再由领导或人事管理部门给予综合评价，确定优劣。这是目前国家公务员及党政机关工作人员在年度考核时经常采用的方法。七是工作标准法。工作标准法根据职位分类对各个职位工作的数量、质量的具体要求，制定工作标准，并以此标准考察从事该职位工作人员的工作情况，将考核对象确定为与其相应的等次。如达到工作标准的，即是合格或称职；超过工作标准的，即是优秀；没有达到工作标准的，即是不合格或不称职。这种考核方法的优点是：考核者对考核对象的考察评价有具体明确的标准为依据，因而考核结果比较客观公正，工作人员在日常工作中也有标准可循，特别适用于对工作实绩的考核。缺点是适用范围有局限，对考核政治思想、道德品质以及工作能力难以制定出具体标准，对那些复杂的脑力劳动工作更是难以制定出具体的数量、质量标准。八是分类分级定时定量考核法，这种考核方法简称为分定式考核法。所谓分类，就是按照考核对象的工作性质进行分类；所谓分级，就是按照考核对象担负的职责轻重、权力大小进行分级；所谓定时，就是对考核对象进行定期考核；所谓定量，就是对各个考核指标和考核结果用量化的形式表现。分定式考核方法根据考核对象的类别与级别确定每一项考核指标和所有考核项目的百分比系数，采用百分制记分，各单项考核成绩乘以该项的百分比系数，即为该项的有效分值；各项有效分值之和即为有效总分值，按照每个考核对象的有效总分值分别确定其考核等次，并可以对同类、同级人员进行量化比较，排出优劣。这种方法是根据定性考核与定量考核相结合的原则设计的，适用于考核各类工作人员，但在考核侧重点及评分办法上应当有所区别，以使考核更具有针对性和适应性。此外，还有考试评分法、情景模拟法、民意测验法等。上述考核方法大都是传统的方法，现代人力资源评估还设计了关键指标考核法、平衡计分卡考核法和360°绩效评估法等。关键绩效指标（Key Performance Indicator，KPI）侧重于对组织目标任务自上而下分解，并抓住关键目标，以提高整体绩效；平衡计分卡考核法则是从不同维度将组织战略落实为可操作的衡量值标；而360°绩效评估法则是全方位、多层次的考核评估方法，以发现缺点和不足。对司法人员绩效考核应实行定量为主、定性为辅的考核方法，结合本单位实际对上述考核方法进行综合适用。比如在评价员额法官、检察官案件办理质量和效率时可以使用同时序列法与工作标准法，进行同类对比和标准对比，以获得考核结果。在评价司法辅助人员、司法行政人员时则可以采取自我评价法和目标管理法，即将全年工作完成情况与年初设定的各项目标相比较，将个人的客观表现、成果和能力与工作目标相比较来确定其分值。而对于工作态度、工作作风等难以定性的内容进行评价时，则可以使用首长判断考核法和综合评议法，由考核主体或其他参与评价者对日常工作了解掌握的情况进行定期记载和打分，在需要绩效评价时通过人工或系统进行全面分析，以达到定性结果。在对多项考核内容综合分析评价时则可以借鉴分类分级定时定量考核法。

（六）绩效档案管理及结果运用和反馈

制定司法人员绩效管理档案，全面记录和掌握司法人员办理案件的质量、效率以及办案中是否有违纪违法等情形，定期记载司法人员绩效考核结果。在实施绩效管理的每一个环节，从考核目标设定开始到考核结果应用结束，管理者必须加强与被考核对象的沟通，注重听取被考核对象对目标设定、考核方式、考核内容及结果等次等各方面的意见。任何制度或体系的设定并非一开始就是完美无缺的，绩效管理体系尤其如此，对于考核实施过程中遇到的问题，管理者与被考核对象要通过经常性沟通，积极探索解决问题的方式方法。被考核对象也可以通过电话、书面形式或面对面向考核委员会反映意见，考核委员会针对意见、建议尤其是异议，必须认真讨论处理并决定是否采纳，以确保考核结果的公正性和公信力。只有保持绩效管理全过程的双向、多向互动、沟通，才能使绩效管理的目的得以实现，事先指定的程序畅通，环节衔接有序，考核结果客观有效。绩效管理作用的发挥，始终离不开行之有效的激励和约束机制，为被考核对象提出明确指引。首先，绩效考核结果应当全方位运用于对司法人员管理的各个环节，如前所述，对司法人员选拔任用、培训培养、奖金报酬、晋级晋升等决定的作出，均需要参照前期绩效考核结果，以确保决策的客观公正。同时，对于未能按目标完成岗位职责，或出现违反岗位职责、职业道德等的情形，应当在绩效管理中予以记载，并作为绩效考核定性的重要依据，采取随时追责、及时惩戒的方式，引导司法人员的行为。其次，实行司法人员绩效奖金常态化。在当前司法体制改革的背景下，单独职务序列通道，司法人员职业更趋于专业性和稳定性，激励机制一方面要关注内在素能的提升，另一方面还要采取按劳分配和按绩分配相结合的方式调动司法人员的现实积极性。比如当前已在全国法官、检察官中推行的激励工资或称绩效奖金，能够更好地弥补传统考核制度激励不足的弊端。绩效奖金总量由各法院、检察院实行总量控制、宏观把控，给予了单位较大的自主决定权，所在单位可以根据集体内司法人员绩效结果合理分配绩效奖金，能够有效调动司法人员，尤其是基层司法人员的工作积极性。此外，有学者提出还可以考虑设立司法人员职业声誉基金制度。司法人员的职业声誉关系到司法公信力建设，如果建立"司法人员职业声誉基金"作为司法人员资本性补偿收益的一种方式，形成良性循环的声誉激励机制。[①] 基金可以由社会捐助和财政拨款设立，每个司法人员建立个人职业声誉账户，并向社会公开，司法人员通过规范司法在在职期间累计，对于有损司法公信力和职业声誉的情形，在账户内予以扣减，在职期间不可使用，待退休后支取或继承提现。如此，司法人员将会更加珍惜自身声誉，激发出更大的积极性去积累职业声誉，通过良性循环，推动整个社会的司法公信力建设。

三、司法人员绩效管理配套措施

随着司法体制改革全面铺开，作为落实司法责任制的一项配套制度，司法人员绩效管理与其他各项配套制度之间紧密相连，对司法人员的考核评价与监督管理、奖惩追责等制度功能既相互独立又有机统一，因此必须建立健全一系列配套制度。

[①] 刘万丽：《我国检察官管理制度重构》，湘潭大学博士学位论文，2014年，第104页。

（一）建立科学的案件质量评估制度

案件质效管理是司法人员绩效管理的一项重要工作，司法人员的办案业绩与其所办案件质量效率密切相关，办案质量效率不仅是司法人员工作量的基本体现，更重要的是司法公信力的体现。然而，就案件质量效率管理本身也是一个极为复杂的系统工程，包括案件流程管理、案件质量评查和岗位目标管理、违法责任督查等诸多方面。建立案件质量效率评估制度，就是通过利用统一业务应用系统等一手司法统计资料，对不同业务类别、案件类别设定案件质量与效率的量化评价模型，实现在定性基础上的定量管理，提高管理的水平。案件质量效率评估体系应以加强司法管理为目标，建立系统内部的动态监督机制。构建一个完善的案件质量效率评估体系，将使司法管理工作日益科学化、规范化。为科学地评价司法人员办案质量效率，同时给考核工作提供公平的业绩评价根据，必须制定一套较为科学的实体性与程序性指标并重的案件质量效率评估体系。具体包括四个方面：一是事实认定和法律适用准确率。这个指标要根据司法人员所在岗位的具体职责来判断，常态化的案件质量评查是判断案件质量的有效手段，要将日常评查、随机抽查与问题案件重点评查相结合，全方位评价司法人员案件办理质量，及时发现问题并纠正问题。比如法院可以对法官所判案件经二审、再审发回重审改判或被上级法院直接改判的数量开展重点分析与检查，检察院可以对捕后不诉、捕后判无罪、捕后绝对或存疑不诉以及诉后判无罪等问题存疑的案件开展重点或专项评查，在评查中对确因个人过失导致的错案及时予以确认并依法纠正，对违背程序法的错误做法也要予以确认并记入司法业绩档案。由此得出的错误案件数量与该司法人员当年所办案件的总数进行比较，就可以很清楚地反映出事实认定和法律适用准确率。二是工作效率。这一指标计算主要依据统一业务应用系统，反映司法人员在一个考核期内承办并办结的案件数量，可以借此计算其工作总体效率或是案件平均审理天数。三是办案的社会效果。这一项可以通过申诉、抗诉、上访率来评价。四是诉讼文书和卷宗合格率。包括是否按规范化要求制作，是否有错字、漏字现象，卷宗材料是否齐全，有无填错、漏填，卷宗排序是否符合要求，归档是否及时。这些都可以通过日常的"一案一评查"及定期的案件质量评查来评估。

（二）提供有效绩效管理技术支持

当前，全国司法机关案件办理均实现网上办理，统一流转，贵州、江苏等地还实现了公安、法院、检察院政法平台互联互通，为案件管理提供了极大便利。司法数据的统一管理，对于绩效管理的科学化、合理化、客观化也起到了积极推动作用。如检察机关适用的统一业务应用系统，所有案件全部在网上办理，线上流转，案件管理部门对办案实行全过程、全流程监控，上级院全程督导，其所产生的各类统计数据是绩效管理中对案件办理数量质量和效率评价的唯一来源，然而检察机关统一业务系统中的绩效管理功能尚未开发完成，部分地区探索尝试自主开发单独绩效管理信息系统，如江苏检察机关设计的"案管机器人""考核机器人"目前已试点运行，"考核机器人"在分析大量案件样本的基础上，提出影响办案工作量的四大维度，即案件类型、嫌疑人人数、卷宗数量、罪名，将一审最简单案件，完成阅卷、提审、撰写文书、开庭等工作一般需5个工作日，作为一个标准案件，把其他罪名、其他类型的案件与标准案件所需工作时间进行比较，相应增减分数，从而得出不同罪名、不同案件类型的系数分，再综合考虑增加的嫌疑人人数、案卷数，最后用四维公式计算得出办案数量分值，即（案件基本分＋嫌疑人人数分＋卷宗数量分）×罪名系数×案件类型系数＝办案数量分值。绩效考核软件依据统一业务系统相关数据，引入了案件监督管理平台新生数据，让两大数据自动汇集，系统上民主评议，定性与定量相结合，根据考评指标及权重计算出检察官绩效排名和个人计分情况，同时分析指标差异，实现了绩效管理用数据说话。[①] 信息化的管理实行网上审批、统计、公示、接收和反馈考评信息，实现考评主体与被考评对象无缝对接，从而做到整个考评过程公开、透明，为全面提高绩效管理奠定硬件基础。然而信息化的支持目前仍属于探索阶段，但不可否认是完善绩效管理，推进司法责任制落实的必然趋势。

在司法责任制走向深入，综合配套改革持续深化的背景下，司法人员绩效管理作为复杂的系统工程，其技术难题和成本问题难以回避，正如谢夫利兹所言：

[①] 《绩效由"机器人"考核？江苏检察信息化绩效考核促进司法责任制落地生根》，江苏省检察院，http：//www.jsjc.gov.cn/yaowen/201708/t20170811_161940.shtml，最后访问时间：2018年3月15日。

"很少有什么问题像绩效鉴定那样令人事管理者感到苦恼。这的确是一个最容易使人受伤害的领域,因为没有人能想出更好的、现实的替代方法。"[1] 尽管如此,我们仍要迎难而上,在不断的理论研究和实践探索论证中总结经验教训,不断修正完善,以期获得更好的结果。

---

[1] [美] J. M. 谢夫利兹等:《政府人事管理》,彭和平等译,中共中央党校出版社1997年版,第52页。

第九章
司法人员素能管理

近年来，司法机关按照中央要求，坚持把能力建设作为一项重要任务，坚持从源头抓起，加强革命化、正规化、专业化、职业化建设，全面提高司法人员职业素养和专业水平。在国家的高度重视和大力推进下，司法人员素能建设和管理制度日趋成型稳定。本章将集中研究司法人员素能建设主体制度以及国家层面、司法机关层面以及培训机构层面的素能管理制度。

第一节　司法人员素能管理类型

司法人员素能建设，经历了学历教育、在职教育、司法研修的发展阶段，处于各项主体制度的成熟定型期。

一、学历教育管理

司法人员职业培训和职业教育起步于1980年左右，主要开展中专、电大、法学本科、法律资格证书等学历教育。其主要原因是改革开放以来法治建设不断进步，司法机关恢复重建并在经济社会发展中承担越来越重要的职责任务，司法人员的素质能力亟待提升。特别是国家通过制定《法官法》《检察官法》，举行国家统一司法考试，对司法人员的入职门槛要求越来越高，这种现实需求要求司法机关自身，或会同高等院校开展各种层级的学历教育。目前，司法人员的学历教育集中体现在两个层面，一是本科学历的补课式学习，这是担任员额制法官、检察官以及干部选拔任用的必备条件；二是专业学位教育的探索和尝试。

（一）本科学历的补课式学习

以检察机关为例，据统计，截至2019年初，全国现有检察人员中，具有大学本科以上学历人员占到87.38%，占检察人员的绝大多数（全日制本科以上学历人员占全体检察人员的 43%）。[①] 应当说，进入 21 世纪，各级司法机关联合高等院校开展的多种类型的本科学历教育对于学历层次的提升具有重要作用，主要做法是：

1. 确立目标

采取统筹规划、明确责任、分级组织的方法，依托本地高校资源开展本科学历教育，推进司法人员本科学历层次人员比例有序提高。要求到 2020 年前后，司法人员本科学历比例达到 95% 以上，员额制法官、检察官本科学历达到 100%。

2. 健全机构

成立工作专班，统筹领导协调司法人员本科学历教育工作。建立本科学历教育工作目标责任制，重点搞好统筹计划、制定措施、整合力量、督促检查、营造环境等工作，确保本科学历教育的各项措施和要求落到实处。

3. 科学规划

结合实际科学制订具体的本科学历教育计划，建立健全学习奖惩、学习评价等过程性管理制度。加强司法人员本科学历教育全过程的组织管理，妥善解决好学习中的各种矛盾和现实困难，努力创造便利条件。

4. 规范考核

把司法人员本科学历提升情况，继续纳入政治和教育培训工作考核评估体系，将司法人员参加本科学历教育的报考率、通过率作为衡量政治工作、教育培训工作考核评议的内容。把司法人员本科学历教育结果作为评先、评优、职级晋升、骨干培养的必备条件，确保学历提升培训的质量和效果。

当前，从全国范围看，本科学历的补课式学习接近尾声，不少地方法院、检察院司法人员本科学历比例已经远远超过 95%，这既是中央大幅度提升干部素质整体战略的成效，也是国家教育事业不断发展进步带来的红利。

（二）专业学位培养的实践探索

当前，司法人员队伍年龄、素质结构、高学历人才比例等主要数据与形势任务的要求存在一定的差距，各级法院、检察院普遍缺乏优秀公诉人、优秀审

[①] 童建明：《学习新检察官法　做新时代高素质检察官》，载于《人民检察》2019 年第 10 期。

判员、办案能手等高素质的实用型人才，特别是法学理论功底深厚、实践经验丰富的高层次人才更是寥寥无几。面对司法人才总量不足、素质不高，尤其是高层次、复合型、实用型人才缺乏与司法工作发展需要不相适应的矛盾突出等现实"瓶颈"问题，一些司法机关注重理论研究与司法实践有机结合，并以开办专业法学硕士、博士研究生班为契机，积极推进高层次人才培养。[①]

以湖北省检察机关为例，湖北省检察机关树立"人才资源是第一资源"和培养"有理论的实践家和有实践的理论家"的人才理念，将高层次人才培养作为人才建设的重要抓手，着力培养检察专业硕士、博士。从 2010 年开始，湖北省检察院与华中科技大学合作开办检察专业法学硕士研究生班，至今共招收 178 人，已毕业 152 人。2012 年开始，省检察院又与武汉大学合作培养检察专业法学博士研究生，至今共招收 24 人，6 名博士生通过毕业论文答辩。硕士教育实行理论导师和实务导师共同培养，主要系统学习检察公共课和检察专业课，注重强化检察元素；博士教育探索开展跨学科导师联合培养机制，突出检察业务和检察理论研究，强化高层次人才培养的检察特色。学员通过学习提高履职能力，有 4 人担任市州分院主要领导、17 人担任基层院检察长、25 人担任各级院领导班子成员；50 余人获得全国、全省检察业务专家、检察理论研究人才、优秀公诉人、优秀侦查监督检察官等称号。这一培养模式紧扣检察队伍专业化、职业化建设的根本目标。党的十八大以来，湖北省院深入贯彻习近平总书记关于政法干警政治过硬、业务过硬、责任过硬、纪律过硬、作风过硬"五个过硬"的要求，按照中央、高检院和省委关于推进检察队伍专业化、职业化建设的总体部署，始终把建设专业化、职业化检察队伍置于战略性、基础性、先导性位置来抓，努力打造过硬检察队伍，强化法律监督能力。特别是教育部、中央政法委联合下发的《关于实施卓越法律人才教育培养计划的若干意见》明确提出，要加快推进高层次人才培养步伐，依托优质教育资源，开展检校合作。湖北省作为中部崛起的中坚力量，作为拥有教育资源优势的省份，省院更应积极贯彻落实这一要求。检校合作的高层次人才培养模式，不仅是对湖北丰富的教育资源的充分利用，也是落实中央、最高人民检察院人才培养目标的有力举措。这一培养模式紧密联系检察工作实际。检察工作具有专业性强、实践性强的职业

---

① 吴道富：《法官培训概论》，人民法院出版社 2012 年版，第 128~131 页。

特点。传统干部教育培训模式往往只注重讲授专业理论，且培训时间比较短，对干部能力素养提高的帮助程度有限。检察专业法学硕士、博士研究生培养目标定位在高层次实用型人才培养，采取理论导师与实务导师相结合的培训模式，在夯实理论基础的同时，不断提升检察实务操作技能，"两个师傅带一个徒弟"，更符合检察人才培养规律。这一培养模式紧贴检察人才培养需求。中央干部教育培训规划把培训需求适配度作为培训质量评估的重要内容。检察专业法学硕士、博士研究生培养模式充分体现了组织需求、岗位需求、个人需求相结合。从组织需求的角度看，全省检察机关法律专业研究生以上学历干警人数相对较少，与检察队伍专业化、职业化建设的要求还有很大差距，这迫切需要加大检校合作培养检察人才力度；从岗位需求的角度看，法律和检察是两个有联系但不完全相同的专业，更需要通过检察院与高校合作的方式，对已参加工作的检察官开展较长时间的系统培训和职业训练，使其能满足专业化办案岗位的需要；从干警个人发展需求的角度看，参加学习的干警大都具有 7～10 年实务工作经验，他们亟须通过一段较长时间的理论学习，将已有的实践经验转化为理论成果，实现业务能力的飞跃。

据悉，最高人民法院、最高人民检察院、国家检察官学院、重庆市检察机关均与相关高等院校开展了专业硕士、博士、博士后的培养，国家检察官学院与法国司法官学校联合培养专业学位人才等[1]，体现了培养高层次司法人才的导向。这一培养模式具有长久的生命力。

在实行司法人员分类管理后，一线法官、检察官的专业学位需求持续高涨，主要是提升已有专业学位和获得跨学科专业学位等方面。中央干部教育培训工作条例指出，"一些社会化培养项目对干部健康成长、更好履职是有益的，应当允许干部参加此类培训"[2]。司法机关明确了两方面的政策支持，一是加强业务急需人才培养，即采取与法学院校和社会培训机构合作、委托开展订单式培训、专项培训和定向培养等方式，开展急需紧缺人才培养和培训；二是加大青年法官、检察官培养力度，与高校合作培训青年法官、检察官，增设与司法工作密切相关的素能培训项目，鼓励青年法官、检察官攻读跨学科专业学位。在政策

---

[1] 参见《"十三五"时期国家检察官学院发展规划纲要》，载国家检察官学院网站，http://www.jcgxy.org/xygk/wngh/index.shtml，最后访问日期：2018 年 5 月 4 日。
[2] 参见中共中央组织部干部教育局编著：《〈干部教育培训工作条例〉学习辅导》，党建读物出版社 2015 年版，第 78 页。

限定方面，中央《干部教育培训工作条例》（2023）第十六条也明确要求，"干部个人参加社会化培训，费用一律由本人承担，不得由财政经费和单位经费报销，不得接受任何机构和他人的资助或者变相资助"。

二、在职教育管理

重视人才、重视干部教育培训，是我们党的优良传统，也是我们党治国理政的宝贵经验。党的十八大以来，以习近平同志为核心的党中央坚持把干部教育培训置于党和国家大局中审视谋划，颁布了《关于深化人才发展体制机制改革的意见》《干部教育培训工作条例》。习近平总书记反复强调，人才是最为宝贵的资源，是第一资源，国家发展靠人才，民族振兴靠人才；要求源源不断培养大批德才兼备的优秀人才。近年来，司法机关按照中央干部教育培训条例的要求，把教育培训作为司法队伍建设的先导性、基础性、战略性工程，开展大规模的教育培训和人才培养工作。

（一）大规模培训司法人员

针对培训工作主体广泛、形成合力不够和培训规范化程度不高等问题，全国司法机关按照中央大规模培训干部的要求，努力构建"大教育、大培训"的工作格局。

1. 整体规划

制定统筹全员培训的意见，明确全员培训工作的任务和要求，必须保证全体人员每年参加集中培训的时间不少于12天。按照"分类培训、分级实施"和"量化任务、逐年推进"的要求，司法机关制定切实可行的全员培训规划，对规划任务进行逐年逐级逐类分解。制订开展岗位练兵、业务竞赛活动实施方案，所有在职人员都要参加"练、赛"活动，形成规范化的"练、赛"活动制度体系，实现"练、赛"活动标准化、常态化。

2. 归口管理

在各业务部门负责专项业务培训的基础上，将各项培训活动归口教育培训主管部门统一管理，教育培训主管部门对各部门申报的培训项目逐一进行必要性分析和可行性论证，统一编制年度培训计划报请办公会审核批准。通过培训审批把关，杜绝随意培训、重复培训和以会代训等不规范培训现象，防止经费和人力的浪费。

3. 内部整合

建立由培训部门和相关业务部门共同参加的教育培训工作联席会议制度，实行在培训归口原则下各培训主体之间的协作配合。实践证明，联席会议对于交流教育培训信息、征集培训工作建议发挥了积极作用，成为大培训工作格局的重要纽带。

4. 考核评估

逐步完善教育培训工作报告与备案、考核与评估等制度，下级院每半年向上级院报告一次教育培训工作情况，上级院每年年底进行评分排名，促进全员培训、全员练兵工作落到实处。

5. 倾斜基层

按照要求，每名基层司法机关在职在编人员每三年至少参加一次正规化集中脱产培训，集中脱产培训时间不少于5天（40学时）。以三年为一个周期，每三年把基层司法人员轮训一遍，依次接替、循环进行，形成全覆盖、周期性、常态化的轮训长效机制。基层司法机关开展培训工作面临的工学矛盾、师资不足、方式单一、效果不佳等困难逐步缓解。

（二）培养高层次司法人才

司法机关推进人才队伍建设六项重点工程，落实人才队伍建设重点项目规划，推进领导人才，法官、检察官人才，管理人才，高层次人才，专门业务人才等人才项目建设，大幅度提升司法人员素质。

1. 推进领导人才队伍和班子建设

始终把领导班子建设作为司法队伍建设的关键，加大协管力度，持续改善各级院领导班子年龄、知识和专业结构。突出领导班子建设，着力优化班子结构。在选优配强市、县两级院"一把手"的同时，注重加强两级院党组副书记配备和领导班子结构优化，着力把各级领导班子建设成为年龄结构合理、知识结构完善、能力结构互补，善于领导司法工作科学发展的坚强领导集体。注重领导能力建设，强化领导素能培训。积极探索提升领导人才素能新途径、新方法，结合党和国家重点政策出台、重要法律法规制（修）定、领导班子换届、重点工作实施等时机，举办各种类型的领导素能培训班，全面提高领导班子的思想力、决策力、创新力、执行力、凝聚力、公信力。大力加强后备干部选拔培养，采取"培训+测试+考察"的模式，精心组织年轻干部培训，注重加强后备干部跟踪培养。

2. 推进高层次和急需紧缺人才队伍建设

大力实施人才战略，积极培养和引进领军人才，重点培养一批全国、全省业务专家和理论研究人才等高层次人才。积极参与实施"双千"计划，推荐优秀法官、检察官到高校任教，从高校引进有影响的高层次人才到法院、检察院挂职。

3. 推进专门业务人才队伍建设

狠抓专业化、职业化建设，队伍履职能力不断提升。坚持总体统筹、分类实施、分级组织，不断完善全员培训和专门业务人才培养机制，结合岗位素能基本标准积极打造专业化教育培训体系，不断强化领导素能、任职资格、专项业务、岗位技能、通用技能等方面培训，提高司法人员业务素质和综合素质，促进人人成才。有计划地组织开展各类专门业务人才培养选拔活动，建立业务条线专门业务人才库。完善逐级培养选拔办案能手、业务尖子人才梯次培养模式，涌现出一批全国优秀业务尖子和办案能手。

4. 推进法官、检察官人才队伍建设

积极适应司法体制改革，全面落实中央司法体制改革试点任务，制定《司法体制改革试点实施方案》和14个配套制度，建立法官入额检察官选配和考评制度。加大入额法官、检察官培训，举办脱产培训班和网络培训班，培训全省入额法官、检察官和部分法官、检察官助理。加强青年法官、检察官和后备干部培养和选拔，遴选优秀青年干警进入后备干部人才库。每年安排优秀青年法官、检察官到党政部门、基层一线和环境艰苦的地方接受锻炼。

三、司法研修管理

无论是学历教育，还是以大规模培训干部为重点的在职教育，都是司法实践推动的产物。随着司法体制改革的深入进行，以司法研修为主的培训制度逐步形成。以检察官研修为例，党的十八大以来，为了顺应检察改革形势，针对检察人员知识储备亟待更新、教育培训工作面临变革的新情况，上海、北京等地区借鉴日本、韩国等国家相关经验，提出建立在职检察官研修制度。开展检察官研修工作，既是检察工作发展的需要，又是适应改革要求、保证司法公正的需要。

（一）建立法官、检察官研修管理的必要性

（1）从司法改革和审判检察教育培训的发展趋势来看，法官、检察官研修制度具有现实紧迫性。新一轮司法改革以来，办案责任制实施，法官、检察官须独当一面，提升业务能力的要求迫切。要帮助法官、检察官尽快提升业务能力，尽快理解和融入司法改革，亟须以有计划的研修培训体系来保障职业能力的提高。法官、检察官研修制度的目的就是让法官、检察官从繁忙的业务工作中抽身，集中一段时间将工作中出现的问题进行沉淀和系统研究，提升自己应对复杂问题的能力。

（2）从教育培训工作实践来看，法官、检察官研修制度具有比较扎实的现实基础。从2012年开始，有关省（自治区、直辖市）法院、检察院探索建立了驻院科研制度，每年定期从市州分院选调优秀青年干警参与驻院科研。这种脱岗培训制度与检察官研修制度在目的和内容上都有很大的一致性。如湖北省检察院5年来，先后有21名同志参加驻院科研，驻院科研人员已经遍布全省各地。我们在驻院科研工作中获得了一定的经验，为检察官研修制度的开展打下了基础。

（3）从教育培训长远发展来看，法官、检察官研修制度是实现检察官教检察官、产学研相结合等教育培训模式的重要抓手。随着司法人员分类管理改革的推进，员额法官、检察官基本上都回归到了业务部门。实行法官、检察官研修制度，一方面，提高了法官、检察官的业务能力和理论水平，形成研究成果；另一方面，法官、检察官在研修过程中深度参与学院的教育培训工作，开发切合实际的实训课程，并参与教学管理，教学相长，对学院的教育培训工作也有重要的意义。

(二) 相关地区的经验介绍

1. 上海模式

2014年，上海市闵行区人民检察院在全国率先创立检察官研修制度。检察官研修分为四种类别：①新任检察官的研修。②检察官的一般研修，以担任检察官2~7年的人员为对象进行，强化业务专业性学习和建立检察官每5年脱产调研不少于3个月的研修制度。③检察官的进阶研修，针对任职7年以上的检察官进行。④检察官的其他研修。关于工作内容，主要有：①专门开辟检察官研修室。②注重个性化选题，检察官本人根据当年度办案组人员配置情况，向部门负责人提出研修申请，经所在部门审核后办理研修登记，研究室统一审核后，逐一确定研修课题和指定项目。③制作《检察官业务研修流程指南》模板。④实行标准化考核，对经业务部门审核同意的研修检察官，统一编制业务研修5年规划和年度计划，明确研修检察官的研修课题、指定项目及项目督导，课题报告经初审提交专家评审委员会匿名评审。检察官离岗研修情况作为其业务考核的辅助指标，记入个人司法档案，作为晋职的重要参考依据。

2. 北京模式

北京市朝阳区人民检察院也是较早开展检察官研修制度探索的基层院，该院在制度总体设定上与上海有着一定的区别，规定依自愿兼顾工作需要的原则，从工作满三年的办案检察官中择优选择研修人员，每年2~3人，每次研修时间为一年，原则上二次研修时间间隔不少于三年。主要工作内容如下：①制定《检察官研修实施办法》。②研究室选派调研干部到公诉部门研修，通过参与办理重大专案的形式，快速、有效提升调研干部业务能力。③创新检察官在职培训形式，通过检察官参与课题申报与课题研究、参加专业研讨会与疑难案件论证会、参加外出考察调研和高层级学术会议等形式，为干警展示调研成果和提高学习能力搭建平台。④研修人员研修期间撰写的法律请示、案例分析、调研文章等研修成果属于研修人员原部门所有，在年终调研工作考核中对所属部门予以相应加分。研修人员研修期间的表现、成果一并记入检察官执法档案。北京市院相应地也在起草检察官研修实施办法，在研修时间上，研修人员每次研修时间一般为三个月，根据申请和工作需要可延长，最长不超过一年。研修期间，停止分配案件。

3. 甘肃模式

甘肃省于 2018 年 1 月出台《甘肃省检察机关检察官业务研修管理办法》，规定检察官每五年应当参加一次集中研修，每次不少于三个月。检察官无正当理由不参加研修或未完成研修任务，检察官遴选委员会办公室将决定是否延缓其检察官等级晋升。

（三）建立完善法官、检察官研修管理制度

每批次从业务部门挑选若干名法官、检察官进行专题研修，时间为一年。具体如下：①基本研修内容。包括第一，完成一篇理论文章和一篇调研报告，理论文章和调研报告由省院确定理论与应用研究课题。第二，设计实训课程。实训课程的设计分为两个部分，一部分为某一业务条线的实训课程规划，应当具有哪些实训课程；另一部分为具体开发一门实训课程。第三，主办一期省院培训班。任务主要包括领导讲话、培训方案、培训课程的设计、师资的聘请以及撰写培训总结。第四，协助市州分院承办一期培训班。任务主要包括对培训方案进行审查，对教案进行审查，随堂听课、撰写培训总结。第五，其他教学科研工作和院领导布置的任务。②时间安排。研修时间为一年，研修期间统一业务应用系统暂停分案。③考核机制。在探索构建法官、检察官业务研修机制的过程中应注重成果考察：在年度考核中，法官、检察官完成以上研修任务，折抵办案任务。将研修成果纳入法官、检察官考核机制。明确将法官、检察官研修列入法官、检察官的考核项目，与绩效、晋升、遴选入额等方面挂钩，提升研修工作的价值与地位。研修成果的考核标准及考核流程。研修结束后，应该邀请院领导、高校专家、学院、研究室及相关部门优秀法官、检察官对研修法官、检察官的科研成果及所开发课程进行专门的考核与评定，划分优秀、合格、不合格三个等次。④保障机制。法官、检察官管理办公室设立专职法官、检察官业务督导岗位。任命专人专职负责研修排期、流程督导和组织考评等工作，对法官、检察官离岗研修期间执行规章制度情况进行监督。法官、检察官学院负责计划编制与协同督促。对经业务部门审核同意的研修法官、检察官，统一编制业务研修计划，明确研修法官、检察官的研修课题、指定项目及项目督导。做好法官、检察官研修的组织、经费保障。组织方面，院内统一协调，对法官、检察官脱岗研修阶段的工作及研修结束后的安排及时做好交接工作，

业务部门应对参与研修的法官、检察官提供充分支持，避免脱岗研修走形式；在经费方面，法官、检察官开展课题研究和调研工作所需经费预算等开支由院内统一计划和支付。

需要指出的是，构建我国的司法人员研修制度，并将其作为司法人员素能建设的主体制度，是落实中央"大规模开展教育培训、大幅度提高干部素质"的必然要求，与中央司法体制改革实行司法人员分类管理的要求相契合，具有鲜明的中国特色，与国外少数司法精英人员拿着国家经费自主性地选择研修有较大差异，需要认真研究和设计。

当前，学历教育、在职教育、研修管理构成了司法人员素能建设的主体制度。今后一个时期，司法人员的培训需求主要通过以上三种途径实现，需要根据形势任务的发展变化不断充实新内容、探索新方式。

第二节 司法人员素能管理之国家规范

司法人员素能建设主体制度构成了司法人员职业培训的主体框架，在此主体框架下，面临中央对干部教育培训提出新要求，国家司法体制改革的推进，司法队伍正规化、专业化、职业化建设等新形势新任务，司法人员素能建设面临管理制度的完善与变革。司法人员素能管理制度可以从国家层面、司法机关层面、培训机构层面等不同层面构建。国家层面的素能管理制度主要是中央关于党政干部教育培训的新制度新要求、预备法官检察官训练制度、与国家法学教育的衔接等制度。同时，在司法机关层面和培训机构层面也面临管理制度的改革和完善，后面两节论述。

一、司法人员教育培训

党的十八届四中全会强调"推进法治专门队伍正规化、专业化、职业化，提高职业素养和专业水平",五中全会提出"深入实施人才优先发展战略,推进人才发展体制改革和政策创新"。《中共中央关于深化人才发展体制机制改革的意见》着眼于破除束缚人才发展的思想观念和体制机制障碍,明确深化人才体制机制改革的指导思想、基本原则和主要目标,对人才管理体制、培养支持、评价、流动等工作机制和组织领导提出改革措施。修订后的《干部教育培训工作条例》第十四条对干部教育培训的指导思想、目标任务、基本原则、管理体制、作风要求等作出了全面安排,提出了县处级以上干部五年三个月或者550学时、其他干部每年12天或者90学时的全员培训任务,领导干部上讲台,以及培训档案记载等具体要求。特别是党的十九大将"建设高素质专业化干部队伍"作为新时代党的建设的基本要求,强调"注重培养专业能力、专业精神,增强干部队伍适应新时代中国特色社会主义发展要求的能力";"增强学习本领,在全党营造善于学习、勇于实践的浓厚氛围,建设马克思主义学习型政党,推动建设学习大国",对司法人员素能建设与管理提出了新的更高要求。

对照以上要求,司法机关首先应当把握政治属性,坚决落实中央关于党政干部教育培训的新制度新要求,具体包括完善各类司法人才培养评选标准和管理使用制度,坚持高端人才与基础性人才并重,更加注重基层人才培养,力争司法人才在质、量、类上有重大突破;完善教育培训覆盖面、提升教育培训针对性实效性、完善领导干部上讲台、培训档案记载等培训制度;参照中共中央党校对省市党校进行培训质量评估的做法,制定省市两级院培训班次及其培训目标建议清单、各种培训班课程设置建议清单,提高培训的规范性、科学性和整体质量;突破"时空"对干部教育培训的限制,探索开发"菜单式"网络培训课程;等等。

二、预备法官、检察官训练管理

预备法官、检察官训练制度既是司法体制改革的重要组成部分,又是保障司法体制改革顺利推进的基础性制度。2015年9月,中共中央办公厅、国务院办公厅印发的《关于完善国家统一法律职业资格制度的意见》明确提出:"要建立法律职业人员统一职前培训制度,统一标准、分系统实施,职前培训及培训考核由选任部门负责进行，法官检察官职前培训时间为一年。"预备法官、检察官训练制度是司法改革诸多改革内容中的一个重要组成部分，它不仅有自身独特的功能作用，同时还要依赖于其他司法改革举措的推行。具体来说，预备法官、检察官训练与司法人员分类管理改革及各类司法人员员额管理制度改革等相辅相成，它的训练对象是在分类管理改革后，已经被任命为法官、检察官助理的检察人员。① 建立预备法官、检察官训练制度是深化司法体制改革的一项重要内容，对于提升司法教育培训实效、推进过硬司法队伍建设具有重要的现实意义。

训练不同于一般的在岗或脱产培训，是训与练的结合。预备法官、检察官训练的目标和任务定位应考虑两个方面的要素：（1）预备法官、检察官训练是法官、检察官助理的岗位培训，通过培训，使选拔出来的优秀法官、检察官助理具有法官、检察官的履职能力。（2）预备法官、检察官训练也是一种资格培训，通过训练并结业，是任命法官、检察官的必要条件。预备法官、检察官训练制度构建的进路是：（1）明晰训练主体。鉴于预备法官、检察官训练是司法事业发展的重要基础工程，学员选拔、培训内容设计、导师聘任与管理、实习安排、结业评价考核等相关事项都需要顶层设计，需要有关制度加以规范。建议将预备法官、检察官训练的权力统归到国家法官学院、国家检察官学院，规范预备法官、检察官训练的内容形式、考核评价和组织管理；明确预备法官、检察官培训的目标、任务、基本要求和考核标准，规范教学工作，制定培训教学与考试大纲；建立结构合理、实务为主的训练师资体系，构建训练课程体系；准确指导预备法官、检察官集中学习和岗位实践。学员实习安排的工作可以下放到各省分院，最后由国家法官学院、国家检察官学院统一结业评价考核，要有严格的淘汰制度，考核合格作为法官、检察官的法定任职条件。（2）划定训练对象。根据本省法院、检察院翌年退休、调离等情况测算出法官、检察官空缺职数，按照一定的比例（如1∶1.5）确定本年度本地区参加预备法官、检察官训练的人数，从工作满3年的法官、检察官助理中选拔产生。由省级院负责本地区参训人员的审核推荐。（3）优化培训内容。高检院政治部在全国范围内开展了检察工作岗位素能基本标准的研发工作，各省、市、自治区均开发出相应的

---

① 最高人民法院2007年即开展预备法官训练。参见吴道富：《法官培训概论》，人民法院出版社2012年版，第70~90页。

岗位素能基本标准模型。最高人民法院也在准备开展研发工作。结合岗位素能基本标准的研发工作，建议预备法官、检察官训练制度的培训内容应该紧紧围绕"法官、检察官助理"这一岗位的素能基本标准展开，各项培训内容要包含岗位素能基本标准的各项要求和要素，包括职业素养、职业能力和专业知识等内容，同时要涵盖不同业务岗位的司法工作。（4）确定训练时间长度。经对相关材料的考察与梳理，我们发现，在主要的大陆法系国家，如法国、德国、日本等国，一位具备司法从业资格的司法工作人员要成为法官或检察官，必须经过 2~3 年的司法研修或学习阶段。鉴于培训资源有限，建议将预备法官、检察官训练的时间限定为 1 年。（5）完善训练方式。训练方式应该是集中授课培训与岗位实习相结合。集中授课培训为 1 个月，岗位实习应该占用大部分时间。为使学员接触到各类主要业务，实习应采取分阶段、轮流制的形式，建议在法院、检察院自选 3~4 个业务部门依次进行实习，每个部门实习不少于 3 个月，可以根据学员意愿及其今后拟从事的业务岗位在实习阶段予以重点考虑和保证。条件允许的地方可组织学员到法院、律师事务所、政府相关部门和其他社会机构进行实习。（6）选聘训练导师。预备法官、检察官训练的质量如何关键取决于导师。建议专门聘任一批预备法官、检察官的驻校培训导师，主要由具备 10 年以上实践经验的法官、检察官担任，给予相应职称，专门给预备法官、检察官或其他学员讲授实务课程，在国家法官学院、国家检察官学院任教 1 年或 2 年后，再回到法官、检察官队伍。如果能够形成这样一种制度，为每个资深法官、检察官提供一个当导师的平台，同时也为他们提供一个对自己的业务工作进行总结和提炼的机会，将会对预备法官、检察官的培养和导师的自我提升大有裨益。另外，为保证岗位实习的效果，各实习岗位应该建立实习导师制度，聘任有深厚的法学理论功底和丰富检察业务实践经验的法官、检察官担任实习学员的指导老师。学员在实习导师的指导下直接参与案件的办理，实习导师对学员办案的各个环节进行指示、检查、督促、点评和考核。在每个业务部门的实习结束后，承担学员实习指导工作的导师就学员的业务能力、职业素养等做出书面评语。同时应该出台岗位实习导师的激励政策，激发实习导师传帮带的积极性。（7）保障训练经费。预备法官、检察官训练制度是一个系统的长期工程，培训涉及面宽、周期长，培训经费相对较高。省以下财物统管后，对预备法官、检察官训练的保障必须争取中央、省级财政的支持，纳入专项财政预算，作为专门经费予以保障。

三、与国家法学教育的衔接

与国家法学教育的衔接制度不是前面提到的学历教育，也不完全等同于司法机关与高等院校的合作制度，而是涉及国家提升司法人员整体素质、培养高层次司法人才的制度设计，包括国家法学高端智库建设、高端司法人才培养、国家法学教育的制度创新等。

（一）国家法学高端智库建设

近年来，国家高度重视高端智库建设，将其定位为国家最高水平的决策咨询机构，其任务主要是紧扣党和国家战略需求，突出问题导向、应用导向，增强决策研究的前瞻性、针对性、有效性，提升服务中央决策的能力水平。按照这一要求，司法机关与国内外高等院校、科研机构开展广泛合作，积极推进司法智库建设，为司法工作科学发展提供高质量的决策咨询。司法人员素能管理应当在两个方面做好衔接工作，一是积极吸收国家法学高端智库建设的成果，如法治现代化、党内法规、司法文明等，引导司法人员从国家层面、战略层面认识和理解国家法治建设进程，提升政治素质、业务素质和职业道德素质；二是有计划地参与国家法学高端智库的研究工作，共同研究司法工作中新的机遇和挑战，以问题为导向，提出破解难题的理论和实践路径。

（二）高端司法人才培养

近年来，国家法官学院、国家检察官学院在高端司法人才培养方面倾注了大量精力。如国家检察官学院与瑞典罗尔·瓦伦堡人权与人道法研究所合作的"师资培训"项目，对于开拓检察师资队伍研究视野、提升教学科研能力具有积极的推动作用；国家检察官学院与法国司法官学校常年合作，联合培养了一批较为深入了解国外司法运作情况的涉外司法人才；国家检察官学院及一些省级分院与高等院校联合培养法学博士、博士后，涌现出了全国青年法学家等一批人才。随着国家法治建设发展进步，高端司法人才培养的规模和质量将进一步提升，为司法人员素能建设提供持久的动力和支持。

（三）国家法学教育的制度创新

国家法学教育为司法机关提供源源不断的人才，国家改革法律统一职业资格考试，为各类法治人才设置统一的法律职业资格门槛。司法人员素能管理应当关注法律统一职业资格考试、法学院学生的应用技能训练及在司法机关的实习制度、政法院校卓越法律人才培养①，为预备进入司法机关的法学人才培养提供咨询和支持。例如，湖北省法学会法学教育研究会常年关注法学学生的培养方式，汇集了一批法学实验教育、法律诊所教育②、德国法学教育的成果，其中中南财经政法大学法学实验教学中心拥有自主知识产权的法学实验教学系统（Legal Experimental Teaching System，LETS），其囊括了立法、执法、诉讼和非诉实验教学内容，为学生提供了线上实践的机会。司法机关应当与国家法学教育机构开展更深层次的合作，在培养目的、培养内容、培养方式等方面形成共识，为司法人才的培养开辟更加广阔的领域。

第三节　司法人员素能管理之部门规范

按照中央《干部教育培训工作条例》的要求，干部所在单位按照干部管理权限，负责组织实施本单位的干部教育培训工作。由此可见，干部所在单位始终在干部教育培训中居于主体地位。多数司法人员的教育培训要靠司法人员所在单位以各种形式组织实施，以此保障全员培训任务的落实。③ 同时，司法人员教育培训与所在单位的发展规划密切相关，任何一个司法机关的发展都离不开司法人员的素能提升。

---

① 岳彩申、范水兰：《政法院校卓越法律人才培养理念与模式的创新》，引自岳彩申、盛学军主编：《卓越法律人才教育培养研究》，法律出版社2012年版，第55页。
② 吴道富：《法官培训概论》，人民法院出版社2012年版，第55~60页。
③ 郑金洲：《干部教育培训制度改革的总体设计与实现路径》，引自冯俊主编：《干部教育培训改革与创新研究》，人民出版社2011年版，第99~101页。

一、适应司法责任制改革要求的素能管理

党的十八届四中全会把深化司法体制改革纳入全面推进依法治国、全面深化改革的战略全局部署，党的十八届五中全会进一步提出要深化司法体制改革，尊重司法规律，促进公正司法，完善对权利的司法保障、对权力的司法监督，实施法官、检察官员额制，司法人员分类管理，司法责任制，省以下法院、检察院人财物统一管理改革，创新司法办案组织等，为司法人员教育培训和人才队伍建设带来了诸多方面的深刻变化。

对照以上要求，尤其是司法人员分类管理改革后，过去的培训类别，如领导素能培训、任职资格培训、技能培训、业务培训等不完全适应分类培训的需求，培训的类别应当更多更细，如入额法官、检察官的培训，预备法官、检察官训练，法官、检察官助理和书记员的培训等。应当建立检察人员分类管理改革后新的分类培训模式，对法官检察官、法官检察官助理、书记员、司法警察、技术人员、司法行政人员等不同类别的司法人员开展分类培训；适应员额制改革后法官、检察官司法责任加重，业务素质能力存在短板的实际，对员额内法官、检察官实施精准培训；适应司法体制改革中司法人员的管理体制、干部管理权限发生的变化，对最高法、最高检，省级院，市级院的培训对象进行重新分层；适应组建基本办案组织，开展对基本办案组织的培训；根据不同类别法院、检察院人员的特点，制定统一的司法人员分类培训大纲；制定严谨的司法教育培训标准，进一步优化全国法院、检察院教育培训资源配置，推进教材的标准化、服务的一体化、优质教育资源的共享化。

二、岗位素能基本标准的建设与应用

岗位素能基本标准是司法人员履行岗位职责所必须具备的素质能力要求，对于司法人员选聘、任用、培训、人才成长具有重要的指导意义。据悉，中组

部培训中心探索形成了围绕五项能力、抓好五个环节的"双五"培训模式。① 全国政法机关都在积极推进岗位素能标准建设,最高人民检察院主导的检察机关岗位素能基本标准走在了全国政法机关前列。

以检察机关岗位素能基本标准为例,包括岗位素能通用标准和业务条线专业标准两大类别。② 第一类是检察机关岗位素能通用标准,适用于所有检察业务人员,包括通用素养和通用能力两部分。通用素养是检察人员适任的内在素质要求,具体包括信念坚定、信仰法治、监督意识、客观公正、廉洁自律、理性文明六个素能项目,集中反映党、国家和人民对检察人员的期待和要求,是检察人员核心价值观、职业理想、职业信念的集中体现,为全体检察人员提供统一的行为指引、价值导向和内驱动力。通用能力是所有检察业务人员履职所必须具备的基本能力,具体为案件研判能力、法律适用能力、释法说理能力、服务群众能力、学习创新能力、沟通协调能力。这些能力项目以通用素养为支撑,是通用素养在检察人员业务行为中的能力体现,构成检察人员履行各项检察职能的最基本和最必要的能力,其中案件研判能力、法律适用能力、释法说理能力是检察人员履行检察职能所应当具备的核心专业能力,沟通协调能力、学习创新能力、服务群众能力是成功办理各项业务、实现良好工作效果、做好群众工作的基础能力。第二类是各条线专业标准,即公诉、刑事执行检察、民事行政检察、控告检察、刑事申诉检察、案件管理条线专业标准等,2018 年又研发完成了办公室、政治部、计划财务装备等条线素能标准。专业标准由专业通用素养、专业通用能力和岗位专业能力三部分内容构成。专业标准是各条线检察人员履行条线检察业务工作所要求的具体素质能力,是通用素能在具体业务工作中的体现和补充。其中,专业通用素养和专业通用能力不分具体岗位,按业务类别进行制定,适用于相应业务类别各岗位所有检察人员;岗位专业能力按具体岗位制定,是履行特定岗位职责所需要的能力,适用于各业务类别下具体岗位检察人员。

检察机关的岗位素能基本标准具有以下特点:(1)契合中央要求。党的十八大和十八届历次全会均对法治和司法、检察工作做了重要指示,提出要加强

---

① 中组部培训中心:《关于干部能力培训的几个问题》,引自冯俊主编《干部教育培训教学方式创新》,人民出版社 2011 年版,第 270 页。
② 最高人民检察院编:《检察机关岗位素能基本标准》,中国检察出版社 2016 年版,第 2~3 页。

政法队伍专业化、职业化、正规化建设。素能标准研发工作着眼于进一步规范干部管理、提升检察队伍素质能力,加快推动检察队伍专业化、职业化建设,对各岗位的素能标准进行了精准的界定,对于检察机关队伍建设具有十分重大的意义,充分体现了战略性、先导性、基础性的要求,符合干部教育培训的六大原则。(2) 紧贴基层实际。岗位素能基本标准及应用指南是高检院举全国检察系统四级院之力,充分考虑各省市区的实际,并注重基层经验的一项重要阶段性成果。在研发过程中,充分考虑了各地实际,坚持从实践中来到实践中去,可以说每一个字每一句话都从实践中提炼。(3) 尊重培训规律。高检院充分尊重分层分类培训等基本规律,从课程体系建设、培训运行体系建设等方面对成果应用进行了专门的说明与指导,为入职学习打好职业基础、循序渐进提升素能、终身学习追求职业化境界三个阶段的人才队伍建设提供了科学的指引。(4) 完善训练体系。岗位素能基本标准充分考虑人力资源等方面的专业要求,进行了去粗取精、去伪存真的认真提炼。将岗位素能标准分为通用素能与专业素能,在专业素能中又划分为专业通用素养、专业通用能力和岗位专业能力三个方面,做到了分层明确、逻辑清晰,是一个科学完整的版本。(5) 增强训练操作。岗位素能基本标准应用指南对标准在素能评测、教育培训等方面的诸多细节进行了详细表述,并提供图片表格等形式进行说明,操作性很强。目前,检察机关正在开展岗位素能标准应用的"学练赛考训建试"等七个方面的实施工作,探讨以标准为依据,完善检察教育培训课程体系。

岗位素能基本标准作为开展司法培训的依据意义重大,培训内容可以随着法律修改、司法体制改革深入推进、检察机关职能变化而不断变化,而培训依据应当是逐步定型、相对稳定的。应当在《检察官培训条例》中确立岗位素能基本标准的培训依据,使其具有法定效力;在培训班次设置中按照素能标准要求设置培训主题、课程;为每一类检察人员、每个级别层次的人员甚至每个年龄层次的人员量身定做一套培训方案,促进检察队伍整体素质能力提升。

三、培训方式之改革

近年来,司法机关推进队伍正规化、专业化、职业化建设取得了明显成绩,从外部环境看，是全面依法治国这一治国理政新理念成熟定型、我国社会主义法治发展进步、中央省委大力加强干部素能提升和教育培训的重要体现；从司法实践看，是最高司法机关注重顶层设计、各地检察院不断创造新鲜经验的重要成果。但从调研情况看，司法人员素能管理仍存在以下矛盾和不足：（1）普训式大课堂提升培训规模与精细化、专业化培训不足的矛盾。近年来，最高、省、市三级司法机关积极发挥培训基地、网络培训的作用，司法人员参训人次逐年增加。但就能力提升效果而言，普训式大课堂偏重于知识更新和理论提升，对于干警的技能突破、综合拓展作用有限，而且普训式大课堂对师资课程质量要求高，市县两级司法机关难以稳定开展。实践中小班教学、专业化小课堂、精细化培训普及率不高。（2）工作部署、工作交流内容偏多与素质能力培训项目偏少的矛盾。各种专业培训班面对面地进行工作部署，将来自不同地方的司法人员集中在一起互相交流，是推进工作的有力手段。但一些培训的主题、专题与素质能力建设结合不够紧密，素质能力培训项目、课程指向性不强、数量偏少，没有形成体系。（3）知识、理论培训与技能、实战训练结合不够紧密的矛盾。目前，干部教育培训的形式多数还是采取理论"灌输式"传统教学方式，教学方法不新颖、课堂气氛不活跃。基层一线司法人员普遍要求增加办案技能培训，增强培训的实战化，实践中实训面不宽、实战性不强的短板较为突出。（4）短期培训效果不佳与中长期培训成本高、难度大的矛盾。由于工学矛盾比较突出，大多数能力提升和培训项目时间较短，培训效果难以保证，学员普遍反映提升不多。但中长期培训项目受到经费、时间、制度保证等多重制约，组织教学和学员参训面临很大困难。解决以上矛盾和不足，司法机关要在培训方式改革中继续做出努力。

1. 培训方法

推行讲授式、研讨式、案例式、模拟式、体验式五种培训方法。特别要认真研究司法人员成长规律和教育培训规律，积极落实党委组织部门要求的"行动学习法"，借鉴高等院校、军队、企业的现代培训理念，高度重视研讨式、案例式、模拟式、体验式等培训方法的运用[1]，如结构化研讨、无领导小组讨论、"六顶帽子法"等研讨式培训方法的运用，模拟庭审、检委会、新闻发布会等模

---

[1] 何立胜、李莉：《干部教育培训教学方法比较创新研究》，引自冯俊主编《干部教育培训改革与创新研究》，人民出版社2011年版，第206~207页。

拟式培训方法的运用①，常见案例、疑难案例教学方法的运用，体验式教学方式的运用等。

以落实党委组织部门要求的"行动学习法"、开展结构化研讨为例，结构化研讨是指由催化师按照一定的程序和规则，采用相关的团队学习工具，引导学员围绕某一主题多角度、分层次开展讨论的方法。②近年来，结构化研讨成为探索干部教育培训新途径、新方式中的一项重要成果。在传统的小组研讨中，很多领导干部经常会觉得研讨不起来，研讨结果往往是"事实很清楚，问题明摆着，解决很困难"。传统的"垂直思维"模式下，每个人从自身角度出发，直接从问题的提出、分析到解决方案提出个人的观点。但每个人的认识是有局限性的，认识问题不够全面、分析问题不够透彻、解决问题的对策建议受限于自身工作范围。容易形成"一杠子插到底"的结论，对问题的判断也容易简单粗暴，研讨效果不尽如人意。正是基于干部培训的研讨需求和现实效果的差距，结构化研讨应运而生。结构化研讨，以"水平思维"替代"垂直思维"，先引导所有学员一起从不同角度查找问题，使每位学员吸收别人的观点、克服自身认识问题的局限，全方位认识问题；问题澄清后，大家一起来分析原因；原因分析透彻后，集体探讨对策。这种研讨方法，使学员的思维慢下来，围绕问题，层层深入，借助工具使每个人都能贡献思想并尊重差异，使整个研讨更加有序，也更容易看到成果。

2. 注重规模化与精细化结合

全员培训是基本原则，应当进一步坚持大规模培训干部的要求，同时实现培训精细化也是培训工作的必然要求。为实现培训精细化，应当在常规培训班次中抓住高级法官、检察官这个重点，了解他们的业务专长，引导他们发挥互动、答疑、组织讨论的主动性；在常规培训班次中推广培训前的网络学习，并适时组织入学之初的技能测试；推行大班套小班的教学方式，在常规培训班次中，通过人员选拔或者分组的形式，在整体培训的基础上，确立一个50人以内的小班，设置部分课程，开展实训演练、案例研讨、学员论坛、互动答疑、无领导小组讨论等精细化培训内容，提高学员的参与度和互动性；探索有计划、

---

① 中组部培训中心：《试论干部培训的形式》，引自冯俊主编《干部教育培训教学方式创新》，人民出版社2011年版，第47页。
② 骆光宗：《结构化研讨：干部教育培训新途径、新方式》，载于《行政管理改革》2017年第9期。

有步骤的长时间精细化培训，设置培训时间较长、内容丰富、形式多样、人数少的精品班次，并配置实务导师、兼职教官等进行一对一的辅导。

3. 探索综合培训模式

对现有行之有效的培训方式、手段、方法进行有效的整合、优化和集成，注重对需求调查、课程设置、组织实施、评估反馈等培训环节的设计和优化，打通学员在脱产培训、业务实训、岗位练兵、实务工作的人才培训培养链接，使之更加契合现代成人培训理念和教育培训规律。①

四、司法人员分类培训

前面提到，按照司法人员分类管理改革的要求，应当探索新的分类培训模式，制定统一的检察人员分类培训大纲，对法官、检察官，法官、检察官助理，书记员，司法警察，技术人员，司法行政人员等不同类别的司法人员开展分类培训。（1）结合司法办案要求开展员额内法官、检察官培训和研修。每一名入额法官、检察官必须在一线直接办理一定数量的案件，同时要有一定的研修成果。入额法官、检察官除了参加业务条线组织的培训外，还应当结合参训学员司法办案大数据库，开展主题集中、内涵丰富的专题研修，帮助其在完成司法办案任务的同时形成研修成果。（2）开展法官、检察官助理标准化培训。法官、检察官助理应当参加的是标准化培训，国家法官学院、国家检察官学院及各省分院培训法官、检察官助理的内容、方式、时间要求等应大致一致；开展法官、检察官助理素能课程设计及研发，将课程分为案件研判、法律适用、释法说理、服务群众、学习创新、沟通协调等板块，组织系统内外专家、资深检察官设计、研发系列课程，打造法官、检察官助理培训课程模板。（3）探索办案单元组合式培训。司法责任制意见要求实行独任法官、检察官或法官、检察官办案组的办案组织形式，各地司法机关结合实际提出了健全基本办案组织、组合办案或协同办案、专案组等办案组织形式。应当结合办案组织的构建，重点围绕办案模式、办案职责、办案组织、办案流程、监督管理等内容，探索办案组织基本

---

① 《"十三五"时期国家检察官学院发展规划纲要》，国家检察官学院网站，http://www.jcgxy.org/xygk/wngh/index.shtml，最后访问时间：2018年5月4日。

单元的人员组合式培训。

以检察官助理培训为例，检察官助理是我国司法体制改革人员分类后出现的新群体，是检察官的后备人员。从目前检察官助理的构成和职责定位看，检察官助理是检察队伍中人员占比大，年轻化、专业化程度较高，职业路径最为明确的一个群体。检察官助理以青年检察干警为主体，他们法学功底好、接受知识快，其成长速度、培养深度、理论高度决定了整个检察官队伍未来的发展水平，将检察官助理作为培训重点是最有价值、最有实效、最能缓解基层办案力量紧缺难题的突破口，是司法体制改革背景下检察队伍专业化建设的现实需要。自2014年以来，国家检察官学院湖北分院举办过1期预备检察官训练班、3期检察官助理培训班，培训实践经过了一个探索、反思、检讨、改变的过程，培训方法从追求"大而全"、全科式培训逐步向紧贴基层检察实务、以课堂为中心、单科式培训转变。主要特点有：（1）以与业务部门合作为路径。与侦查监督部门合作的检察官助理培训班，课程按照素能标准要求围绕侦查监督具体业务展开，设置有逮捕证据的审查判断与运用、汇报案件的基本方法、审查逮捕意见书和讨论笔录的制作、审查逮捕环节讯问犯罪嫌疑人技巧等课程，采用"检察教官+实战训练+双向互动式教学"模式设计了现场问答、无领导小组讨论、学员论坛等多个环节，因为学员都来自同一业务部门，专题研讨、案例教学、讨论交流等形式，让同行充分交流同台竞技，充分调动了参训人员的积极性和主动性。这种合作式培训切实提升了培训效益，增强了培训吸引力，也充分体现出传承式、互动式、参与式的培训理念，取得了良好效果。（2）以实战实训为教学手段。检察官助理培训班的课程主要是围绕岗位素能基本标准，在组织学习基础理论的同时，重点开展实战实训，无论是通用技能课，还是专项业务课，都安排学员进行实践操作，让学员在实训中掌握办案基本流程，掌握业务基本技能。（3）打造复合培训平台。检察官助理阶段是检察人才晋升和发展的过渡阶段，主要采取复合培训模式，即通过集中培训、在岗训练和选拔提高等多种方式使他们在成为检察官之前得到充分锻炼，实现其职业道德和职业技能的结合、法学理论与司法实践的融通。

五、基层司法机关的全员培训

当前,市县两级司法机关组织司法人员教育培训,主要面临工学矛盾、师资不足、方式单一、效果不佳等困难,需要在上级司法机关统筹协调下解决。但市县两级司法机关重点抓普及性、全员性培训的要求没有变,应当结合各地实际制定切实可行的计划,如人数较少的地方,可以由市级司法机关集中开展脱产培训;人数较多的地方,市级司法机关应当将任务分解,推进主要业务条线全员正规化脱产培训项目,每年对主要业务条线人员进行至少一次全员、全覆盖、正规化脱产培训,其他人员培训结合基层院全员三年轮训一次的要求根据实际情况举办;组织开展岗位练兵,从重点岗位、核心能力开始,分期分批组织开展岗位练兵活动,通过实务训练、模拟演练、以岗促练等,提升检察人员的业务素质和实务能力;组织开展有针对性的主题式业务竞赛活动、单项素能或综合素能业务竞赛,以赛促学、以赛促练、以赛促用,推动各业务条线司法人员素能的持续提高。

第四节 司法人员素能管理之专业技能规范

培训机构是司法人员教育培训的主阵地,在我国,司法人员教育培训主要由国家法官学院、国家检察官学院及各省级分院承担。近年来,司法机关的培训机构承担了大量的司法人员培训任务,在实践中不断完善和更新管理制度。[1]

---

[1] 有研究将我国干部教育培训绩效的影响因素归纳为培训机构宏观管理、培训项目设计、培训组织管理及个人特征四大维度,培训机构的宏观管理成为影响素能建设的关键因素。参见范柏乃、阮连法等:《干部教育培训绩效的评估指标、影响因素及优化路径研究》,浙江大学出版社2012年版,第20~29页。

一、专业化培训

按照修订后的《干部教育培训条例》第二十九条第五款规定,"部门行业培训机构、国有企业培训机构应当按照各自职责提升办学水平,重点做好本部门本行业本单位的干部教育培训工作"。结合行业培训特点,其职责是:"参与制定本部门和本行业系统干部教育培训的总体规划和年度计划;围绕本部门和本行业系统的中心工作组织干部进行学习进修和专题研究;开展本部门和本行业系统各级各类干部的初任培训、任职培训、专门业务培训和专业技术人员继续教育培训,提高干部的综合素质和履行岗位职责的能力;建立具有培训机构自身特色的课程教材体系;探索符合部门和行业系统特点的教学培训方法;开展与其他干部教育培训机构的合作与交流。"

司法人员接受培训既是权利,也是义务。就司法机关的培训机构而言,首要任务是扩大培训规模,使每一名司法人员都能够接受专业培训。对此,司法机关培训机构主要从以下途径完成培训任务:一是对各级司法机关领导人员和重要岗位人员实行调训。由干部教育培训管理部门负责制订干部调训计划,选调干部参加脱产培训,对重要岗位的干部可以实行点名调训。干部所在单位按照计划完成调训任务,干部必须服从组织调训。二是设置常规化培训班次,对各条线的司法人员实行全覆盖式培训。如最高人民检察院制定《基层检察人员轮训办法(试行)》,以三年为一个周期,每三年把基层检察人员轮训一遍,依次接替、循环进行,形成全覆盖、周期性、常态化的轮训长效机制。三是配合各业务条线举办专题培训班次,如扫黑除恶、公益诉讼、未成年人司法等班次。四是组织开展网络培训。通过建设网络学院,定期开展不同班次的网络培训。

二、高质量标准

近年来,最高司法机关、省级司法机关通过工作考评、通报排名等不断加强培训项目管理,但总体上是对过去一段时间工作的考核,对培训规律和人才成长规律遵循不够，存在培训项目管理逐步加强与培训考核不够科学的矛盾。例如，根据培训评估理论的四个层次即反映、学习、行为、效果，如何分析学员司法办案行为有什么改进、人才建设上了哪些台阶等，还缺乏一个科学的、细化的、长期跟踪的考核体系。①

为了提升培训质量，最高司法机关应当制定省市两级院培训班次及其培训目标建议清单、各种培训班课程设置建议清单，为每一类检察人员、每个级别层次的人员甚至每个年龄层次的人员量身定做一套培训方案，供各级检察机关组织培训时选用；依据岗位素能基本标准，对课程进行分级，将课程分为初级、中级、高级课程，推动培训课程精细化，满足不同层次检察人员的培训需求，促进分阶段成长的阶梯式学习；参考中共中央党校对省市党校进行培训质量评估的做法，对各省分院教育培训工作质量进行评估。地方各级司法机关要利用好相关调训、培训成果，有计划、有步骤地进行巩固消化，完善培训效果跟踪评估机制，定期分析参训人员办案行为有什么改进、司法能力有哪些提升、人才培养上了哪些新台阶，为提升素能、推进工作提供有力保障。

三、灵活培训方法

培训管理是素能管理的重要环节。优秀的培训管理，一方面体现在强化学员管理，严肃培训纪律，教学活动全面规范；另一方面体现在从培训实践中不断涌现出优秀教师、优秀课程、优秀学员以及可复制、可推广的培训方式等。

（一）始终坚持三个导向

三个导向是指：

（1）目标导向。始终把培养专业能力、专业精神，打造专业化办案团队作为素能管理的目标。（2）问题导向。司法人员作为具有一定社会实践经验的成年人，具有独立观察、思考问题的能力，学习的目的性很强。如果课程设计脱离实践、培训方式缺乏吸引力、老师不能起到催化引导作用，培训效果将大打

---

① 范柏乃、阮连法等：《干部教育培训绩效的评估指标、影响因素及优化路径研究》，浙江大学出版社2012年版，第20~29页。

折扣。应当结合司法实践的要求,科学生成政治轮训、业务培训、岗位练兵、业务竞赛的培训计划;深入分析组织需求、岗位需求和学员需求,将零散的课程整合为专题性的课程体系;按照提升素能的要求,有计划地设计和举办素能提升班次;在各条线和培训机构之间形成合力,取长补短,相互促进,稳步提高培训质量。(3) 结果导向。检验培训成果的重要标志,一是学员"记住一辈子",即经过实践检验的良好口碑;二是学员"激动一阵子",即从培训中有所收获。每一次培训,无论是正规化脱产培训班,还是专题讲座、网络学习,都应当有科学的检验机制。实践中,学员学习体会、学员论坛、书面学习报告等是常规的检验手段,而从培训实践中不断涌现出优秀教师、优秀课程、优秀学员、可复制可推广的培训方式则应当是每一次培训工作追求的目标。

(二) 培训档案的科学化运用

中央《干部教育培训工作条例》要求积极推行和完善培训登记管理制度,把学习培训情况作为检察人员进行选拔任用和年度考核的重要依据。这一要求运用培训评估理论的四个层次即反映、学习、行为、效果,抓住了教育培训质量评估的重点。应当建立覆盖所有参训学员的电子培训档案,全面准确记录每名参训学员每一次正规化脱产培训的类别、时间地点、主要课程、主要体会等,逐步引入需求调研、报名考勤、学员反馈、行为改进、跟踪培养等功能模块。电子培训档案是分析学员行为改进的基础,也是检察人员选拔任用和年度考核的基础,还为给每一类检察人员、每个级别层次的检察人员甚至每个年龄层次的人员量身定做一套培训方案提供了规律性分析依据。

(三) 教育培训经费的有效使用

目前关于教育培训经费的投入比较大,在基地建设、学员服务等方面保障有力。如《中央和国家机关培训费管理办法》对于规范中央和国家机关培训工作,保证培训工作需要,加强培训经费管理提出一系列的解决方案,不仅涉及培训费的充足保障,还涉及培训的计划备案、组织管理、监督检查等政策界限。吃透、用足教育培训经费管理政策,是有效开展培训工作的保障。目前,关于教育培训亟须的课程开发经费、教材出版费、人才建设资助经费、业务专家补助等,各省政策不一,面临收紧、规范的趋势。应当参照《中央和国家机关培训费管理办法》的体例对以上经费能否列支、如何管理进行细化规定，保障教学活动健康规范开展。

（四）信息化手段的全面运用

在信息化快速发展的今天，司法人员素能管理应当充分借鉴信息化技术成果，组织开发实用性强的培训软件、考试软件，在各类培训练兵活动中推广使用，降低组织成本，减少人为因素，优化培训效果；积极研发包括学员报名自动审核、自动评课、提问答疑、微课程上传、学习成果共享、评选优秀学员、人才库管理、课程档案等功能的现代化教学软件系统。

（五）教育培训工作者的素能提升

建设一支具备现代培训理念、善于把握规律、富有创新精神的教育培训管理队伍，是司法人员素能管理的必要条件。当前，各级司法机关应当重视教学管理人才队伍建设，培养一批具有培训需求分析、培训专题设计、培训组织实施、培训效果评估能力的专兼职专业人才，不断提高培训管理人才岗位素能，提升教育培训专业化水平。

第十章
司法人员伦理管理

党的二十大全面总结第一、二、三轮司法体制改革，尤其是前在两个时段的基础上部署第三个时段全面深化司法体制综合配套改革。强调公正司法维护社会公平正义的最后一道防线。深化司法体制改革综合配套改革，全面落实司法责任制。规范司法权力运行，健全公安机关、检察机关、审判机关、司法行政机关各司其职、相互配合、相互制约的体制机制。强化对司法活动的制约监督，促进司法公正。全面准确落实司法责任制，加快建设公正高效权威的社会主义司法制度，努力让人民群众在每一个司法案件中感受到公平正义。[①] 与此同时，推进文化自信自强，铸就社会主义文化新辉煌，这对司法人员伦理管理提出更高要求。从司法人员伦理管理制度健全完善看，需要以社会主义核心价值观为引领，以司法文化建设为切入点，坚持忠诚、担当、公正、为民、清廉、文明的司法理念和价值观，遵循权力制约与监督规律和管理规律，规范司法权力行使，遏制司法腐败现象，维护司法公正、提升司法公信力。

第一节　司法人员伦理管理概述

一、司法人员伦理管理的内涵

司法管理以对司法资源合理调配、司法人员制约监督、司法事务科学安排、司法保障有力支撑等方式，为司法权的公正行使创造条件，司法管理与司法权的公正行使存在严密的逻辑关联，其核心是对司法人员的管理。在我国，法官是依法行使国家审判权的国家公职人员，检察官是行使检察权的特殊公务员，两者均属于司法人员。因此，本章所指司法人员，是指司法权力的具体承载者——法官和检察官。司法人员伦理管理，将司法职业伦理与管理相衔接，与伦理管理日益兴起的潮流相符合，关注的是司法职业伦理的有效实现和司法机关

---

① 参见本书编写组：《党的二十大报告辅助读本》，人民出版社2022年版，第38页。

内部凝聚力、外部公信力的有效提升，在司法人员管理层面是"老话题"，相对于司法责任制落实的大背景则又是新事物，有必要对这一概念进行深入的分析。

（一）司法职业伦理的概念

从语义学分析，所谓"伦理"，在英文"ethics"（源于希腊文 ethos）中的含义是指本质、人格、风俗或习惯。在汉语中，"'伦'，意味着辈分、等次、顺序，'理'是治理、整理、条理的意思，伦理是一种客观的关系，是一种特定的人和人之间的关系"[1]。相较于道德侧重与个体层面相关联，涉及个人道德选择和个人道德品性，伦理是与社会层面相关联的，着重关注人类社会中的人伦关系及其秩序。[2] 因此，"道德系自由意志决定，而伦理则是个人所在的社群脉络"[3]。司法职业伦理是以一定的司法制度为前提，在司法人员职业角色责任与依法独立相统一的追求中，对司法人员职业角色进行调整的职业伦理观、伦理规范及伦理惩戒制度，司法人员据此开展司法活动。[4] 司法职业伦理是司法人员价值观念、道德理念、职业操守、品格追求、理性诉求的集合体，体现为司法人员共同的职业精神、职业信仰和道德信念，外化为具体的道德原则、行为规范和准则。许章润先生认为，"法律不仅是一种规则体系，同时并为一种意义体系，自有价值追求蕴含其中""在法律的逻辑品质背后，隐含着的是法律的伦理品质""法律从业者不仅是法律的仆人，而且是法律的守护者，进而意味着他们担负着人世生活的守夜人的角色"。[5] 司法的本质在于捍卫社会公平正义，司法的尊严来自司法人员对职业伦理的维护。从这个意义上讲，由于司法人员的工作性质和职业特征就是要依据法律来解决价值冲突和利益矛盾，进而释放和体现司法所具有的权利救济、定分止争、制约公权[6]、保障人权、维护公平、守卫人权、促进和谐、增进人的"法福祉"的独特功能及其价值表达。因此，司法

---

[1] 宋希仁主编：《西方伦理思想史》，中国人民大学出版社 2004 年版，第 3 页。
[2] 范敏之：《职业伦理：法律职业共同体之基点》，引自《厦门大学法律评论》（总第二十八辑），厦门大学出版社 2016 年版，第 61 页。
[3] 王汎森：《执拗的低音：一些历史思考方式的反思》，生活·读书·新知三联书店 2014 年版，第 137～140 页。
[4] 廖大刚：《司法官职业伦理比较研究——以刑事司法为范例》，吉林大学博士学位论文，2017 年，第 23 页。
[5] 许章润：《法律的实质理性——兼论法律从业者的职业伦理》，载于《中国社会科学》2003 年第 1 期，第 152、160、163 页。
[6] 习近平：《在中央政法工作会议上的讲话》，引自中共中央文献研究室编：《习近平关于全面依法治国论述摘编》，中央文献出版社 2015 年版，第 77 页。

职业伦理更多地指向理性化的职业行为规范，同时要求以美德和良知（道德）来平衡与克服技术理性的弊端，以实现公共性、职业性与政治性三重属性的统一。

（二）伦理管理的概念

伦理管理来自企业管理思想在知识经济时代的最新发展，是"管理者将社会认可的伦理规范贯彻到计划、组织、领导和控制等活动中，以人性化的方式和手段保障员工在遵守企业的伦理规范前提下有效地完成企业的经济目标和社会责任目标"[①]。它是目的、手段、结果合乎伦理的管理，体现为管理目标、管理方式和管理人员信念的伦理化。推而论之，伦理管理是在一定经济基础和社会制度下，管理者遵循国家主导的核心价值观、社会认可的伦理原则和伦理规范，以伦理化的方式，促进被管理者有效实现管理目标的管理模式。

（三）司法人员伦理管理的内涵

"法律伦理不是个人道德，也不见得是社会的道德标准，而是一套设计来让人人公平享有法律服务的规定。这是法律专业在社会认可下，以服务更高的社会目标与福祉的规定。"[②] 司法人员伦理管理，表面上是对司法人员的管理（促进司法人员自律），本质上指向的却是以国家主导的核心价值观为引领、并蕴含司法理念以保证司法权力的运行及其效果。理解司法人员伦理管理的内涵，需要在三个维度上展开。

1. 实现对权力的制约与监督的客观需要

在法治社会，权力必须受到制约和监督是一条普遍规律。无论从政治学，还是从社会学、管理学的角度看，制约与监督都和权力与权利相伴相随。原因在于："权力是一种结构概念，它既是一种命令——服从的意志结构，又是一种通过占有关系体现出来的经济结构，而意志结构是建立在现实的经济结构基础之上的。"[③] 由于经济社会发展水平的限制，人类社会还达不到马克思主义经典作家设想的人民直接管理国家的理想境界，人们只能选出自己的代表，由其代

---

① 胡宁：《伦理管理：概念特性与界定》，载于《长沙理工大学学报》（社会科学版）2011 年第 26 卷第 4 期，第 24 页。
② [美] 布莱恩·甘道迪：《美国法律伦理》，郭乃嘉译，台湾商周出版社 2005 年版，第 48 页。
③ 李江源：《论教育制度的逻辑结构与权力结构》，载于《复旦教育论坛》2004 年第 2 卷第 5 期，第 24 页。

表自己行使管理国家和社会事务的权力,以期实现自己的意志、利益和愿望。这种权力所有者和使用者相分离的状况就导致了多重风险:一是"一切有权力的人都容易滥用权力,这是万古不易的一条经验"①。为了防止权力垄断、滥用而产生腐败等异化现象,权力所有者有必要对用权行为进行监督。基于此,"当政治家们声言探寻科学合理的权力运行机制时,实际上他们所思考的是如何把公共权力置于有效的监督之下,或者使政治权力在精心设计出来的政治体制之中受到难以回避的制约"②。二是国家公权力的国家意志性、强制性等特征,决定了其既可以用于实现权力所有者的意志、利益和愿望,为权力所有者服务;也可能侵害公民权利,危害社会公共利益,这正是对权力进行制约和监督的内在动因。司法权作为国家公权力,在现代社会被赋予了维护社会公正的"最后一道防线"的崇高使命,因而在其权力运行的制约与监督方面备受关注。"权力之所以需要制约,是因为行使权力的人需要制约"③,作为行使司法权的主体,司法人员不可避免地成为制约和监督的重点对象。在此意义上,健全完善对司法人员的制约与监督,伦理管理的价值和作用日益受到人们的广泛重视。

2. 构筑司法公信力的必然要求

司法的权威,既来自国家强制力,更来自司法公信力,依赖于人民群众对法律的信仰和敬畏。司法人员伦理管理内在地要求法官、检察官崇尚正义、信仰法治、依法独立,成为"社会伦理的坚守者、公序良俗的示范者、法律尊严的捍卫者以及守法、依法、执法的表率者"④。这就要求司法人员的行为尤其是其职业活动既要合乎法律,还要合乎道德,其行为的结果既要符合公平正义,还要被人民群众理解和接受。这正是构筑司法公信力的题中应有之义。

3. 落实司法责任制的内在需要

"法律职业伦理是立在信念、角色和责任基础之上的规则体系。"⑤ 随着司法体制改革的深化,司法责任制已经深植于"谁审理谁裁判、谁裁判谁负责"和"谁办案谁负责、谁决定谁负责"司法权运行新机制之中,同时要求对司法权管

---

① 转引自周虹:《对我国依法治校建设之思考》,载于《教育评论》2018 年第 12 期,第 67 页。
② 张康之:《评政治学的权力制约思路》,载于《中国人民大学学报》2000 年第 2 期,第 66~67 页。
③ 陆德山:《认识权力》,中国经济出版社 2000 年版,第 432 页。
④ 赵玮、王永:《检察官职业伦理的内涵与时代特色——以法律职业共同体为视角》,载于《人民检察》2013 年第 19 期,第 21 页。
⑤ 柴鹏:《法律职业伦理现状及其培育——以实证调研数据为基础》,载于《证据科学》2015 年第 2 期第 23 卷,第 163 页。

理机制进行深刻调整，亟待按照司法权运行新机制健全和完善对法官、检察官进行管理的伦理规范和约束惩戒规则，以促进法官、检察官队伍的革命化、正规化、专业化、职业化，从而更好地防止权力滥用，保障权力实施，进而促进司法公正，确保司法负责，提高司法公信力，使人民群众在每一个司法案件中感受到公平正义。

通过上述分析，我们认为，所谓司法人员伦理管理，是指在我国司法制度之下，以实现司法人员职业角色定位及其功能为基础，以促进法官、检察官群体内部及其与职业对象关系的协调为目标，通过强化职业伦理建设，促进司法人员自律；通过强化对司法人员的制约和监督，防止司法权滥用、保障司法权有效实施，维护社会公平正义和人民权益。本章所指司法人员伦理管理制度，特指法官、检察官的自律机制，及对法官、检察官进行制约和监督的制度与机制。

二、司法人员伦理管理的基本特征

从世界范围看，对法官、检察官的伦理管理具有如下普遍特征。

（一）主体的多元性

从本书第三章对国外司法人员管理制度的系统梳理可以看出，因历史传统、政治体制、法律制度等的不同，对法官、检察官伦理管理的主体复杂而多样，总体上可以概括为如下几种：一是权力的源头——人民（公民）。西方国家基于主权在民观念，强调立法、行政、司法三权分立和制衡，公民主要通过基于司法人员责任制和任期制的选举投票等方式来行使对司法人员的监督权，因为"行政权力的受任者绝不是人民的主人，而只是人民的官吏，只要人民愿意就可以委任他们，也可以撤换他们"[①]。如在美国由投票人选举法官、检察官的州，选民可以不投票让其连任；在日本，根据《最高法院法官国民审查法》的规定，在众议院的大选期间，选民会利用这个时间，采取一人一票的投票方式，对法

---

① ［法］卢梭：《社会契约论》，何兆武译，商务印书馆 1980 年版，第 123～124 页。

官作信任投票，如果一些法官没有得到信任支持，就会被自然罢免或淘汰。[1] 我国实行人民当家作主，强调国家一切权力属于人民，要求一切国家机关和国家工作人员必须依靠人民的支持，接受人民的监督，司法机关和司法人员当然也必须如此。值得注意的是，通过人民中的代表参与到具体的诉讼过程中，实现对司法人员制约与监督的目的，是现代社会的共同选择，在这方面，我国的人民陪审员和人民监督员制度具有鲜明特色。英国和美国的陪审团制度、法国和德国的参审员制度、日本 2009 年 5 月开始实行的国民裁判员制度总体上都具有公民代表制约与监督司法人员的制度属性。二是政党。在我国，中国共产党是执政党，司法人员中绝大多数是共产党员，必须接受党的各级组织和其他党员的监督，尤其是要接受党的各级纪律检查委员会和国家监察委员会的监督；此外，司法人员还以不同的形式接受民主党派的民主监督。在西方，执政党往往可以任命或提请任命司法人员，在野党通过多种方式监督着执政党任命的司法人员。三是立法机关。我国实行人民代表大会制度，司法机关由人民代表大会产生，对人民代表大会负责，并接受人民代表大会及其常委会的监督。人民代表大会及其常委会通过听取工作报告、组织执法检查、提出询问或质询，以及选举、任免等方式实现对司法机关和司法人员的监督。西方国家普遍实行议会制度，司法权往往要接受议会的监督。如在英国，上议院掌握着最高司法权，制约着司法权的行使。在美国，虽然三权并行并立，但联邦最高法院的法官由总统提名，但必须经过参议院的批准才能由总统任命；联邦众议院可以对法官、检察官进行弹劾、定罪并撤职。瑞典则创设议会监督专员制度，"由具有杰出法律才能和秉性正直的人士"以议会代表身份来监督法官、检察官和其他行政官员是否遵守法律、法令，以及向那些认为自己受到公权力机关不公正对待的人提供法律帮助。[2] 四是司法机关。司法机关作为对司法人员制约和监督的主体又分为不同的情况：第一种是在司法机关内部设置制约和监督管理主体。如我国法院的院长、庭长对法官具有审判管理监督权，检察院的检察长、部门负责人亦对检察官具有监督管理职责；审判委员会、检察委员会从成立之日起就对法官、检察官的司法办案行为具有监督之责；此外，在各级法院、检察院都设有

---

[1] 杜磊：《司法改革视角下的法官惩戒制度研究》，群众出版社 2016 年版，第 97 页。
[2] 戴学明：《监督与制约——瑞典议会监督专员制度透析及几点认识》，载于《中共南宁市委党校学报》2000 年第 3 期，第 41 页。

纪检监察或督察机构。从国外情形看，美国在《司法理事会改革和司法行为与能力丧失法案》中明确规定，在美国，各联邦巡回区的司法理事会负责惩戒联邦法官。[①] 20世纪中叶以来，美国联邦和各州政府开始在司法系统之内设置由法官、律师和其他社会人士组成的纪律惩戒机构，专门受理对法官的申诉，有的州还设有事实调查机构，但最终都由司法机构作出最后的处理决定。第二种是由司法机关本身来负责对司法人员的制约和监督管理，我国《刑事诉讼法》第七条明确规定："人民法院、人民检察院和公安机关进行刑事诉讼，应当分工负责，互相配合，互相制约，以保证准确有效地执行法律。"[②] 其目的在于在具体的诉讼中，"透过诉讼分权模式，以法官与检察官彼此监督节制的方法，保障刑事司法权限行使的客观性和正确性"[③]。日本的《法官身份法》明确规定，高等法院对本辖区内各级法官具有监督管理的惩戒职责。受惩戒的法官对惩戒不服，可以向最高法院提出上诉。最高法院根据案件情况作出的裁判为终审判决，被惩戒的法官不得再申诉。[④] 第三种是由专门法院负责法官的监督管理。德国的《联邦纪律法》和《法官法》中明确规定，对于各级法院法官应当受到纪律处分的，由各级法院的院长负责行使惩戒权。德国联邦司法部负责对联邦法院法官的惩戒。对于涉及正式纪律程序的惩戒案件，行使监督管理权的机关只能是纪律法院。[⑤] 五是监察机关（机构）。如我国的国家监察委员会制度，其目的在于实现对包括法官、检察官在内的所有行使公权力的公职人员监察全覆盖。日本在最高检察厅内部设置直接听命于检察总长的监察指导部，部长由法务大臣从检察官中任命，主要负责对检察厅的预算执行情况、职员的服务和职业道德伦理情况等事务的监督、调查，主要承担从内部监督、调查检察官的违法乱纪行为的职能。监察指导部的检察官，类似军队中的宪兵（军事警察），被称为"检察官的检察官"[⑥]。六是独立机构。即设置第三方独立机构专门进行对司法人员的制约与监督。我国在新一轮司法体制改革过程中设立的法官、检察官遴选、惩戒委员会均属于此类主体。又如在法国，作为宪法确认的独立司法机构，最高司法委员会负责任命和管理法官、检察官事务，它不仅监督司法官的遵纪守

[①] 杜磊：《司法改革视角下的法官惩戒制度研究》，群众出版社2016年版，第92页。
[②] 《中华人民共和国刑事诉讼法（十三届全国人民代表大会常务委员会第六次会议修订）》，http://www.spp.gov.cn/spp/fl/201810/t20181027_396823.shtml，最后访问日期：2019年3月25日。
[③] 林钰雄：《检察官论》，法律出版社2008年版，第7页。
[④][⑤] 杜磊：《司法改革视角下的法官惩戒制度研究》，群众出版社2016年版，第92页。
[⑥] 万毅：《监察指导部：日本检察官的检察官》，载于《检察日报》2015年10月20日第三版。

法情况，还对司法官的违纪违法行为进行惩戒。[①] 在俄罗斯，有法官资格委员会。在加拿大，联邦层次和各省或地区，都有司法理事会对任何有关联邦任命法官、省或地区任命法官的投诉或指控进行调查和处理。[②] 在日本，法务省于 2010 年 11 月宣布设立一个由 14 名委员组成的第三方机关——检察检讨会。该委员会的委员涵盖了学界、实务界和评论界各方人士，主要讨论检察机关的侦查方式、组织与制度、检察人事的内部运作，尤其是如何强化内部监控体制等问题。[③] 七是当事人和诉讼参与（加）人。刑事诉讼中的当事人和其他诉讼参与人，民事诉讼中的当事人和诉讼代理人及其他诉讼参加人，行政诉讼中的诉讼参加人和证人、鉴定人、勘验人员和翻译人员等主体在参与诉讼活动的过程中，出于不同的目的和诉求，既实现法律的规定，又在不同程度上对司法人员进行着制约和监督。八是法律职业共同体其他人员。法学家、律师等法律职业共同体其他人员，因高度一致的法治信仰、职业伦理共识、法律知识背景、技术理性思维，出于维护职业共同体目标和利益的需要，必然对法官、检察官的行为进行观察、评价和施加影响力，这种观察、评价和影响具有其他方面制约和监督不可替代的作用。九是其他社会监督主体。比较典型的是媒体舆论监督，媒体舆论监督具有公开性、覆盖面广的优势，但也有非制度化、激进性和非常态的特质[④]，且往往有"媒体审判"之虞，但仍不失为一种有力且不可替代的监督力量。

（二）对象的特定性

从国外实践中看，无论是大陆法系还是英美法系国家，都要求司法人员既要公正客观合理地运用法律，也要维护司法机关的崇高威望。因此，对法官、检察官的伦理管理，不仅仅约束其违法违纪行为，也包括损害了公众信任的不适当行为；既约束其职业行为，又约束其非职业行为。如在俄罗斯，《俄罗斯联邦法官地位法（1992 年）》规定，法官从事与法官职业相悖活动的，法官实施了玷污法官名誉和尊严或者其他有损司法权威行为的，职权会被相应的法官资

---

① 周泽民主编：《国外法官管理制度观察》，人民法院出版社 2012 年版，第 20 页。
② 周泽民主编：《国外法官管理制度观察》，人民法院出版社 2012 年版，第 106 页。
③ 万毅：《监察指导部：日本检察官的检察官》，载于《检察日报》2015 年 10 月 20 日第三版。
④ 宋远升：《检察官论》，法律出版社 2014 年版，第 103 页。

格委员会决定终止。① 在加拿大的普通法的省份，如果法官对诉讼的结果有经济利益、法官与诉讼当事人或证人有家庭关系或密切的友谊、法官表达了对诉讼当事人或被起诉的事情带有偏见的看法、法官与诉讼案件或诉讼当事人以前有过职业联系，出现任何一种情况，法官就要被取消审理某个案件的资格。②

（三）模式的多样性

　　梳理总结域外国家伦理道德模式呈现多样性的特点。概况起来：一是道德伦理约束。在现代法治国家，普遍注重司法人员道德伦理对于法治的浸润、促进作用。法官、检察官往往被视为社会公平正义、公共利益的守护者，这种伦理义务和社会诉求对法官、检察官来说是一种心理约束，也是促使其正确适用法律维护公正公益的原动力所在。美国的检察官《专业行为准则》第 5 条中，就明确规定了证明被告人有罪并不是检察官的首要职责，其首要职责乃在于实现正义。③ 二是法律约束。通过法律明确监督者的权力和权利，设定被监督者的义务，确立权力主体与制约和监督对象的权力关系，以及明确制约和监督的方式等，是世界各国的通行做法。如俄罗斯，有两部专门规定法官管理制度的法律——《俄罗斯联邦法官地位法（1992 年）》和《俄罗斯联邦治安法官法（1998 年）》，都对法官的管理监督作出了明确规定。三是责任约束。权力是履行职责的保障，责任是正确行使权力的条件。④ 遵循权利与义务成比例的原则，世界各国的通行做法是对法官、检察官的责任进行明确规定，使之具有规则性、强制性的形式，从而促进法官、检察官做到负责尽责。四是纪律约束。通过规定司法人员的职务纪律和从业禁止规定，如果司法人员违反，则给予相应的纪律处分。如 2004 年 12 月 2 日第六届全俄法官代表大会批准的《俄罗斯法官道德规范》第 11 条规定了法官的纪律责任："除俄罗斯联邦宪法法院法官以外，法官违反纪律（违反《俄罗斯联邦法官地位法》和本规范的规定）对其给予如下纪律处分：警告；提前终止法官职权。"⑤

---

①⑤　周泽民主编：《国外法官管理制度观察》，人民法院出版社 2012 年版，第 47 页。
②　周泽民主编：《国外法官管理制度观察》，人民法院出版社 2012 年版，第 106 页。
③　宋远升：《检察官论》，法律出版社 2014 年版，第 47 页。
④　中国检察学研究会检察基础理论专业委员会编：《新一轮检察改革与检察制度的发展完善——第四届中国检察基础理论论坛文集》（第四卷），中国检察出版社 2015 年版，第 735 页。

（四）程序的复杂性

在制约和监督司法人员方面，域外国家由于历史文化、法制传统和司法实践的不同，一般认为对司法人员的制约与监督存在多重风险：侵蚀司法独立的价值；遏制司法人员履行司法责任的积极性；影响司法权的正常实施。出于上述担忧，西方各国在设计对司法人员的制约与监督制度机制时都极为谨慎，通过设置较为复杂的程序，以期在维护审判权、检察权依法独立运行与遏制司法不当之间寻求平衡，在促进司法独立与确保司法负责间寻求进路，在责任追究、司法惩戒与履职保障间寻求协调，努力实现防止权力滥用和保障权力实施的双重目标。仅以澳大利亚新南威尔士州为例，根据1986年《司法官员条例》成立了司法委员会，负责处理针对法官的申诉、调查、听证，如果申诉未被驳回，则对申诉是"轻微"还是"严重"进行定性，由司法委员会司法行为分部向委员会或州司法部长、州长提交报告，如果某项申诉被认为是"轻微"的，那么就可能被提交到该司法官员所在地方的领导那里或者提交到司法行为惩戒委员会；一项构成"严重"的申诉案件的最后结果可能是州长向参众两院提起罢免案；如果司法官员的行为构成犯罪，则按法律程序接受处理，一般由检察机关接手该案件；司法官员的腐败问题则由州独立反腐败委员会处理；司法官员只能因为被证实行为不检或能力不足的缘故，由议会两院通过，被州长予以免职。[①]

（五）效果的层次性

遍观世界各国对司法人员的伦理管理实践，从实体处分与惩戒的角度，大体上可以对管理效果进行三个层次的划分：（1）法律效果。法官、检察官不当行使司法权的行为如果构成犯罪，则进入法律程序，依法进行处理。如在法国，法官若有贪污、受贿行为，一律被开除。（2）行政效果。法官、检察官因为行为不检、能力不足等原因，可能被警告、降级、调动、免职甚至是开除。（3）纪律效果。对于法官、检察官没有构成犯罪，但涉及轻微违法或违背职业道德、职业伦理、职业管理规定的行为，往往会受到纪律处理。如在法国，对司法官的处分包括警告、降级、调动、开除（分有退休金和没有退休金两种）、起诉

[①] 周泽民主编：《国外法官管理制度观察》，人民法院出版社2012年版，第385~387页。

等。另外，法官的办案数若远远低于平均水平，一般也会受到纪律处分。据介绍，全法国每年约有 15 名法官被起诉。[①]

三、司法人员伦理管理的基本原则

（一）民主法治原则

对司法人员伦理管理的目的是保证人民赋予的权力不偏离轨道，确保司法权依法独立运行，体现人民的意志、利益和愿望，促进良法善治。这就要求一方面，要充分认识司法人员自律、对司法权力进行制约和监督是民主政治的重要内容，是政治文明发展的必然要求，自觉地发挥人民作为司法权制约和监督主体的作用，保障人民制约和监督司法权运行的权力（利），以民主促进制约和监督，以制约和监督保障民主；另一方面，要坚持依法治权，严格依照宪法和法律规定对司法权及司法人员行使司法权的行为进行制约与监督，减少人的主观随意性对司法权运行的影响，促进司法权力行使的制度化、规范化、体系化、法制化。

（二）约束救济原则

伦理管理要求对司法权进行约束和救济，这是一个事物的两个方面。一方面，司法权需要约束。辩证唯物主义认为，事物是矛盾对立运动的统一体，对立与统一是事物发展的根本动力。权力作为一种社会关系，作为一种有目的地支配他人的力量，既可以用来为社会服务，也会给权力行使者带来"精神和物质的报酬"，在权力的矛盾运行中，为了使权力规范运行，防止权力滥用而成为权力拥有者谋取私利的工具，必须对权力进行力量对等的约束。约束的手段有二：一是分权，即遵循一定的原则，在个人和群体中科学地划分和配置权力。"一个发达的法律制度经常会试图阻止压制性权力结构的出现，而它所依赖的一

[①] 周泽民主编：《国外法官管理制度观察》，人民法院出版社 2012 年版，第 20 页。

个重要手段便是通过在个人和群体中广泛分配权利以达到权力的分散和平衡。"[1]从刑事司法中法官、检察官的权力配置来看,检察官具有一定的裁量权,这使刑事司法中检察官和法官的权力与责任能够被合理分配,从而避免刑事权力集中或者责任过于庞大。[2] 二是制衡,即确保权力制约和监督的主体与客体之间力量大小相当或相对平衡。原因在于,"从事物的性质来说,要防止滥用权力,就必须以权力约束权力"[3]。而权利需要借助权力为中介才能实现其意志和目的。这既要求对司法权制约和监督主体的权力和权利得到依法保障,又要求制约和监督主体的活动具有足够的独立性和权威性。另一方面,司法权需要救济。原因在于,司法权是一种被动的、中立的裁判权,往往容易受到外部尤其是行政权的影响和干扰。而"理想的权力制约和监督,必须做到既能防止权力滥用、权力腐败,又能真正调动起权力行使者的积极性、主动性和创造性,使其不受压制,充分运用其聪明才智来为社会公众造福"[4]。为此,必须通过多种方式促进法官、检察官依据授权依法独立公正行使审判权和检察权。

(三) 权责一致原则

享有权力就必须承担责任与义务,这是政治学和法学的通行原理,司法权作为公权力的重要组成部分,应当受到权责一致原则的制约,做到"有权必有责,用权受监督,失职要问责,违法要追究,保证人民赋予的权力始终用来为人民谋利益"[5]。但是,基于司法权属性和司法规律,权责一致原则要与司法相对独立原则相协调,具体而言,应坚持既合理"控权",又激励"用权",既强调追责,更鼓励和保护积极履职,促使司法人员独立地、积极地、主动地、合法地、合理地行使司法权,防止司法权的不作为与低效率。原因在于,司法权本质上是判断权,"为了保障这种判断属性,法律赋予司法官员在履行司法职能时享有一定的司法裁量权,能够根据自己的认知、经验、技能等对案件进行综合认定,而不

---

[1] 转引自张康之、张乾友:《论法治国家中的权治——从福柯的研究谈起》,载于《天津社会科学》2010年第6期,第57页;[美] 埃德加·博登海默:《法理学——法律哲学与法律方法》,邓正来、姬敬武译,华夏出版社1987年版,第336页。
[2] 宋远升:《检察官论》,法律出版社2014年版,第108页。
[3] [法] 孟德斯鸠:《论法的精神》,张雁深译,商务印书馆1961年版,第154页。
[4] 余丽君:《试析党务公开在权力监督中的作用》,载于《鄂州大学学报》2010年11月第17卷第6期,第19页。
[5] 习近平:《在首都各界纪念现行宪法公布施行30周年大会上的讲话》,引自《习近平谈治国理政》,外文出版社2014年版,第142页。

会受到外在力量的干扰,受到司法独立原则的保障"①。对于司法责任的承担和责任追究应当设置不同于其他权力尤其是不同于行政权的机制,明确责任豁免事由。否则,由于人的本性是趋利避害的,一旦司法人员在行使司法裁量权时陷入担惊受怕、瞻前顾后、畏首畏尾之境地,则司法公正将受到巨大冲击。

(四) 程序正当原则

基于维护司法权依法独立公正行使之基础价值,一方面,要坚持非因法定事由,非经法定程序,不对司法人员进行追责的原则;另一方面,对司法人员伦理管理,要遵循结果监督的主动性和过程监督的谦抑性原则;与此同时,对司法人员的制约和监督必须及时有效,重点是对司法权异化、错位、蜕变、腐败的积极预防,同时要致力于对法官、检察官行使司法权行为的事中控制,避免单纯的事后追惩对司法公信力的减损。

(五) 司法公开原则

司法公开,是司法民主的内在要求,是司法廉洁的重要保障,是维护司法公正的重要环节,是现代司法制度的根本原则之一。"权力主体的活动信息公开程度,一定程度上影响着权力制约与监督的程度。"②"司法的规律表明,无论是正义昭示、是非辨别、还是事实查证,都需要通过公开方式实行。只有基于公平、公开的程序和方式,正义才能够被昭示。只有基于公开性的制度框架,司法机关对于案件的依法判定,才能够公正,从而实现价值和意义的诠释,体现正义内涵。"③ 司法人员行使司法权力的依据、过程、结果公开,是对司法人员进行伦理管理的重要组成部分,这既是实现人民群众民主权利的客观要求,也是实现诉讼当事人的诉讼权利的内在需要,还是预防司法人员专断滥权的重要途径。为此,必须对司法人员的司法办案活动及其依据、结果和救济途径公开,以"阳光司法"确保公正司法。

---

① 转引自王迎龙:《司法责任制理论问题探析——基于"两高"关于完善司法责任制的两份意见》,载于《社会科学科学家》2016 年 6 月第 6 期,第 131 页;[美] 葛维宝:《法院的独立与责任》,载于《环球法律评论》2002 年第 1 期,第 7~16 页。
② 赵连稳、冯婷婷:《近年来权力监督与制约研究述评》,载于《北京科技大学学报》(社会科学版) 2017 年 2 月第 33 卷第 1 期,第 90 页
③ 温云云:《我国司法公开的实践探索与路径思考》,载于《重庆社会科学》2017 年第 9 期,第 37 页。

四、司法人员伦理管理的价值功能

价值与功能具有不同的内涵与外延。所谓价值,是一个关系范畴,体现为客体对主体的意义。所谓功能,在一般意义上是指事物或方法所发挥的有利的作用、效能。我国的语言习惯中经常将价值功能合并使用,强调的是客体对主体需要的满足程度,或者说客体符合主体要求的作用和效能的发挥程度。从这个意义上来讲,司法人员伦理管理的价值功能就是司法人员的伦理管理对管理主体需要的满足程度,或者说在伦理管理之下司法人员行使司法权的行为在防止权力滥用、保障权力实施、维护司法公正、实现人民权利等方面的作用和效能的发挥程度。具体体现如下。

1. 以保障人民权益为根本选择

人权保障是法律制度现代化的重要标志,是法治文明程度的具体体现。"在终极意义上,权利是权力的基础。"[1] 司法权力的存在是为了实现人民权利,司法权力必须服从人民权利并且为其更好地实现提供保障和服务,同时接受人民的监督。对司法人员的伦理管理,正是以保障人权的要求为核心,以保障诉权的实现为基础,使司法人员行使权力的过程与目的符合人民的意志、愿望和要求。

2. 以遏制司法腐败为着力点

权力具有强制性、扩张性、易腐性和寻租性等特征,缺乏制约和监督的权力必然容易被滥用从而导致腐败。司法权作为裁断权,关乎个人人身、财产和自由,关乎社会公正,如果不加以约束,更容易产生权钱、权色交易,导致司法不公,冲击社会基础。"哪里有不受限制的自由裁量权,哪里便无法律制度可言。"[2] 也正因为如此,世界各国均从遏制司法腐败的角度对司法权进行限制和约束。通过制约和监督,实现对司法权正常运行的肯定和维护,对司法权偏离轨道的风险进行防范和矫正,遏制权力异化和腐败现象的发生。

3. 以促进司法公正为目标

确保依法独立公正行使审判权、检察权是构建司法人员伦理管理制度的基

---

[1] 卓泽渊:《法治国家论》,中国方正出版社2001年版,第69页。
[2] 宋远升:《检察官论》,法律出版社2014年版,第117页。

本前提，而良好的司法人员制约和监督机制，一方面可以防止法官、检察官权力滥用、抑制司法腐败，另一方面则可以为法官、检察官创造良好的内外部环境，保证其司法办案行为和审理裁判执行行为具有独立性和自主性，使得法官、检察官在司法办案中除服从党的领导，服从宪法和法律的规定外，不受其他任何行政机关、社会团体和个人的干涉。

4. 以树立司法权威价值追求

"一切权力的根源存在于多数的意志之中"[①]，社会与民众对于司法的普遍信任、服从与尊崇，是司法公信力的体现，也是司法人员伦理管理的价值追求。司法人员自律和制约监督机制通过对法官、检察官行为的预防、督促、纠偏、制衡和惩戒，实现对其权力的约束，从而减少法官、检察官个人因素对司法公正的影响，确保每个司法决定都能够制度性地产生，有利于维护法制的统一、尊严和权威，树立司法机关令人信服的能力和威望，赢得社会和民众对司法权威的服从。

5. 以落实司法责任为落脚点

司法责任内涵有二：一是司法人员依法办理案件、忠实履行职务。这是积极意义上的责任，强调司法人员的职责或义务。二是司法人员违背职责时应受到责任追究。这是消极意义上的责任，强调司法人员违法办案或者有其他不当行为时应承担的后果。对司法人员的伦理管理，其主要目的在于防范司法人员偏离法律的轨道处理案件，对司法人员的不当行为进行监察和纠正，促进司法人员正当、合理地行使法律赋予的职权。对司法人员的伦理管理，以保障司法人员依法正确行使权力为前提，对司法人员的违法或不当行为进行责任追究和责任豁免是司法权力运行纠偏、定向的重要机制。正因为如此，我国把落实司法责任制作为新一轮司法体制改革的"牛鼻子"，针对法官提出"让审判者裁判，由裁判者负责"[②]，针对检察官提出"谁办案谁负责、谁决定谁负责"[③]，体现出落实司法责任的明确指向。

6. 以提升司法能力为评价标准

"防范司法不公、司法腐败的关键在于提高法官检察官的素质，加强法官检

[①] [美] 托克维尔：《论美国的民主》（上卷），董果良译，商务印书馆1998年版，第49页。
[②] 习近平：《关于〈中共中央关于全面推进依法治国若干重大问题的决定〉的说明》，引自本书编写组编著：《〈中共中央关于全面推进依法治国若干重大问题的决定〉辅导读本》，人民出版社2014年版，第79~80页。
[③] 王迎龙：《司法责任制理论问题探析——基于"两高"关于完善司法责任制的两份意见》，载于《社会科学科学家》2016年6月第6期，第130页。

察官的职务保障，使其难以产生徇私枉法的动机，以及通过其他的制度性保障，来促进其客观公正地处理案件。"① 在某种意义上，法官、检察官的权力源于对法律知识资源的垄断。对法官、检察官的伦理管理，有利于促进法官、检察官锤炼法治精神，精研法律知识，根据法律预期和民众期待提高依法处理案件的能力和水平，促进法官、检察官队伍革命化、正规化、专业化、职业化。

综上所述，从正向价值功能看，司法人员的伦理管理，有利于促进司法人员自律，对内增强司法机关凝聚力，对外提升司法公信力。

第二节　司法人员伦理管理评析

促进司法人员自治与自律、强化对司法人员的制约与监督，是我国司法人员伦理管理的车之两轮。党的十九大报告提出，要"加强对权力运行的制约和监督，让人民监督权力，让权力在阳光下运行，把权力关进制度的笼子"②。从新一轮司法改革的实践看，法官、检察官制约与监督机制的健全与完善是改革关注的重中之重。原因在于，一方面，司法责任制本身即是对司法权运行机制和管理机制的重大调整，在权力重新配置的同时进行有效的制约与监督，既适当放权又合理控权，是权力运行的内在要求；另一方面，强化法官、检察官的司法责任，是新一轮司法改革的重要价值取向，遵循这一取向，必须对法官、检察官职务内外行为的边界进行重新明确，必然对法官、检察官违规行为的惩戒与职业约束机制进行健全，在此基础上，才能有效实现法官、检察官自主管理的加强、自律机制的健全，进而促进司法公正与确保司法负责的统一。从这个意义上讲，强化司法人员伦理管理，"破题"之策在于健全和完善司法人员制约与监督机制。正因为如此，把握我国司法人员制约与监督制度机制的现状趋势，放眼域外司法人员制约与监督制度机制的发展演变，对于改革和完善我国

---

① 熊秋红：《法官责任制的改革走向》，载于《人民法院报》2015年7月22日，第8版。
② 习近平：《决胜全面建成小康社会　夺取新时代中国特色社会主义伟大胜利》，引自《党的十九大文件汇编》，党建读物出版社2017年版，第46页。

司法人员伦理管理的制度机制，使其更具合理性与有效性，意义重大。

一、国外司法人员伦理管理的发展趋势

（一）管理取向：在重视保障司法权依法独立公正行使的前提下强化司法责任

从世界范围来看，加强对司法人员的伦理管理是以坚持法官、检察官司法办案主体地位为前提的，其根本目的在于保障法官、检察官依法独立履职、公正办案，这就需要在防止司法权滥用和保障司法权依法独立行使之间进行价值平衡，而保障司法权依法独立行使无疑具有更加优先的地位。联合国《关于司法机关独立的基本原则》规定："在不损害任何纪律惩戒程序或者根据国家法律上诉或要求国家补偿的权利情况下，法官个人应免于其在履行司法职责时的不行为或不当行为而受到要求赔偿金钱损失的民事诉讼"[1]，实际上是肯定了西方国家通行的法官的"民事豁免权"。在美国，最高法院大法官由总统提名，且终身任职，以防止政治因素对司法中立性的干扰；美国联邦和大部分的州宪法都有法官只能因为被证实犯有"叛国罪、受贿罪和其他重罪和轻罪而受到弹劾"才能被撤换的规定。美国的检察官虽然行使的是行政权，但在民事责任豁免方面，对于从事司法属性较强的检控业务的检察官会被赋予绝对的豁免权，即使是"恶意"履职，也无须担心民事诉累。[2] 在德国，其《宪法》第97条规定："法官独立并只服从法律。"其《法官法》第26条第1款规定："法官只在不影响其独立性的范围内接受职务监督。"[3]法官承担责任的前提仅限于其特定的不正当的行为方式，而对于具体的判决结果则只有上诉法院能施加影响；且法官有权针对一项监督措施向纪律法院起诉，以判定其独立性是否受到侵害。[4]正如林钰雄先生所述："整个检察官法律地位问题的核心，不在行政官或司法官的问

---

[1][3][4] 熊秋红：《法官责任制的改革走向》，载于《人民法院报》2015年7月22日，第8版。
[2] 林竹静：《检察官司法责任豁免的规则构建》，载于《国家检察官学院学报》2017年3月第25卷第2期，第82页。

题，而在指令权及其界限问题。"① 虽然检察官受检察一体原则制约，但各国均对司法首长和检察首长的指令权通过确立法定主义原则、赋予检察官一定条件下的积极抗命权、确立书面要式规则等方式进行限制，德国《基本法》规定，检察官可以放弃上级违反法定主义原则或者超出评判范围而下达的指令。而根据法国检察制度，下级检察官对上级检察官的指令有异议，即使在书面结论中遵循了上级检察官的指令，但其在审判程序中莅庭公诉时仍然可以发表书面结论之外的意见，这就是"笔受约束、口却自由"原则的体现。② 但这并不意味着法官、检察官司法责任的削弱，"二十世纪 60 年代以来，随着法律和法院在社会经济生活中的作用不断上升，西方国家的民众对司法公正更为关注，由于这些判决涉及人们的重大利益，对于法官个人的控告日益增加，由此带来了法官责任制的强化。这种强化体现在建立专门的法官惩戒机构"③ 和扩大法官惩戒的适用范围上。即使如此，从总体上看，西方各国对司法人员的制约和监督仍然是在保障司法人员依法独立办案的权力不受干涉、对司法人员充分信任和尊重的基础上的制约和监督。

（二）管理主体：异体化、外部化和中立化趋势明显

当前，世界各国对司法人员制约和监督，既呈现出同体制约监督与异体制约监督并存、内部制约监督主体和外部制约监督主体并立的特点，又表现出制约和监督的主体异体化、外部化、中立化的明显趋势。（1）以公民权制约与监督司法权。为了避免司法机关和司法人员"自己监督自己"的明显弊端，各国均重视对司法机关和司法人员的异体监督，特别是结合诉讼程序设置以公民作为主体的程序内制约和监督机制。在英美法系国家，美国的陪审团制度确保了法官与陪审团各自独立地行使职能，有效防止了法官在行使审判权过程中的独断专行，该制度被认为是比选举权还重要的制度。在大陆法系国家，德国于 1923 年废除了陪审团制度，而保留了民众以"参审员"身份或业余法官身份参与到刑事案件审判中的制度，除例外规定的情况外，任何拥有德国国籍、年龄

---

① 林钰雄：《检察官论》，法律出版社 2008 年版，第 155 页。
② 陈治军、马燕：《大陆法系国家和地区检察官办案责任制比较研究》，载于《人民检察》2015 年第 3 期，第 73 页。
③ 熊秋红：《法官责任制的改革走向》，载于《人民法院报》2015 年 7 月 22 日，第 8 版。

在 25~69 岁之间的公民都可以自愿成为业余法官，除法律另行规定外，业余法官参与指控庭审时与专业法官享有同样的权利和投票效力。① 法国始终坚持市民参审制。日本 2009 年 5 月开始实施的国民裁判员制度，合议庭都由法官与市民共同组成。日本的国民裁判员不光可以参与判断被告人是否有罪的事实认定环节，在断定有罪时，还可以参与量刑。② （2）制约与监督的主体外部化趋势加强。各国更加重视通过强化对辩护权的保障，强化审判程序对审前程序的制约，强化司法审查功能，强化民意对司法人员的约束等举措，来对法官、检察官行使权力的行为进行制约和监督。在美国大部分州，要么是经司法提名委员会提名，由行政首长根据被提名的 3 名法官的职业能力和资历，从中选择 1 人任命法官；要么通过选举来产生法官，高度重视民意和公认度对法官的约束。在日本，针对检察官独占起诉的制度，于 1948 年设置了"检察审查会，并制定了《检察审查会法》；该机构为民选机构，由 11 名成员组成，其成员由具有众议员选举权的公民以抽签方法决定，其重要职责就是对检察官的不起诉决定是否正确进行审查，目的在于以社会公众的力量来监督和制约检察官起诉权的行使"③。对检察官检察权的外部制约与监督主要有法院或法官的司法审查机制（主要包括英美的预审机制和自诉程序、法国上诉法院审查庭的审查机制、德国的强制起诉程序、日本的准起诉程序等）、被害人的起诉机制和特定机构的审查机制等。(3) 制约与监督的主体中立化趋势凸显。如英国为保证检察官的公正性，于 2000 年 12 月成立了皇家检察监督机构（CPSI），受总检察长的领导，但独立于各地的检察院，负责监督英格兰和威尔士的检察院和检察官，有权对检察官已经处理过的案件进行审查，监督检察官的整体工作情况。④ 司法人员制约与监督主体的中立性还主要体现在对法官、检察官惩戒主体的设置上。如本章第一节所述，在美国，联邦系统的司法惩戒参考《司法资格与能力丧失法案》，由司法行为委员会确认法官是否有不当行为，但联邦法官的罢免只能通过由众议院启动弹劾程序，再由参议院进行表决；各州则通过不同形式的司法行为委员会、惩戒委员会或特别惩戒法庭来进行法官惩戒。⑤ 在德国，由于法院系统的高度分

---

① ［德］哈索·利博：《德国刑事程序的参审员制度》，苏醒译，参见周泽民主编：《国外法官管理制度观察》，人民法院出版社 2012 年版，第 290~305 页。
② 周泽民主编：《国外法官管理制度观察》，人民法院出版社 2012 年版，第 321 页。
③ 邓思清：《检察权研究》，北京大学出版社 2007 年版，第 482~483 页。
④ 邓思清：《检察权研究》，北京大学出版社 2007 年版，第 480~481 页。
⑤ 张爽：《法官权力监督制约机制研究》，吉林大学硕士学位论文，2017 年，第 10~11 页。

化、专门法院众多,对法官进行惩戒、罢免的监督机制都要经由行政长官向联邦最高法院和州职务法庭(纪律法庭)提起诉讼。在法国,则有司法官高等委员会。

(三) 管理依据:法律规范和司法伦理规范相契合

从世界范围内看,对司法人员伦理管理的依据主要是法律规范和司法伦理规范,事由既包括法官、检察官职务内的行为,也包括职务外的行为,而是否追责的判断标准是行为是否损害司法公正①及对司法公正的损害程度,体现出"行为中心主义"原则;当然,追责以不损害司法权的依法独立公正行使为界限。需要强调的是,西方法治国家普遍重视司法职业伦理对于司法人员制约与监督的作用。司法职业伦理作为调整司法人员与其职业相关主体之间的伦理规范及精神内容,是法官、检察官能够独立公正地适用、执行法律的关键,是法官、检察官名誉和声望以及由此产生的司法权威的根本所在,原因在于,"法律专业人士必须重视法律伦理。坦白而言,只要民众仍视律师为讼棍、检察官是一般公务员、法官有贪污腐化或腐败之向,他们就不会相信法治"②。在指控犯罪、做出裁判和实现正义之间,法官、检察官无疑应当追求后者。也正因为如此,在西方法治国家,"凡是影响公民对司法信任的行为都可能成为惩戒法官检察官的理由,这是基于维护法官公正形象"③、检察官法律守护者形象的需要。

(四) 管理程序:伦理管理规范运行程序化

为了维护审判权、检察权的依法独立运行,尽量避免以行政化的程序去约束法官、检察官,更多地通过具有司法化特点的程序去进行,同时,高度重视救济程序的设置。从总体上看,有两种方式:第一种方式,是使审判权、检察权和侦查权之间相互制约。如法官对检察官或警察采取强制措施的决定进行审查,检察官对法官的裁判不服有权提起上诉、抗诉等。在德国,虽然采取起诉便宜主义,赋予检察官一定的起诉裁量权,但对于轻罪和可以免予刑罚的案件,检察官作出不起诉决定前,必须经法院审查同意。另外,"检察官的责任是提出

---

①③ 熊秋红:《法官责任制的改革走向》,载于《人民法院报》2015年7月22日,第8版。
② 转引自宋远升:《论检察官职业伦理的构成及建构》,载于《法学评论》2014年第3期,第147页。
　　[美] 布莱恩·甘道迪:《美国法律伦理》,郭乃嘉译,台湾商周出版社2005年版,第2页。

指控，并监督法院遵守程序规则"①。在审判过程中，"检察官亦需注意，诉讼过程是否合法，其对于有违反刑诉法之情形，异于辩护人时，需立即对之加之改正"②。在英国，预审法官或治安法院的预审不是确定被告人是否有罪，而是审查检察官的起诉决定是否有足够的根据。③ 第二种方式，是发挥个人和社会的力量对审判权和检察权进行监督和制约。如赋予当事人和诉讼参与人一系列诉讼权利，允许社会团体和新闻媒体对诉讼活动进行监督等。④ 在法国，根据《刑事诉讼法典》的规定，"如果检察官对案件作出不起诉决定，受害人在接到检察官不起诉通知后，有权向刑事法院提起民事诉讼，同时可以要求刑事法院对刑事部分进行审查，这时检察官就必须进行公诉"⑤。这种机制实际上是赋予被害人对检察官不起诉裁量权的制度化制约的权力。在上述两种主要方式之外，各国均就对法官、检察官的惩戒程序设置相应的司法化的救济程序，因本章第三节将对各国司法人员惩戒制度进行系统梳理，此处不再赘述。

（五）管理目标：以司法公开促进司法公正

司法公开的源头实际上是对公民知情权这一基本权利的保障。"所谓知情权是在实质性不对称的法律主体之间，通过请求信息公开来实现的、对自己有直接或间接利益的权利。"⑥ 一个基本的原理是，公民特别是当事人和诉讼参与人只有知晓司法决定作出的依据、过程、证据、理由和结果，才能实现对司法人员的有效制约和监督，才能维护好自己的基本权利和诉讼权利；从这个角度讲，司法公开实际承载着人权保障和民主监督的双重使命。随着司法文明的进步，公民对于司法权力运行的知情权、参与权、表达权、监督权日益受到广泛重视，世界各国普遍把司法公开作为司法机关和司法人员接受个体和社会监督、促进司法公正的有效支撑。具体体现如下：一是确立公开原则。1966 年联合国通过的《公民权利和政治权利国际公约》第 14 条确认了所有人都享有被公开审判的

---

① ［德］托马斯·魏根特：《德国刑事诉讼程序》，岳礼玲、温小洁译，中国政法大学出版社 2004 年版，第 129 页。
② ［德］克劳斯·罗科信：《刑事诉讼法》（第 22 版），吴丽琪译，法律出版社 2003 年版，第 65 页。
③ 邓思清：《检察权研究》，北京大学出版社 2007 年版，第 461 页。
④ 邓思清：《检察权研究》，北京大学出版社 2007 年版，第 477～478 页。
⑤ ［法］卡斯东·斯特法尼等：《法国刑事诉讼法精义》，罗结珍译，中国政法大学出版社 1999 年版，第 502 页。
⑥ 李布云主编：《信息公开制度研究》，湖南大学出版社 2002 年版，第 361 页。

权利。而公开审判原则作为一项诉讼原则为世界各国的法律所确认并成为一条国际性的基本准则。① 审判公开，指审判活动对社会公开，即要求法院审理案件和宣告判决，都公开进行，在不损害审判公正和其他合法权益的情况下，允许公民到法庭旁听，允许记者采访和报道。② 审判公开的对象既包括当事人和诉讼参与人，也包括社会大众。原因在于，审判公开使"正义以看得见的方式展现"，既有利于树立审判权威，也有利于增强公众对司法的参与感，为公众监督司法提供方便，在"亲历"中逐步增进对司法的信任，这实际是一个生产和传播正义的过程。二是强化信息公开。在尊重国家秘密、商业秘密和个人隐私的前提下，以公开为原则、不公开为例外，广泛公开法律法规、司法判例、裁判文书和其他司法规范。在美国，联邦法院所有的司法意见书、庭审录音及文字记录、起诉状、辩护词、个案意见书均可上网查阅，在法院官网上会提供庭审录音及文字记录；随着法院电子档案公共获取路径的建立，公众只需支付一点手续费即可浏览起诉状、辩护词；美国所有的州都有类似的公共数据。加拿大最高法院从20世纪90年代中期开始已对外播放庭审录像，近年来，他们也已开始提供庭审网络直播。③ 2009年成立的英国最高法院允许庭审录音录像，并制定了《最高法院信息公开方案》，公开范围涵盖最高法院基本信息、经费使用、战略规划、判决生成过程、案件清单和其他服务项目。④ 2012年2月6日，英国最高法院成为世界上首家登陆Twitter的最高法院，开始在社交网站上公开庭审日期表、最新判决链接地址、官方声明或法庭通信信息等司法信息。⑤ 在德国，"必须公开判例"是大家公认的宪法性原则。⑥ 在韩国，《宪法》第109条规定了裁判公开的原则，违反裁判（判决）公开原则的裁判可以作为提起上诉的理由（《刑诉法》第391条），也可以作为绝对性的上诉理由（《民诉法》第394条）。⑦ 三是强化权力和权利告知。这是世界通行的原则，对司法人员制约和监

---

① 高一飞、祝继萍：《英国微博庭审直播的兴起》，引自蒋惠岭主编：《司法公开理论问题》，中国法制出版社2012年版，第675页。
② 徐静村主编：《刑事诉讼法学》（第三版），法律出版社2004年版，第280页。
③ ［美］杰弗里·S.吕贝尔斯：《美国司法公开面面观》，林娜译，载于《中国应用法学》2017年第5期，第126~133页。
④ 谢澍：《司法信息公开：误区、澄清与展望》，载于《东南学术》2015年第1期，第145页。
⑤ 沈定成、孙永军：《司法公开的权源、基础及形式——基于知情权的视角》，载于《江西社会科学》2017年第2期，第211页。
⑥ ［德］F.门策尔：《司法审判公开与德国当代判例数据库》，田建设整理，载于《法律文献信息与研究》2009年第4期，第36页。
⑦ 杨春福：《韩国的司法公开制度及其启示》，载于《唯实》2013年第4期，第63页。

督的作用不言而喻，不再展开论述。四是注重释法说理。释法说理是司法公开的深层次要求，是实现当事人司法知情权、参与权的重要途径，也是体现公众监督、促进司法公正、树立司法权威的重要保障。在美国，法官通常会撰写书面意见，对案件判决结果做进一步解释……署名后公布的司法意见书，第一，能够促使裁判过程更为严谨；第二，能够督促法院依法行使审判权；第三，能够为判决结果做解释说明；第四，能够为其他类似案件的当事人和法官提供指引。[①] 大陆法系德国、法国和日本等国民事诉讼中的释明制度，以及我国 2005 年以来推行的判后答疑制度，均可以看作注重释法说理的具体体现。

二、我国司法人员伦理管理的现状评析

我国高度重视对司法人员的伦理管理。长期以来，围绕管住人、盯住事、发现和纠正问题，在推进法官、检察官自律，健全制约和监督法官、检察官的制度机制上进行了大量探索，形成了一个全方位、立体化、多层次的制约与监督体系，对于促进法官、检察官依法独立公正行使职权发挥了积极的促进作用。然而，由于制度机制的协调性、统筹性不足，针对性不够，导致现实中存在着诸多需要解决的问题。

（一）管理取向单一化

我国对司法人员的伦理管理，无论是从制度设计还是制度实践，都呈现出明显的"防控"取向，即把防止司法权滥用作为重中之重，相对而言，在保障司法权有效实施方面的力度不够均衡。一方面，从对法官、检察官权力控制的角度看，基于对司法权滥用的担忧，更基于对我国司法权运行机制不完善、司法腐败易发多发、部分司法人员素质不高等现实情况的考量，为了给司法权行使主体套上"笼头"，各方可谓不遗余力，仅以新一轮司法改革以来的情况为例，从 2013~2017 年"两高"工作报告公布的情况看，最高人民检察院部署开展了规范司法行为专项整治工作，出台了违法行使职权行为纠正、记录、通报

---

① ［美］杰弗里·S. 吕贝尔斯：《美国司法公开面面观》，林娜译，载于《中国应用法学》2017 年第 5 期，第 126~127 页。

及责任追究规定,制定了纪律作风禁令紧盯司法办案和检察人员八小时外行为,实行了办案全流程监控强化实时动态监督;为统一司法尺度,规范自由裁量,单独或会同有关部门制定了司法解释性质文件、发布了指导性案例。最高人民法院则强化对审判权执行权的常态化监督,出台系列铁规禁令和工作制度,全国四级法院全部开通举报网站,实现联网运行和实时监督。各级法院检察院坚持以零容忍的态度惩治司法腐败,根据笔者统计,2013～2017年最高人民法院查处本院违纪违法干警53人,各级法院查处利用审判执行权违纪违法干警3338人,其中移送司法机关处理531人;严肃查处违纪违法检察人员2089人,其中最高人民检察院11人,违反中央八项规定精神543人,严肃追究531名领导干部失职失察责任。上述举措,呈现出内部力量与外部力量结合、法律纪律道德规制交织、人防技防等多种手段并用的明显特点,相应的制度机制也是层出不穷;应当说,这些措施都具有一定的合理性和必要性,也取得了明显效果。但另一方面,法官、检察官依法独立公正行使职权的保障机制建设却相对滞后。长期以来,法官、检察官职业保障、身份保障、经济保障不足,相应的司法责任豁免、惩戒救济等制度要么没有规定,要么规定得过于粗线条,要么在实践中难以落实到位。2014年以来的新一轮司法体制改革已经注意到这一问题,在遏制法官、检察官依法独立行使职权的外部干扰、明确司法责任免责事由、通过推进省以下法院、检察院财物统一管理来避免司法权的地方化等方面进行了努力,但相对于法官、检察官应当以理性、客观、公正的"超然"姿态依法独立行使审判权、检察权的理想状态而言,我国法官、检察官承担的责任较为沉重,面对的追责之网堪称严密,而与之相匹配的履职保障措施尚在构建之中,相应的司法豁免规则仅停留在理论研究层面。仅就司法责任的承担来说,与域外国家和地区通行的法官与职务行为相关的民事责任绝对豁免、与检察官司法属性强的职务行为相关的民事责任普遍豁免不同,根据我国现行规定,法官、检察官除了要承担司法不法、不当行为的刑事责任与纪律责任外,在特殊情形下,根据《中华人民共和国国家赔偿法》第十七条、十八条、三十一条之规定,国家赔偿后还有向实施特定行为的法官、检察官进行追偿的权力,要求法官、检察官承担个人责任。[①] 虽然实践中法官、检察官基本不承担职务行为而带来的

---

① 林竹静:《检察官司法责任豁免的规则构建》,载于《国家检察官学院学报》2017年3月第25卷第2期,第78页。

民事责任,但仍然显露出重权力防控轻履职保障的取向。

(二) 管理主体多元化

仅从制约和监督方面看,制约和监督的主体不同,则其目的和功能亦有所不同。在我国,对司法人员的制约与监督主体呈现出多元化的鲜明特色。(1) 中国共产党的党内监督。坚持党对司法工作的绝对领导是我国社会主义司法制度的本质特征和独特优势。在我国,审判工作、检察工作包括法官、检察官都要接受党的领导,党对司法工作的领导主要是政治领导、思想领导和组织领导,各级党政机关和领导干部要支持司法机关依法独立公正行使职权,而不得干预司法活动、插手具体案件的处理;同时,法官、检察官中的绝大多数是中国共产党员,党章党纪党规对党员的行为有着明确的规范,党员个人须服从党的组织,党的各级组织承担着对党员教育管理和监督之责,党员之间有互相批评、教育、监督之义务,这是我国法官、检察官制约和监督主体的显著特点和优势。(2) 人大及其常委会的监督。人大及其常委会对司法机关的监督主要是对审判机关、检察机关适用法律等情况的监督,通过听取和审议法院、检察院专项工作报告、组织执法检查,以及在人大及其常委会会议期间,由人大代表和人大常委会组成人员,依照法定程序就审判、检察工作中的有关问题提出询问和质询等方式对法官、检察官行使司法权的行为进行整体性监督,而并非个案监督。(3) 政协的民主监督。(4) 国家监察委员会的制约与监督。《中华人民共和国监察法》明确规定,国家监察委对行使公权力的公职人员进行监察,调查职务违法和职务犯罪,具有监督、调查和处置职责,目的在于将公权力始终置于人民监督之下,用来为人民谋利益。其监察对象包括审判机关、检察机关的公务员和参照《中华人民共和国公务员法》管理的人员。[①] 法官、检察官是其法定监察对象。(5) 法院与检察院之间的相互制约和监督。这在我国宪法和法律中有着明确的规定,我国检察机关被赋予了依法对法院审判执行活动的法律监督职责;法院对检察院的约束,则主要体现在审判程序对审前程序的制约和监督上。(6) 上级法院、检察院对下级法院、检察院的制约和监督。这既体现为上下级法院之间的审级监督关系,又体现为上下级检察院之间的领导关系,还体现为"检察

---

① 《中华人民共和国监察法》,中国人大网,http://www.npc.gov.cn/npc/xinwen/2018-03/21/content_2052362.htm,最后访问时间:2019年3月25日。

一体"对检察官相对独立的制约和监督等方面。[①]（7）法官、检察官互相之间的制约与监督。检察长对检察官所办理的案件，均有权监督检查；检察官除服从本院检察长、检察委员会的合法和正确决定外，有权不受任何干涉，也是一种制约和监督。[②]此外，法官、检察官在办案中可以对院庭长、检察长及检察机关业务机构负责人进行制约和监督。而在法院的独任制、合议制和审判委员会讨论制三种定案方式中，后两种正是使审判人员之间相互制约和监督的制度安排。（8）法官、检察官遴选（惩戒）委员会的制约与监督。遴选（惩戒）委员会通过行使选任、遴选、审议和惩戒等权力，制约监督法官、检察官谨慎用权、忠诚履职。除了上述八种主要主体，还包括审判委员会、检察委员会对法官、检察官的监督，案件管理部门对法官、检察官的监督，司法责任制实施后法官联席会议、检察官联席会议对法官、检察官的监督，后道程序对前道程序的制约和监督，人民陪审员、人民监督员对法官、检察官司法办案行为的监督，侦查机关和当事人、辩护律师等诉讼参与人对法官、检察官的制约与监督，审判公开、检务公开、控告申诉机制的制约与监督，此外，还有人民群众的监督和新闻媒体等的监督，对司法人员制约与监督的主体多元化特征明显。

（三）管理类型复杂化

与对司法人员制约和监督的主体的多元性相联系，对司法人员制约和监督的类型体现出复杂化的特点。（1）内部监督与外部监督并存；（2）事前、事中与事后监督并存；（3）组织监督与民主监督、社会监督等多种监督渠道并存；（4）纵向与横向的制约与监督、八小时内外的行为监督并存。这种内外衔接、纵横交织的立体化制约与监督网络，有利于对司法人员的职务内外行为进行全方位控制，但由于配套机制尚不完善，实践中也存在职能重复、责任分散、主体不明、操作性不强的弊端。

（四）管理内容多样化

我国对法官、检察官的伦理管理既包括案件实体性处理方面的内容，又包

[①] "检察一体"，包括上命下从，即下级检察院和检察官分别服从上级检察院和检察官，检察官服从检察长；各地检察院之间的职能协助；职务收取、移转、承继和代理等。参见朱孝清：《检察官相对独立论》，载于《法学研究》2015年第1期，第138~139页。
[②] 朱孝清：《检察官相对独立论》，载于《法学研究》2015年第1期，第146~147页。

括办案程序、职业伦理、行风行纪等内容；相对应的责任则涵盖了法律责任、纪律责任、行政责任等方方面面。虽然"两高"于2015年9月分别出台的《关于完善人民法院司法责任制的若干意见》《关于完善人民检察院司法责任制的若干意见》（以下简称"'两高'司法责任制《意见》"）把司法责任限制在违反审判、检察职责的行为，主要包括故意违反法律法规责任、重大过失责任和监督管理责任三方面，但2016年10月出台的《关于建立法官、检察官惩戒制度的意见（试行）》中明确规定，"除前款规定应报请惩戒委员会审议情形外，法官、检察官的其他违法违纪行为，由有关部门调查核实，依照法律及有关纪律规定处理"。这表明，除了对司法办案的实体和程序的制约和监督之外，法官、检察官的其他不法、不当行为都属于伦理管理的内容。

（五）管理公开实质化

党的十八大以来，各级法院、检察院贯彻习近平总书记关于"让暗箱操作没有空间，让司法腐败无法藏身"[①]的要求，强力推进司法公开，着力解决不敢公开、不愿不开、不会公开等问题，着力构建开放、动态、便民的阳光司法机制，司法公开进入实质化阶段。根据最高人民法院院长周强2016年11月5日在第十二届全国人大常务委员会第二十四次会议上关于《最高人民法院关于深化司法公开、促进司法公正情况的报告》所述，从法院系统来讲，以人民法院信息建设为支撑，以建设审判流程、庭审活动、裁判文书、执行信息公开四大平台为载体，推进立案、庭审、裁判标准、裁判理由、司法政务和诉讼服务"六公开"，截至2016年10月16日，各级法院共公开审判流程信息25.5亿项，推送短信3 473.6万条，方便了当事人参与诉讼；公开裁判文书超过2 180万篇，访问量突破31亿人次，成为全球最大的裁判文书网。[②]从检察机关来讲，最高人民检察院先后颁布了《人民检察院"检务公开"具体实施办法》《人民检察院案件信息公开工作规定（试行）》《关于全面推进检务公开工作的意见》等，积极探索检察机关终结性法律文书公开、重要案件信息统一发布、审查逮捕和不起诉听证等举措，促进检务公开不断深化。通过司法公开，促进了司法公正，

---

① 杨维汉：《习近平在中央政法工作会议上强调　坚持严格执法公正司法深化改革　促进社会公平正义保障人民安居乐业》，载于《检察日报》2014年1月9日，第1版。
② 朱宁宁：《最高法司法公开报告请全国人大常委会审议　探索移动互联环境下司法公开新途径》，载于《法制日报》2016年11月7日，第2版。

提高法官、检察官队伍素质,促进了法治宣传教育和全社会法治观念的增强。

综上所述,我国目前对司法人员的伦理管理,主体多元、类型全面、事由多样,但取向略显单一,难以完全适应司法实践之需要。仅以检察官责任制为例,过去法学界普遍认为,人民检察院依照法律规定独立行使检察权中的"独立"是指检察院整体独立而非检察官独立。在深化依法治国实践、深化司法体制综合配套改革的语境下,随着司法责任制在各级检察院的落实落地,通过法律和检察长授权,检察官得到了过去没有的司法办案权力,办案主体地位进一步凸显,原本以部门负责人审核、检察长或检察委员会决定而实行的把关,改变为由独任检察官或检察官办案组自主决定,赋予检察官在司法办案中的相对独立地位,既是理论呼唤,也是实践要求;而与之相适应的既"放权"又"控权",既促进检察官"相对独立",又不"放任"的制度机制尚需进一步完善。分析原因,主要是由于现有的制度机制依据分散、统筹性不足,难以有效衔接,且针对性操作性不强,甚至因为制度粗疏出现"牛栏关猫"的情况,难以形成"闭环"效应,需要按照"把权力关进制度的笼子"的要求,进一步健全完善。

三、我国司法人员伦理管理的发展进路

确保依法独立公正行使审判权、检察权,健全司法权力运行机制,完善人权司法保障,着力解决影响司法公正、制约司法能力的深层次问题,破解体制性、机制性、保障性障碍,进而推进司法公正,实现司法高效,树立司法权威,最终"让人民群众在每一个司法案件中感受到公平正义";这既是新一轮司法体制改革的价值目标,也是我国司法人员伦理管理的价值追求。在司法责任制不断完善,司法体制综合配套改革方兴未艾的背景下,我国司法人员伦理管理的发展进路日渐明晰。

(一)党的领导与监督相统一

党的十九大报告在强调"坚持党对一切工作的领导""必须把党的领导贯彻落实到依法治国全过程和各方面"的同时,从健全党和国家监督体系的高度,提出"构建党统一指挥、全面覆盖、权威高效的监督体系,把党内监督同国家

机关监督、民主监督、司法监督、群众监督、舆论监督贯通起来，增强监督合力"①。这些全新的论断、决策和部署，为加强和改进我国对司法人员的伦理管理指明了方向，要求：（1）坚持和完善党统一领导下的权力制约和监督体系。坚持党的绝对领导，坚持党全面领导，把司法人员的制约与监督纳入党和国家监督体系。（2）坚持"全面覆盖、权威高效"的具体目标。在增强司法人员伦理管理制度机制的覆盖面、制度效能上下功夫，特别是要根据2016年7月中共中央办公厅、国务院办公厅印发的《保护司法人员依法履行法定职责规定》（以下简称《履职保护规定》），落实好"法官、检察官依法办理案件不受行政机关、社会团体和个人的干涉，有权拒绝任何单位或者个人违反法定职责或者法定程序、有碍司法公正的要求。对任何单位或者个人干预司法活动、插手具体案件处理的情况，司法人员应当全面、如实记录。有关机关应当根据相关规定对干预司法活动和插手具体案件处理的相关责任人予以通报直至追究责任"② 等规定，确保司法人员制约和监督机制的权威性。（3）着眼增强制约和监督合力。结合司法机关实际，积极探索完善党内监督同国家机关监督、民主监督、司法监督、群众监督、舆论监督贯通起来的具体实现形式，把党的十九大的要求落到实处。

（二）权力控制与保障相适应

发展司法权，首先必须创建一个能够有所作为的司法权，而不能因为不恰当的监督与制约机制使其对其他公共权力无能为力；其次要防止滥用司法的权力。③ 权力控制只有与权力保障相结合，才能免除权力行使者的后顾之忧，避免权力消极行使。在司法责任制改革持续推进，综合配套改革实践深化的背景下，要把防止权力滥用和遏制权力怠于行使作为重中之重，把落实履职保障作为基础性支撑，使权力控制与权力保障相得益彰。一方面，要充分认识法院、检察院权力结构已经发生变化，需要构建相适应的制约和监督机制，防止作为办案

---

① 习近平：《决胜全面建成小康社会　夺取新时代中国特色社会主义伟大胜利》，载于《党的十九大文件汇编》，党建读物出版社2017年版，第46页。
② 《中共中央办公厅　国务院办公厅印发〈保护司法人员依法履行法定职责规定〉》，2016年7月28日发布，http://news.xinhuanet.com/politics/2016-07/28/c_1119299017.htm，最后访问日期：2018年1月14日。
③ 葛洪义：《"监督"与"制约"不能混同——兼论司法权的监督与制约的不同意义》，载于《法学》2007年第10期，第5页。

主体的法官、检察官权力"失控"。依据现行宪法和法律，依法独立行使审判权、检察权的主体仍然是法院、检察院而不是法官、检察官，法官、检察官对案件的负责可以理解为在人民法院、人民检察院集体负责下的一种权责相对统一的个人负责。在此前提下，法官、检察官行使职权的行为必须受到约束和控制。以检察机关为例，实行司法责任制以后，很多原本由检察长、部门负责人以审批、审核方式实施的把关，改为由独任检察官或检察官办案组自主决定，检察官相对独立性增强带来的权力过于分散、司法尺度不统一、上命下从力度削弱等风险，需要探索新的制约和监督途径加以控制。再以法院审判管理监督为例，在传统"三级审批"模式下，法院院庭长的审判管理监督以微观个案为重点，以行政化审批为主要机制，往往容易造成监督权侵蚀审判权，而在司法责任制模式下，独任法官和合议庭的决定权加重，如何构建新的制约与监督机制亦是当务之急。另一方面，要高度重视发挥司法人员的主观能动性，下大力气完善履职保障。对于法官、检察官的制约和监督重点应当放在规范自由裁量、统一司法尺度、确保案件质量和维护司法伦理上，坚持司法办案程序性制约和监督的谦抑性、结果性制约和监督的主动性，防止制约和监督演变为不当干预，充分尊重法官、检察官的自主判断。同时，要协调保障、惩戒与豁免。把上述《履职保护规定》关于排除阻力干扰、规范考评考核和责任追究、加强人身安全保护、落实职业保障等方面的明确规定落到实处，通过严密司法人员依法履职的制度保障，促进惩戒与豁免制度的法制化，使司法人员不依法办事的风险和成本大于收益。

（三）放权与控权相兼顾

统筹放权与控权的重点是努力实现"放权而不放任"。也就是说，既不能以保证案件质量为由变相回到"三级审批"的老路，又不能将放权理解为不受管理监督，最终跳出"一管就死，一放就乱"的怪圈。这就需要完善如下三个关键环节的工作机制：（1）健全和完善确权机制。放权的关键是明责，确权机制的核心是法官、检察官的权力清单和责任清单制度，在现有权力清单的基础上，要以"两高"为主导，以省级法院、检察院为主体，依法依规逐步健全完善法官、检察官权力清单、责任清单，明确规定院长、检察长，审判委员会、检察委员会，副院长、副检察长，法官、检察官的职责权限、工作流程、工作标准，建立起与办案质量终身负责制和错案责任倒查问责制以及职业伦理、管理规则相协调的确权机制。在放权过程中，湖北省、北京市检察机关坚持"抓两大、放两小"原则向检察官充分放权的做法具有借鉴意义。"两大"指重大疑难复杂案件和可能影响其他执法、司法机关判决、裁定、决定的诉讼监督案件，仍由检察长（副检察长）、检委会决定[1]；"两小"指一般案件及非终局性事项、事务性事项，授权检察官决定。当然，在确权的过程中，既要凸显司法责任完善权力清单，又要重视司法伦理、管理需要和责任追究要求完善责任清单，实现法官、检察官"独立"与"受制"的有机统一，防止出现"权力在法官、检察官，压力在法院、检察院，责任在院长、检察长"的权责不对称现象。[2]（2）健全和完善职业评价制度。探索推行"司法档案+绩效考评"的法官、检察官职业评价制度，可考虑在现有制度基础上深化探索，组建独立性更强的法官、检察官遴选和惩戒委员会，由各级法院、检察院案件管理部门配合惩戒委员会办公室负责将法官、检察官的办案数量、质量、效率、效果、规范、安全及职业道德伦理情况、奖惩情况、受到投诉的调查与处理情况、接受案件评查和个案评鉴等情况，及时记入司法档案，全面反映履职状况，将司法档案记录作为对法官、检察官绩效考评的主要依据，实现考评的科学性、客观性、规范性。（3）健全和完善责任追究制度。"两高"于2015年9月分别出台的《关于完善人民法院司法责任制的若干意见》《关于完善人民检察院司法责任制的若干意见》，明确司法责任包括故意违反法律法规责任、重大过失责任和监督管理责任（对于没有故意或者重大过失的、仅造成案件一般差错的瑕疵责任在实践中则以绩效考评进行评价，以绩效奖金发放的扣减来实现责任追究），显然将违背职业伦理等司法不当行为排除在司法责任之外，从长远看，不利于司法公正的实现和司法权威的树立，需要朝着构建司法责任和伦理责任"二元化"责任追究的方向探索实践。

（四）制约与监督相平衡

伦理管理体系科学化在于正确处理制约与监督的若干关系，这包括：

---

[1] 刘哲：《让检察官当家作主：从理想变为现实》，载于《中国检察官》2018年第12期（上），第76页。
[2] 朱孝清：《检察官相对独立论》，载于《法学研究》2015年第1期，第137页；朱孝清：《司法的亲历性》，载于《中外法学》2015年第4期，第932页。

（1）平衡制约与监督的关系。目前在我国的法官、检察官制约和监督机制中，与法官、检察官日常司法办案行为相伴随的制约机制较弱，而监督机制尤其是外部监督占据主导地位，存在"监督"与"干预"界限不清、外部权力侵蚀司法权独立性的风险，如果不对干预者制约或者对法官、检察官的制度性权力进行必要的控制，则法官、检察官在司法办案中的主体地位就难以落实到位。正是在这个意义上，有论者强调，对司法权的约束需要发挥制约与监督两个方面的作用，但日常工作中的制约机制是司法权正确行使的主要保障，其关键在于"通过经常性的工作，把制约落实到每个决定形成的具体环节上，使每个司法决定都能够制度性的产生"[1]。（2）平衡内外部制约与监督的关系。通过近年来的改革深化，我国对审判权、检察权的外部制约和监督明显增强，如加大了辩护权的保障力度，健全了人民陪审员和人民监督员制度，强化了审级监督和上级检察院的领导，听证程序在一些重要的司法决定中广泛适用，审判程序对审前程序的制约正因为以审判为中心的刑事诉讼制度改革而深化，基于司法成本的考量，有学者提出，外部制约的强化意味着可适度弱化内部制约。[2] 这可以作为未来研讨探索的方向。（3）平衡制约与监督的重点与一般的关系。对于检察官来说，平衡制约与监督很重要的一点就是要处理好检察官相对独立与检察一体的关系。在我国，"适度去行政化"和"去地方化"是新一轮司法改革的重要价值取向，改革的重要方向就是以确认检察官的相对独立性来修正和完善检察一体，以有限指令来约束检察官独立。[3] 因为"有检察一体，全国检察职能才能统一有效地履行；有检察官相对独立，才能体现检察工作的司法属性，保证司法的公正性。这是一条重要的检察规律"[4]。也正因为如此，《中华人民共和国检察官法》明确了检察长的统一领导权，规定"检察官在检察长领导下开展工作，重大办案事项由检察长决定"。但与此同时，"司法责任以权力行使个体为追责出发点，必须要将司法权界分给个体司法官"[5]。所以在改革实践中，各地普遍出台了权力清单以明确检察官的职责权限。对于法官来说，制约与监督的重点无疑是通过优化审判管理监督，统一司法尺度，增强案件质效，提升裁判

---

[1] 葛洪义：《"监督"与"制约"不能混同——兼论司法权的监督与制约的不同意义》，载于《法学》2007年第10期，第6页。
[2][5] 左卫民、谢小剑：《检察院内部权力结构转型：问题与方向》，载于《现代法学》2016年11月第38卷第6期，第18页。
[3][4] 李明蓉：《检察规律决定检察改革的方向——评谢鹏程研究员的新作〈检察规律论〉》，载于《人民检察》2016年第17期，第54页。

水平，维护司法公信。对法官、检察官其他方面的制约与监督安排应当围绕这两个方面的重点来深化和推进。

（五）过程与结果相协调

从权力运行的规律来看，制约和监督权力需要针对权力的运行主体、运行过程、运行结果来进行，以构建事前预防、事中控制和事后救济的制约与监督体系为目标。司法责任制既是一种司法权力的配置机制，也是对司法权力运行的制约和监督机制。对法官、检察官进行制约和监督的目的和价值在于防止法官、检察官自由裁量权的滥用，因此审判权、检察权制约和监督的重点对象就是带有裁量性质的审判权能和检察权能。基于此，对司法人员伦理管理的重心应当是法官、检察官的司法裁量行为和职业伦理表现及其后果，即司法权运行的过程和结果。一方面，要加强对法官、检察官司法办案活动的程序性制约。把案件流程管理、法律文书把关作为在不干预实体办案情况下规范司法办案的主要载体。坚持和完善现行的人民法院通过立案庭、人民检察院通过案件管理办公室统一受理案件，由案件管理部门（法院审判管理办公室、检察院案件管理办公室）对受理案件进行流程管理、过程监控和动态监督，并依托人民法院案件管理系统、人民检察院统一业务应用系统，实现对案件的跟踪、预警和控制。同时，要加强法律文书备案审查工作。另一方面，要加强案件评查和个案评鉴工作。将评查与评鉴与法官、检察官业绩档案、绩效考评、惩戒退出等制度机制紧密衔接，树立正确的导向。

（六）公开与公正相一致

司法公开承载着人权保障和民主监督双重功能[①]，"没有公开就没有正义，公开是正义的灵魂"（边沁语）。[②] 而信息闭塞、渠道不畅是影响外部制约与监督机制发挥作用的主要问题之一。全面及时准确的司法公开，既方便当事人参与诉讼，也使司法过程处于当事人和公众视野之下，客观上形成对法官、检察官的有力监督。（1）加强司法办案信息的公开。落实党的十八届四中全会要

---

① 程味秋、周士敏：《论审判公开》，载于《中国法学》1998年第3期，第99～105页。
② ［美］博西格诺等：《法律之门》，邓子滨译，华夏出版社2007年版，第771页。

求，依法及时公开执法司法依据、程序、流程、结果和生效法律文书，杜绝暗箱操作。①（2）加强司法办案活动的公开。一方面，要转变司法办案方式，对司法办案重要环节、终结性决定公开审查与公开宣告。如在检察机关，对逮捕必要性进行公开听审、对羁押必要性审查进行公开听证、对不起诉案件进行听证审查、对不起诉决定公开宣告、对民事案件进行听证审查、对涉检信访案件邀请律师等第三方介入进行公开审查等。②另一方面，要完善人民群众有效参与司法的途径和范围。进一步完善人大代表、政协委员会听庭评议制度③，完善人民陪审员、人民监督员制度，更好地发挥廉政监督员、特邀审判员、检察员的重要作用。（3）加强释法说理工作。在定分止争的同时，让当事人息诉服判，促进案结事了人和，同时加强法制宣传，是释法说理工作的重要价值所在。要大力促进依托终结性法律文书等载体加强释法说理工作，通过释法说理，把法律依据讲清楚，把事实、证据和法律适用讲明白，对于争取当事人理解、认同、支持和信服，降低错案风险，防止权力滥用，促进普法宣传都具有重要意义。

第三节　我国司法人员惩戒的现状与前瞻

惩戒制度是司法人员伦理管理制度的最后一环，也是司法责任制的重要内容。司法人员惩戒制度，既是依法对法官、检察官违纪违法行为给予惩罚和否定性评价的制度，更是确保法官、检察官依法独立公正行使司法权力的保障制度，它对于构建事前防范、事中控制、事后惩戒和履职保障为一体的司法权良性运行机制，进而规范司法行为、促进司法公正、树立司法权威、提升司法公信具有重要意义。

---

①②③　陈龙鑫：《司法改革视野下检察活动监督制约机制的深化》，载于《犯罪研究》2016年第3期，第54页。

一、司法人员惩戒制度的内涵及其功能

(一) 司法人员惩戒制度的内涵

从语义学角度讲，惩戒一词即惩治过错，警戒将来，引以为戒之意，本身就具有监督和惩罚的内涵。本章所指司法人员惩戒制度，是指由法定的主体依据法定程序对法官、检察官违反审判、检察职责和司法职业伦理的行为予以惩罚和警戒。这一定义至少有以下几点需要说明：(1) 司法人员惩戒制度具有法定性。这是由司法机关和司法人员职权和职责的法定性决定的，包含了惩戒主体、惩戒程序、惩戒事由和惩戒效力法定等要求。(2) 司法人员惩戒制度具有司法性。这是司法权行使行为的专业性、相对独立性和程序性等特质决定的。原因在于，司法惩戒活动是司法活动，必须遵循司法规律。司法性既能确立一种惩戒与保障相结合的机制，为司法人员惩戒提供一套公平的程序保障[1]，又能确保相关法律的正确适用，避免来自不同方面的干预，以确保惩戒决定的公正性[2]。(3) 司法人员惩戒主体的特殊性。惩戒主体并非限于法定机关，而是包括法定的机关、法律职业共同体组织（如司法委员会、惩戒委员会）及其资深人员（惩戒专员）等多种主体。原因在于，如果惩戒主体仅限于法定机关，则容易导致以行政活动的方式处理法官、检察官违纪事件的风险，使法官、检察官的权利难以得到充分保障，构成对其依法独立公正办案的现实威胁。

(二) 司法人员惩戒制度的功能

司法人员惩戒制度是依法独立公正行使司法权与积极履行司法责任的"平衡器"，也是司法职业伦理发展的"助推器"。适应司法规律、符合司法职业特点的司法人员惩戒制度至少具有如下三个方面的功能：(1) 保障依法独立公正行使司法权。有论者认为，这是实现司法公正的首要保障，是树立司法权威的

---

[1] 孙海龙：《错案责任制倒查问责的几个关键问题》，载于《人民法院报》2015年6月10日，第5版。
[2] 蒋惠岭：《论法官惩戒程序之司法性》，载于《法律适用》2003年第9期，第5~6页。

必要条件，也是法官、检察官专业化、职业化的应然要求。① 司法人员惩戒制度既能为司法人员划定司法内外的行为标准，又能为法官、检察官依法独立行使职权提供保障。原因在于，"惩戒的边界即履职的保障"②，对法官、检察官的惩戒，以确保法官、检察官依法独立行使司法权力为前提，其制度目的就在于既有效威慑、纠正法官、检察官的不法和不当行为，又防止有权主体滥用惩戒权干预司法权依法独立运行。（2）落实司法责任。没有依法独立公正行使司法权，司法责任将无从谈起，此种情况下可能出现的情况是责任不清与互相推诿责任；没有司法责任的司法权行使也将在根本上侵蚀司法制度的正当性，并最终走向司法专制和司法的无责任。为此，各地各级政法部门都将试点或者确立司法惩戒制度作为实现依法独立公正行使司法权与司法责任之平衡的重要内容和抓手。③ 一般来说，司法责任制度应当从三个层次来理解，即责任确定机制、责任履行机制和责任追究机制。从我国司法实践看，在过去"三级审批"办案模式下，之所以出现"办案者不定案、定案者不办案"的怪圈，是因为权力职责不清，集体负责导致最后无人负责，责任追究要么落空，要么"一追一大片"。司法人员惩戒制度，是一种锁定职权边界、责任及流程的权力制约机制，它既明确了法官、检察官该做什么，又明确了不这样做的后果。在我国当前的司法改革中，惩戒制度辅之以权力清单、绩效考评等相应制度，使责权利相统一原则得到有效落实，成为一种司法责任落实的倒逼机制，是实现"让审理者裁判，由裁判者负责"和"谁办案谁负责，谁决定谁负责"改革目标的重要制度支撑。（3）促进司法自律。法官是社会良心的镜子，检察官是社会公正的守护者，他们都应当是树立全社会法治信仰的推动者、引领者，应当具有更高的道德水准和价值追求。但法官、检察官既是专业人，也是社会人，面临着权钱色的干扰和诱惑，面临着人情关系的纷扰，如不自律，则极易导致司法腐败。司法人员惩戒制度遏制司法腐败之功能不用赘述，它对于促进司法人员自治、自律的作用亦不可忽视，惩戒制度通过对法官、检察官司法内、外的言行提出更高的、更严苛的、更易操作的标准，不当行为被界定为是否对公众信心造成损害，这

---

① 宋英辉等：《刑事诉讼原理》（第2版），北京大学出版社2014年版，第46页。
② 蒋银华：《法官惩戒制度的司法评价——兼论我国法官惩戒制度的完善》，载于《政治与法律》2015年第3期，第21页。
③ 赵信会、陈永军：《美国联邦法官纪律制裁制度及其启示》，引自张卫平、齐树选主编：《司法改革论评（第二十一辑）》，厦门大学出版社2016年版，第285页。

就使得法官、检察官对自身言行必须时刻保持比一般民众更为审慎、克制的态度,并养成一种近乎"洁癖"的自律意识。①

二、域外司法人员惩戒制度考察

从我国历史上看,中国古代行政兼理司法,与近代意义的司法惩戒制度大相径庭,北洋政府虽然于 1915 年颁布了《司法官惩戒法》,但由于当时社会环境和制度环境的限制,这一制度对于今天的借鉴意义不大。域外国家的法官、检察官惩戒制度相对成熟,对于我国健全完善司法人员惩戒制度具有重要的参考借鉴价值。纵观英美法系和大陆法系主要国家的司法人员惩戒制度,可以大致梳理出如下六个方面的共通点。

(一)惩戒制度的法定性

英国 2005 年《宪法改革法》第 3 章对法官惩戒问题作出专门规定,2014 年英格兰和威尔士首席法官经由大法官、苏格兰上诉法院院长、北爱尔兰首席法官的同意,制定了《司法纪律规则》,于同年 8 月 18 日生效并适用于三大法域。② 美国则由 1980 年通过的《司法委员会改革、司法行为及资格丧失法案》确立了普通惩戒机制以弥补弹劾机制的不足。德国分别由《德国基本法》《德国刑事法典》《法官法》《联邦公务员法》等对法官惩戒制度作出规定,但缺乏统一规定。法国司法人员惩戒制度则由《法官职业管理条例》《法官章程》等予以规定。③ 日本对检察官的惩处适用《国家公务员法》。韩国专门制定《检事惩戒法》规定检事惩戒的有关事项。

(二)惩戒事由的限制性

即惩戒事由的限制性对惩戒适用的范围严格限制。总体上看,英美法系国

---

① 蒋银华:《法官惩戒制度的司法评价——兼论我国法官惩戒制度的完善》,载于《政治与法律》2015 年第 3 期,第 24 页。
② 郑曦:《司法责任制背景下英国法官薪酬和惩戒制度及其启示》,载于《法律适用》2016 年第 7 期,第 119 页。
③ 李杨:《法官惩戒标准的审思与定位——以默顿功能分析范式为视角》,载于《法律适用》2017 年第 7 期,第 24 页。

家在法官惩戒的适用范围上采取"一元论",即实质性的案件裁判行为被排除在惩戒事由之外,仅以不当行为作为惩戒事由,且采取对法官裁判行为的民事责任绝对豁免态度、根据检察官行使权力行为的司法属性强弱来决定是否豁免其民事责任的相对豁免态度。大陆法系国家则采取不当行为和裁判错误"二元论",但针对裁判错误的惩戒需要结合主观过错及后果严重程度予以判定,原则上对法官与裁判行为相关的民事责任予以豁免,但对检察官是否豁免则要根据主观情况予以判定。两大法系均认为法官、检察官不当行为既包括职务内行为又包括职务外行为,且将职业道德和职业伦理的要求融入其中。不当行为一般包括刑事犯罪行为、私生活不当行为以及履职中失去人民信赖的行为。在美国,州法院系统对于司法惩戒制度多采纳美国律师协会制定的《法官纪律惩戒程序示范规则》,还有该协会制定并被各州广泛借鉴的《司法行为守则》[1],总体上检验法官不当行为的标准是"该行为是否使人合理地意识到,法官履职时的操守、公正性以及能力将受到损害"。《德国基本法》规定:"法官无论是否在履行公务,只要违反了基本法的原则和州宪法的秩序,即可被弹劾。"《德国刑事法典》则禁止法官实施严重挫伤公众对法院作为伸张正义机构认知的行为。对于职务外行为,法官会因口无节制、态度轻蔑或对政党作出不当评价承担责任。《法国法官章程》第3条规定:"法官的任何职业责任的失职,损害法官荣誉、正直和尊严的行为都触犯了法官纪律,法官将因此受罚。"[2] 在日本和韩国,只有违背从业禁止规定、违反职责义务、违法乱纪等行为,检察官才会受到惩罚。

(三) 惩戒主体的中立性

在美国,除国会掌握对联邦法官的弹劾权限,选民掌握着对地方法官、检察官的罢免权限外,律师协会、法院分别掌握对检察官的一部分惩戒权限。在英国,除了治安法官由地方咨询委员会、裁判所法官由裁判所所长或其指定的法官负责接受投诉并进行调查外,司法行为调查办公室是专门负责调查法官行为的机构,其职责是协助大法官和英格兰及威尔士首席法官迅速、公平、统一地行使其法官

---

[1] 蒋银华:《法官惩戒制度的司法评价——兼论我国法官惩戒制度的完善》,载于《政治与法律》2015年第3期,第23页。
[2] 李杨:《法官惩戒标准的审思与定位——以默顿功能分析范式为视角》,载于《法律适用》2017年第7期,第24页。

纪律惩戒职能。但其权限仅限于法官的司法行为和司法纪律方面，决不允许干涉法官的独立审判。① 在英国，如果投诉申请人对于司法行为调查办公室负责的案件的最终结果不满，可以向一个名为"司法任命及行为专员"的机构投诉，司法任命及行为专员可以对案件进行复审。② 在法国，对违纪法官、检察官的惩处可由司法部长提起或上诉法院院长和总检察长在权限范围内提起。对法官违纪的惩处决定由国家最高司法委员会作出，对检察官违纪的惩处决定由司法部长根据最高司法委员会的意见作出。③ 在德国，对检察官的惩戒职能由检察机构内部的纪律委员会、行政法庭、检察机构、司法部共同履行。日本由人事院对违法乱纪的检察官进行惩处，少数高级检察官分别由内阁、法务大臣作出纪律惩戒决定。韩国依照《检事惩戒法》的规定在法务部内设了检事惩戒委员会，法务部长官通过检察厅从宏观上对检察机关的活动作出指示，监督检察活动。④

（四）惩戒程序的司法性

一种是弹劾程序，且启动非常困难。在美国联邦系统中，弹劾制度是唯一的解除联邦法官职务的合法途径，且适用非常严格。在实体规定中，美国《宪法》第2章第4节规定，"如果被确定犯有叛国、行贿受贿或其他重大罪行或不端行为，正副总统和所有合众国的公共官员，均可经弹劾而被撤职"，第3章第1节规定，"最高与下级法院的法官们应在行为端正期间内担任职务"，法官待遇在其连续任职期内不得被减少。⑤ 在程序运作中，弹劾必须以确定的有罪判决为前提，且弹劾只能由国会众议院提出，并经过国会参议院审理且必须以2/3多数票通过才能作出弹劾决定。200多年来，在美国受弹劾指控的联邦法官仅13人，其中只有7人被弹劾成功。⑥ 再如日本《法官弹劾法》第2条规定，弹劾法官的事由包括明显违背职务上的义务或严重怠于履行职务以及明显有失法官威信的行为。⑦ 另一种是普通惩戒程序。在德国，对于严重的违纪行为，必要时还可以

---

①② 郑曦：《司法责任制背景下英国法官薪酬和惩戒制度及其启示》，载于《法律适用》2016年第7期，第120页。
③④ 樊崇义、刘文化：《惩戒与保障：域外检察官办案责任的双面镜像》，载于《检察日报》2016年5月17日第3版。
⑤ 张千帆：《西方宪政体系》（上册·美国宪法），中国政法大学出版社2004年版，第725页。
⑥ 赵信会、陈永军：《美国联邦法官纪律制裁制度及其启示》，引自张卫平、齐树选主编：《司法改革论评》（第二十一辑），厦门大学出版社2016年版，第286~287页。
⑦ 詹建红：《我国法官惩戒制度的困境与出路》，载于《法学评论》2016年第2期，第192页。

召开有司法议员、检察机构和法院的代表参加的表决会罢免检察官。① 此外，普遍规定了救济程序。在美国，检察官不服律师协会的惩戒可向法院提起诉讼。在法国，检察官不服违纪惩戒可向行政法院提起行政诉讼。在德国，如果被处罚的人有异议，可以向法院起诉，由司法部任命一个法官进行独立调查，经过行政法庭下设的纪律法庭审理作出最终判决。② 在日本，受处分的检察官不服人事院惩处的，在法定期限内可以请求重新审查，由人事院"公平委员会"对处分是否正当进行调查、审议和裁决。③

（五）惩戒效力的严肃性

法官、检察官如有违背职责、义务、职业道德的行为，除了被追究纪律责任外，还可能被追究刑事责任、民事责任。④一是纪律责任追究。这是域外国家普遍使用的方式。在法国，依据 1958 年 12 月 22 日关于司法官地位组织法之条例（也称法令）的规定，对检察官违纪惩处的方式主要有：警告、记录在档、调离、降低工资级别、降低职务等级、解除职务、强迫退休、降低退休金甚至剥夺退休金等。⑤在德国，对检察官处罚的类型大致有写检查、罚款、减工资、调低岗位级别、调离现有岗位等。当然，各州的规定并不完全相同。作出处罚后，应当告知人事部门，并报司法部确认批准，记录归档。⑥二是刑事责任追究。在英国，所有的检察官都要对其构成犯罪的行为承担刑事责任，如"妨害司法"即可视为这种行为。⑦三是民事责任追究。在英国，检察官对错误的监禁要承担民事责任。错误监禁，是指使不应被监禁的人处于被监禁之中。⑧在法国，根据 1958 年 12 月 22 日法令的规定，检察官只对自己的个人过错负责。检察官的个人过错与履行司法公务有关的，只能通过国家诉讼的形式追究其责任。该诉讼在最高法院的民事庭进行。⑨

（六）惩戒与保障的协调性

西方国家普遍注重严格的惩戒制度与严密的履职保障制度相结合，未经法

---

① 郑曦：《司法责任制背景下英国法官薪酬和惩戒制度及其启示》，载于《法律适用》2016 年第 7 期，第 120 页。
②④⑤⑥⑦⑧⑨ 樊崇义、刘文化：《惩戒与保障：域外检察官办案责任的双面镜像》，载于《检察日报》2016 年 5 月 17 日第 3 版。
③ 邓辉、谢小剑：《责任与独立：检察官纪律惩戒的双重维度》，载于《环球法律评论》2010 年第 5 期，第 105 页。

定程序，法官、检察官的身份和职位不得剥夺是西方通行的做法。与此同时，由法律规定法官、检察官的身份保障制度，保证其在职甚至是退休后的优厚待遇，重视表彰奖励等正向激励措施，在域外国家较为普遍。

三、我国司法人员惩戒制度的现状分析

（一）我国司法人员惩戒制度的规范分析

以 2016 年 10 月"两高"联合出台《关于建立法官、检察官惩戒制度的意见（试行）》（以下简称《惩戒意见》）为标志，我国司法人员惩戒制度正式建立。在此之前，虽然在《法官法》《人民法院组织法》《检察官法》《人民检察院组织法》等法律和法院、检察院的相关内部规定中都有惩戒制度的相关内容，但系统地进行规定还是第一次，本书严格遵循《惩戒意见》的表述进行规范分析。

1. 惩戒制度的渊源

惩戒制度的渊源可以从制度的目的及依据分析：一是，党的十八届三中、四中、五中全会等党的全会精神，还包括中央办公厅、国务院办公厅印发的《保护司法人员依法履行法定职责规定》等规范性文件。二是，以宪法为依据的相关法律规定，主要包括《中华人民共和国监察法》《人民法院组织法》《人民检察院组织法》《刑法》《民法总则》《公务员法》《法官法》《检察官法》等有关法律。三是，法院检察院的规范性文件，主要包括最高人民法院颁布的《关于完善人民法院司法责任制的若干意见》（以下简称《法院司法责任制意见》）、《关于严格执行〈中华人民共和国法官法〉有关惩戒制度的若干规定》、《中华人民共和国法官职业基本准则》、《法官行为规范（试行）》、《人民法院审判人员违法审判责任追究办法》、《人民法院审判纪律处分办法（试行）》、《人民法院监察工作条例》、《法官惩戒工作程序规定（试行）》等，以及最高人民检察院颁布的《关于完善人民检察院司法责任制的若干意见》（以下简称《检察院司法责任制意见》）、《检察人员纪律处分条例（试行）》、《检察人员执法过错责任追究条例》、《人民检察院监察工作条例》、《人民检察院司法责任追究条例》、《检察

官惩戒工作程序规定（试行）》、《人民检察院检务督察工作案例》等有关规定。

2. 惩戒工作的原则

《惩戒意见》明确了司法惩戒工作应当坚持的原则，即坚持党管干部原则，遵循司法规律，体现司法职业特点，坚持实事求是、客观公正，坚持严肃追责与依法保护有机统一，坚持责任与过错相适应，坚持惩戒与教育相结合。①

3. 惩戒主体与对象

根据现行规定，我国法官、检察官的惩戒主体包括两个方面：一是，作为受理举报、投诉，进行调查核实和处分决定主体的法院、检察院；二是，作为审查认定和提出处分建议主体的法官、检察官惩戒委员会。两大主体之间系分工负责的关系。法官、检察官惩戒委员会只在"两高"和省（自治区、直辖市）两级设立。法官、检察官惩戒工作办公机构分别设在人民法院、人民检察院承担督察工作的部门。惩戒的对象仅指实行法官、检察官员额制后进入员额的法官、检察官。

4. 惩戒事由及依据

《惩戒意见》明确了司法人员惩戒的事由，即法官、检察官在审判、检察工作中违反法律法规，实施违反审判、检察职责的行为。② 具体包括：一是法官在履行审判职责过程中，故意违反法律法规办理案件，或者因重大过失导致裁判结果错误并造成严重后果，需要予以惩戒的情形；二是检察官司法履职中违反检察职责的行为，应当追究司法责任予以惩戒的情形。惩戒认定的依据则是"两高"于 2015 年 9 月分别出台的《关于完善人民法院司法责任制的若干意见》《关于完善人民检察院司法责任制的若干意见》以及《人民检察院司法责任追究条例》《人民检察院检务督察工作条例》等的有关规定。

5. 惩戒的程序

根据《惩戒意见》和《法官惩戒工作程序规定（试行）》、《检察官惩戒工作程序规定（试行）》（以下简称"'两高'惩戒《程序规定》"）、《人民检察院检务督察工作条例》等规定，我国司法人员惩戒的程序大致可以概括为：一是受理审查线索。各级人民法院机关纪委或承担督察工作的部门按照干部管理权

---

①② 参见《关于建立法官、检察官惩戒制度的意见（试行）》，2016 年 11 月 8 日发布，http://www.jcrb.com/xztpd/2017/201701/sgzyn/sgzyn_45611/201703/t20170301_1722406.html，最后访问日期：2019 年 3 月 26 日。

限受理反映法官违反审判职责问题的举报、投诉,以及有关单位、部门移交的相关问题线索和审判监督管理过程中发现的行为线索;人民检察院承担检务督察工作的部门负责受理检察官司法责任追究的线索。经法院院长、检察院检察长批准,开展对线索的初步核实。二是进行立案调查。相关部门经初步核实,认为有关法官、检察官可能存在违反审判、检察职责的行为,需要予以惩戒的,应当报请法院院长、检察院检察长批准后立案,并组织调查;根据调查结果,分门别类处理。三是提请惩戒审议。由法院、检察院承担督察工作的部门制作提请审议意见书,经法院院长、检察院检察长审批,提请惩戒委员会审议。四是惩戒事项审议。惩戒委员会审议惩戒事项时,一方面,有关法院、检察院承担督察工作的部门应当向惩戒委员会提供当事法官、检察官涉嫌违反审判、检察职责的事实和证据,以及拟处理建议、依据,并就其违法审判、检察行为和主观过错进行举证。另一方面,当事法官、检察官有权查阅、摘抄、复制相关案卷材料及证据,有陈述、举证、辩解和申请回避等权利。五是形成审查意见。惩戒委员会全体委员 4/5 以上出席方可召开,经过审议,应当根据查明的事实、情节和相关规定,经全体委员的 2/3 以上多数通过,对当事法官、检察官提出构成故意违反职责、存在重大过失、存在一般过失或者没有违反职责等审查意见。六是审查意见送达。惩戒委员会作出的无责、免责或给予惩戒处分的建议等审查意见应当送达当事法官、检察官和有关法院、检察院。七是惩戒的决定。法官、检察官违反审判、检察职责的行为属实,惩戒委员会认为构成故意或者因重大过失导致案件错误并造成严重后果,应当予以惩戒的,法院、检察院应当依照有关规定作出惩戒决定,并给予相应处理。①

6. 惩戒的救济

包括:一是涉嫌惩戒当事人的陈述权、抗辩权。《惩戒意见》第七条和"两高""惩戒"《程序规定》都规定了当事法官、检察官有权进行陈述、举证、辩解。② 二是不服惩戒的请求权。《惩戒意见》第九条规定了当事法官、检察官或者有关人民法院、人民检察院对审查意见有异议的,可以向惩戒委员会提出。法官、检察官惩戒委员会应当对异议及其理由进行审查,作出决定,并回复当事法官、检察官或者有关人民法院、人民检察院。三是不服惩戒请求的申请复核权。"两

---

①② 《关于建立法官、检察官惩戒制度的意见(试行)》,2016 年 11 月 8 日发布,http://www.jcrb.com/xzt-pd/2017/201701/sgzyn/sgzyn_45611/201703/t20170301_1722406.html,最后访问日期:2019 年 3 月 26 日。

高"惩戒《程序规定》均规定当事法官、检察官对惩戒决定不服的,可以向作出决定的人民法院、人民检察院申请复核,并有权提出申诉。

7. 惩戒的效力

根据《惩戒意见》《程序规定》等规范要求,当事法官、检察官惩戒的效力可归纳为三个层面:一是组织处理。即应当给予停职、延期晋升、调离业务岗位、退出员额、免职、责令辞职、辞退等处理的,按照干部管理权限和程序依法办理。其中,免除法官、检察官职务,应当按法定程序提请人民代表大会常务委员会作出决定。二是纪律处分。应当给予纪律处分的,依照有关规定和程序办理。三是刑事追究。法官、检察官违反审判、检察职责的行为涉嫌犯罪的,应当将违法线索移送有关司法机关处理。[①]

8. 惩戒与其他程序的衔接

《惩戒意见》明确规定,除规定应报请惩戒委员会审议的情形外,法官、检察官的其他违法违纪行为,由有关部门调查核实,依照法律及有关纪律规定处理。这实际上是把司法人员惩戒程序和对司法人员的党纪处分程序,以及违反审判、检察职责行为之外的违法犯罪处理程序区分开来。

(二)我国司法人员惩戒制度的特点

1. 制度逻辑内在冲突化

主要表现为多重制度逻辑并存且科层制逻辑更为突出。与以往对法官、检察官惩戒的行政化逻辑不同,"两高"关于完善司法责任制的若干意见在惩戒程序的诉讼化、司法化上进行了努力,但仍存在司法逻辑和行政逻辑并存的现象,突出地表现在提供的救济程序仅为复核、申诉,而没有类似再审的救济程序,司法化不够彻底。[②] 从司法规律和职业特征来看,这一制度文本存在着内在的冲突,即一方面把法官、检察官定义为从事司法活动的专业化职业化群体,另一方面却又按照行政化的逻辑来对其进行结果导向的惩戒。相关表现将在下文进行具体论述。

---

① 《关于建立法官、检察官惩戒制度的意见(试行)》,2016年11月8日发布,http://www.jcrb.com/xztpd/2017/201701/sgzyn/sgzyn_45611/201703/t20170301_1722406.html,最后访问日期:2019年3月26日。

② 王小光、李琴:《我国法官惩戒制度二元模式的思考与完善》,载于《法律适用》2016年第12期,第78页。

2. 惩戒主体内部化

主要表现为惩戒主体中立性、外部性不足，影响法官、检察官依法独立作出决定的地位。从上述规范分析可以看出，一方面，我国现行法官、检察官惩戒的启动主体实际上是当事法官、检察官所在的法院、检察院和上级法院、检察院的承担检务督察工作的部门，而该部门认为应当追究法官、检察官司法办案责任的，报院长、检察长决定后才能报法官、检察官惩戒委员会审议；另外，从上海、福建、宁夏等省公布的惩戒委员会章程看，基本上是由惩戒委员会办公室负责评查当事法官、检察官涉及的案件质量，向惩戒委员会提交办案过错责任报告，协助查询法官、检察官的其他违法违纪行为，并提交惩戒委员会审议[①]；从改革之初多数省的实践看，法官、检察官惩戒委员会办公室均设置在省级法院、检察院的政治部，这表明惩戒的启动主体总体上属于法院、检察院的内部系统，外部性不够，仍存在同体监督之虞。另一方面，从惩戒主体权力的划分来看，现有惩戒制度存在惩戒调查主体、决定主体同一，惩戒委员会不具有实质惩戒权的弊端。惩戒调查由法院、检察院的机关纪委或督察部门主导，惩戒委员会对于惩戒处分只有建议权，没有决定权，最终决定者仍是省级及以上人民法院和人民检察院。此外，从惩戒委员会的运行模式和人员组成来看，一方面，现有的法官、检察官遴选、惩戒委员会"二合一"的模式，存在权力过于集中的风险，不利于惩戒效能的发挥；另一方面，虽然《惩戒意见》明确规定，惩戒委员会主任由惩戒委员会全体委员从实践经验丰富、德高望重的资深法律界人士中推选，经省（自治区、直辖市）党委对人选把关后产生。但早期实践中惩戒委员会的人员组成多数是党政机关和法官、检察官代表，且明确法官、检察官代表应不低于全体委员的50%，这就意味着专家委员代表最多只能占1/2左右，而惩戒意见需要经全体委员的2/3以上的多数通过，这就存在对法官、检察官有责行为"内部消化"的风险。如最早成立法官、检察官遴选（惩戒）委员会的上海市，15名委员中有专门委员7人，由市委政法委、组织部、纪委，市人大内司委、公务员局、高级人民法院、市人民检察院等单位的分管领导组成；专家委员8人，从资深的法学专家、业务专家、律师代表中择

---

① 王小光、李琴：《我国法官惩戒制度二元模式的思考与完善》，载于《法律适用》2016年第12期，第78页。

选。① 2017 年 5 月 9 日，浙江省法官、检察官惩戒委员会在杭州成立，组成人员共 22 人，其中，专家委员仅 5 人。②

3. 惩戒程序的行政化

"现代制度一直在抵制两种可能的纪律责任变异：第一，它变为司法从属于政治部门，尤其是行政机构的工具。因此它最终变成只是政治责任的又一种形式，这一变异不仅要求把纪律责任赋予政治机构，而且要求它主要以非法律的政治性评论为基础。第二，它为司法机构本身所垄断，作为纯粹的'自治'监控工具。"③ 从世界范围看，大多数的法治国家都建立了多层级的检察官惩戒机制，即对于可能危及检察官独立性的处罚权限一般由独立和公正的第三方按照正当程序行使，而对于不危及检察官独立性的处罚权限则由检察机关掌控。④ 从《惩戒意见》的规定看，虽然规定了当事法官、检察官在惩戒程序中的陈述、举证、辩解、申请复议和申诉等权利，但操作性强的程序性规定并未涉及，且由于前述惩戒调查由法院、检察院的某一部门主导的规定，则行政性程序必然起到主体作用。

4. 惩戒救济的单向性

完善有力的救济措施，既是惩戒程序公正的内在要求，也是法官、检察官合法权益保障的必然要求。从实践看，一方面，虽然当事法官、检察官不服惩戒委员会的审查意见可以提出异议，可以申请复议，并向作出惩戒决定的上一级法院、检察院申诉，但由于复查是上级部门进行的自上而下的单方面复查，且没有充分给予法官、检察官公开的、对抗式的辩解权利，同时复议、申诉期间，不停止原决定的执行，这就使得复议、申请失却了一部分意义；另一方面，由于上述程序大部分在法院、检察院系统内进行，一旦出现部门保护、内部消化、"家丑不可外扬"等现象，则难以进行监督。与此同时，《法院司法责任制意见》第二十八条、《检察院司法责任制意见》第三十三条虽然分别规定了不得追究法官、检察官责任的情形，具有"惩戒禁区"和司法豁免机制的意味，但落实机制

---

① 《上海市法官、检察官遴选（惩戒）委员会通过章程》，http://legal.people.com.cn/n/2014/1214/c188502-26203761.html，最后访问时间：2018 年 1 月 7 日。
② 《司法体制改革新进展 我省法官检察官惩戒委员会成立》，https://zj.zjol.com.cn/news/635426.html，最后访问时间：2018 年 1 月 7 日。
③ 邓辉、谢小剑：《责任与独立：检察官纪律惩戒的双重维度》，载于《环球法律评论》2010 年第 5 期，第 105~106 页。
④ 邹梅珠：《我国检察官惩戒制度的改革困境及其应然走向——以检察权性质、组织模式为分析视角》，载于《江汉论坛》2017 年第 9 期，第 141 页。

不足，在信息化时代的汹汹民意之下，这些规定能否禁受得住民意的考验，还需要更加细致有操作性的规定出台。

由于惩戒事由是惩戒制度的核心，本书拟结合对惩戒与司法责任制关系的分析，在下文做专门论述。

（三）我国的司法人员惩戒与司法责任制的关联性

司法人员惩戒制度和司法责任制应当是相辅相成的关系，甚至前者是后者的组成部分。原因在于，严格的司法责任使法官、检察官的履职保障完善成为必须，而完善的履职保障、严格的惩戒机制也会导致法官、检察官的违纪违法成本极高，为确保职业尊荣和待遇，法官、检察官会视惩戒事由为雷区而不敢轻易"犯险"，这正是惩戒制度和司法责任制度关系的内在本质。作为法官、检察官惩戒的依据，2015年9月发布的《最高人民法院关于完善人民法院司法责任制的若干意见》中，作了这样的规定："法官应当对其履行审判职责的行为承担责任，在职责范围内对办案质量终身负责。法官在审判工作中，故意违反法律法规的，或者因重大过失导致裁判错误并造成严重后果的，依法应当承担违法审判责任。法官有违反职业道德准则和纪律规定，接受案件当事人及相关人员的请客送礼、与律师进行不正当交往等违纪违法行为，依照法律及有关纪律规定另行处理"。同月发布的《关于完善人民检察院司法责任制的若干意见》规定："检察人员应当对其履行检察职责的行为承担司法责任，在职责范围内对办案质量终身负责。司法责任包括故意违反法律法规责任、重大过失责任和监督管理责任。检察人员与司法办案活动无关的其他违纪违法行为，依照法律及《检察人员纪律处分条例（试行）》等有关规定处理。"从条文表述可知，无论是对法官还是检察官的惩戒，其主要事由是司法办案行为，其惩戒重点是法官"裁判错误并造成严重后果"、检察官的"办案质量"等实体结果，其主观因素是"故意"或"重大过失"，其惩戒导向是"错案追究"和"终身负责"。对于法官、检察官来说，这里隐含着一个认知前提，认为存在着一个正确的实体判决、案件处理结果作为检验标准。[①] 一方面，无论是法官裁判错误、检察官案件处理错误，还是造成严重后果，都难以全面科学地界定错案，而这种以实体结

---

① 李晟：《法官奖惩：制度的逻辑与定位》，载于《法律适用》2017年第7期，第5页。

果为导向来界定错案的方式，忽视了诉讼过程的复杂性与司法裁判的形成规律，错案内涵的模糊性和外延的不确定性必然导致加重法官、检察官的心理负担[1]，使得他们在裁判和处理案件过程中如履薄冰、畏首畏尾，极易导致法官、检察官为规避错案追究风险，或推卸司法责任，或放宽法律适用尺度，或寻求裁判之外的其他"定分止争"方式，或离开这一"高风险"职业。从长远看，法官、检察官依法独立行使职权将因此受到挑战，而当事人诉讼权益更是难以保障。另一方面，从修订后的《中华人民共和国法官法》《中华人民共和国检察官法》和《惩戒意见》文本看，以错案惩戒为主、违反职业伦理的不当行为惩戒为辅的二元制度模式尚未明确，从长远看难以适应社会对于法官、检察官作为社会公正捍卫者和道德表率的期许，不利于司法权威和司法公信力的确立，甚至会侵蚀群众对于司法的信心。

四、我国司法人员惩戒规范的发展前瞻

我国司法人员惩戒制度经过长期探索，于近期正式确立，尚需在全面深化改革的大背景下进一步健全完善。本书遵循党的十八届四中全会决定和党的十九大报告对依法独立公正行使审判权、检察权与司法权监督、制约关系的深刻阐释，力图依据我国国情、现有条件和制度环境，着眼司法公正目标，立足独立公正与监督制约一体两面，深化司法体制综合配套改革，全面准确落实司法责任制，加快建设公正高效权威的社会主义司法制度，努力让人民群众在每一个司法案件中感受到公平正义。规范司法权力运行，健全公安机关、检察机关、审判机关、司法行政机关各司其职、相互配合、相互制约的体制机制。强化对司法活动的制约监督，促进司法公正。加强检察机关法律监督工作。完善公益诉讼制度。对我国司法人员惩戒制度的预期发展提出前瞻性思路。

（一）厘准司法人员惩戒规范的价值目标

惩戒制度的目的不在于惩罚法官、检察官，而是在有效制约和监督法官、

---

[1] 詹建红：《我国法官惩戒制度的困境与出路》，载于《法学评论》2016年第2期，第190页。

检察官不当行为的前提下，通过强化履职保障、落实司法责任，促进司法权力正确行使，进而维护司法公正，赢得人民群众对司法的信赖和尊崇。正如学者所述，干涉与监督仅一线之间，缺乏适当的惩戒机制，法官审判易流于独断、无效率，但过度、不当监督，则不免干涉审判，挫伤法官尊严，危及司法公正。有效的法官惩戒机制，既利于实现法官身份保障（非经法定惩戒机制不得对法官身份为不利之处分），又利于督促法官依法履行职责，取信于民。[①] 对检察官来说同样如此。为此，应当以依法独立行使审判权检察权原则、外部监督原则和正当程序原则为指导，以司法责任制的落实为平台，进行相应的制度设计，促进惩戒制度的功能从单一惩罚、约束功能转移到保障、预防的二元平衡功能上来，惩戒标准从对实体结果的关注转移到对行为为主、结果为辅的二元机制上来，惩戒内容从对实体判断的控制转移到对程序为主、实体为辅的二元约束上来，惩戒范围从对职务内行为的监控转移到对职务内外行为的二元监控上来[②]，既避免法官、检察官受到内外部权力的不当干扰，又防止法官、检察官受到恣意惩戒，同时加强对法官、检察官的履职保障。

（二）推动司法人员惩戒制度的法制化

司法人员惩戒制度关系到司法公正与权威，我国目前对法官、检察官的惩戒虽有权威统一的法律可遵循，如《法官法》《检察官法》都用专章规定了惩戒制度，从法制的角度明确了"有权必有责、用权受监督、失职要问责、违法要追究"的要求，但系统性、操作性不够，离完备的法官、检察官惩戒制度体系还有差距。笔者建议，系统梳理相关法律和制度规范，适时制定《司法人员惩戒法》，对法官、检察官惩戒制度从实体到程序作出规定，明确制度目标，统一惩戒标准，完善惩戒程序，提升惩戒效能。

（三）推进司法人员惩戒程序运行的规范化

惩戒主体的中立性、外部性、专业性是惩戒公正性的保障。惩戒程序的公

---

① 蒋银华：《法官惩戒制度的司法评价——兼论我国法官惩戒制度的完善》，载于《政治与法律》2015 年第 3 期，第 21 页。
② 参见蒋银华：《法官惩戒制度的司法评价——兼论我国法官惩戒制度的完善》，载于《政治与法律》2015 年第 3 期，第 27~28 页。

正要求在惩戒机制中应具有相对独立且能避免外界对其公正性和中立性产生合理怀疑的惩戒主体。[①] 从域外法治国家的相关规定来看，法官、检察官惩戒主体保持相对独立性是建构法官、检察官惩戒制度的核心理念。对此，众多学者建议将惩戒权力交由各级人民代表大会及其常务委员会行使，理由如下：一是符合我国的权力架构且于法有据。司法体制改革并非司法系统内改革，而是国家权力的分配与行使。权力划分决定职能配置，职能配置又决定着权力结构运行。[②] 我国《宪法》规定"两院"由人民代表大会产生，对人大负责，受人大监督，在全国人民代表大会、省、自治区、直辖市人民代表大会之下设立司法人员惩戒委员会，将司法人员惩戒委员会办公室设在省级以上人大常委会的法制工作委员会，另在省级以上人大常委会之下设司法人员惩戒调查委员会，如此既保证了惩戒权力行使的正当性，又实现了与遴选委员会的分设，促进了惩戒权力行使的独立性，又在财物不受制约的前提下有利于惩戒制度实施的有效性。二是域外国家有先例可循。如美国、澳大利亚就将法官惩戒权交由立法机关行使；日本也将法官惩戒权交给了由参众两院推选的议员组成的弹劾法院。[③] 三是有利于节约国家的司法成本。相对于组建专司司法人员惩戒职能的新设机构，无论是设立职务法院还是行政法院来说，在省级以上人大及其常委会之下增设相应机构都将大大降低机构、编制和人员成本，提高制度的边际收益。如这个建议成立，需要特别注意的一点，就是与现有的法官、检察官惩戒委员会相比，在人员组成上要更加体现独立性、民主性，秉持专业自治精神，应将惩戒委员会主任的席位交由德高望重的法学专家来担任，逐步减少专门委员的数量，适当增加专家委员的数量，同时要吸收一定数量的普通公民代表，使惩戒委员会组成人员更加合理。未来在惩戒制度相对成熟以后，还可以探索司法惩戒专员制度，促进经常性惩戒的针对性和有效性。如瑞典在议会下设置相对独立的"议会监察专员"，负责对违纪法官的监督，并有权发表声明谴责法官司法效率不高导致诉讼延迟，对法官自行启动调查或依诉讼法规则通知启动调查，甚至起诉法官，还有权作出公告以促进统一和正确适用法律。[④] 上述观点均是对

[①] 陈松、王晓成：《我国法官惩戒机制改革刍议》，载于《西昌学院学报·社会科学版》2016年3月第28卷第1期，第80页。
[②] 梁三利：《法院管理模式研究》，南京理工大学博士学位论文，2008年，第1页。
[③] 参见詹建红：《我国法官惩戒制度的困境与出路》，载于《法学评论》（双月刊）2016年第2期，第195页。
[④] 刘小楠译：《瑞典议会监察专员对法院的监督》，载于《吉林人大工作》2007年第6期，第40~42页。

走向惩戒立体外部化的思考，是否适合时代要求和满足实践需要，尚需谨慎论证和观察。

(四) 坚持司法人员惩戒事由的二元化

坚持司法人员惩戒事由的二元化即坚持错案惩戒和不当行为惩戒并重，并逐步向不当行为惩戒为主转变。之所以如此，是因为司法改革既要遵循司法规律，还要立足法治发展实际：一方面，虽然以实体结果为导向的错案惩戒制度广受诟病，但"我国目前法律的现代化水平还较低，法官的素质和社会地位与他们的使命还不相称，所以错案追究制还有其现实基础"[①]。加之我国正处于司法体制深度改革攻坚阶段，法官、检察官"精英化"尚在建构阶段，完全忽视错案责任，推行案件裁判、处理结果的豁免原则显然操之过急。当然，在改革深化过程中，要坚持以司法责任制取代错案责任追究制，通过深化以审判为中心的刑事诉讼制度改革等举措，促进错案预防体系的构建。对于错案惩戒，尤其是终身追责的范围，宜遵循主客观相统一的原则和责任归因的理论，在实体上，只有法官、检察官被证明是因故意或重大过失导致适用法律错误、裁判和处理结果错误，才能对其进行惩戒；在程序上，凡是法官在审判活动中有违法官中立原则、程序参与原则和程序对等原则以及相应的证据规则所作出的裁判[②]，检察官在检察工作中有违反客观公正义务、业务工作标准和相应的证据规则所作出的处理决定，均应被视为"错案"。另一方面，基于法官、检察官是社会公正典型化的人格载体[③]，社会公众寄予厚望，法治精神赖其维系，应当将法官、检察官的司法外不当行为纳入惩戒范围，禁止实施可能导致公众对其独立性、公正性、中立性产生合理怀疑的行为，逐步实现司法人员惩戒的职业伦理中心主义模式。在目前阶段，应当以 2015 年 9 月最高人民法院、最高人民检察院、公安部、国家安全部、司法部联合印发的《关于进一步规范司法人员与当事人、律师、特殊关系人、中介组织接触交往行为的若干规定》等规范为基础，逐步探索建立对司法人员职务外行为、违反职业伦理行为的惩戒体系。

---

① 于大水：《论错案追究制中错案标准的界定》，载于《当代法学》2001 年第 12 期，第 25 页。
② 詹建红：《我国法官惩戒制度的困境与出路》，载于《法学评论》（双月刊）2016 年第 2 期，第 195 页。
③ 詹建红：《我国法官惩戒制度的困境与出路》，载于《法学评论》（双月刊）2016 年第 2 期，第 196 页。

(五) 探索司法人员惩戒程序的司法化

第十七届国际刑法学大会通过的关于"刑事诉讼原则在纪律程序中的适用"的决议,明确在纪律程序中也应一定程度地贯彻刑事诉讼原则。典型的如正当程序原则对纪律程序的要求。[1] 这些要求包括司法活动所要求的听审、告知、救济、公开、公正、阐明判决理由、体现形式正义等内容。(1) 完善程序的启动方式。可以分为依申请启动和依职权启动两种方式。对现行规定的依职权启动的情形进行改造,增设当事人及其代理人或近亲属、辩护人以及利害关系人发现法官、检察官有为惩戒事由所列行为的,在提出理由及初步的证据材料的前提下,均有权请求惩戒委员会进行调查之规定。[2] 惩戒委员会审查认为存在"不当行为"的,则进行调查。(2) 程序的诉讼化改造。惩戒委员会应当以类似法院审理的方式处理案件,涉案法官、检察官有申请回避、申辩、辩论等权利,惩戒调查委员会有出示证据、说明理由之义务,必要情况下,可传唤证人作证,经过惩戒委员会2/3以上委员通过,作出审理决定。(3) 实现程序的救济。将现有的复核、申诉程序改造为申请复审程序,规定涉案法官、检察官对惩戒决定不服的,可以在10个工作日内向惩戒委员会提出复审申请,惩戒委员会应当作出驳回或受理决定,作出驳回决定的,进行复查,复查期间暂停执行惩戒决定,惩戒委员会根据复查结果进行复审,复审中应当进行听证,经过惩戒委员会2/3以上委员通过的复审决定为最终生效决定。(4) 有序推进惩戒公开。从生效惩戒决定公开入手,逐步实现惩戒程序的全方位公开,以公开倒逼司法人员规范司法行为,严格行为自律。

(六) 完善司法惩戒、保障与豁免机制相协调

一方面,要完善对司法人员的职务行为、物质生活的特殊保障。司法人员的履职保障,是确保司法人员依法独立公正行使职权的基础性制度安排。如学者所述,检察官能否保持中立和相对独立,与法律能否给予其充分的身份保障

---

[1] 邓辉、谢小剑:《责任与独立:检察官纪律惩戒的双重维度》,载于《环球法律评论》2010年第5期,第107~108页。
[2] 詹建红:《我国法官惩戒制度的困境与出路》,载于《法学评论》(双月刊)2016年第2期,第195页。

密切相关。① 新一轮司法改革中，2016 年 7 月 28 日，中共中央办公厅、国务院办公厅印发了《保护司法人员依法履行法定职责规定》，从排除阻力干扰、规范考评考核和责任追究、加强人身安全保护等方面作出了明确规定，与之相配套，有关部门通过出台防止领导干预司法的制度，在司法机关内构建说情、干预的制度"防火墙"，推行省以下法院、检察院人财物统一管理，深化法官、检察官薪酬制度改革，强化法官、检察官非经法定程序不得免职、调离制度等"组合拳"，使法官、检察官的履职保障有了前所未有的改观；但相关政策的落地落实、相关措施的综合配套尚需加大力度，以促进改革红利有效释放，用改革"获得感"促进法官、检察官敢于担责、公正司法。另一方面，要探索法官、检察官司法责任豁免机制。坚持相对豁免原则，针对法官、检察官司法办案行为，探索在排除法官、检察官故意和重大过失的基础上，对相关裁判结果和检察处理决定责任的相对豁免制度。

（七）促进惩戒制度与其他相关制度相衔接

如同达玛什卡所述，法律程序或制度的安排与其背后的权力体制息息相关。② 多重改革叠加，是新一轮司法改革面临的独特形势，表现在中国共产党全面从严治党，把政治建设放在首位，思想建党和制度治党相结合，依法治党和依规治党相统一，出台了一系列规范党员干部行为的制度规范，织密了制度的笼子和纪律处分的网络；同时，国家监察体制改革已经落地，检察机关职务犯罪侦查、预防机构和职能、人员转隶到新成立的监察委员会，反腐败工作格局发生重大变化，如何实现司法人员惩戒制度与中国共产党纪律处分和政务处分等制度的分工、配合，与国家监察制度的有效衔接，这些都是需要持续关注并不断予以探索的重大命题。

党的十八大以来推行的新一轮司法改革，无论在深度和广度上都超越了过去的几轮改革，具有制度重构、机制重建、公信重塑的意味，而司法人员的伦理管理无疑是其中的重要组成部分且取得了令人瞩目的成果。当然，对权力的

---

① 邹梅珠：《我国检察官惩戒制度的改革困境及其应然走向——以检察权性质、组织模式为分析视角》，载于《江汉论坛》2017 年第 9 期，第 140 页。
② ［美］达玛什卡：《司法与国家权力的多种面孔》，郑戈译，中国政法大学出版社 2015 年版，第 235 ~ 312 页。

制约和监督要从权力划分、职能配置、权力运行三个维度来进行。在司法责任制走向深入，综合配套改革持续深化，国家监察体制改革落实落地的背景下，如何健全完善司法人员的伦理管理制度，以更宏观的视角促进改革的统筹和制度的协调，从而达成既能将司法权力关进"铁笼子"，又能为司法人员履职尽责戴上"护身符"的目标，仍然是摆在当前和今后法学界与司法实务界面前的时代课题。

参考文献

[1][德]F. 门策尔：《司法审判公开与德国当代判例数据库》，田建设整理，载于《法律文献信息与研究》2009年第4期。

[2][美]J. M. 谢夫利兹：《政府人事管理》，中共中央党校出版社1997年版。

[3][以]S. N. 艾森斯塔德：《帝国的政治体系》，阎步克译，贵州人民出版社1992年版。

[4][美]埃德加·博登海默：《法理学——法律哲学与法律方法》，邓正来、姬敬武译，华夏出版社1987年版。

[5][美]埃德加·博登海默：《法理学——法律哲学与法律方法》，邓正来译，中国政法大学出版社2001年版。

[6]毕连芳：《北京政府时期司法官考绩制度初探》，载于《历史教学》（高校版）2007年第8期。

[7]卞宜良、林学华：《法国检察官业绩考评与晋升制度评析》，载于《人民检察》2015年第12期。

[8]邴志凯、张永会：《检察官职业保障的现实问题及改进》，载于《中国检察官》2016年1月上总第235期。

[9][美]波斯纳：《法官如何思考》，苏力译，北京大学出版社2010年版。

[10][美]博西格诺等：《法律之门》，邓子滨译，华夏出版社2007年版。

[11][美]布莱恩·甘道迪：《美国法律伦理》，郭乃嘉译，台湾商周出版社2005年版。

[12]曹东明：《法官职业化改革得失析》，苏州大学硕士学位论文，2006年。

[13]曹亮：《我国法官权益保障研究》，华东政法大学硕士学位论文，2016年。

[14]柴立军、邬耀广、许东劲：《广州法院法官人身安全保障情况的调研

报告》，载于《法治论坛》2008 年第 2 期。

[15] 柴鹏：《法律职业伦理现状及其培育——以实证调研数据为基础》，载于《证据科学》2015 年第 2 期第 23 卷。

[16] 陈彬：《扰乱法庭秩序犯罪能否引入直判程序》，载于《人民法院报》2015 年 11 月 23 日第 2 版。

[17] 陈娥：《检察官管理制度研究》，华中科技大学硕士学位论文，2013 年。

[18] 陈光中：《中国司法制度的基础理论问题研究》，经济科学出版社 2010 年版。

[19] 陈光中、崔洁：《司法、司法机关的中国式解读》，载于《中国法学》2008 年第 2 期。

[20] 陈光中、龙宗智：《关于深化司法改革若干问题的思考》，载于《中国法学》2013 年第 4 期。

[21] 陈光中、曾新华：《建国初期司法改革运动述评》，载于《法学家》2009 年第 6 期。

[22] 陈光中主编：《21 世纪域外刑事诉讼立法之鸟瞰》，中国政法大学出版社 2004 年版。

[23] 陈国权、周鲁耀：《制约与监督：两种不同的权力逻辑》，载于《浙江大学学报》（人文社会科学版）2013 年 11 月第 43 卷第 6 期。

[24] 陈海光：《中国法官制度研究》，中国政法大学博士学位论文，2002 年。

[25] 陈宏谋：《分发在官法戒录檄》。

[26] 陈龙鑫：《司法改革视野下检察活动监督制约机制的深化》，载于《犯罪研究》2016 年第 3 期。

[27] 陈松、王晓成：《我国法官惩戒机制改革刍议》，载于《西昌学院学报·社会科学版》2016 年 3 月第 28 卷第 1 期。

[28] 陈卫东：《程序正义之路》，法律出版社 2005 年版。

[29] 陈卫东：《十八大以来司法体制改革的回顾与展望》，载于《法学》2017 年第 10 期。

[30] 陈卫东：《司法机关依法独立行使职权研究》，载于《中国法学》2014 年第 4 期。

[31] 陈卫东：《新一轮坚持改革中的重点问题》，载于《国家检察官学院学

报》2014 年第 1 期。

［32］陈卫东：《中国共产党与新中国司法制度的创立、发展及其完善》，载于《法学家》2001 年第 4 期。

［33］陈卫东、程雷：《司法革命是如何展开的？取得哪些成效？来看这份专业评估》，载于《法制日报》2017 年 7 月 10 日。

［34］陈文兴：《法官职业与司法改革》，中国人民大学出版社 2014 年版。

［35］陈永生：《两大法系法官制度之比较》，载于《政法论坛》1998 年 10 月。

［36］陈志铭，《关于检察官全面评鉴问题》，载于《正义之剑》（下），2008 年版。

［37］陈治军、马燕：《大陆法系国家和地区检察官办案责任制比较研究》，载于《人民检察》2015 年第 3 期。

［38］陈陟云：《法院人员分类管理改革研究》，法律出版社 2013 年版。

［39］陈陟云、肖启明：《回归本质——司法改革的逻辑之维与实践向度》，法律出版社 2015 年版。

［40］陈忠琼：《海峡两岸检察体制比较略论》，载于《福建广播电视大学学报》2014 年 6 月。

［41］程海龙：《我国法官遴选制度研究》，河南大学硕士学位论文，2013 年。

［42］程金华：《检察人员对分类管理改革的立场——以问卷调查为基础》，载于《法学研究》2016 年第 9 期。

［43］程味秋、周士敏：《论审判公开》，载于《中国法学》1998 年第 3 期。

［44］程竹汝：《司法改革与政治发展：当代中国司法结构及其社会政治功能研究》，中国社会科学出版社 2001 年版。

［45］迟日大：《新中国司法制度的历史演变与司法改革》，东北师范大学博士学位论文，2003 年。

［46］《辞海第六版》（缩印本），上海辞书出版社 2010 年版。

［47］［美］达玛什卡：《司法与国家权力的多种面孔》，郑戈译，中国政法大学出版社 2015 年版。

［48］［日］大木雅夫：《比较法学》，范愉译，法律出版社 1999 年版。

［49］戴学明：《监督与制约——瑞典议会监督专员制度透析及几点认识》，

载于《中共南宁市委党校学报》2000年第3期。

［50］［英］丹宁勋爵：《法律的正当程序》，李克强等译，群众出版社1994年版。

［51］邓辉、谢小剑：《责任与独立：检察官纪律惩戒的双重维度》，载于《环球法律评论》2010年第5期。

［52］邓思清：《检察权研究》，北京大学出版社2007年版。

［53］《邓小平文选》（第2卷），人民出版社1994年版。

［54］丁建权：《职位分类原理及实施》，中国人事出版社1990年版。

［55］丁文生：《"错案追究制"司法效应考——兼论我国的法官惩戒制度》，载于《湖北警官学院学报》2013年第1期。

［56］丁艳雅：《法官选任方式和程序之比较研究》，载于《中山大学学报》（社会科学版）2001年7月。

［57］董必武：《董必武政治法律文集》，法律出版社1986年版。

［58］《读例存疑·刑律·断狱·检验尸身不以实》。

［59］杜磊著：《司法改革视角下的法官惩戒制度研究》，群众出版社2016年版。

［60］樊崇义、刘文化：《惩戒与保障：域外检察官办案责任的双面镜像》，载于《检察日报》2016年5月17日第3版。

［61］樊崇义、吴宏耀、种松志主编：《域外检察制度研究》，中国人民公安大学出版社2008年版。

［62］范柏乃、阮连法等：《干部教育培训绩效的评估指标、影响因素及优化路径研究》，浙江大学出版社2012年版。

［63］范敏之：《职业伦理：法律职业共同体之基点》，引自《厦门大学法律评论》，厦门大学出版社2016年版。

［64］方辉：《中国法官员额配置的优化选择——运用量化分析方法整合相关因素》，全国法院第二十一届学术讨论会获奖文章。

［65］房列曙：《中国历史上的人才选拔制度》（下），人民出版社2005年版。

［66］丰霏：《法官员额制的改革目标与策略》，载于《当代法学》2015年第5期。

[67] 冯俊主编：《干部教育培训改革与创新研究》，人民出版社 2011 年版。

[68] 冯俊主编：《干部教育培训教学方式创新》，人民出版社 2011 年版。

[69] 冯鹏志：《"从'三个自信'到四个自信"》，载于《学习时报》2016 年 7 月 7 日版。

[70] 付亚和、许玉林主编：《绩效管理》，复旦大学出版社 2003 年版。

[71] 高洁：《法国的法官选拔与培训制度》，载于《北京法制报》2003 年 7 月 14 日第 11 版。

[72] 高亚丽：《高校学生工作者面临的现实问题：角色观的建构》，载于《文教资料》2011 年第 10 期。

[73] 高一飞、祝继萍：《英国微博庭审直播的兴起》，引自蒋惠岭主编：《司法公开理论问题》，中国法制出版社 2012 年版。

[74] 葛洪义：《法官的权力——中国法官权力约束制度研究》，载于《中国法学》2003 年第 4 期。

[75] 葛洪义：《"监督"与"制约"不能混同——兼论司法权的监督与制约的不同意义》，载于《法学》2007 年第 10 期。

[76] 葛建明：《基层法院司法管理模式的思考与实践》，人民法院网，http://old.chinacourt.org/html/article/200508/17/173764.shtml，2005 年 8 月 17 日。

[77] [美] 葛维宝：《法院的独立与责任》，载于《环球法律评论》2002 年第 1 期。

[78] 公丕祥：《近代中国司法发展》，法律出版社 2014 年版。

[79] 公丕祥：《能动司法与审判管理》，载于《人民司法》2010 年第 19 期。

[80] 《公务员考绩奖惩条例》，引自蔡鸿源主编：《民国法规集成》，黄山书社 1999 年版。

[81] [日] 宫崎市定：《王安石的吏士合一政策》，引自刘俊文主编：《日本学者研究中国史论攻选译》（第 5 卷），索介然译，中华书局 1993 年版。

[82] 苟灵生、王春萍：《基于熵理论的学生管理组织有序度增长机理研究》，载于《北京理工大学学报》（社会科学版）2011 年第 8 期。

[83] 官晓慧：《提升县级政府执行力研究》，载于《理论界》2011 年第 3 期。

[84] 光绪《大清会典》卷一十七"户部·尚书侍郎职掌五"。

[85] 光绪《大清会典事例》卷八百五十一。

[86] 光绪《大清会典事例》卷九十八"吏部·处分例"。

[87] 光绪《大清会典事例》卷七十五。

[88] 桂万先、施卫忠：《北洋政府司法官制度评析》，载于《江苏警官学院学报》2008年第5期。

[89] 郭道晖：《实行司法独立与遏制司法腐败》，载于《法律科学》1999年第1期。

[90] 郭沛：《美、英两国公务员分类管理制度的演变及其启示》，载于《中国行政管理》2009年第1期。

[91] ［美］哈罗德·孔茨，海因茨·韦里克：《管理学》，郝国华等译，经济科学出版社1993年版。

[92] ［德］哈索·利博：《德国刑事程序的参审员制度》，苏醒译，参见周泽民主编：《国外法官管理制度观察》，人民法院出版社2012年版。

[93] 韩春晖：《域外"两权分离"的基本模式及启示》，载于《国家行政学院学报》，2016年7月。

[94] ［美］汉密尔顿等：《联邦党人文集》，程逢如等译，商务印书馆1995年版。

[95] 《汉书·功臣表注》。

[96] 《汉书·刑法志》。

[97] 何帆：《多少法官才够用？》，载于《人民法院报》2013年6月7日第5版。

[98] 何家弘：《美国检察机关承担公诉和自侦职能》，载于《检察日报》2014年11月25日第3版。

[99] 何家弘、胡锦光：《法律人才与司法改革》，中国检察出版社2003年版。

[100] 何琪：《绩效管理：走出绩效考核的困境》，载于《上海行政学院学报》2007年第1期。

[101] 何勤华：《检察制度史》，中国检察出版社2009年版。

[102] 贺卫方：《中国司法管理制度的两个问题》，载于《中国社会科学》1997年第6期。

[103] ［美］亨利·J. 亚伯拉罕：《法官与总统》，刘泰星译，商务印书馆

1990年版。

[104] 侯欣一：《陕甘宁边区司法制度、理念及技术的形成与确立》，载于《法学家》2005年第4期。

[105]《后汉书·陈宠传》。

[106]《后汉书·陈忠传》。

[107]《后汉书·郭躬传》。

[108] 胡健华：《明确规定法院的司法行政工作由法院管理》，载于《人民司法》1995年第11期。

[109] 胡宁：《伦理管理：概念特性与界定》，载于《长沙理工大学学报》（社会科学版）2011年第26卷第4期。

[110] 黄达亮、蒋剑伟：《检察办案组织比较研究》，引自《主任检察官办案责任制——第十届国家高级检察官论坛论文集》，2014年9月。

[111] 黄海锭：《法官员额科学计算的域外经验及启示》，载于《人民法院报》2016年4月29日。

[112] 黄俊华：《南京国民政府前期县知事兼理司法浅析》，载于《云梦学刊》2012年第5期。

[113] 黄宗羲：《明夷待访录·胥吏》。

[114] 季卫东：《法律职业的定位——日本改造权力结构的实践》，载于《中国社会科学》1994年第2期。

[115] 贾孔会：《中国近代司法改革刍议》，载于《安徽史学》2003年第4期。

[116]《建设社会主义法治国家》，人民出版社、党建读物出版社2019年版。

[117] 江必新：《司法与政治关系反思与重构》，载于《湖南社会科学》2010年第2期。

[118] 姜海如：《中外公务员制度比较》，商务印书馆2013年版。

[119] 蒋惠岭：《论法官惩戒程序之司法性》，载于《法律适用》2003年第9期。

[120] 蒋惠岭：《司法体制改革面临的具体问题》，载于《贵州法学》2014年第4期。

[121] 蒋惠岭主编：《司法公开理论问题》，中国法制出版社2012年版。

[122] 蒋银华：《法官惩戒制度的司法评价——兼论我国法官惩戒制度的完善》，载于《政治与法律》2015年第3期。

[123] [美] 杰弗里·S. 吕贝尔斯：《美国司法公开面面观》，林娜译，载于《中国应用法学》2017年第5期。

[124] 金鑫：《我国检察机关领导体制研究》，武汉大学博士学位论文，2017年。

[125] [法] 卡斯东·斯特法尼等：《法国刑事诉讼法精义》，罗结珍译，中国政法大学出版社1999年版。

[126] [德] 克劳斯·罗科信：《刑事诉讼法》（第22版），吴丽琪译，法律出版社2003年版。

[127] [美] 拉塞尔·韦勒：《美国法官管理制度的演进》，陈海光译，引自苏泽林主编：《法官职业化建设指导与研究》，人民法院出版社。

[128] [美] 劳伦斯·S. 克雷曼：《人力资源管理获取竞争优势的工具》，机械工业出版社2004年版。

[129] 冷静期：《英国检察官选任、惩戒制度及其启示》，载于《检察日报》2019年5月11日第03版。

[130] 李布云主编：《信息公开制度研究》，湖南大学出版社2002年版。

[131] 李春刚：《关于司法体制改革的几个基础性问题——以人民法院司法体制改革实践为视角》，载于《人民法院报》2014年10月15日。

[132] 李贵连：《沈家本传》，法律出版社2000年版。

[133] 李国锋：《论秦律对官吏管理的措施》，载于《河南省政法管理干部学院学报》2005年第1期。

[134] 李江源：《论教育制度的逻辑结构与权力结构》，载于《复旦教育论坛》2004年第2卷第5期，第24页。

[135] 李俊涛：《论我国检察机关绩效考核制度的完善》，西南政法大学硕士学位论文，2015年。

[136] 李立新：《中外法官管理制度比较研究》，中南大学博士学位论文，2010年。

[137] 李明蓉：《检察规律决定检察改革的方向——评谢鹏程研究员的新作〈检察规律论〉》，载于《人民检察》2016年第17期。

[138] 李美蓉：《检察官身份保障》，知识产权出版社 2010 年版。

[139] 李晟：《法官奖惩：制度的逻辑与定位》，载于《法律适用》2017 年第 7 期，第 5 页。

[140] 李盛平、陈子明：《职位分类与人事管理》，中国经济出版社 1986 年版。

[141] 李晓军、张宏岩：《管理领域几个概念的界定》，载于《延安大学学报》（社会科学版）2011 年第 10 期。

[142] 李燕：《上海司法改革力推员额制》，载于《东方早报》2014 年 7 月 13 日 A2 版。

[143] 李杨：《法官惩戒标准的审思与定位——以默顿功能分析范式为视角》，载于《法律适用》2017 年第 7 期。

[144] 李在全：《变动时代的法律职业者——中国现代司法官个体与群体（1906—1928）》，社会科学文献出版社 2018 年版。

[145] 李志亮：《关于我国渐进式改革的几点理解》，载于《中共山西省委学校学报》2013 年第 3 期。

[146] 李志茗：《晚清四大幕府》，上海人民出版社 2002 年版。

[147] 李忠全：《浅论陕甘宁边区司法制度》，载于《中国延安干部学院学报》2010 年第 3 期。

[148] 梁三利：《英国行政型法院管理模式浅析》，载于《常熟理工学院学报》2008 年第 5 期。

[149] 梁三利：《法院管理模式研究》，南京理工大学博士学位论文，2008 年。

[150] 梁薇：《西方法官制度对我国法官独立的启示》，载于《昆明大学学报》2006 年第 13 期。

[151] 廖大刚：《司法官职业伦理比较研究——以刑事司法为范例》，吉林大学博士学位论文，2017 年。

[152] 林尚立：《中国共产党与国家建设》，天津人民出版社 2009 年版。

[153] 林新奇：《机关绩效管理》，中国人事出版社 2011 年版。

[154] 林钰雄：《检察官论》，法律出版社 2008 年版。

[155] 林竹静：《检察官司法责任豁免的规则构建》，载于《国家检察官学院学报》2017 年第 2 期。

[156] 刘邦凡、何太淑：《当代中国政治管理学导论》，吉林人民出版社 2014 年版。

[157] 刘诚：《德国法院体系探析》，载于《西南政法大学学报》2004 年第 6 期。

[158] 刘海年：《秦的诉讼制度》，引自刘海年：《战国秦代法制管窥》，法律出版社 2006 年版。

[159] 刘海年：《中国古代早期的现场勘查与法医检验的规定》，载中国社会科学院法学研究所、法制史教研室：《中国警察制度简论》，群众出版社 1985 年版。

[160] 刘娟娟：《司法效率与法官员额制度之比较重塑》，全国法院系统第十六届学术讨论会获奖文章。

[161] 刘军：《从马克思主义国家理论看中国国家治理现代化》，载于《中国特色社会主义研究》2014 年第 5 期。

[162] 刘晴辉：《法院工作群体的结构与司法的正当性——兼析德、美法院工作人员及配置》，载于《南京大学法律评论》2002 年 2 月。

[163] 刘松山：《地方法院、检察院人事权统一管理的两个重大问题》，载于《法治研究》2014 年第 8 期。

[164] 刘万丽：《我国检察官管理制度重构》，湘潭大学博士学位论文，2014 年。

[165] 刘文超：《新古典经济学理性人假设的逻辑》，载于《北京社会科学》2015 年第 7 期。

[166] 刘小楠译：《瑞典议会监察专员对法院的监督》，载于《吉林人大工作》2007 年第 6 期。

[167] 刘效敬、马继华：《从立法目的看我国〈公务员法〉的制度创新及缺陷》，载于《中共济南市委党校学报》2005 年第 9 期。

[168] 刘新魁、陈海光：《法国司法制度的特色和发展》，载于《法律适用》2004 年 7 月。

[169] 刘宇琼：《在自由与规制之间的动态平衡——法国司法制度及其对我国司法改革的启示》，载于《比较法研究》2017 年 9 月。

[170] 刘哲：《让检察官当家作主：从理想变为现实》，载于《中国检察

官》2018年第12期（上）。

［171］龙宗智：《论依法独立行使检察权》，载于《中国刑事法杂志》2002年第1期。

［172］龙宗智：《司法改革：回顾、检视与前瞻》，载于《法学》2017年第7期。

［173］卢乐云：《德国检察官为何受宠备至——德国检察官选任与考核机制见闻》，载于《人民检察》2011年第1期。

［174］［法］卢梭：《社会契约论》，何兆武译，商务印书馆1980年版。

［175］卢子娟：《正确认识司法与政治的关系——访最高人民法院副院长江必新》，载于《中国党政干部论坛》2011年第4期。

［176］陆德山：《认识权力》，中国经济出版社2000年版。

［177］陆伟：《域外法院管理体制比较》，载于《中国法治文化》2016年第5期。

［178］吕虹、王鹤：《从古代仵作到现代法医》，载于《人民法院报》2019年7月26日。

［179］吕建华、杨艺：《我国干部人事制度改革的回顾与展望》，载于《行政与法》2011年第9期。

［180］［英］罗素：《我的信仰》，靳建国译，东方出版社1989年版。

［181］骆光宗：《结构化研讨：干部教育培训新途径、新方式》，载于《行政管理改革》2017年第9期。

［182］［加］马丁·L.弗里兰德：《加拿大法官表现评价体系研究》，向华译，引自《国外法官管理制度观察》人民法院出版社2012年版。

［183］马凯华：《公务员退出机制的比较研究及对策建议》，载于《安徽警官职业学院学报》2014年3月。

［184］［英］马塞尔·柏宁斯等：《英国的法官》，李浩译，载于《现代法学》1997年第2期。

［185］马顺成、张佳垚：《海峡两岸警察工资制度比较研究》，载于《公安教育》2015年12月。

［186］［美］迈克尔·桑德尔：《金钱不能买什么：金钱与公正的正面交锋》，邓正来译，中信出版社2012年版。

[187][美]麦迪逊:《辩论——美国制宪会议记录》,尹宜译,辽宁教育出版社2003年版。

[188]茆巍:《紧要与卑贱:清代衙门仵作考》,载于《证据科学》2014年第2期。

[189]孟建柱:《深化司法体制改革》,载于《人民法院报》2013年11月26日第2版。

[190]孟建柱:《员额制关系到司法体制改革成败》,载于《北京青年报》2015年4月18日。

[191][法]孟德斯鸠:《论法的精神》,张雁深译,商务印书馆1961年版。

[192][美]米尔伊安·达玛什卡:《司法和国家权力的多重面孔》,中国政法大学出版社2004年版。

[193]莫纪宏:《轮我国司法管理体制改革的正当性前提及方向》,载于《法律科学》2015年第1期。

[194][美]莫里斯·罗森伯格:《司法的品质》,引自《亚利桑那州曼尼科巴高等法院编(法官手册)》附5页。

[195][意]莫洛·卡佩莱蒂,《比较法视野中的司法程序》,徐昕、王奕译,高鸿均校,清华大学出版社2005年版。

[196]《南齐书》卷48。

[197]牛淑贤:《英国近现代司法改革研究》,山东人民出版社2013年版。

[198]农中校:《论检察官绩效考核机制》,引自张智辉、谢鹏程主编:《中国检察现代执法理念与检察业务改革》(第五卷),中国检察出版社2004年版。

[199]农中校、刘缨:《检察官职业化建设探索与研究》,中国检察出版社,2008年版。

[200][美]诺贝特,塞尔兹尼克:《转变中的法律和社会》,张志铭译,中国政法大学出版社1994年版。

[201]彭真:《论新中国的政法工作》,中央文献出版社1992年版。

[202]彭真:《彭真文选(1941-1990)》,人民出版社1991年版。

[203]《彭真传》编写组:《彭真年谱》(第二卷),中央文献出版社2012年版。

[204]齐伟:《司法与政治关系反思与重构》,载于《理论导刊》2016年第

9期。

［205］钱锋：《法官职业保障与独立审判》，载于《法律适用》2005年第1期。

［206］钱付涛：《中国古代司法官吏选任制度的嬗变》，载于《河南司法警官职业学院学报》2006年第3期。

［207］强梅梅：《法院人员分类管理改革的历程、难点及其破解》，载于《政治与法律》2017年第1期。

［208］强世功：《权力的组织网络与法律的治理化》，转自《调解、法制与现代化：中国调解制度研究》，中国法制出版社2001年版。

［209］《清实录·乾隆实录》。

［210］《清实录·雍正实录》。

［211］《清世宗实录》，中华书局1986年版。

［212］《清德宗景皇帝实录》（八），卷五百七十二。

［213］《庆元条法事类·公吏门·解试出职·名例敕》。

［214］［美］琼·雅各比：《美国检察制度研究》，周叶谦等译，中国检察出版社1990年版。

［215］秋红：《法官责任制的改革走向》，载于《人民法院报》2015年7月22日第8版。

［216］渠丽娜、王瑜：《从制度入手，提高思想政治教育实效性》，载于《人民论坛》2016年第8期。

［217］全亮：《美德法日四国法官选任程序之比较》，载于《人民论坛》2013年9月。

［218］冉云梅：《德国检察制度一瞥》，载于《人民检察》2004年6月。

［219］任剑涛：《现代化国家治理体系的建构：基于近期顶层设计的评述》，载于《中国人民大学学报》2015年第2期。

［220］［日］《日本检察厅法逐条解释》，徐益初等译，中国检察出版社1990年版。

［221］阮云志：《社会主义政治文明概念辨析及其结构解析》，载于《安徽广播电视大学学报》2003年第3期。

［222］《三国志·卫觊传》。

[223] 上海商务印书馆编译所：《大清新法令 1901 – 1911：点校本》（第一卷），商务印书馆 2011 年版。

[224] 上海市中国特色社会主义理论体系研究中心：《中国政党制度的历史性贡献》，载于《求是》2013 年第 13 期。

[225] 邵建东主编：《德国司法制度》，厦门大学出版社 2010 年版。

[226] 申鑫、郭伟：《基于第三方治理模式的工业污染治理过程激励》，载于《天津城建大学学报》2018 年第 12 期。

[227] 沈定成、孙永军：《司法公开的权源、基础及形式——基于知情权的视角》，载于《江西社会科学》2017 年第 2 期。

[228] 沈家本：《历代刑法考附寄接文存·裁判访问录序》，中华书局 1985 年版。

[229] 沈家本：《历代刑法考·历代刑官考》（上）。

[230] 沈志先主编：《法院管理》，法律出版社 2013 年版。

[231] 石先钰：《法官道德建设研究》，华中师范大学博士学位论文，2006 年。

[232] 时小云：《司法人员分类管理改革研究》，法律出版社 2019 年版。

[233]《史记·高祖本纪》。

[234] 史立丽：《建立健全司法人员履行法定职责保护机制研究》，载于《思想政治与法律研究》2015 年第 10 期。

[235]《睡虎地秦墓竹简》整理小组：《睡虎地秦墓竹简》，文物出版社 1978 年版。

[236] 宋英辉等：《刑事诉讼原理》（第 2 版），北京大学出版社 2014 年版。

[237] 宋希仁主编：《西方伦理思想史》，中国人民大学出版社 2004 年版。

[238] 宋远升：《检察官论》，法律出版社 2014 年版。

[239] 宋远升：《精英化与专业化的迷失——法官员额制的困境与出路》，载于《政法论坛》2017 年第 3 期。

[240] 宋远升：《论检察官职业伦理的构成及建构》，载于《法学评论》2014 年第 3 期，第 147 页。

[241] 苏力：《中国司法中的政党》，载于《法律和社会科学》第一卷，法律出版社 2006 年版。

[242] 苏吴检：《浅论检察官绩效考核机制的重构与完善》，载于《唯实（现代管理）》2017年第9期。

[243] 苏永钦：《司法改革的再改革》，月旦出版社1998年版。

[244]《隋书·百官志》。

[245] 孙海龙：《错案责任制倒查问责的几个关键问题》，载于《人民法院报》2015年6月10日第5版。

[246] 孙谦、郑成良：《司法改革报告——有关国家司法改革的理念与经验》，法律出版社2002年版。

[247] 孙谦主编：《人民检察制度的历史变迁》，中国检察出版社2009年版。

[248] 孙琴、刘俊：《法国司法官考评制度及其适用》，载于《人民检察》2013年第4期。

[249] 孙琬钟、公丕祥主编：《董必武法学思想研究文集》（第六辑），人民法院出版社2007年版。

[250] 孙万胜：《以科学考评提升审判质量和效率》，载于《人民法院报》2006年1月9日。

[251] 孙伟良：《我国法官权利保障研究》，吉林大学博士学位论文，2012年。

[252] 孙星衍等辑，周天游点校：《汉官六种》中华书局1990年版。

[253] 谭融：《公共部门人力资源管理》，天津大学出版社2003年版。

[254] 谭世贵：《法学教育与司法考试的改革与协调》，载于《法治论坛》，2008年第6期。

[255] 谭世贵：《中国法官制度研究》，法律出版社2009年11月版。

[256] 谭世贵、陈党：《依法独立行使审判权、检察权的保障机制研究》，载于《江汉论坛》2015年10月。

[257] 童建明：《深入学习贯彻〈中共中央关于加强新时代检察机关法律监督工作的意见〉乘势而上推动检察工作高质量发展》，载于《人民检察》2021年第21-22期合刊。

[258] 童建明：《学习新检察官法 做新时代高素质检察官》，载于《人民检察》2019年第10期。

[259] [美] 托克维尔：《论美国的民主》（上卷），董果良译，商务印书馆

1998年版。

［260］［德］托马斯·魏根特：《德国刑事诉讼程序》，岳礼玲、温小洁译，中国政法大学出版社2004年版。

［261］万毅：《监察指导部：日本检察官的检察官》，载于《检察日报》2015年10月20日第三版。

［262］汪家常、魏立江：《业绩管理》，东北财经大学出版社2011年版。

［263］汪允国：《浅谈企业管理的激励问题》，载于《教育教学论坛》2010年第8期。

［264］王大海：《构建现代检察管理制度的若干思考》，引自《检察理论研究集粹》，中国检察出版社2001年版。

［265］王定云、王世雄：《西方国家新公共管理理论综述与实务分析》，上海三联书店2008年版。

［266］王汎森：《执拗的低音：一些历史思考方式的反思》，生活·读书·新知三联书店2014年版。

［267］王海峰：《干部国家——一种支撑和维系中国党建国家权力结构及其运行的制度》，复旦大学出版社2012年版。

［268］王昊、蒋洁：《关于完善我国法官豁免制度的思考》，载于《兰州学刊》2015年第1期。

［269］王宏、王明华：《法官内部考核机制研究》，载于《山东师范大学学报》（人文社会科学版）2006年第1期。

［270］王吉吉、汪晓霞：《公务员职位分类理论述评》，载于《北京交通大学学报（社会科学版)》2007年第6期。

［271］王利明：《司法改革研究》，法律出版社2000年版。

［272］王浦劬：《国家治理、政府治理和社会治理的含义及其相互关系》，载于《国家行政学院学报》2014年第3期。

［273］王奇生：《党员、党权与党争——1924—1949年中国国民党的组织形态》（修订增补本），华文出版社2010年版。

［274］王守安：《司法官职务序列改革的体制突破与司法价值》，载于《当代法学》2014年第1期。

［275］王寿林：《权力制约和监督研究》，中共中央党校出版社2007年版。

[276] 王淑红、龙立荣：《绩效管理综述》，载于《中外管理导报》2002年第9期。

[277] 王小光、李琴：《我国法官惩戒制度二元模式的思考与完善》，载于《法律适用》2016年第12期。

[278] 王亚新：《司法成本与司法效率——中国法院的财政保障与法官激励》，载于《法学家》2010年第8期。

[279] 王迎龙：《司法责任制理论问题探析——基于"两高"关于完善司法责任制的两份意见》，载于《社会科学科学家》2016年第6期。

[280] 王玉荣编著：《流程管理》，机械工业出版社2004年版。

[281] 王尊丽：《职工工资决定因素与改革分析》，载于《人才资源开发》2016年11月。

[282] ［美］威廉·曼彻斯特：《光荣与梦想：1932－1972年美国实录》（第四册），商务印书馆1980年版。

[283] 魏爱华、马丽芳：《浅议西方法官制度》，载于《当代经理人》2006年6月。

[284] 魏武：《法德检察制度》，中国检察出版社2008年版。

[285] 温云云：《我国司法公开的实践探索与路径思考》，载于《重庆社会科学》2017年第9期。

[286]《文献通考》卷三十五《选举八》。

[287]《无冤格》上卷"格例·省府立到验尸式内二项"。

[288] 吴道富：《法官培训概论》，人民法院出版社2012年版。

[289] 吴志华、刘晓苏：《公共部门人力资源管理》，复旦大学出版社2007年版。

[290] 武忠远、马勇：《管理学》，高等教育出版社2012年版。

[291] 习近平：《关于〈中共中央关于全面推进依法治国若干重大问题的决定〉的说明》，引自本书编写组编著：《〈中共中央关于全面推进依法治国若干重大问题的决定〉》辅导读本，人民出版社2014年版。

[292] 习近平：《坚持走中国特色社会主义法治道路，更好推进中国特色社会主义法治体系建设》，载于《求是》2022年第4期。

[293] 习近平：《决胜全面建成小康社会 夺取新时代中国特色社会主义伟

大胜利》，引自《党的十九大文件汇编》，党建读物出版社 2017 年版。

［294］习近平：《在首都各界纪念现行宪法公布施行 30 周年大会上的讲话》（2012 年 12 月 4 日），引自《习近平谈治国理政》，外文出版社 2014 年版。

［295］习近平：《在中央政法工作会议上的讲话》（2014 年 1 月 7 日），引自《习近平关于全面依法治国论述摘编》，中央文献出版社 2015 年版。

［296］《习近平对司法体制改革作出重要指示强调　坚定不移推进司法体制改革　坚定不移走中国特色社会主义法治道路》，载于《检察日报》2017 年 7 月 11 日。

［297］夏红：《试论党的干部制度改革的发展趋势》，载于《中国青年政治学院学报》2003 年第 5 期。

［298］向泽选、谭庆之：《司法规律与检察改革》，载于《政法论坛》2009 年第 9 期。

［299］谢明：《试论我国公务员制度的改革、发展与完善——冲破不合时宜的观念、体制和做法的束缚》，载于《天津行政学院学报》2003 年第 12 期。

［300］谢如程：《清末检察制度及其实践》，上海人民出版社 2008 年版。

［301］谢澍：《司法信息公开：误区、澄清与展望》，载于《东南学术》2015 年第 1 期。

［302］熊秋红：《法官责任制的改革走向》，载于《人民法院报》2015 年 7 月 22 日第 8 版。

［303］徐汉明：《发展完善中国特色社会主义检察制度》，载于《人民检察》2014 年第 22 期。

［304］徐汉明：《检察文化建设：理念更新与实践创新》，载于《法学评论》2011 年第 3 期。

［305］徐汉明：《检察文化建设的主体性、规制性和创新性》，载于《光明日报》2013 年 6 月 30 日。

［306］徐汉明：《论司法权和司法行政事务管理权的分离》，载于《中国法学》2015 年第 4 期。

［307］徐汉明：《文化创新是检察事业科学发展的动力》，载于《检察日报》2010 年 12 月 7 日。

［308］徐汉明：《"习近平司法改革理论"的核心要义及其时代价值》，载于《法学研究》2015 年第 1 期。

[309] 徐汉明：《在"四个全面"战略布局中加快推进法律监督体系和法律监督能力现代化》，载于《人民检察》2016 年第 21 期。

[310] 徐汉明：《转型社会的法律监督理念、制度与方法》（三），知识产权出版社 2013 年版。

[311] 徐汉明等：《当代中国检察文化研究》，知识产权出版社 2013 年版。

[312] 徐汉明、何大春：《中国现代司法（检察）保障体制改革研究》，中国检察出版社 2009 年版。

[313] 徐汉明、金鑫等：《主办检察官负责制的框架设计与核心要素——关于湖北省检察机关试行检察长领导下主办检察官负责制的考察》，载于《人民检察》2013 年第 19 期。

[314] 徐汉明、金鑫、姚莉：《检察官单独职务序列研究》，中国检察出版社 2017 年版。

[315] 徐汉明、李满旺、刘大举等：《中国检务保障理论与应用研究》，知识产权出版社 2013 年版。

[316] 徐汉明、林必恒等：《深化司法体制改革的理念、制度与方法》，载于《法学评论》2014 年第 4 期。

[317] 徐汉明、王玉梅：《司法管理体制改革研究述评》，载于《现代法学》2016 年第 5 期。

[318] 徐汉明主编：《问题与进路：全面深化司法体制改革》，法律出版社 2015 年版。

[319] 徐汉明：《习近平司法改革理论的核心要义及时代价值》，载于《法商研究》2019 年第 6 期。

[320] 徐汉明、孙逸啸：《新时代人民检察事业创新发展的基本遵循——学习习近平同志关于检察改革和检察工作系列观点的体会》，载于《法学评论》2019 年第 5 期。

[321] 徐汉明、孙逸啸：《法治中国建设十年重大成就及其基本经验》，载于《国外社会科学》2022 年第 6 期。

[322] 徐汉明、李辉：《人民检察事业 90 年：发展历程、制度优势及其效能转化》，载于《中南民族大学学报》（人文社会科学版）2022 年第 11 期。

[323] 徐汉明：《深化司法管理体制改革：成效评估、短板检视、路径选

择》，载于《法治研究》2021 年第 3 期。

［324］徐汉明、丰叶：《论习近平刑事法治理论之价值意涵及实践伟力——兼论新时代"第三时段"司法体制综合配套改革》，载于《法学杂志》2023 年第 4 期。

［325］徐静村：《关于中国司法改革的几个问题》，载于《西南民族学院学报》（哲学社会科学版）2000 年第 1 期。

［326］徐静村主编：《刑事诉讼法学》（第三版），法律出版社 2004 年版。

［327］徐同武、孟凡立：《新一轮司法改革背景下司法人员职业保障制度的完善》，载于《法治论坛》第 39 辑。

［328］徐晓锋、车宏生、陈慧：《组织支持理论及其对管理的启示》，载于《中国人力资源开发》2004 年第 5 期。

［329］徐昕：《司法改革应"去政治化"》，载于《财经》2011 年第 3 期。

［330］徐昕、黄艳好、卢荣荣：《2010 年中国司法改革年度报告》，载于《政法论坛》2011 年第 3 期。

［331］徐莹：《论中国司法考试制度的完善》，载于《哈尔滨学院学报》2008 年 3 月。

［332］徐媛媛：《检察官职业伦理的国际共识》，载于《法制日报》2016 年 6 月 15 日。

［333］徐忠明：《"仵作"源流考证》，载于《政法学刊》1996 年第 2 期。

［334］许章润：《法律的实质理性——兼论法律从业者的职业伦理》，载于《中国社会科学》2003 年第 1 期。

［335］许章润等：《法律信仰：中国语境及其意义》，广西师范大学出版社 2003 年版。

［336］《续汉·百官志一》注引《汉官仪》。

［337］宣章良、陈晓东：《检察官遴选制度研究》，载于《国家检察官学院学报》2006 年第 6 期。

［338］鄢龙珠：《公共部门人力资源管理》，厦门大学出版社 2010 年版。

［339］严忠华、吴华蓉：《试论检察机关绩效考评制度的完善——以德国检察官绩效考评制度为鉴》，载于《法制与社会》2010 年 5 月刊（下）。

［340］杨春福：《韩国的司法公开制度及其启示》，载于《唯实》2013 年第

4期。

［341］杨金志：《牵住司法人员管理这个"牛鼻子"》，载于《新华每日电讯》2014年7月13日第3版。

［342］杨力：《从基础司改到综配司改："内卷化"效应应纾解》，载于《中国法学》2020年第4期。

［343］杨维汉：《习近平在中央政法工作会议上强调　坚持严格执法公正司法深化改革　促进社会公平正义保障人民安居乐业》，载于《检察日报》2014年1月9日第1版。

［344］冶园媛：《论政府组成人员的责任界限及其追究方式》，广东商学院硕士学位论文，2010年。

［345］叶青：《依法独立行使检察权保障机制研究》，法律出版社2018年版。

［346］殷燕芳：《政治学视角下的司法程序魔方》，载于《经济与法》2014年第4期。

［347］尤韶华：《香港司法体制沿革》，知识产权出版社2012年版。

［348］于大水：《论错案追究制中错案标准的界定》，载于《当代法学》2001年第12期。

［349］于萍编：《检察官管理制度教程》，中国检察出版社2007年版。

［350］余丽君：《试析党务公开在权力监督中的作用》，载于《鄂州大学学报》2010年11月第17卷第6期，第19页。

［351］余森、胡冰夏：《我国人民陪审制度的起源》，载于《人民法院报》2015年2月13日。

［352］余绍宋编：《增订司法例规》，民国十三年版。

［353］俞鹿年：《唐代的吏胥制度》，载于《中国法律史国际学术讨论会论文集》，陕西人民出版社1990年版。

［354］袁勤华主编：《司法人员管理体制研究》，中国法制出版社2016年版。

［355］岳彩申、盛学军主编：《卓越法律人才教育培养研究》，法律出版社2012年版。

［356］曾竞等：《员额制改革风险的防控与疏解》，载于《员额制与司法改革实证研究：现状、困境和展望》，东南大学出版2017年版。

[357] 詹建红：《我国法官惩戒制度的困境与出路》，载于《法学评论》2016 年第 2 期。

[358] 张柏林主编：《外国公务员养老保险制度》，中国人事出版社 1997 年版。

[359] 张伯晋：《陕甘宁边区：检察机构逐渐"走出"法院》，载于《检察日报》2011 年 11 月 9 日。

[360] 张承平、徐子良：《德国检察官选任制度评介》，载于《人民检察》2013 年第 13 期。

[361] 张广达：《论唐代的吏》，载于《北京大学学报》1989 年第 2 期。

[362] 张国庆、袁尔：《美国公务员的工作考评》，载于《中国行政管理》2003 年第 3 期。

[363] 张华、王丽：《我国法官选任制度研究》，载于《金陵法律评论》2004 年第 2 期。

[364] 张建彬：《略论唐代县级政权中的胥吏》，载于《理论学刊》2005 年第 9 期。

[365] 张建伟：《司法体制改革中的利益纠葛》，载于《东方法学》2014 年第 9 期。

[366] 张晋藩主编：《中国司法制度史》，人民法院出版社 2004 年版。

[367] 张康之：《评政治学的权力制约思路》，载于《中国人民大学学报》2000 年第 2 期。

[368] 张康之、张乾友：《论法治国家中的权治——从福柯的研究谈起》，载于《天津社会科学》2010 年第 6 期。

[369] 张明楷：《刑事司法改革的断片思考》，载于《现代法学》2014 年第 2 期。

[370] 张千帆：《西方宪政体系》（上册·美国宪法），中国政法大学出版社 2004 年版。

[371] 张卫平：《论我国法院体制的非行政化——法院体制改革的一种基本思路》，载于《法商研究》2002 年第 3 期。

[372] 张文显：《法理学》，法律出版社 1997 年版。

[373] 张翔：《国家权力配置的"功能适当"原则》，载于《比较法研究》

2018 年第 3 期。

[374] 张向鸿：《中国党政领导干部选拔任用制度研究》，中共中央党校博士学位论文，2014 年。

[375] 张向阳：《新中国司法干部队伍建设的曲折历程》，引自《董必武法学思想研究文集（第六辑）》。

[376] 张玉华：《关于我国检察机关设置的思考》，引自《人民检察院组织法与检察官法修改——第十二届国家高级检察官论坛论文集》，2016 年 7 月。

[377] 张正印：《狱讼胥吏研究》，中国政法大学出版社 2012 年版。

[378] 张志鸿：《国家公务员职位分类制度实施指南》，中国人事出版社 1996 年版。

[379] 张智辉：《关于人财物统一管理的若干思考》，载于《法治研究》2015 年第 1 期。

[380] 张智辉、谢鹏程主编：《中国检察·现代执法理念与检察业务改革》（第五卷），中国检察出版社 2004 年版。

[381] 张德主编：《人力资源开发与管理》，清华大学出版社 2003 年版。

[382] 章群：《检察官惩戒机制研究》，载于《前沿》2011 年第 10 期。

[383] 章武生、张卫平等：《司法现代化与民事诉讼制度的构建》，法律出版社 2000 年版。

[384] 章武生、左卫民：《中国司法制度导论》，法律出版社 1994 年版。

[385] 赵凯卉、傅骏雄：《解析现阶段企业人力资源管理的模式和创新》，载于《商场现代化》2015 年第 26 期。

[386] 赵连稳、冯婷婷：《近年来权力监督与制约研究述评》，载于《北京科技大学学报》（社会科学版）2017 年第 1 期。

[387] 赵汝全：《试论政治统治行为》，载于《四川师范学院学报》（哲学社会科学版）1996 年第 5 期。

[388] 赵玮、王永：《检察官职业伦理的内涵与时代特色——以法律职业共同体为视角》，载于《人民检察》2013 年第 19 期。

[389] 赵信会、陈永军：《美国联邦法官纪律制裁制度及其启示》，引自张卫平、齐树选主编：《司法改革论评》（第二十一辑），厦门大学出版社 2016 年版。

[390] 赵玉环：《论沈家本对清末司法改革的贡献》，载于《东岳论丛》2009 年第 7 期。

[391] 郑曦：《司法责任制背景下英国法官薪酬和惩戒制度及其启示》，载于《法律适用》2016 年第 7 期。

[392] 支振锋：《司法独立的制度实践：经验考察与理论再思》，载于《法制与社会发展》2013 年第 5 期。

[393] 中共中央组织部干部教育局编著：《〈干部教育培训工作条例〉学习辅导》，党建读物出版社 2015 年版。

[394] 中国法官管理制度改革研究课题组：《中国法官管理制度改革研究》，载于《政治与法律》1999 年第 4 期。

[395] 中国检察学研究会检察基础理论专业委员会编：《新一轮检察改革与检察制度的发展完善——第四届中国检察基础理论论坛文集》（第四卷），中国检察出版社 2015 年版。

[396] 中国社会科学院法学研究所、法制史教研室：《中国警察制度简论》，群众出版社 1985 年版。

[397] 中国社会科学院语言所词典编辑室编：《现代汉语词典》，商务印书馆 1983 年版。

[398] 仲理峰、时勘：《绩效管理的几个基本问题》，载于《南开管理评论》2002 年第 3 期。

[399] 周保明：《清代地方吏役制度研究》，上海世纪出版集团 2009 年版。

[400] 周道鸾：《外国法院组织和法官制度》，人民法院出版社 2000 年版。

[401] 周虹：《对我国依法治校建设之思考》，载于《教育评论》2018 年第 12 期。

[402] 周淑真：《政党和政党制度比较研究》，人民出版社 2001 年版。

[403] 周义程：《权力运行制约和监督体系的概念界说》，载于《行政论坛》2013 年第 3 期。

[404] 周泽民：《国外法官管理制度观察》，人民法院出版社 2012 年版。

[405] 周智红、王二平：《多维效标测量的构成》，载于《心理学报》2001 年第 33 期。

[406] 朱成全：《论经济学的研究对象》，载于《财经问题研究》2015 年第

4 期。

[407] 朱国斌主编：《香港司法制度》，河南人民出版社 1997 年版。

[408] 朱宁宁：《最高法司法公开报告提请全国人大常委会审议　探索移动互联环境下司法公开新途径》，载于《法制日报》2016 年 11 月 7 日第 2 版。

[409] 朱其高：《法国司法官职业道德建设的做法与启示》，载于《民主与法制时报》2016 年 10 月。

[410] 朱寿朋：《光绪朝东华录》，中华书局 1958 年版。

[411] 朱孝清：《检察官相对独立论》，载于《法学研究》2015 年第 1 期。

[412] 朱孝清：《司法的亲历性》，载于《中外法学》2015 年第 4 期。

[413] 朱彦：《〈秦律〉中的官吏管理制度钩沉》，载于《兰台世界》2013 年 5 月。

[414] 朱勇主编：《中国法制通史》（第 9 卷），法律出版社 1999 年版。

[415] 珠海市人民检察院课题组：《检察人员分类管理研究》，载于《国家检察官学院学报》2005 年 8 月，第 13 卷第 4 期。

[416] 卓黎黎：《中国检察管理模式创新研究》，吉林大学博士学位论文，2013 年。

[417] 卓泽渊：《法政治学研究》，法律出版社 2011 年版。

[418] 卓泽渊著：《法治国家论》，中国方正出版社 2001 年版。

[419] 邹梅珠：《我国检察官惩戒制度的改革困境及其应然走向——以检察权性质、组织模式为分析视角》，载于《江汉论坛》2017 年第 9 期。

[420] 邹庆国：《中国共产党地方党委制的组织形态与运作机制研究》，人民出版社 2012 年版。

[421] 最高人民检察院编：《检察机关岗位素能基本标准》，中国检察出版社 2016 年版。

[422] 最高人民法院司法改革小组编：《美英德法四国司法制度概况》，韩苏林编译，人民法院出版社 2002 年版。

[423] 左卫民：《员额法官遴选机制改革实证研究：以 A 省为样板》，载于《中国法学》2020 年第 4 期。

[424] 左卫民、谢小剑：《检察院内部权力结构转型：问题与方向》，载于《现代法学》2016 年第 6 期。

[425] D. Rueschemeyer. *Lawyers and Their Society*, *A Comparative Study of the Legal Profession in Germany and the United States*, 1973, 4.

[426] H. J. Bernadin, J. S. Kane. *Performance Appraisal*: *A Contingency Approach to System Development and Evaluation.* second edition, Boston, 2005.

[427] *Honourable Lonl Justiee Brooke* (sir Henry Brooke), Roral Courts of London, June 21, 1996.

[428] Kizt, Glanz und Elend de juristischen Einheitsjuresten, Zeitschrifft fur Rechtspolitik 1980, 12: 94 – 100.

[429] Livingston Armvtage. Educating Judges, Kluwer Law International, 1996, P. 45.

[430] Luis Muniz – Arglielles and Migdalia Fraticelli – Torres, "Selection and Training of Judges in Spain, France, West Germany and England", *Boston College International and Comparative.*

[431] *Law Review*, 1985, 7 (1).

[432] M. Braun. *Juristenausbildung in Deutschland*, 1980: 3 – 4.

[433] Texas District and County Attorneys Association. *About Texas District and County Attorneys Association.* Retrieved on July 31, 2011, from http://www.tdcaa.com/about.

本书编写组

课题主持人：

徐汉明、金鑫、周泽春（负责课题设计、统稿及编审）

课题组成员撰写分工：

导言：金鑫博士、许强博士

第一章：徐汉明教授、李承霖博士生

第二章：徐汉明教授、武乾副教授、王玉梅副教授、李辉博士等

第三章：周凌教授、张荣教授、孙逸啸博士、徐姗硕士等

第四章：金鑫博士

第五章：周泽春、苏永胜硕士、许强博士等

第六章：周泽春、许强博士

第七章：徐汉明教授、符卫华、简乐伟博士、马文婷硕士等

第八章：张荣教授、张乐博士、余菁硕士

第九章：周泽春、蒋剑伟博士

第十章：周泽春

后 记

党的十八大以来推动的新一轮司法体制改革，可谓是对我国司法制度的深刻变革。由此带来的司法机关职能配置、司法权运行机制及至司法管理方式的历史性变化仍然在进行之中，无疑会对我国经济社会发展、法治建设进程和司法文明建设产生深刻影响。

以司法人员分类管理、员额制改革为基础的新一轮司法管理体制改革，把新时代我国司法人员管理体制这样一个重大课题摆在面前，要求我们站在新时代的高度，把握新的目标任务，重新审视司法人员的管理问题。因为，在改革全面深化的背景下，只有管理水平和质量的提高，才能构建起改革所呼唤的制度机制，才能使改革中的司法人员顺应时代潮流，把握发展趋势，明确努力方向，担负法治使命。

在此背景下，伴随着新一轮司法体制改革的试点，2014年，"我国司法人员管理体制改革研究"课题组成立，担负起这一教育部2014年度哲学社会科学研究重大课题攻关项目，同时成为最高人民检察院委托重大项目。2014年秋季以来，我们邀请了学界和检察系统在司法人员管理理论研究和实践操作中颇有建树的金鑫、武乾、周泽春、侯伟、周凌、张荣、王玉梅、蒋剑伟、苏永胜、邓佛围、许强、刘代华、张乐、余菁、杨白辉、徐珊、马文婷等同志参加课题研究，分别承担一章或一节的写作任务。2018年3月，根据改革进展情况和认识的深化，经过深入调研、反复论证，我和金鑫等同志商量，重新设计了研究提纲，将原定的八章扩展为十章。2020年11月，中央全面依法治国工作会议召开以后，我和金鑫同志、周泽春同志又认真学习会议精神，组织对课题进行了新一轮统稿和编审。

课题研究过程中，我们查阅了大量文献、资料，进行了实证调查研究，归纳整理了大量改革成果，综合提炼了诸多生动观点，感谢曾经给予我们启发的领导、专家、学者和实践者们，课题组研究和本书的写作，得到了最高人民检察院一级大检察官童建明、二级大检察官徐显明，湖北省人民检察院二级大检察官敬大力、王晋、王守安等领导和同志们的高度重视与大力支持，在此表示深深的谢意！还有很多为我们提供帮助的同志，我们铭记在心。

  实践不断深化，理论之树常青。愿我们的研究能够对司法改革的深化有所裨益，能够为推进全面依法治国尽绵薄之力，这是我们的初心，也是我们在新时代的责任。限于学力，本书难免有粗疏甚至错漏之处，敬请批评指正，不胜感激！

徐汉明

2022 年 11 月 30 日